अद्‌भुत प्रेमकथाएँ

अद्भुत प्रेमकथाएँ

कीर्तिकुमार सिंह

वाणी प्रकाशन

वाणी प्रकाशन

4695, 21-ए, दरियागंज, नयी दिल्ली 110 002

शाखा

अशोक राजपथ, पटना 800 004

फ़ोन : +91 11 23273167 फ़ैक्स : +91 11 23275710

www.vaniprakashan.in
vaniprakashan@gmail.com
sales@vaniprakashan.in

ADBHUT PREMKATHAYEN
by Kirtikumar Singh

ISBN : 978-93-87889-62-0
Collection of Stories

प्रथम संस्करण

मूल्य : ₹ 495

एम.एस. प्रिंटर्स, दिल्ली-110 093 में मुद्रित

वाणी प्रकाशन का लोगो मक़बूल फ़िदा हुसेन की कूची से

त्वदीयं वस्तु श्रीदुर्गे तुभ्यमेव समर्पये

भूमिका

आलोचकों ने आज के हिन्दी साहित्य को अघोषित रूप में दो भागों में विभक्त कर रखा है। पहला है–साहित्यिक साहित्य और दूसरा है- साहित्य। आर्थिक साहित्य, राजनैतिक साहित्य, वैज्ञानिक साहित्य इत्यादि भी साहित्य हैं, लेकिन मैं यहाँ उसकी बात नहीं कर रहा हूँ। हिन्दी में जो कविता, कहानी, उपन्यास आदि लिखे जा रहे हैं; मैं सिर्फ उनकी बात कर रहा हूँ।

हम लोग जब बचपन में गाँव में पढ़ते थे तो प्राइमरी पाठशाला में मास्टर जी हर कक्षा में गोल बना दिया करते थे। पढ़ने में अच्छे और ठीक-ठाक बच्चों की एक गोल होती थी, जिसे तेज गोल कहा जाता था। पढ़ने में कमज़ोर बच्चों की दूसरी गोल होती थी, जिसे गदहिया गोल कहा जाता था। वही वाली गोलबन्दी! आलोचकों की दृष्टि में जो साहित्यिक साहित्य लिखते हैं, वे तेज गोल वाले हैं। सिर्फ साहित्य लिखनेवाले गदहिया गोल के हैं।

साहित्यिक साहित्य वह है, जो साधारण पाठकों को लगभग अपठनीय सा लगे। मुझे लगता है, प्राचीन काल में भी लगभग यही स्थिति थी। प्राचीन समय में नब्बे प्रतिशत जनता अनपढ़ होती थी। दस प्रतिशत पढ़े-लिखे ही पाठक-श्रोता थे। उसी में कुछ लिखने वाले होते थे और कुछ पाठक, जिन्हें सहृदय पाठक कहा जाता था और माना जाता था कि वे साहित्य की भरपूर समझ रखते हैं। जनसंख्या का यही दस प्रतिशत सारी साहित्यिक धमा-चौकड़ी करता था।

आज लगभग सब पढ़-लिख ले रहे हैं। ऐसे में नब्बे प्रतिशत लोगों से साहित्य को बचाना है। इसका ठेका आलोचकों ने ले लिया है। उन्होंने ऐसी व्यवस्था कर दी है कि गदहिया गोलवालों का साहित्य गदहिया गोलवाले पढ़ें और तेज गोलवालों का साहित्य (साहित्यिक साहित्य) तेज गोलवाले पढ़ें।

मेरे हिसाब से खड़ी बोली हिन्दी के चार कथाकार ही पाठकों के कथाकार हैं और वे हिन्दी के सर्वश्रेष्ठ कथाकार हैं–चन्द्रधर शर्मा गुलेरी, प्रेमचन्द, जयशंकर प्रसाद और फणीश्वर नाथ रेणु। बाकी सब, आलोचकों की अपनी-अपनी पसन्द हैं।

लोग कहते हैं कि यह समय कविता का बहुत खराब समय है। मैं तो कहता हूँ कि कविता से भी खराब समय यह आलोचना का है। आलोचक लोग अपने-अपने इलाके में भले ही दबदबा बनाये हुए हैं, दूसरे इलाके के पाठक उन्हें कुल नहीं समझते और उनके बताये हुए महान् को कतई महान् मानने को तैयार नहीं हैं। इसके लिए मैं कुछ उदाहरण देना चाहूँगा।

मई 1997 में मेरी नियुक्ति राजकीय स्नातकोत्तर महाविद्यालय अगस्त्यमुनि, रुद्रप्रयाग में हुई। उस समय उत्तराखण्ड उत्तर प्रदेश का ही अंग था। मैंने देखा कि महाविद्यालय परिसर में एक बहुत बड़ी मूर्ति लगी है। मैंने साथी प्राध्यापकों से मूर्ति के बारे में पूछा। उन्होंने बताया कि यह मूर्ति चन्द्रकुँवर बर्त्वाल की है। मेरे यह पूछने पर कि ये कौन थे, वे दंग रह गये। एक मित्र ने कहा, ''आप इन्हें नहीं जानते? ये खड़ी बोली हिन्दी के सर्वश्रेष्ठ कवियों में से एक हैं।'' मैंने देखा कि चन्द्रकुँवर बर्त्वाल गढ़वाल विश्वविद्यालय के पाठ्यक्रम में बहुत ही सम्मानित तरीके से शामिल हैं। मुझे अपने पर बहुत शर्म आयी। इलाहाबाद में रहते हुए मैंने उनका नाम तक नहीं सुना था। यह आलोचकों की कृपा थी। वहाँ से स्थानान्तरित होकर मैं गाजीपुर पहुँचा। वहाँ पता चला कि इस समय हिन्दी के सर्वश्रेष्ठ साहित्यकार डॉ. विवेकी राय हैं। डॉ. विवेकी राय का घर जिस सड़क पर है, उस सड़क का नाम जिला प्रशासन ने डॉ. विवेकी राय मार्ग रख दिया है। जो भी जिलाधिकारी या पुलिस कप्तान आकर गाजीपुर जिले का चार्ज लेता है, वह पहले डॉ. विवेकी राय के घर जाकर उनका आशीर्वाद लेता है। पूर्वांचल विश्वविद्यालय में उनका उपन्यास, उनका निबन्ध, बड़े सम्मान से पढ़ाया जाता है और पूर्वांचल विश्वविद्यालय के अन्तर्गत लगभग तीन सौ कॉलेज हैं। मैंने वहाँ कुछ लोगों से कहा कि दिल्लीवाले तो डॉ. विवेकी राय को इतना बड़ा साहित्यकार नहीं मानते। उनका उत्तर था, ''दिल्लीवाले साले मूर्ख हैं।''

इसी तरह मुझे एक बार राजस्थान के एक साहित्यकार मिल गये। उनसे साहित्य पर बात होने लगी तो उन्होंने कहा, ''इस समय हिन्दी के सबसे बड़े कथाकार यादवेन्द्र शर्मा 'चन्द्र' हैं।'' दो उदाहरण मैं पूर्व में देख चुका था, इसलिए मैंने उनसे बहस करना उचित नहीं समझा। मैंने देखा कि इस बात को लेकर वे पूरी तरह आश्वस्त थे कि इस समय के सर्वश्रेष्ठ कथाकार यादवेन्द्र शर्मा 'चन्द्र' हैं। मैं देखता हूँ कि इलाहाबाद के लोग यह मानते हैं कि प्रेमचन्द के बाद सर्वश्रेष्ठ कथाकार अमरकान्त हैं। दिल्लीवाले निर्मल वर्मा, भीष्म साहनी और न जाने किसका-किसका नाम लेते हैं। आलोचक लोग जब तक निष्पक्ष मूल्यांकन करने का प्रयास नहीं करेंगे और सोचेंगे कि मैंने जिसकी पीठ पर हाथ रख दिया, वही सर्वश्रेष्ठ; तब तक पाठकों के अखाड़े में आलोचक औंधे मुँह ही गिरे दिखेंगे।

आलोचक आपस में ही लत मराई कर रहे हैं। जो आदिकाल पर लिख रहा है, भक्तिकाल पर लिख रहा, रीतिकाल पर लिख रहा है; वह आलोचक नहीं है। आलोचक सिर्फ वह है, जो आधुनिककाल पर लिख रहा है। अपनी गद्दी मजबूत करने के लिए आलोचक सिर्फ उन्हीं साहित्यकारों पर लिख रहे हैं, जो जिन्दा हैं। साहित्यकार मरा नहीं कि उस पर लिखना आउट ऑफ फैशन हो जाता है। अब तो प्रसाद, पन्त वगैरह पर भी लिखना फैशन के बाहर हो गया है। इसीलिए आलोचक के भी दुनिया छोड़ते ही, उसकी किताबें आउट ऑफ प्रिन्ट हो जाती हैं।

शारदीय नवरात्र : 2016

कीर्तिकुमार सिंह
15/6, स्टैनली रोड, सिविल लाइन्स,
इलाहाबाद-211001
चलभाष : 09415094253

अनुक्रम

राम राम करते

सितम्बर का महीना था। सुबह के नौ बज रहे थे। मोहित हाथ में अपनी बाँसुरी लिये गाँव में इधर से उधर घूम रहा था। उसने देखा कि शंकरदत्त के घर के बाहर एक चारपाई पड़ी हुई है। कहीं कोई आदमी नज़र नहीं आ रहा था। मोहित चारपाई पर बैठ गया। उसने अपनी बाँसुरी धीरे-धीरे बजानी शुरू की। थोड़ी ही देर में वह पूरी लय में आ गया और बाँसुरी बजाने में खो गया। शंकरदत्त घर के अन्दर ही थे। वे घर से बाहर निकल आये। उन्होंने मोहित को टोका नहीं। चारपाई के पास खड़े होकर वे बाँसुरी की मधुर ध्वनि का आनन्द लेने लगे। फिर तो अगल-बगल से एक-एक कर के लोग निकलने लगे। सब आकर मोहित के पास खड़े हो जा रहे थे। मोहित आँखें बन्द करके बाँसुरी बजाने में मस्त था। वह नहीं ध्यान दे रहा था कि कौन आ रहा है और कौन जा रहा है। धीरे-धीरे काफी लोग इकट्ठा हो गये। उनमें दस-बारह बच्चे भी थे। सब खड़े होकर शान्त भाव से मोहित का बाँसुरी बजाना सुन रहे थे। इतनी सुरीली तान टेरे हुए था मोहित कि कोई टस से मस नहीं हो रहा था।

अचानक मोहित की बाँसुरी की आवाज रुक गयी। बच्चे जोर-जोर से ताली बजाने लगे। लोग दाद देने लगे, "जियो मोहित जियो! क्या बाँसुरी बजायी है! तुम गाँव में न होते तो हम लोग जान भी न पाते कि बाँसुरी इतनी सुरीली और अच्छी बजती है। जियो बहादुर जियो।" शंकरदत्त अपने बेटे से बोले, "जाओ जल्दी घर से गुड़ और एक लोटा पानी ले आओ। मोहित पानी पी ले तो बाँसुरी पर और कोई धुन सुनाये।" बेटा अन्दर पानी लेने भागा। मोहित बोला, "नहीं काका, बस! बहुत बजा लिया। अब चलूँगा।" उस्ताद जब्बर यादव बोले," "ऐसे कैसे चले जाओगे? देख रहे हो तुमको सुनने के लिए इतनी महफिल जम गयी है। पानी पियो, थोड़ा सा सुस्ताओ, फिर सुनाओ...बाँसुरी पर जरा वो वाला गाना सुनाओ... नयी झुलनी की छहियाँ बलम दुपहरिया बिताइ ल हो...।" कई लोग हाँ में हाँ मिलाने लगे। मोहित यही तो चाहता था। लोग उससे मनुहार करें, उसका अदरौना

करें। वह लगातार ना-नुकुर कर रहा था। लोग उससे मनुहार कर रहे थे। शिवदत्त का बेटा गुड़ और पानी लेकर आ गया। गुड़ खाकर वह पूरा एक लोटा पानी पी गया। कुछ देर ना-नुकुर कर लेने के बाद उसने बाँसुरी उठा ली।

लोगों की फरमाइश पर उसने वही तान छेड़ी- नई झुलनी की छहियाँ बलम दुपहिरया बिताइ ल हो...। लोगों ने ताली बजायी। महफिल जम गयी। लोग अपने-अपने स्थान पर खड़े होकर मंत्रमुग्ध भाव से बाँसुरी सुन रहे थे। लोगों की संख्या बढ़ती जा रही थी। जिसके कान में जहाँ बाँसुरी की आवाज पड़ रही थी, वह वहीं से चल दे रहा था। सब समझ जा रहे थे कि मोहित गुरू बाँसुरी की महफिल जमाये हुए हैं कहीं। बढ़ती भीड़ देखकर मोहित का भी उत्साह बढ़ता जा रहा था। एक से एक शानदार लोकधुनों और लोकगीतों की झड़ी लगा दी थी उसने। आस-पास की औरतें भी उत्सुक होकर अपने घरों के बाहर निकल आयीं और मोहित की मोहिनी पर न्यौछावर होने लगीं। मोहित जब कहता कि अब बस, तो लोग चिल्लाने लगते, "थोड़ी देर और हो जाय, थोड़ी देर और हो जाय।"

उसका पूरा नाम था, मोहित कुमार तिवारी, लेकिन गाँव में उसे सब मोहित-मोहित ही कहकर बुलाते थे। ईसवी सन् उन्नीस सौ बहत्तर में उसने हिन्दी विषय से एम.ए. किया और उसके बाद वह गाँव में रहकर इधर से उधर घूमता रहता था। गाँव बहुत बड़ा था और गाँव के रास्तों पर वह इधर से उधर इस तरह घूमता रहता था, जैसे सरकार ने उसे गाँव के रास्तों को नापने का ठेका दे रखा हो। उसे एम.ए. किये तीन साल बीत चुके थे, लेकिन उसने कभी कोई नौकरी नहीं खोजी। वह सोचता था कि नौकरी की गर्ज होगी तो वह मेरे पास आयेगी। नौकरी के लिए गलाकाट स्पर्धावाला जमाना नहीं था। लोगों की आकांक्षाएँ बहुत सीमित थीं और बिना नौकरी के भी लोग गुजर-बसर कर लेते थे।

मोहित को समझ पाना गाँव वालों के लिए टेढ़ी खीर था। हारकर गाँव वालों ने उसे समझने का प्रयास ही बन्द कर दिया था। मोहित बाँसुरी, हारमोनियम और ढोलक, तीनों चीजें बजाने में एकदम निष्णात था। इन चीजों को बजाना उसने किसी से सीखा नहीं था। स्वतः सब चीजों का मास्टर हो गया था। कीर्तन गाने में वह बहुत निपुण था। उसकी यह भी विशेषता थी कि अगर किसी के यहाँ कीर्तन होना हो और मेजबान उसे अपने यहाँ होने वाले कीर्तन के लिए आमंत्रित करे तो वह कभी नहीं जाता था। किसी के यहाँ कीर्तन हो रहा हो और वह स्वतः टपक जाय तो दूसरी बात थी। अगर वह स्वतः टपक गया तो किसी न किसी वाद्ययन्त्र को लेकर पूरे कीर्तन में जान डाल देता था। इसीलिए पूरे गाँव में कोई उसे अपने यहाँ होने वाली कीर्तन में आमंत्रित नहीं करता था।

इसी तहर वह कार, जीप, ट्रैक्टर, ट्रक, बस सब कुछ चलाने में माहिर था। उसका मन करता तो कहीं पर जाकर दो-तीन महीने के लिए ड्राइवरी कर आता। फिर चलाने के लिए चाहे कार मिले या जीप, ट्रक मिले या बस, कोई फर्क नहीं पड़ता था। उसे कुश्ती लड़ने का भी शौक था। छः फुट लम्बे और हृष्ट-पुष्ट शरीर वाला व्यक्ति था। वह नियमित रूप से कुश्ती तो नहीं लड़ता था, लेकिन कभी-कभी गाँव के किसी अखाड़े में पहुँच जाता। बहुत मँजे हुए पहलवान की तरह वह कुश्ती लड़ता था। लोगों को उससे कुश्ती लड़ने में मजा आता था, क्योंकि उसे हरा पाना टेढ़ी खीर था। जिस अखाड़े में वह पहुंच जाता, वहाँ रौनक आ जाती थी। सारे पहलवान उससे लड़ने के लिए उतावले हो जाते। लँगोट पहनकर जब वह मिट्टी के अखाड़े में शेर की तरह चक्कर लगाता तो नये पहलवान तालियाँ बजाने लगते। कोई इक्का-दुक्का ही उससे जीत पाता। ज्यादातर पहलवानों को वह मिट्टी के अखाड़े में चारों खाने चित्त कर देता था। क्षेत्र में कहीं कोई दंगल होता तो वह जरूर पहुँचता। उसके गाँव के लोग तालियाँ बजाकर उसका खूब समर्थन करते क्योंकि वह गाँव का बहुत लोकप्रिय ओर अजीबो-गरीब चरित्र था।

इसी तरह पेड़ पर चढ़ने, तैराकी आदि विद्याओं में भी वह माहिर था। आम के मौसम में झोला लेकर वह दन्न से किसी के भी आम के पेड़ पर चढ़ जाता और पाँच मिनट के अन्दर एक झोला आम तोड़कर सरसराते हुए नीचे उतर आता। जिस बाग में सन्नाटा देखता, तुरंत वहाँ से एक झोला आम झटक देता। उसके पास आम का एक भी बाग नहीं था, लेकिन आम के मौसम में उसका घर आमों से भरा रहता। वह थोक में पूरे पेड़ का आम तोड़ने का भी काम करता था। पाँच आम में एक आम उसका होता, दो आम रखवाले का और दो आम पेड़ मालिक का। इस तरह वह पकते समय आम तोड़ने का काम खूब करता, फलस्वरूप उसके घर में आम का ढेर लग जाता। सारे आमों को पकने के लिए वह पाल में डाल देता और पाल खुलने पर उसके घर में पके आम ही आम। वह उसके बाप और उसके भाई बाल्टी में पानी में आम डाले, दिन भर पका आम ही चूसते रहते।

मोहित की जीविका का मूल साधन था, पूजा पाठ। सत्यनारायण भगवान की कथा कहना, गृह प्रवेश कराना, शादी-ब्याह कराना आदि उसे बहुत अच्छी तरह से आता था। उसके पिता की कुछ छः सन्तानें थीं। चार बेटे और दो बेटियाँ। बेटियों की शादी हो चुकी थी। भाइयों में मोहित दूसरे नम्बर पर था। उसके बड़े भाई की भी शादी हो चुकी थी। उसकी और उसके दोनों छोटे भाइयों की शादी अभी नहीं हुई थी। उसके पिता पूजा-पाठ करवाते थे। वे गाँव में कई लोगों के पुरोहित थे। अपने पिता वाला व्यवसाय सिर्फ मोहित ने अपनाया। बड़ा भाई सड़क पर साइकिल

का पंचर बनाने का काम करता था। मोहित के ठीक बाद वाला भाई गाँव के ही एक झोला छाप डॉक्टर के साथ रहता था और उन्हीं के साथ गाँव भर का इलाज करता था। सबसे छोटा भाई गाँव के शुभ कार्य-प्रयोजन में लाउडस्पीकर बजाने का काम करता था। उसने दो भोंपू रखे हुए थे। दो माइक थे और बाकी तवे वगैरह थे, गाना बजाने के लिए। किसी के यहाँ बेटा पैदा हुआ, शादी-ब्याह पड़ा, गृह-प्रवेश हुआ, स्कूल-कालेजों में कोई समारोह हुआ, चुनाव के समय किसी नेता का भाषण हुआ, लाउडस्पीकर मोहित के भाई का ही पहुँचता। मोहित भी कभी-कभार लाउडस्पीकर बजाने जाता।

मोहित पूजा-पाठ अपनी शर्तों पर कराता। यजमान से पहले ही पूछ लेता कि सत्यनारायण भगवान की कथा पाँच रुपये वाली सुननी है, ग्यारह रुपये वाली सुननी है या इक्कीस रुपये वाली सुननी है। तय रेट से वह पाँच पैसे कम नहीं लेता था। हर रेट की कथा अलग तरह की होती। उदाहरण के लिए एक बार वह गुँगई के यहाँ कथा कराने गया। कथा गुँगई के बेटे को सुननी थी। पाँच रुपये वाली कथा सुननी थी। मोहित गुँगई के घर सजधज कर पहुँचा। लकालक धोती-कुर्ता। ललाट पर भव्य तिलक। अचानक गुँगई और उसकी पत्नी लड़ पड़े। गुँगई ने लोटा उठाया और खींचकर अपनी पत्नी के हाथ पर दे मारा। उसकी पत्नी की चूड़ियों पर लोटा लगा और चूड़ियाँ टूट गयीं। गुँगई की पत्नी को भी गुस्सा आ गया। उसने गुँगई का कुर्ता पकड़कर खींच लिया। कुर्ता फट गया। मोहित ने दोनों में बीच-बचाव करके किसी तरह झगड़ा शान्त कराया। उसने दोनों को डाँटा, "घर में भगवान की पूजा हो रही और तुम दोनों आपस में झगड़ा कर रहे हो? तुम लोगों को शर्म नहीं आती?" खैर, किसी तरह पूजा शुरू हुई। मङ्गलम् भगवान विष्णुः मङ्गलम् गरुणध्वजः। मङ्गलम् पुण्डरीकाक्षः मङ्गलायतनो हरिः। इत्यादि कई श्लोक पढ़ लेने के बाद मोहित ने कथा शुरू की, "गुँगई बिगड़न्तम्, लोटा मरन्तम्, चूड़ी फुटन्तम्, कुर्ता खिचन्तम्, कुर्ता फटन्तम्, बेटा देखन्तम्, नथिंग बोलन्तम्, कुश लरका दे, पानी ढरका दे, ऐसा कर, वैसा कर, भगवान पर पाँच पैसा चढ़न्तम्...हाँ बेटा अब भगवान के ऊपर पाँच पैसा चढ़ा दो।" गुँगई के बेटे ने भगवान के ऊपर पाँच पैसे का सिक्का चढ़ा दिया। गुँगई का पूरा परिवार अनपढ़। सब हाथ जोड़े भगवान की कथा सुन रहे थे। पंडित जी जब सुना रहे हैं तो भगवान की कथा ही सुना रहे होंगे।

मोहित के घर के सामने रुद्रधर तिवारी का घर था। एक दिन उनके यहाँ एक रिश्तेदार आये। रिश्तेदार रेलवे में बहुत बड़े अधिकारी थे। पड़ोसी होने के नाते मोहित भी उनकी सेवा में जुट गया। शाम को मोहित उन्हें बाँसुरी बजाकर सुनाने

लगा। काफी देर तक बाँसुरी बजायी उसने। रिश्तेदार बहुत प्रसन्न हुए। वे मोहित से उसके बारे में पूछने लगे। मोहित ने उन्हें बताया कि मैं एम.ए. पास हूँ। उन्होंने आश्चर्य व्यक्त किया, "एम.ए. करके घर में फालतू बैठे हो? कभी किसी नौकरी के लिए प्रयास किया?" मोहित ने ना में सिर हिलाया। उन्होंने एक कागज पर अपना नाम और पता लिखकर दिया और बोले, "एक सप्ताह बाद तुम इसी पते पर आकर मुझसे मिलना। मैं तुम्हें रेलवे में टी.टी.ई. बनवा दूँगा। ...नौकरी करोगे न? पता चला मैंने तुम्हें नौकरी पर रखवा दिया और तुम एक महीने में नौकरी छोड़कर भाग आये।" मोहित बोला, "आप की कसम खाकर कह रहा हूँ फूफा। आप मेरी नौकरी लगावा देंगे तो मैं जीवन भर आपका एहसान मानूँगा। मन लगाकर नौकरी करूँगा। आपके नाम पर कभी धब्बा नहीं लगने दूँगा।" उन्होंने उसकी पीठ ठोंकी, "तो तय रहा। तुम एक सप्ताह बाद मेरे पास आ रहे हो और नौकरी कर रहे हो। तुम्हारा गाँव इलाहाबाद में हैं। तुम्हारे गाँव से थोड़ी दूरी पर छोटी लाइन का रेलवे स्टेशन भी है- रामनाथपुर। इसी रूट पर तुम्हारी ड्यूटी लगवा दूँगा। इलाहाबाद सिटी रेलवे स्टेशन से मुगलसराय के बीच जो गाड़ियाँ चलती हैं, तुम उन्हीं पर चलना। इससे तुम्हें बराबर अपने गाँव आने-जाने में सहूलियत रहेगी।" मोहित जमीन पर बैठकर उनके पैर दबाने लगा। वे चारपाई पर बैठे हुए थे और उनके दोनों पैर लटक रहे थे। वे मना करने लगे, "हें-हें, यह क्या कर रहे हो? यह करने की कोई जरूरत नहीं है। तुम्हारी नौकरी समझ लो लग गयी।" मोहित बोला, "नहीं फूफा! मुझे पैर दबाने दीजिए। पैर क्या, मैं आज आपके पूरे शरीर की मालिश करूँगा। आप मेरा एक और हुनर देखिए। मैं इतनी अच्छी मालिश करता हूँ कि कोई नाई वैसी मालिश क्या करेगा? आपके शरीर की सारी थकावट दूर हो जाएगी। ...और चम्पी...चम्पी तो मैं इतनी अच्छी करता हूँ कि पूरे हिन्दुस्तान में वैसी चम्पी कोई नहीं कर सकता। आप मेरे फूफा हैं। आपकी सेवा करना मेरा फर्ज है। आपने मुझे नौकरी दी है। मैं आपको कुछ देने लायक नहीं हूँ...लेकिन मैं आपकी सेवा तो कर ही सकता हूँ। आप यह मत सोचिए कि मैं केवल आज आपकी सेवा कर रहा हूँ। नौकरी मिल जाने के बाद भी मैं आपकी सेवा में हाजिर रहूँगा। आप मुझे जब याद करेंगे मैं आपकी मालिश करने पहुँच जाऊँगा। ...अब आप ऐसा करिए कि चारपाई पर लेट जाइए और मुझे सेवा करने का अवसर दीजिए।"

रिश्तेदार लाख मना करते रहे। मोहित ने उन्हें ठेल-ठालकर चारपाई पर गिरा दिया और उनकी मालिश करने लगा, "फूफा, पैंट और शर्ट उतार दीजिए। जाँघिया और बनियान में हो जाइए। मालिश करने में तब मज़ा आयेगा। आपको भी तभी असली सुख मिलेगा।" उसने जबर्दस्ती उनकी पैंट और शर्ट उतार दी। जमकर

उनकी मालिश करने में लग गया। पैर और हाथ की एक-एक उँगली चटाचट बजने लगी। सचमुच फूफा की वैसी मालिश जिन्दगी में किसी ने नहीं की थी। वे चुपचाप सुखपूर्वक लेटे थे और मालिश का आनन्द ले रहे थे। मोहित इस तरह जुटा हुआ था, जैसे नौकरी देने का एहसान वह एक ही मालिश में उतार देना चाहता था। उसके पड़ोसी को आज पता चला कि यह मालिश का भी विशेषज्ञ है।

मोहित की नौकरी लग गयी। कार्यभार ग्रहण करके वह तुरन्त गाँव आया। गाँव में पहुँचते-पहुँचते रात के आठ बज गये। वह अपने घर नहीं गया। गाँव में ही उसका एक लँगोटिया यार था, बेचन। बेचन और उसकी उम्र लगभग बराबर थी। बेचन अनपढ़ था लेकिन था बहुत खुराफाती टाइप इन्सान। उसमें मोहित जैसे गुण तो नहीं थे, लेकिन वह भी मोहित की ही तरह ऊटपटाँग टाइप का आदमी था। मोहित सीधे बेचन के यहाँ पहुँचा। उसे बताया कि मेरी नौकरी लग गयी और मैं टी.टी. हो गया हूँ। सीधे नौकरी से ही आ रहा हूँ। बेचन ने उसे सीने से लगा लिया। बेचन शादीशुदा आदमी था और उसके दो बच्चे भी थे। उसके पास काम भर की खेती थी। खेती-बाड़ी से उसका जीवन यापन हो जाता था। बेचन ने अपनी पत्नी से मोहित के लिए भी खाना बनाने को कहा।

दोनों मित्र बैठकर बातें करने लगे। मोहित बोला, "यार, नौकरी लगने के उपलक्ष्य में मैं गंगा स्नान करना चाहता हूँ। खाना खाकर चलो गंगा नहाने चला जाय।" "इतनी रात को?" बेचन ने पूछा। "रात और दिन क्या होता है? गंगा स्नान तो गंगा स्नान! दिन में तो सभी गंगा नहाने जाते हैं। हम लोग रात मे गंगा नहाने चलते हैं। आधी रात तक गंगा के किनारे रहेंगे। क्या पता किसी भूत से मुलाकात हो जाय?" मोहित ने कहा। बेचन तैयार हो गया। दोनों ने खाना खा लिया तो बेचन ने अपनी पत्नी से कहा, "मोहित की नौकरी लग गयी है। इसने मन्नत मानी थी कि जब इसकी नौकरी लग जाएगी तो यह गंगा नहायेगा। हम दोनों जा रहे हैं गंगा नहाने। गंगा नहाकर लौटूँगा तो दरवाजा खटखटाऊँगा। तुम जागती रहना। दरवाजा खोल देना।" पत्नी बोली, "यह कौन सा समय है गंगा नहाने का? सवेरा हो जाने पर जाना।" बेचन समझाने लगा, "एक घंटे बाद बहुत शुभ मुहूर्त लगने वाला है। उस मुहूर्त में जो गंगा नहाता है वह मरने के बाद सीधे स्वर्ग जाता है। इसीलिए हम लोग इस समय जा रहे हैं गंगा नहाने। सवेरा होते-होते बहुत देर हो जाएगी।" "मुझे क्या मालूम मुहूर्त-सुहूर्त। मैं जा रही हूँ सोने। आना तो दरवाजा खटखटा देना।" कहते हुए बेचन की पत्नी अंदर चली गयी।

दोनों मित्र चल दिय गंगा नहाने। गंगा नदी वहाँ से दस किलोमीटर दूर थीं। दोनों पैदल ही चल दिये। रात का समय था। गंगा किनारे कोई नहीं था। दोनों ने

अपने सारे कपड़े उतार कर किनारे रख दिये। उसके बाद दोनों छपाक से गंगा में कूद गये। दोनों घंटों गंगा में नहाते रहे। नहा लेने के बाद दोनों बाहर निकल आये और किनारे बैठ गये। दोनों ने कपड़े नहीं पहने। मोहित बोला, "एकाध घंटे यहीं घाट पर बैठ कर इंतज़ार करते हैं कि कोई भूत आता है या नहीं!" बेचन तैयार हो गया। थोड़ी देर में दोनों वहाँ से उठे और उधर चल दिये, जिधर मुर्दे जलाये जाते थे। दोनों नंगे घूम रहे थे। बेचन पूरी ताकत लगाकर चिल्लाया, "अबे भूत सालों कहाँ हो? आओ, हम दोनों तुम लोगों से कुश्ती लड़ने के लिए तैयार हैं। हम लोगों को देखकर अपनी माँ की गोद में छुपकर बैठे हो तुम लोग? अपनी माँ का दूध पिया है तो आओ सामने। देखो, दो मल्ल तुम लोगों के इलाके में घूम रहे हैं और तुम लोग मैदान छोड़कर भाग गये हो। हा हा हा! कोटवा गाँव के दो शेर यहाँ दहाड़ रहे हैं। जिस माई के लाल भूत की हिम्मत हो सामने आ जाय। कोटवा गाँव को जानते नहीं। आधे में लाख गाँव, आधे में कोटवा।" दोनों दो बजे रात तक गंगा किनारे उपद्रव मचाते रहे। अंततः दोनों घर वापस लौटने के लिए उद्यत हुए। मोहित बोला, "चलो कपड़ा हाथ में लेकर नंगे घर तक चलते हैं।" बेचन हँसने लगा, "तुम्हारी सारी चालाकी मैं समझ रहा हूँ। कपड़ा हाथ में रहेगा ही। रास्ते में अगर कोई मिल गया तो जल्दी से कपड़ा पहन लोगे। हिम्मत हो तो कपड़ा यही गंगा जी में फेंककर चलो।" मोहित ने शर्त स्वीकार कर ली। दोनों ने अपने-अपने कपड़े गंगा जी में फेंक दिये। कपड़े दूर बह गये। दोनों घर वापस चल दिये।

दोनों इस तरह शान से वापस लौट रहे थे जैसे वे कहीं के राजा हों। गप्पें लड़ाते हुए और ठहाके लगाते हुए। इत्तफाक था कि रास्ते में किसी से मुलाकात नहीं हुई। गाँव में दोनों अपने-अपने घर की ओर चल दिये। बेचन अपने घर पहुँचकर धीरे से घर की साँकल खटखटाने लगा। बच्चे तो सो रहे थे, लेकिन पत्नी जाग रही थी। उसने दरवाजा खोला। बेचन पत्नी से लिपट गया। अँधेरे में भी पत्नी ने भाँप लिया कि बेचन के शरीर पर कपड़े नहीं हैं। वह धीरे से फुसफसायी, "क्या अन्धेर कर रहे हो? गंगा नहाकर आ रहे हो और आते ही मन नहीं सम्हला? कपड़ा अन्दर आकर उतारते। दरवाजे के बाहर ही कपड़ा उतार दिया?" बेचन हँसा, "कपड़ा गंगा जी में बह गया। वहाँ से ऐसे ही आ रहा हूँ।" पत्नी ने सिर पीट लिया, "अरे बप्पा रे! उतनी दूर से नंगे चले आ रहे हो? रास्ते में कोई मिला तो नहीं? हे भगवान क्या कहूँ? लाज-शर्म सब धोके पी गये हो। जाओ जल्दी से कपड़ा पहनो नहीं तो चैला उठाऊँगी और चैले-चैले मारूँगी।

मोहित भी अपने घर पर पहुँचकर जोर-जोर से दरवाजा खटखटाने लगा। बड़ा भाई साथ नहीं रहता था। वह अलग रहता था। माँ बहुत पहले मर चुकी थी। घर

में थे उसके पिताजी और दोनों छोटे भाई। वह इतनी जोर-जोर से साँकल पीट रहा था कि उसके घर के लोग तो क्या, आस-पास के कई घरों के लोग जाग गये। उसका सबसे छोटा भाई जोर से चिल्लाया, "कौन है?" वह कुछ नहीं बोला। सिर्फ साँकल पीटता रहा। थोड़ी देर में उसके छोटे भाई ने ढिबरी जलायी और ढिबरी लेकर दरवाजा खोलने आया। उसने दरवाजा खोला। ढिबरी की हल्की रोशनी में वह मोहित को ठीक से पहचान नहीं पाया। वह प्राण छोड़कर चिल्लाया," भूत भूत! दौड़ो सब लोग। भूत आ गया है।" वह ढिबरी लेकर अन्दर की ओर भागा। मोहित चुपचाप बाहर खड़ा रहा। अगल-बगल के लोग लालटेन जलाकर दौड़े। सबसे पहले रुद्रधर तिवारी ही पहुँचे। उनको देखते ही मोहित चिल्लाया," काका पाँव लागी! आपकी कृपा से मेरी नौकरी लग गयी। फूफा का एहसान मैं जीवन भर नहीं भूलूँगा।" रुद्रधर तिवारी बिगड़ गये, "नौकरी लग गयी सो तो ठीक है। यह कौन सा रूप बना रखा है? सरऊ, रेलवेवालों ने तुम्हारे कपड़े भी उतरवा लिये क्या?" मोहित हँसने लगा, "अरे यह? असल में काका नौकरी लगने की खुशी में मैं और बेचन गंगा नहाने गये थे। हम दोनों के कपड़े वहीं गंगा जी में बह गये। वहाँ से हम दोनों नंगे ही घर आये।" "अरे सरऊ! अब नौकरी लग गयी है। अब तो कायदे से रहो।" रुद्रधर बोले। तब तक काफी लोग इकट्ठा हो गये। कुछ औरतें भी थीं। औरतें चिल्लाकर भाग खड़ी हुईं। मोहित का सबसे छोटा भाई जल्दी से एक चादर ले आया। उसने चादर से मोहित का शरीर ढक दिया। वहाँ खड़े चन्द्रमणि बोले, ये मोहित गुरु हैं! ये कुछ भी कर सकते हैं। संसार में कुछ भी इनके लिए असंभव नहीं है।" तब तक मोहित के बाप भी बाहर आ गये। उन्होंने मोहित को तीन-चार थप्पड़ मारा, "नाटक मचाये हुए है सरवा! चल सारे अन्दर! चल। मुहल्लेभर को मुफ्त में तमाशा दिखा रहा है।" मोहित घर के अन्दर घुस गया। लोग हँसते हुए वहाँ से धीरे-धीरे खिसकने लगे। चन्द्रमणि हँसते हुए बोले, "मोहित ने आज ऐसा कांड कर दिया कि जीवन भर याद रहेगा।"

मोहित नौकरी करने लगा। फूफा ने अपना वादा निभाया। उसकी ड्यूटी इलाहाबाद में ही छोटी लाइन पर लग गयी। इलाहाबाद सिटी से मुगलसराय के बीच चलने वाली छोटी लाइन की गाड़ियों में उसकी ड्यूटी लगती थी। वह अक्सर गाँव आता रहता था। रामनाथपुर रेलवे स्टेशन पर उतरकर वहाँ से पैदल घर के लिए दबा देता। उसका सबसे छोटा भाई नरकुल अक्सर खाली ही रहता था। कभी-कभी ही उसे गाँव में किसी के यहाँ लाउडस्पीकर बजाने जाना पड़ता। मोहित ने उसे अपने साथ रख लिया। ऊपरी कमाई के लिए। नरकुल तरह-तरह के मुर्गे फँसाता और मोहित उनसे पैसे वसूलता। नरकुल को मुर्गे फँसाने की ट्रेनिंग मोहित ने ही दी।

एक दिन नरकुल इलाहाबाद सिटी रेलवे स्टेशन पर खड़ा था। वहाँ से ट्रेन खुलने में आधा घंटा का समय बाकी था। नरकुल को अचानक अपने गाँव के बगल के गाँव लीलापुर के चार लोग दिख गये। वह उनके पास जा पहुँचा, ‘‘और यार लोगों! कहाँ चल रहे हो?’’ चारों में से एक बोला, ‘‘हम लोग घर जा रहे हैं। रामनाथपुर रेलवे स्टेशन तक चलना है। तुम यहाँ कहाँ टहल रहे हो?’’ नरकुल बताने लगा, ‘‘शहर आया था। कुछ जरूरी काम था। मैं भी घर ही चल रहा हूँ। तुम लोगों ने टिकट तो नहीं लिया?’’ लीलापुर वाले ने कहा, ‘‘अभी तो नहीं लिया। लेने जा रहा हूँ।’’ नरकुल बोला, ‘‘अजीब आदमी हो! टिकट लेने की क्या जरूरत है? इस गाड़ी में मेरे भैया टी.टी. हैं। सब लोग मेरे साथ चलो। किसी को कुछ नहीं होगा।’’ चारों बहुत खुश हुए। वे नरकुल के साथ एक डिब्बे में घुसकर शान के साथ बैठ गये। उन्होंने टिकट नहीं लिया। टी.टी.ई. के भाई के साथ जा रहे थे कि मजाक! अचानक नरकुल उठा और बोला, ‘‘तुम लोग यहीं पर बैठे रहो। मैं बस एक मिनट में आ रहा हूँ।’’ नरकुल डिब्बे से उतरा और लपककर अपने भाई के पास पहुँचा। उसने अपने भाई को बताया कि फलाँ डिब्बा में अमुक जगह लीलापुर के चार लोग बैठे हैं। मैंने उन्हें टिकट नहीं लेने दिया है। मैं भी उन लोगों के साथ बैठा हूँ। मोहित ने उसे समझाया, ‘‘ट्रेन जैसे ही झूँसी स्टेशन पहुँचेगी तुम वहाँ से हट जाना। बाकी मैं सब समझ लूँगा।’’ नरकुल लौटकर गया और उन लोगों के साथ फिर बैठ गया।

गाड़ी चल दी। पाँचों लोग हँसी-ठट्ठा करते हुए बैठे रहे। चारों में से एक ने एक मूँगफली वाले से दो सौ ग्राम मूँगफली खरीदी। पाँचों लोग मूँगफली खाते हुए गप्पें लड़ाते रहे। गाड़ी दारागंज रेलवे स्टेशन पर पहुँची। थोड़ी देर रुकी, फिर चल दी। कर्जन पुल क्रॉस करते हुए गाड़ी झूँसी पहुँची। गाड़ी जैसे ही झूँसी में रुकी, नरकुल चारों लोगों से बोला, ‘‘मैं बस अभी एक मिनट में आया।’’ चारों लोग गप्पें लड़ाते हुए बैठे रहे। नरकुल दूर एक डिब्बे में घुसकर चुपचाप बैठ गया। गाड़ी चल दी। अचानक काली कोट पहने मोहित प्रकट हो गया। वह सीधे उन्हीं चारों के पास पहुँचा, ‘‘टिकट निकालिए!’’ चारों में से एक बोला, ‘‘मोहित गुरू, हम लोग तुम्हारे भाई के साथ हैं।’’ बड़ी गम्भीर मुद्रा बनाये मोहित ने पूछा, ‘‘कहाँ है मेरा भाई?’’ वह बोला, ‘‘अभी हम लोगों के साथ ही था। झूँसी में वह किसी काम से उतरा। हमें लगता है ट्रेन चल दी और वह जल्दी-जल्दी में किसी दूसरे डिब्बे में घुस गया।’’ ‘‘किसी तरह की बहानेबाजी नहीं चलेगी। आप लोग सीधे से टिकट निकालिए।’’ मोहित चेहरे पर एकदम गम्भीरता ओढ़े हुए था। वह रिरियाने लगा, ‘‘अरे मोहित गुरू, हम लोग लीलापुर के हैं। पहचान नहीं रहे हो

क्या?'' मोहित बोला, "पहचान रहा हूँ। तो क्या? मैं जिसको-जिसको पहचानता रहूँ वह बिना टिकट गाड़ी में चलेगा? सरकार ने गाड़ी मेरे पहचानवालों के लिए ही चलवा रखी है क्या? चुपचाप टिकट निकालो वर्ना जेल भिजवा दूँगा।'' चारों हाथ जोड़कर रिरियाने लगे, "मोहित भाई, छोड़ दो। हम लोगों के पास टिकट नहीं है।'' मोहित बोला, "ठीक है! चारों लोग दस-दस रुपये निकाल कर दो... नहीं तो फिर जेल जाओ।'' चारों थोड़ी देर तक कसमाते रहे, फिर दस-दस रुपये निकालकर मोहित को दे दिया। मोहित और लोगों का टिकट चेक करने लगा।

दस-दस रुपये दे देने के बाद चारों लोग दाँत पीस रहे थे। एक ने कहा, "रामनाथपुर में ही नरकुल भी उतरेगा। वहीं पकड़कर आज साले को इतना लतियाया जाएगा कि सारी होशियारी भूल जाएगा। सारा किया-धरा उसी का है।'' गाड़ी रामनाथपुर में रुकी। गाड़ी से बहुत ज्यादा भीड़ वहाँ उतरी। चारों आदमी उतरकर भीड़ में नरकुल को खोजने लगे। नरकुल मोहित का ट्रेंड किया हुआ चेला था। वह वहाँ उतरा ही नहीं। चारों उसे खोजते ही रह गये। गाड़ी रामनाथपुर से चल दी।

नौकरी लग गयी तो लोग मोहित की शादी के लिए भी आने लगे। तब बहुत दहेज का चलन नहीं था। लोग तीन का ब्राह्मण-तेरह का ब्राह्मण, यही सब देखकर शादी कर लेते थे। वैसे तो घरवाले शादी के बारे में लड़के से बात नहीं करते थे और सब कुछ ठीक-ठाक देखकर खुद ही शादी तय कर देते थे, लेकिन मोहित का मामला दूसरा था। वह बड़ा हो गया था और नौकरी कर रहा था। दूसरे उसका कोई भरोसा भी नहीं था। पता चला बाप ने शादी कहीं और तय की और उसने दूसरी जगह शादी मान ली। यह भी हो सकता था कि वह किसी दिन घर पर कोई औरत लेकर पहुँच जाय और बताये कि यह मेरी पत्नी है। मैंने इससे शादी कर ली है। क्या पता गाँव में ही किसी की बेटी से उसका लफड़ा चल रहा हो और ऐन वक्त पर यह कह दे कि मैं शादी करूँगा तो फलाने की बेटी से ही। इन्हीं सब बातों को समझते हुए उसके पिता आने-वाली हर शादी के बारे में उसको बता देते थे और उससे कहते थे कि तू जहाँ हाँ करेगा, वहीं मैं तेरी शादी करूँगा। अन्ततः एक जगह मोहित ने शादी के लिए हाँ कर दी।

मोहित की शादी की तैयारियाँ शुरू हो गयीं। मोहित के घर के साथ-साथ टोले-मुहल्ले में भी उत्साह का माहौल बन गया। दोनों बहनें अपने पतियों और बच्चों के साथ महीने भर पहले से आकर टिक गयीं। अब की तरह उस समय शादी-ब्याह नहीं होता था। अब तो चुटकी बजाते दो चार दिन में शादी ब्याह से फुर्सत। सब कुछ किराये का, यहाँ तक कि मंगलगीत गाने तक के लिए भी किराये की औरतें। लोग शाम को बारात गये और खा-पीकर दो चार घंटे में घर लौट आये।

पहले शादी-ब्याह का उत्सव महीनों चलता था। पट्टीदार लोग हफ्तों नियमानुसार कच्चा और पक्का भोजन करते रहते थे। दसियों दिन औरतें आधी रात तक ढोलक की थाप पर मंगलगीत गाती थीं। बाराती खूब सजधजकर दो-तीन दिन के लिए बारात में जाते थे। घर को आम की पत्तियों के बंदनवार से खूज सजाया जाता था। मोहित की शादी की भी खूब चहल-पहल थी। औरतों की चुहलबाजी और बच्चों की धमाचौकड़ी से घर गुलजार था। दोनों बहनें अपने नेग के लिए अक्सर मोहित को चिढ़ाती रहती थीं।

नियत दिन धूमधाम से बारात गयी। मोहित के पिता तो समधी थे। उनको आज किसी जिम्मेदारी से क्या मतलब। शादी की रस्म इत्यादि निभाने में मोहित के बड़े भाई और भाभी भी कूद-कूद कर आगे थे। फिलहाल अलगौझी की कड़वाहट परे रख दी गयी थी। बारात को ले चलने की जिम्मेदारी मोहित के तीनों भाइयों और बेचन के ऊपर थी। बेचन चूँकि मोहित का सबसे विश्वस्त दोस्त था, इसलिए वह मोहित की पालकी के साथ-साथ लगा हुआ था।

अगले दिन शाम को बारात लौटी। कहार पालकी को उठाकर आगे-आगे चल रहे थे। पालकी में दूल्हा और दूल्हन बैठे हुए थे। पीछे-पीछे बारात चल रही थी। घर पहुँचने पर सारे बारातियों को शरबत पिलाय गया। बारातियों के भोजन की व्यवथा होने लगी। मोहित की दोनों बहनें दूल्हन को उसके कमरे में ले गयीं। उसे नाश्ता-पानी कराया गया। मुँह दिखायी का कार्यक्रम अगले दिन था। आज दूल्हा-दूल्हन के कमरे में नहीं जा सकता था।

बाराती खा-पीकर विदा हो गये। घर में सिर्फ रिश्तेदार बचे। घर में भी सबके सोने की व्यवस्था होने लगी। औरतें एक कमरे में जमीन पर कथरी बिछाकर लेट गयीं। एक कमरे में ही जमीन पर लगभग दस औरतें समायोजित कर दी गयीं। आदमियों की चारपाई घर के बाहर बिछा दी गयी। दूल्हन को उसके कमरे में चारपाई बिछाकर अकेले सोने के लिए छोड़ दिया गया।

रात के लगभग बारह बज रहे थे। सब थके हुए थे और बेसुध होकर सो रहे थे। अचानक मोहित से ठीक छोटा भाई रोहित अपनी चारपाई से उठा। उसके हाथ में एक नया ताला था। उसने सोते समय ही सब व्यवस्था कर रखी थी कि घर के दरवाजे अन्दर से खुल रहें। वह धीरे से घर के अन्दर घुसा। दुल्हन के दरवाजे के पास पहुँचा। दरवाजे को धक्का दिया। दरवाजा अन्दर से खुला था, सिर्फ उढ़का हुआ था। कमरे में घुसकर उसने दरवाजा अन्दर से बन्द कर लिया और साँकल में ताला लगा दिया। दूल्हन बेसुध होकर सो रही थी। उसने अपने कपड़े उतारे। दुल्हन की साड़ी पैर से काफी ऊपर तक उठा दी और उसके साथ जबर्दस्ती करने

लगा। दुल्हन की आँख खुल गयी। वह चिल्लायी रोहित ने उसका मुँह दबा दिया और उसके साथ दबर्दस्ती करता रहा। दुल्हन भय से सहम गयी। सब कुछ कर लेने के बाद उसने दुल्हन को छोड़ दिया। दुल्हन उठकर बाहर भागने लगी। अंदर से ताला बन्द। वह दरवाजा पीटते हुए जोर-जोर से रोने और चिल्लाने लगी। घर की औरतें जाग गयीं। सब दुल्हन के कमरे की ओर दौड़ीं। ''क्या हुआ बहू, क्या हुआ? दरवाजा अन्दर से खोलो!'' औरतें चिल्लाने लगीं। दुल्हन रोते हुए जोर से चिल्लायी, ''दरवाजा अन्दर से बन्द है। उसमें ताला लगा हुआ है। अन्दर इनका भाई रोहित घुसा हुआ है। मुझे परेशान कर रहा है।'' औरतें जोर-जोर से दरवाजा पीटने लगीं, ''रोहित हरामी दरवाजा खोल। हगाखौना दाढ़ीजार ये कौन सा कमीनापन है? जल्दी से दरवाजा खोल नहीं तो लोहा आग में गरम करके तेरे चूतड़ पर दाग देंगे। खोल हरामी...खोल।'' रोहित ने अपने सारे कपड़े पहन लिये और चुपचाप अन्दर चारपाई पर बैठ गया। दूल्हन के साथ उसने बस इतनी गनीमत की थी कि उसका कोई कपड़ा नहीं उतारा था। दरवाजा नहीं खुल रहा था। कुछ औरतें चिल्लाती हुई बाहर भागीं। वे चिल्ला-चिल्लाकर रोहित की करतूत सारे मर्दों को बताने लगीं। सारे मर्द जाग गये। वे घर के अन्दर भागे। मोहित भी बाहर ही सो रहा था। वह भी चिल्लाते हुए अन्दर भागा। हल्ला-गुल्ला सुनकर पड़ोस की औरतें और मर्द भी इकट्ठा होने लगे। मोहित दरवाजा पीटते हुए चिल्लाया, ''खोल साले, दरवाजा खोल, नहीं तो मैं तेरी बोटी-बोटी काट डालूँगा।'' अन्दर से दूल्हन दरवाजा पीटते हुए चिल्ला रही थी। रोहित चुपचाप चारपाई पर बैठा हुआ था। वह न तो दरवाजा खोल रहा था और न ही कोई जवाब दे रहा था। आस-पास के लोग भी इकट्ठा हो गये। आदमी पीछे हो गये। घर की औरतें और मुहल्ले की औरतें मिलकर दरवाजा पीट रही थीं और रोहित को गालियाँ दे रही थीं। मोहित के बाप चिल्लाये, ''आखिर तू कुछ बोल क्यों नहीं रहा है साले? तू चाहता क्या है?'' अब की बार रोहित ने चिल्लाकर उत्तर दिया, ''भैया तो नौकरी कर रहे हैं। उनकी एक नहीं दूसरी शादी हो जाएगी। मेरी शादी कौन करेगा? इस औरत को मैं अपनी पत्नी बना ले रहा हूँ। भैया दूसरी शादी कर लें।'' मोहित चिल्लाया, ''साले ताला खोलकर मेरी पत्नी वापस कर नहीं तो मैं तुम्हें जमीन में खोदकर गाड़ दूँगा।'' मोहित के बाप बोले, ''तू किसी की पत्नी छीन लेगा? ये कोई खेल तमाशा है क्या? उसकी पत्नी वापस कर! मैं तेरी दूसरी शादी करूँगा।'' रोहित अन्दर से चिल्लाया, ''ठीक है! आप मेरी दूसरी शादी कर दीजिए। शादी के बाद मैं भैया की पत्नी वापस कर दूँगा।'' बाप गुस्से से चिल्लाये, ''औरत कोई सामान है क्या कि मैं जाऊँ दुकान से तुम्हारे लिए दूसरी औरत खरीद लाऊँ? वापस कर

उसकी पत्नी...खोल दरवाजे का ताला।'' रोहित बोला, ''मैं अच्छी तरह जानता हूँ। मेरी शादी करवा पाना तुम्हारे बस का नहीं है। मुझे झूठा आश्वासन मत दो। यह औरत अब मेरी पत्नी है। भैया नौकरी कर रहे हैं। दस शादी आयेगी उनकी। उनकी दूसरी शादी कर दीजिए।''

सवेरा हो गया। औरतें अपना-अपना सिर पकड़कर जमीन पर बैठ गयीं। मोहित के बाप बोले, ''बारी-बारी से सब लोग जाओ दिशा-मैदान। दातुन करो। पानी पियो। कुछ लोग बारी-बारी से यहाँ पहरा दो। उसको साले को भी कुछ देर में दिशा-मैदान लगेगी? जब वह बाहर निकले तो सब लोग मिलकर उसे भरपूर कूँटो। ...मोहित तू भी जा! लौटकर आना तब यहाँ बैठना।'' मोहित वहीं दरवाजे के बाहर बैठ गया था। बाप के कहने का उसके ऊपर कोई असर नहीं हुआ। वह वहीं बैठा रहा। लोटे में पानी ले-लेकर लोग दिशा-मैदान के लिए निकलने लगे। औरतें भी झुण्ड बनाकर नित्यक्रिया के लिए निकलने लगीं।

अचानक मोहित के दिमाग में एक विचार आया। उसने सोचा, 'गाँव के जमींदार रघुवीर सिंह जू देव के पास चलता हूँ। वे जरूर मेरी पत्नी मुझे वापस दिला देंगे।' गाँव के भूतपूर्व जमींदार रघुवीर सिंह जू देव बहुत ही सज्जन और विशाल हृदय वाले व्यक्ति थे। उनका व्यक्तित्व इतना गरिमापूर्ण था कि सारा गाँव उनकी इज़्ज़त करता था। छोटे-मोटे मामलों में लोग थाना-कचहरी करने के बजाय उन्हीं के पास अपनी समस्या लेकर जाते थे और वे जो फैसला कर देते थे, उसे सब स्वीकार कर लेते थे। मोहित पहले बेचन के पास गया और उसको सारी बात बता दी। रोहित की करतूत से बेचन भी उत्तेजित हो गया। उसने मोहित से कहा, ''चलो साले को मार डाला जाय। वह जो काम कर रहा है, कोई उसका समर्थन नहीं करेगा और हम लोग उसे मार डालेंगे तो कोई हम लोगों के खिलाफ नहीं जाएगा।'' जान से मारने की बात सुनकर मोहित घबरा गया, ''अरे नहीं यार! ये सब लफड़ा पालने की कोई जरूरत नहीं है। चलो जमींदार साहब के पास चलते हैं। वे जरूर न्याय करेंगे!'' बेचन तैयार हो गया, ''जैसी तुम्हारी मर्जी। चलो उन्हीं के पास चलते हैं। देखते हैं क्या होता है?''

दोनों उनके यहाँ पहुँच गये। रघुवीर सिंह जू देव एक लकड़ी के तख्त पर बैठे हुए थे। नाश्ता-पानी करके वे 'भारत अखबार पढ़ रहे थे। उस समय इलाहाबाद से निकलने वाला हिन्दी दैनिक 'भारत' बहुत मशहूर अखबार था। मोहित और बेचन दोनों उनके सामने जाकर खड़े हो गये। मोहित उनके सामने दोनों हाथ जोड़कर जोर-जोर से रोने लगा। रघुवीर सिंह हड़बड़ा गये, ''क्या हो गया मोहित? इस तरह रो क्यों रहे हो?'' बेचन उत्तेजित होकर बोला, ''ठाकुर परसों इसकी बारात

गयी थी। कल शाम को बारात दूल्हन सहित वापस आयी। रात में इसके छोटे भाई रोहित ने इसकी पत्नी पर कब्जा कर लिया। रात से ही बहू के कमरे में घुसकर अन्दर से ताला बन्द कर लिया है। अन्दर से बहू चिल्ला रही है और दरवाजा पीट रही है। बाहर से भी लोग दरवाजा पीट रहे हैं। रोहित दरवाजा नहीं खोल रहा है। वह बहू के साथ बदतमीजी भी करने की कोशिश कर रहा है। रोहित कह रहा है कि मोहित दूसरी शादी कर ले। यह औरत अब मेरी पत्नी है। ...ठाकुर आपके रहते इतना बड़ा अन्धेर हो रहा है। एक भाई दूसरे भाई की पत्नी छीन ले रहा है।''
''उसकी इतनी हिम्मत?'' रघुवीर सिंह जू देव भड़क उठे, ''चलो, मैं अभी तुम लोगों के साथ चलता हूँ। देखता हूँ यह सब क्या हो रहा है?'' वे तुरंत तख्त पर से उठे और मोहित एवं बेचन के साथ चल दिये।

मोहित और बेचन के साथ रघुवीर सिंह जू देव को आता देखकर मोहित के बाप खड़े हो गये। आस-पास के जो लोग इकट्ठा थे, वे भी उठकर खड़े हो गये। आये हुए रिश्तेदारों ने सोचा कि जरूर कोई विशेष आदमी है, इसलिए वे लोग भी उठकर खड़े हो गये। अन्दर औरतों में भी बात फैल गयी। जमींदार साहब आ रहे हैं। सारी औरतें हटकर एक कमरे में चली गयीं। रघुवीर सिंह ने मोहित से पूछा, ''रोहित किस कमरे में बहू को बन्द किये हुए है?'' मोहित जल्दी-जल्दी दौड़कर उनके आगे हो गया। उन्हें लेकर उस कमरे की ओर चल दिया। पीछे-पीछे सारे आदमी भी चल दिये। दरवाजे पर पहुँचकर वे बोले, ''रोहित मैं रघुवीर सिंह जू देव बोल रहा हूँ। दरवाजे का ताला खोल रहे हो या मैं दरवाजा तुड़वाऊँ?'' रोहित की घिग्घी बँध गयी। उसने जल्दी से दरवाजे का ताला खोला। दरवाजा भी खोला। बाहर निकलकर रघुवीर सिंह के पैरों पर लोट गया और लगा फूट-फूटकर रोने। रघुवीर सिंह चिल्लाये, ''ये क्या अनर्थ कर रहा है? ब्राह्मण होकर मेरा पैर पकड़ रहा है? मेरे ऊपर पाप चढ़ा रहा है? जल्दी से मेरा पैर छोड़।'' रोहित उनका पैर छोड़कर खड़ा हो गया। रोना उसी तरह जारी था। दोनों हाथ जोड़कर बोला, ''सरकार मैं गरीब आदमी हूँ। डॉक्टर के साथ रहता हूँ। दिनभर में दस-पाँच रुपये कमा लेता हूँ। मुश्किल से गुजारा होता है। मुझ गरीब आदमी की शादी कौन करेगा? भैया तो नौकरी कर रहे हैं। लोगों को जैसे ही पता चलेगा कि उनकी पहली पत्नी मैंने ले ली, शादी के लिए तुरंत दूसरे लोग आने लगेंगे। इसलिए सरकार इस औरत को मेरी ही पत्नी रहने दीजिए। अगर आपने मुझसे मेरी पत्नी छीनी तो मैं ज़हर खा लूँगा।'' रघुवीर सिंह बोले, ''तेरी पत्नी? वह तेरी पत्नी कैसे हो गयी? किसी की भी पत्नी तू छीन लेगा और उसे अपनी पत्नी घोषित कर देगा? ये कहीं का न्याय नहीं है। तू ज़हर खाले या कुएँ में कूद जा। धमकी देकर अपनी गलत बात मनवा

लेगा? तुझे मोहित की पत्नी उसे वापस करनी पड़ेगी। तू यह कैसे मान ले रहा है कि तेरी शादी नहीं होगी? मोहित तुझसे बड़ा था। उसकी शादी हो गयी। अब तेरी बारी है। तेरे पिता जी लड़की खोजेंगे, मैं खोजूँगा। तेरी शादी होगी कैसे नहीं?'' मोहित बोला, ''मैं जान रहा था ठाकुर! अगर मुझे कोई न्याय दे सकते हैं तो वह आप हैं। मैं जान रहा था कि आप मुझे मेरी पत्नी वापस दिला देंगे। पृथ्वी पर इतना अनाचार हो रहा है। आप जैसे प्रतापी सज्जनों के कारण यह धरती रसातल में जाने से बची हुई है।''

अचानक एक विचित्र घटना हो गयी। दूल्हन घूँघट निकालकर रघुवीर सिंह के सामने आ गयीं और बोली, ''ठाकुर मुझे भी आपसे कुछ कहना है।'' रघुवीर सिंह अचकचा गये, ''बोलो! क्या कहना है तुमको?'' दुल्हन बोली, ''ठाकुर मैं अब इस लायक नहीं रह गयी कि मोहित की पत्नी बन सकूँ। मैं मोहित को धोखा नहीं दूँगी और उनके साथ नहीं रहूँगी। पति और पत्नी के बीच जो सम्बन्ध होता है, वह मेरे और मोहित के बीच नहीं बना है, जबकि मेरे और रोहित के बीच पति-पत्नी का सम्बन्ध बन चुका है। इसलिए कायदे से अब रोहित ही मेरा पति है। रोहित मुझे जैसे भी रखेगा वैसे मैं रह लूँगी। मैं साफ-साफ बता दे रही हूँ कि मैं मोहित की पत्नी नहीं बनूँगी।''

रघुवीर सिंह सहित सारे लोग स्तब्ध रह गये। एकदम सन्नटा छा गया। कुछ देर बाद रघुवीर सिंह ने मोहित से पूछा, ''बोलो क्या कह रहे हो?'' मोहित को तो जैसे साँप सूँघ गया हो। एकदम चुप। रघुवीर सिंह बोले, ''श्रीराम श्रीराम मैं अब वापस जा रहा हूँ।'' रोहित कूदकर उनके सामने हाथ जोड़कर खड़ा हो गया, ''सरकार यह घर बड़ा छोटा है। मैं अपनी पत्नी को लेकर कहाँ रहूँगा?'' उन्होंने कहा, ''घर इतना भी छोटा नहीं है। जिस कमरे में दूल्हन थी, उसी कमरे में अपनी पत्नी लेकर रह।'' रोहित बोला, ''सरकार यहाँ रहूँगा तो सब लोग मुझको और मेरी पत्नी को ताना मारेंगे। गरीब ब्राह्मण को कुछ जमीन दान में दे देते तो बड़ी कृपा होती।'' रघुवीर सिंह बड़े असमंजस में पड़ गये। कुछ देर में बोले, ''तूने जो कुकृत्य किया है, उससे तेरी ब्राह्मण होने की पात्रता समाप्त हो जाती है। फिर भी जा। जब मुँह खोलकर माँगा है तो तुझे निराश नहीं करूँगा। बालेलाल के घर के बगल में मेरी एक बीघा जमीन है। जा तू उसको ले ले। वहीं घर बना और पेड़-पौधे लगा। तुझ जैसा व्यक्ति परिवार में रहने लायक नहीं है।'' ''सरकार की जय हो...सरकार की जय हो!'' रोहित चिल्लाने लगा। रघुवीर सिंह वहाँ से चल दिये।

मोहित भी वहाँ से बेचन के साथ उसके घर चल दिया। रास्ते में बेचन रोहित को गाली देते हुए जा रहा था, ''अरे यार, यह भाई नहीं ब्लकि आस्तीन का साँप

निकला। साले ने जरा भी संकोच नहीं किया कि यह मेरे भाई की पत्नी है। उसके साथ दरवाजा बन्द करके गलत काम कर डाला। मेरा बस चले तो साले को गोली मार दूँ। ...कोई बात नहीं। इससे भी अच्छी तुम्हारी शादी की जाएगी। इस साले को बारात तक में नहीं ले चला जाएगा। तुलसीदास जी ने कहा है–सबसे कठिन जाति अपमान। साले की जब बिरादरी में बेइज़्ज़ती होगी तब समझ में आयेगा।''

मोहित ने बेचन के यहाँ ही पानी पिया। वहीं खाना खाया। अब उसकी घर जाने की एकदम इच्छा नहीं हो रही थी। रात हो गयी। रात का खाना खाकर सब सोने चले गये। बेचन के बीवी-बच्चे घर के अन्दर सो गये। घर के बाहर बेचन और मोहित की चारपाई बिछी थी। अपनी-अपनी चारपाई पर एक-एक कथरी बिछाये दोनों उसी पर लेटे थे। दोनों को नींद नहीं आ रही थी। दोनों आपस में बातें कर रहे थे।

बारह बजे रात के लगभग मोहित अपनी चारपाई से उठकर खड़ा हो गया। उसने बेचन से कहा, ''बेचन, चलो मेरे साथ!'' ''कहाँ?'' बेचन ने पूछा। ''पूछो मत! बस चुपचाप मेरे साथ चलो।'' मोहित ने कहा। बेचन भी उठकर खड़ा हो गया। दोनों साथ-साथ चल दिये। बेचन कुछ समझ नहीं पा रहा था, मोहित कहाँ चल रहा है। दोनों सड़क पर पहुँच गये। रामनाथपुर रेलवे स्टेशन के पास एक कस्बा है, हनुमानगंज। हनुमानगंज में जी.टी. रोड से निकलकर दक्षिण की ओर एक सड़क कोटवा गाँव की ओर जाती है। वहाँ से कोटवा गाँव चार किलोमीटर दूर है। उस सड़क का नाम है कोटवा रोड। हनुमानगंज से निकलकर वह सड़क दस किलोमीटर दूर दुर्वासा आश्रम तक जाती है। उसी सड़क पर पहुँचकर दोनों उत्तर की ओर चल दिये। बेचन ने पूछा, ''रामनाथपुर स्टेशन चल रहे हो क्या?'' ''चुपचाप चलते रहो। पूछो मत कि हम लोग कहाँ चल रहे हैं?'' मोहित ने कहा।

हनुमानगंज से एक किलोमीटर पहले सड़क पर एक पुलिया थी। वहाँ एकदम सुनसान था, कोई घर नहीं था आसपास। पुलिया के पास पहुँचकर मोहित रुक गया। बेचन भी रुक गया। वहाँ पर आम के दो तगड़े पेड़ थे। एकदम हलब्बी पेड़। वे आम के कम, बरगद के पेड़ ज्यादा लगते थे। दोनों एकदम पास-पास थे। मोहित बोला, ''गाँववालों ने मेरी पत्नी छीनी है। अब हम गाँववालों से बदला लेंगे। सारे कपड़े उतारकर हम दोनों इन्हीं पेड़ों की ओट में छिप जाते हैं। जो भी इधर से गुजरेगा, उसके ऊपर हम लोग टूट पड़ेंगे। वह सोचेगा कि हम लोग भूत हैं।'' बेचन तैयार हो गया। दोनों ने अपने सारे कपड़े उतारकर पेड़ों की ओट में छुपा दिये। खुद भी एक-एक पेड़ की ओट में छुप गये।

अचानक एक आदमी साइकिल से आता दिखा। दोनों हाऽव-हाऽव करते हुए उसकी साइकिल के सामने खड़े हो गये। वह आदमी जोर से चिल्लाया,

"भूऽत...भूऽत..." और साइकिल सहित सड़क पर गिर गया। वह बेहोश हो गया। थोड़ी ही देर में एक और आदमी पैदल आता हुआ दिखा। दोनों उसके सामने भी हाऽव-हाऽव करते हुए खड़े हो गये। वह भी चिल्लाकर गिर पड़ा और बेहोश हो गया। थोड़ी देर तक इंतज़ार करना पड़ा। दो आदमी साथ-साथ गप्पें लड़ाते हुए पैदल आ रहे थे। दोनों उनके सामने भी कूदकर खड़े हो गये। दोनों जोर से भूऽत-भूऽत चिल्लाये और पीछे की ओर मुड़कर प्राण छोड़कर भाग खड़े हुए। दोनों भूतों ने कुछ दूर तक उनका पीछा भी किया।

दोनों तीन बजे रात तक इसी तरह उत्पात मचाते रहे। दर्जनों आदमी उनकी चपेट में आये। दोनों यह बात भूल गये कि वे यहाँ इसलिए आये हैं क्योंकि पत्नी छीन ली गयी है। दोनों को बहुत मजा आ रहा था। बेचन ने कहा, "अब धीरे-धीरे भोर होने वाली है। भोर हो जाय और लोग हमें पीटने लगें, उससे अच्छा है कि हम लोग यहाँ से भाग लें।" दोनों ने अपना-अपना कपड़ा पहना। इस तरह गप्पें लड़ाते हुए गाँव वापस चल दिये, जैसे कुछ हुआ ही न हो। मोहित बोला, "रोहित मेरी पत्नी ले गया तो ले गया। ले जाय साला। क्या याद करेगा कि किसी दानी से पाला पड़ा था। मैं दूसरी शादी करूँगा। मारो गोली...।" वापस लौटकर दोनों चुपचाप अपने-अपने बिस्तर पर लेट गये। घर में किसी को भनक ही नहीं लगी कि दोनों क्या गुल खिलाकर आये हैं।

साल बीत गया। मोहित की शादी दूसरी जगह तय हो गयी। घर में अब सिर्फ तीन प्राणी रहते थे- मोहित, नरकुल और दोनों के पिता। मोहित भी अब घर में कम ही रहता था। अपनी नौकरी में व्यस्त हो गया था। नरकुल भी प्रायः तीन-पाँच करते हुए मोहित के ही साथ लगा रहता था। घर में बचे अकेले, पिता। वे अपना बनाते-खाते पड़े हुए थे। रोहित अब रघुवीर सिंह जू देव से दान में मिली हुई जमीन में घर बनाकर रहता था और पुराने घर कभी नहीं आता था।

इस बार भी मोहित की शादी उसी तरह हो रही थी, लेकिन लोगों में उत्साह नहीं था। न घरवालों में, न रिश्तेदारों में। हाँ, सब शादी के लिए इकट्ठे जरूर हो गये थे। रात में ढोलक भी बज रही थी और शादी के गीत भी हो रहे थे। पट्टीदार लोग हफ्ते भर से रस्मानुसार कच्चा और पक्का भोजन जीम रहे थे। हाँ, रोहित को शादी से एकदम दूर रखा गया था। एक ढंग से उसका बहिष्कार कर दिया गया था। उसे 'सबसे कठिन जाति अपमाना' का एहसास कराया जा रहा था। सचमुच परिवार के बहिष्कार से रोहित अपने को अपमानित महसूस कर रहा था। इस बार अपनी शादी से सम्बन्धित अधिकांश जिम्मेदारी मोहित ने बेचन को सौंप रखी थी। बेचन के साथ मदद में नरकुल लगा हुआ था।

बाजे-गाजे के साथ बारात गयी। लड़की के बाप को मोहित की पिछली शादी का कांड पता था, लेकिन चूँकि लड़का अच्छी नौकरी में था; इसलिए सब माफ था। फिर लड़की से लड़के का कोई सम्बन्ध नहीं बना था, इसलिए वह कुँवारा ही था। अगले दिन शाम को बारात लौटी। परम्परागत कर्मकाण्ड और शकुन के साथ लड़की को पालकी से उतारा गया। दोनों बहनों को एक बार फिर से सारे नेग मिल रहे थे, इसलिए वे बहुत प्रसन्न थीं। नयी भाभी के स्वागत-सत्कार में वे कोई कोर-कसर नहीं छोड़ रही थीं। दूल्हन को उसी कमरे में ले जाकर बैठाया गया, जिसमें पिछली दूल्हन को बैठाया गया था। जलपान और भोजन होते-होते नौ बज गये। दूल्हन ने भी भोजन कर लिया और दोनों बहनें उसे भोजन कराकर बाहर निकल आयीं। जैसे ही बहनें कमरे के बाहर निकलीं और दूल्हन अकेली हुई, अप्रत्याशित घटना घटी।

नरकुल जल्दी से दुल्हन के कमरे में घुसा और दरवाजा अन्दर से बन्द करके ताला लगा दिया। दूल्हन को पिछली शादी के बारे में सब कुछ पता था। वह चारपाई से खड़ी होकर जोर-जोर से चिल्लाने लगी, "बचाओ-बचाओ। ये कमीना दरवाजे में अन्दर से ताला लगा रहा है।" सारी औरतें दौड़ीं। दोनों बहनें बाहर से सारे पुरुषों को बुला लायीं। औरतें चिल्लायीं, "कौन है बहू?" बहू अन्दर से चिल्लायी, "इनका भाई नरकुल!" औरतें दरवाजा पीटने लगीं, "अरे सुअर के नाती, अरे हरामी, तुझे यमराज अपना भोजन बनावें; तू भी उसी रास्ते पर चल रहा है जिस पर रोहित चला था? दरवाजा खोल नहीं तो हम लोग तेरे ऊपर मिट्टी को तेल छिड़ककर फूँक देंगे।" मोहित चिल्ला-चिल्लाकर जोर-जोर से दरवाजा पीट रहा था, "सालों तुम लोग मुझे तमाशा बना लिये हो। मैं शादी करके लाऊँ और तुम लोग मेरी पत्नी छीन लो? दरवाजा खोल साले नहीं तो मैं तेरा लिंग काटकर तुझे नपुंसक बना दूँगा।" नरकुल दोनों हाथ से कसकर दुल्हन का गला दबाने लगा। कुछ गले की नसों पर दबाव पड़ने से और कुछ भयवश, वह बेहोश हो गयी। नरकुल ने उसके सारे कपड़े उतार दिये और उसके साथ जबर्दस्ती करने लगा। दुल्हन की आवाज आनी बन्द हो गयी। मोहित को तुरन्त किसी अनहोनी की शंका हुई। वह रघुवीर सिंह जू देव के घर की तरफ भागा।

रघुवीर सिंह खाना खाकर घर के बाहर निकले थे। मोहित उनके आगे हाथ जोड़कर बोला, "ठाकुर, अनर्थ हो गया। मेरी इस साल दूसरी शादी हुई। आज ही बारात लौटकर आयी है। मेरे सबसे छोटे भाई नरकुल ने मेरी पत्नी के कमरे में घुसकर ताला बन्द कर लिया है। आप चलकर मेरी पत्नी को बचाइए नहीं तो पिछली बार की तरह मेरी पत्नी मेरे हाथ से निकल जाएगी।" रघुवीर सिंह ने बड़े

शान्त भाव से उत्तर दिया, "तुम्हारे घर का नाटक मेरी समझ के बाहर है। यह तुम्हारे घर का आन्तरिक मामला है। तुम्हारे सारे रिश्तेदार इकट्ठा होंगे। सब लोग मिलकर इस मामले को सुलझायें। मैं इस लफड़े में नहीं पड़ूँगा। अपने पिताजी से बात करो। उनसे कहो कि वे इस समस्या को सुलझायें।" मोहित ने कहा, "मेरे पिता जी तो एकदम लुल्ल आदमी हैं। वे क्या इस मामले को सुलझायेंगे? आप चलिए ठाकुर नहीं तो मेरा सब कुछ लुट जाएगा।" रघुवीर सिंह बोले, "देखो मैं इस समय सोने जा रहा हूँ। मैं कहीं नहीं जाऊँगा। दरवाजा तोड़कर तुम अपनी पत्नी को नहीं बचा सकते हो? मैं चलूँ तुम्हारी पत्नी को बचाऊँ? धिक्कार है तुम्हें!" मोहित बहुत देर तक हाथ जोड़े विनती करता रहा। रघुवीर सिंह टस से मस नहीं हुए। मुँह लटकाये मोहित लौट आया।

घर लौटकर मोहित फिर दरवाजा पीटने लगा, "नरकुल दरवाजा खोल रहा है कि मैं दरवाजा तोड़ूँ?" खूब चीख-पुकार मची हुई थी। आसपास के लोग भी इकट्ठा हो चुके थे। अन्दर सिर्फ औरतें ही थीं जो दरवाजा पीट रही थीं और नरकुल को गाली दे रही थीं। सारे मर्द बाहर खड़े विचार-विमर्श कर रहे थे कि क्या किया जाय? अचानक नरकुल दरवाजा खोलकर बाहर निकल आया। मोहित जल्दी से अन्दर घुसा। लालटेन जल रही थी। दूल्हन खून से लथपथ बिस्तर पर निर्वस्त्र पड़ी थी। वह बेहोश थी। मोहित कमरे से निकल आया और घर के बाहर जाकर खड़ा हो गया। उसकी आँखों में आँसू थे।

कुछ औरतें जल्दी से दूल्हन के कमरे में घुस गयीं। कुछ नरकुल को पकड़कर पीटने लगीं। वे नरकुल को पीटते हुए घर के बाहर ले आयीं। दूल्हन के कमरे में घुसी औरतों ने दूल्हन की दशा देखी। उनके मुँह से चीख निकल गयी। पानी लाकर वे दूल्हन के मुँह पर छिड़कने लगीं, जिससे उसे होश आ जाय। नरकुल को बाहर सारे आदमी पीटने लगे। नरकुल जोर से चिल्लाया, "खबरदार जो मुझे किसी ने मारा।" सबके हाथ रुक गये। नरकुल चिल्लाने लगा, "पिछली बार जब रोहित ने भैया की पत्नी छीनी थी, तब कुछ नहीं हुआ। इस बार मैंने छीन ली तो कौन सा अनर्थ हो गया? रोहित की शादी नहीं हो रही थी तो क्या मेरी शादी हो जाएगी क्या? कौन करेगा अपनी लड़की की शादी मुझसे? मेरे बाप की औकात ही क्या है जो कोई मेरी शादी के लिए आयेगा। भैया की एक पत्नी रोहित ने ले ली तो मैंने भी एक ले ली। उनकी शादी तो फिर हो जाएगी। वे नौकरी कर रहें हैं। उनकी पिछली पत्नी रोहित ने छीन ली थी तो क्या उनकी शादी के लिए लोग नहीं आये? सैकड़ों शादियाँ आयीं। हम लोगों को भी कोई पूछ रहा है? मैंने इनकी पत्नी के साथ सब कुछ कर डाला और उसे अपनी पत्नी बना लिया। अब ये दूसरी शादी

करें।...मैं कह रहा हूँ खबरदार! कोई हाथ नहीं उठायेगा। किसी ने हाथ उठाया तो अच्छा नहीं होगा।'' मोहित घर के अंदर गया। उसने टी.टी.ई. की ड्रेस पहनी। वह बाहर आया और रामनाथपुर रेलवे स्टेशन के लिए चल दिया। किसी की हिम्मत नहीं पड़ी उसे रोकने की। सबका मुँह चोर हो रखा था।

रामनाथपुर रेलवे स्टेशन के बगल में आम का एक काफी बड़ा बगीचा था। उसमें बीसों की संख्या में घुमंतू जाति के लोग डेरा डाले हुए थे। अगले दिन दोपहर में टी.टी.ई. की ड्रेस में मोहित एक आम के पेड़ के नीचे उन्हीं लोगों के साथ बैठा हुआ था। प्राइमरी पाठशाला का सा दृश्य था। पालथी मारक सामने की ओर मुँह किये मोहित बैठा था। मोहित के ठीक सामने मोहित की ओर मुँह किय सारे घुमन्तू बैठे थे। सारे के सारे घुमन्तू अनपढ़ और देश-दुनिया से पूरी तरह कटे हुए। मोहित उन्हें खूब समझा-समझाकर बता रहा था, ''जब शोले फिल्म हिट हुई तो धर्मेन्द्र और हेमामालिनी में प्रेम हो गया...प्रेम तो आप सभी लोग समझ ही रहे हैं कि क्या होता है! अरे भाई मुहब्बत। धर्मेन्द्र हेमामालिनी के घर जाने लगा। घर में हेमामालिनी अकेले रहती थी। अब भाई, जहाँ आग और फूस साथ रहेंगे, वहाँ आग तो लगेगी ही। धर्मेन्द्र और हेमामालिनी में सम्बन्ध बन गया। सम्बन्ध समझ रहे हैं न?...अरे वही जो आप आदमी अपनी औरतों के साथ करते हैं। धीरे-धीरे अक्सर सम्बन्ध बनने लगा। जब आदमी और औरत के साथ अक्सर सम्बन्ध बनेगा तो गड़बड़ तो होगी ही। हेमामालिनी पेट से हो गयी। अब धर्मेन्द्र परेशान। हेमामालिनी ने कहा कि मैं बच्चे को जन्म दूँगी। धर्मेन्द्र उसे समझाने लगा कि बच्चा गिरवा दो। जब हम दोनों शादी कर लेंगे, तब बच्चा पैदा करना। हेमामालिनी नहीं मान रही थी। धर्मेन्द्र ने उससे कहा कि अच्छा ठीक है। चलो तुम्हारे पेट का फोटो खिचवाते हैं। अगर पेट में लड़का होगा तो तुम बच्चे को जन्म देना लेकिन अगर पेट मे बेटी हुई तो बच्चा गिरवाना पड़ेगा। हेमामालिनी तैयार हो गयी। दोनों गये हेमामालिनी के पेट का फोटो खिंचवाने। पेट का फोटो खिंचा तो पता चला कि पेट में बेटी है। धर्मेन्द्र ने कहा कि अब तुम्हें बच्चा गिरवाना पड़ेगा। हेमामालिनी पलट गयी। उसने कहा कि मैं तो बच्चा नहीं गिरवाऊँगी। धर्मेन्द्र हेमामालिनी को उसके घर ले गया। घर ले जाकर उसने हेमामालिनी को खूब पीटा। कहा कि अगर बच्चा नहीं गिरवाया तो तेरा और मेरा रिश्ता खत्म। अब बेचारी हेमामालिनी क्या करती! अपने कलेजे के पर पत्थर रखकर उसने बच्चा गिरवा दिया...।'' सारे घुमन्तू बहुत तन्मय होकर उसकी बात सुन रहे थे। औरतें और मर्द सब। ऐसा लग रहा था कि जैसे साक्षात् भगवान ज्ञान की वर्षा कर रहे हों।

ज्ञान दे लेने के बाद मोहित बोला, ''मुझे भूख लग गयी है। इतनी देर से बोल

रहा हूँ। तुम लोग मेरे लिए कुछ खाने की व्यवस्था करो। तुम लोगों के भी खाने का समय हो रहा है। खाना तो बनाया ही होगा तुम लोगों ने। सब लोग अपने-अपने खाने में से थोड़ा-थोड़ा निकालकर मुझे दे दो। मेरा भी पेट भर जाएगा, तुम लोगों का भी पेट भर जाएगा। सब लोग इतना थोड़ा-थोड़ा खाना निकालना कि किसी का कम न होने पाये। ऐसा न हो कि मेरे खाने के चक्कर में कोई भूखा रह जाय।'' घुमन्तूओं ने महुए के पत्ते तोड़-तोड़कर उससे एक बड़ा सा पत्तल बनाया। अपने-अपने खाने में से सभी लोग थोड़ा-थोड़ा खाना उस पत्तल में डालने लगे। एक आदमी के लिए भरपूर भोजन इकट्ठा हो गया। सारे लोग खाना-खाने के लिए बैठ गये। मोहित भी उन्हीं के बीच में बैठ गया। कुछ लोग दक्षिण दिशा की तरफ मुँह करके खाना खाने बैठे थे। मोहित उन्हें समझाने लगा, ''दक्षिण दिशा की ओर मुँह करके खाना नहीं खाना चाहिए। दक्षिण दिशा में राक्षसों का वास होता है। दक्षिण की तरफ मुँह करके खाना खाने से आधा खाना राक्षसों के पेट में चला जाता है। इससे आदमी कमजोर होने लगते हैं और राक्षस ताकतवर होने लगते हैं।'' जिन लोगों ने दक्षिण की तरफ मुँह किया था, उन्होंने दूसरी तरफ मुँह कर लिया।

मोहित ने रामबाग मुहल्ले में किराये का एक कमरा ले लिया। अब वह शहर में रहने लगा। गाँव वह नाममात्र को जाता। जाता तो ज्यादातर बेचन के यहाँ रहता। यद्यपि उसे शहर में बहुत बेचैनी होती और मन नहीं लगता था, फिर भी वह गाँव कम जाता था। अपने परिवार और घर के नाम पर उसके पास बचा ही क्या था? उसके साथ एक काफी वरिष्ठ टी.टी.ई. थे। नाम था, अच्युतानन्द मिश्र। वे मोहित को बहुत मानते थे। उससे मिलने अक्सर उसके कमरे पर आते थे। एक दिन अच्युतानन्द उसके कमरे पर आये। उसने उनके लिए अपने स्टोव पर चाय बनायी और उन्हें चाय देकर खुद भी उनके साथ चाय पीने लगा। अच्युतानन्द उससे बोले, ''क्यों अकेले मर खप रहे हो मोहित? इतनी अच्छी नौकरी कर रहे हो। आखिर शादी क्यों नहीं कर लेते?'' मोहित ने कहा, ''सोच तो मैं भी रहा हूँ भाई साहब! कोई अच्छी लड़की आपको दिखे तो बताइएगा?'' अच्युतानन्द हँसे, ''लड़की तो एक मेरी ही है। मेरी बेटी साधना को तो तुमने देखा ही है। उसने भी हिन्दी से इस साल एम.ए. कर लिया। मेरी बेटी देखने में भी अच्छी है और पढ़ने में भी। मैं तुम्हारे गाँव जा चुका हूँ और तुम्हारा घर-परिवार मेरा देखा हुआ है। तुम भी अच्छे ब्राह्मण हो ओर मैं भी। मेरा गोत्र दूसरा है और तुम्हारा दूसरा। अगर तुम्हें कोई आपत्ति न हो तो मैं अपनी बेटी की शादी तुमसे करने को तैयार हूँ।''

मोहित सोच में पड़ गया। अच्युतानन्द बोले, ''इतना सोच-विचार मत करो। मेरी बेटी में कोई कमी नहीं है। तुम हाँ कर दो तो यह खुशखबरी मैं जाकर अपने

घर में भी दूँ।'' मोहित ने कहा, ''मैं आपकी लड़की से शादी करने के लिए तैयार हूँ, लेकिन मेरी एक शर्त है।'' ''क्या शर्त है?'' अच्युतानन्द ने पूछा। मोहित बोला, ''मुझे शादी की नाटकबाजी बिलकुल पसन्द नहीं है। मैं अगर शादी करूँगा तो कोर्ट में!'' अच्युतानन्द मायूस हो गये, ''ऐसा कैसे हो सकता है? समाज में हमारे-तुम्हारे दस जाननेवाले हैं। तमाम रिश्तेदार हैं। उन्हें हम क्या जवाब देंगे? कोई भाग कर तो शादी कर नहीं रहे हो!'' मोहित ने कहा, ''तो ठीक है! शादी मन्दिर में कर लीजिए। सारे परिचितों और रिश्तेदारों को मन्दिर में बुला लीजिए। मै बाजे-गाजे और धूम-धड़ाके के साथ शादी नहीं करूँगा।'' अच्युतानन्द समझाने का प्रयास करने लगे, ''बात को समझो मोहित। शादी को लेकर मेरी बेटी के भी बहुत अरमान होंगे। उसकी माँ के और मेरे अरमान हैं। सारे रिश्तेदार भी उत्सुकता से शादी की प्रतीक्षा कर रहे हैं। सबके घर मैं शादियो में गया हूँ। वे भी मेरे घर शादी में आने को उत्सुक होंगे।'' मोहित ने कहा, ''मैं कह तो रहा हूँ कि शादी मन्दिर में कीजिए और जिसको-जिसको बुलाना हो वहीं बुला लीजिए। अगर आपको गाजे बाजे वाली ही शादी करनी है तो मुझे माफ कीजिए। मैं आपके यहाँ शादी नहीं कर पाऊँगा।''

अच्युतानन्द निराश हो गये। वे थोड़ी देर तक चुपचाप बैठे रहे। फिर बोल, ''ऐसा है, न तुम्हारी बात और न मेरी बात। शादी मन्दिर में कर देंगे, लेकिन शादी के बाद मैं अपने घर पर एक शानदार दावत दूँगा। उस दावत में मैं लड़के और लड़की को शान से मंच पर बैठा दूँगा, जिससे लोग आकर वर-वधू को आशीर्वाद दे सकें। अब इसके लिए मना मत करना।'' मोहित इसके लिए मान गया। अच्युतानन्द उठते हुए बोले, ''ठीक है! मैं चलकर यह खुशखबरी अपने घर में सबको दे दूँ।''

मोहित ने अपनी शादी में सिर्फ बेचन को बुलाया। न किसी रिश्तेदार को और न किसी गाँव के आदमी को। जैसा तय हुआ था, उसी तरह शादी हुई। शादी के उपलक्ष्य में आयोजित शानदार दावत को देखकर बेचन मोहित के कान में बोला, ''यार तुमको गाँव वालों को यहाँ बुलाना चाहिए था। सब साले देखकर जलभुन उठते। ...चलो! राम राम करते तुम्हारी शादी हो ही गयी।''

प्यार का दर्शन

माधवेन्द्र सी सी एच बैंक में घुसे। वे आज पहली बार आये थे इस बैंक में। वे पैसा जमा करने का काउन्टर खोजने लगे। अचानक उनकी निगाह उस लड़की पर पड़ी। वे देखते रह गये। बला की सुन्दर लड़की थी। अपनी सीट पर बैठी चुपचाप काम में तल्लीन। माधवेन्द्र अपने को रोक नहीं पाये। वे सीधे उस लड़की के पास पहुँच गये, "मैडम, जरा बताएँगी कि पैसा कहाँ जमा होता है?" उन्होंने बड़ी विनम्रता से उससे पूछा। उसने सिर उठाया। बड़ी बेरुखी से ऊँगली के इशारे से बता दिया। माधवेन्द्र उसकी बेरुखी से बहुत मायूस हुए। चुपचाप जाकर उन्होंने पैसा जमा कर दिया।

माधवेन्द्र की उम्र इस समय लगभग अड़तालीस साल थी। सिविल लाइन्स में उनकी बिजली के सामानों की एक बहुत बड़ी दुकान थी। बिजली का शायद ही कोई सामान हो जो उनके यहाँ नहीं मिलता था। खासकर के मँहगे और लग्जरी सामान! इसीलिए उनकी दुकान शहर के बड़े लोगों की पंसदीदा दुकान थी। दुकान में लगभग बीस कर्मचारी थे। दुकान में एक किनारे पर उनका एक शानदार वातानुकूलित केबिन था। उसमें शहर के बड़े लोग आकर बैठा करते थे। खासकर के व्यवसायी।

दुकान का नाम था–विद्युत सृष्टि। यह दुकान उनके पिता जी ने खोली थी। इलाहाबाद विश्वविद्यालय से एम.बी.ए. करने के बाद माधवेन्द्र भी इसी दुकान में बैठने लगे। पिता जी नहीं रहे तो 'विद्युत सृष्टि' की सारी जिम्मेदारी माधवेन्द्र के सिर पर आ गयी। माधवेन्द्र ने दुकान को इतना शानदार लुक दे दिया कि वह दुकान कम, तीन सितारा होटल ज्यादा मालूम पड़ती थी।

माधवेन्द्र का स्वभाव अन्य व्यवसायियों से कुछ अलग हटकर था। उनके अन्दर अहंकार या दर्प जरा भी नहीं था। निहायत ही शालीन, विनम्र और मृदुभाषी। उन्हें पढ़ने का बहुत शौक था और घर में उन्होंने अपना एक छोटा सा पुस्तकालय बना रखा था। उनके पुस्तकालय में हिन्दी के बहुत सारे उपन्यास और कहानी संग्रह पड़े हुए थे। आध्यात्मिक पुस्तकों से भी उन्हें प्रेम था, विशेषकर गीता से। मांस-मदिरा

इत्यादि से भी उन्हें परहेज था। इन्हीं सब बातों का असर था कि उनके चेहरे पर एक अलग ही आभा नजर आती थी।

सी सी एच बैंक सरकारी बैंक नहीं था, लेकिन बाजार और समाज में उसकी साख बहुत अच्छी थी। इसके अलावा बैंक की शाखा माधवेन्द्र की दुकान से मुश्किल से एक किलोमीटर दूर थी। इसीलिए माधवेन्द्र ने सोचा कि एक खाता इस बैंक में भी खोल लिया जाय। उन्होंने एक दिन बैंक को फोन कर दिया। बैंक का एक कर्मचारी उनकी दुकान पर आया और वहीं बैठे-बैठे खाता इत्यादि खोलने की औपचारिकता पूरी कर दी। पासबुक, चेकबुक इत्यादि सभी चीजें उनकी दुकान पर पहुँच गयीं। बैंक की सेवा माधवेन्द्र को बहुत अच्छी लगी। बैंकों से पैसे के लेन-देन इत्यादि का काम वे खुद करते थे। वे कभी किसी कर्मचारी से नहीं कहते थे कि ले जाओ पैसा बैंक में जमा कर आओ। अपने सरल स्वभाव के कारण वे कई बार धोखा खा चुके थे और ठगे जा चुके थे, अतः मनुष्यता पर उनका भरोसा कम हो गया था। उन्होंने देखा था कि समाज में लोग शरीफ़ आदमी को मूर्ख समझते हैं।

अगले दिन माधवेन्द्र ने फिर अपनी कार निकाली और चल दिये सी सी एच बैंक। बैंक की उस सुन्दर लड़की में उन्हें दिलचस्पी हो गयी थी। कार बाहर खड़ी करके वे बैंक के अन्दर घुसे। लड़की अपनी सीट पर अपने काम में तल्लीन थी। उन्होंने उसे भरपूर दृष्टि से देखा। वे पैसा जमा करने वाले काउंटर की ओर बढ़ गये, लेकिन मन ही मन उस लड़की से कुछ बोलने के लिए बहाना खोज रहे थे। पैसा जमा हो गया। वे लड़की के पास पहुँचे गये, “मैडम, फिक्स डिपाजिट कहाँ होता है?” उसने फिर बेरुखी से इशारा कर दिया। उसकी इतनी ज्यादा बेरुखी से माधवेन्द्र आहत तो हुए लेकिन वे कर क्या सकते थे? वे बैंक से बाहर निकल आये। लड़की की उम्र मुश्किल से चौबीस से पच्चीस साल थी। माधवेन्द्र इतना तो समझ रहे थे कि मेरे और उस लड़की में उम्र का बहुत ज्यादा अन्तर है, लेकिन उन्होंने यह भी सोचा कि शराफत के साथ लाइन मारनें में जाता क्या है?

अगले दिन फिर वे बैंक में पैसा जमा करने पहुँच गये। बैंक के अन्दर घुसते ही सबसे पहले उनकी निगाह लड़की की सीट पर गयी। लड़की सीट पर नहीं थी। उसकी जगह एक लड़का बैठा हुआ था। उन्हें बहुत मायूसी हुई। पैसा जमा करने वाले काउंटर पर पहुँच गये वे। उनका दिल बल्लियों उछल पड़ा। वही लड़की आज पैसा जमा कर रही थी। पन्द्रह बीस लोगों की लाइन थी पैसा जमा करने के लिए। उन्हें उस लड़की से बोलने के लिए अच्छा बहाना मिल गया। वे एकदम आगे चले गये, “मैडम मैं बहुत जल्दी में हूँ। मेरा पैसा पहले जमा कर लेंगीं?”

लड़की बोली, "ऐसा है सर, यहाँ पर जितने लोग खड़े हैं लाइन में, सबको जल्दी है। मैं क्रम से ही पैसा जमा करूँगी। किसी का पहले नहीं जमा होगा।" वे लाइन में सबसे पीछे खड़े हो गये। उन्हें कोई जल्दी नहीं थी। उस लड़की से कुछ बात भर करना था। उनका काम हो गया।

उस लड़की की पैसा जमा करने वाले काउंटर पर नियमित ड्यूटी लग गयी। माधवेन्द्र बहुत प्रसन्न हुए। वे अनावश्यक रूप से रोज पैसा जमा करने आने लगे। वे रोज उस लड़की से कुछ न कुछ बोलते। लड़की इतनी ज्यादा बेरुखी से जवाब देती कि उनका मन एकदम बुझ जाता। लेकिन वे इतने पर भी संतुष्ट थे कि इतनी सुन्दर लड़की को भरपूर नज़रों से देख लेता हूँ।

माधवेन्द्र ने देखा कि कुछ समय ऐसा होता है, जब पैसा जमा करने वाला काउंटर एकदम खाली रहता है। उन्होंने अपनी रणनीति बदल दी। अब वे उसी खाली समय में पैसा करने आने लगे। वे रोज लड़की को नमस्ते करके पैसा उसकी तरफ बढ़ा देते। नमस्ते करने के अलावा वे उस लड़की से कुछ नहीं कहते थे। उनके नमस्ते के जवाब में लड़की जरा सा सिर हिला देती। धीरे-धीरे लड़की उन्हें बहुत अच्छी तरह पहचानने लगी। उसे लगा कि यह आदमी रोज पर्याप्त पैसे जमा करता है। चेहरे से भी पढ़ा लिखा और प्रभावशाली लगता है। जरूर कोई यह सड़क छाप आदमी नहीं है। मेरी तरफ़ देखता जरूर है लेकिन इसकी आँखों में जरा सा भी गंदगी नहीं रहती। निगाहों में बड़ा शालीन अपनत्व होता है। मुझे इसके साथ इतनी अभद्रता से नहीं पेश आना चाहिए।

माधवेन्द्र अगले दिन पैसा जमा करने पहुँचे। काउन्टर एकदम खाली था। वह लड़की यूँ ही बैठी हुई थी। माधवेन्द्र ने उसे नमस्ते किया। लड़की ने मुस्कराकर उनके नमस्कार का जवाब दिया, "और? कैसे हैं?" वे आश्चर्य चकित रह गये, "बिलकुल ठीक हूँ। आप कैसी हैं?" "मैं भी एकदम ठीक-ठाक हूँ।"उसने मुस्कराकर जवाब दिया। माधवेन्द्र समझ गये कि मेरी रणनीति कामयाब रही। रोज नमस्ते करने से इसे अपनी औपचारिकता त्यागनी पड़ी। वे हँसे, "खुदा का शुक्र है कि आप मुझे पहचानने लगीं?" वह भी हँसी, "पहचानूँगी कैसे नहीं। आप हमारे बैंक के विशेष ग्राहक हैं। रोज पैसा जमा करते हैं। ऐसे ग्राहकों का हमें विशेष ध्यान रखना चाहिए। हमारे बैंक का ऐसा नियम है। यह कोई सरकारी बैंक नहीं हैं।" "आज के पहले आपने मुझे यह बात नहीं बतायी?" वे लगातार मुस्करा रहे थे। वह इस तरह अचानक इतने अच्छे ढंग से बात करने लगेगी, उन्हें उम्मीद नहीं थी। वह भी मुस्करा रही थी, "कोई बात नहीं। आज बता दिया न!" "आपका नाम क्या है?" अचानक उन्होंने पूछा। "मेरा नाम प्रेयसी है।" उसने चहकते हुए उत्तर दिया।

माधवेन्द्र हँस पड़े। "आप हँस क्यों रहे हैं?" उसने पूछा। वे टालते हुए बोले, "कुछ नही! अचानक मुझे एक बात याद आ गयी। इसीलिए हँस पड़ा।" "क्या बात याद आ गयी?" वह थोड़ा सा खिसिया गयी। "मेरी निजी बात है। आपको जानना जरूरी नहीं है।" "ठीक है! आप जब तक हँसने का कारण नहीं बतायेगे, मैं आपका पैसा नहीं जमा करूँगी।" "ठीक है! यह बताइए आपके नाम का अर्थ क्या है?" "मैं सब समझ रही हूँ। प्रेयसी का अर्थ प्रेमिका होता है इसीलिए आप हँस रहे हैं न?" माधवेन्द्र फिर हँस पड़े। वह थोड़ा रोष से बोली, "बहुत सारी लड़कियों का नाम प्रिया होता है। प्रिया का अर्थ भी तो प्रेमिका होता है।" वे थोड़ा गम्भीर होते हुए बोले, "माफ़ कीजिएगा! मैं आपका दिल नहीं दुखाना चाहता था। प्रेयसी बहुत सुन्दर शब्द है।" वह हँसते हुए बोली, " मेरा दिल इतनी जल्दी नहीं दुखता...लाइए आपका पैसा जमा कर लूँ।" उन्होंने पैसा और स्लिप उसकी ओर बढ़ा दिया। वह पैसा गिनने लगी।

पैसा जमा हो गया। माधवेन्द्र ने उससे पूछा, "आप को आपत्ति न हो तो मैं आपसे एक सवाल पूछ सकता हूँ?" "पूछिए!" उसने जिज्ञासा से उनकी ओर देखा। "लगता है, आपको बहुत जल्दी नौकरी मिल गयी। आपको कैसे मिली यह नौकरी?" उन्होंने पूछा। वह बताने लगी, "मैंने यहीं इलाहाबाद विश्वविद्यालय से बी.काम. किया है। बी.काम. करने के बाद मैंने इस बैंक की नौकरी की परीक्षा दी। पास हो गयी तो मैंने प्रयास करके यहीं इलाहाबाद में ही ज्वाइन कर लिया। नौकरी करते हुए मुझे तीन साल हो गये।" "आप किस पद पर हैं?" उन्होंने फिर पूछा। "मैं यहाँ पर सहायक प्रबन्धक अर्थात असिस्टेन्ट मैनेजर हूँ।" उसने बताया। वे मुस्कराये, "इतनी कम उम्र में इतनी अच्छी नौकरी पा जाने के लिए बहुत-बहुत बधाई!" वह भी मुस्करायी, "धन्यवाद सर! वैसे आप क्या करते हैं?" "सिविल लाइन्स में ही विद्युत सृष्टि दुकान आप जानती हैं?" उन्होंने पूछा। "विद्युत सुष्टि कौन नहीं जानता?" उसने कहा। "मैं विद्युत सृष्टि का मालिक हूँ।" वे फिर मुस्कराये। लड़की हतप्रभ रह गयी, "सर आप तो इतने सरल, शालीन और सज्जन हैं कि लगता ही नहीं कि इतनी वी.आई.पी. दुकान के मालिक हैं। इतना पैसा जमा करने से पता चलता है कि आप कोई विशेष ग्राहक हैं, अन्यथा लगता है कि आप कोई आम ग्राहक हैं। आप से परिचित होकर मुझे बहुत खुशी हुई। इसलिए नहीं कि आप पैसे वाले हैं बल्कि इसलिए कि आप बहुत अच्छे इन्सान हैं।" "तारीफ़ करने के लिए शुक्रिया। वैसे मुझे नहीं लगता कि मैं इतना अच्छा आदमी हूँ।" "अच्छे आदमी की यही पहचान होती है कि उसे नहीं पता होता कि वह अच्छा आदमी है।" "ठीक है! मैं चलता हूँ। वैसे एक बात कहूँ। आप देखने में कितनी ज्यादा

क्या हैं, यह मैं नहीं बताऊँगा अन्यथा आप नाराज़ हो जाएँगी।'' वे शरारत से मुस्कराये और चल दिये। प्रेयसी शरमा गयी। वह समझ गयी कि इशारे-इशारे में माधवेन्द्र ने क्या कह दिया।

माधवेन्द्र बहुत व्यस्त हो गये। वे बैंक नहीं जा पा रहे थे। प्रेयसी का चेहरा उन्हें बार-बार याद आ रहा था। वे देश के सेवकों की सेवा में व्यस्त थे। जिलाधिकारी, पुलिस अधीक्षक, बिक्रीकर विभाग के अधिकारी, आयकर विभाग के अधिकारी- सबकी सेवा हो रही थी। सबको उनका-उनका हिस्सा पहुँचाया जा रहा था। प्रतियोगी परीक्षाएँ पास करके जब इन नौकरियों में युवा आते हैं तो उनका उद्देश्य देश सेवा ही होता है। समाचार पत्रों को साक्षात्कार देते समय कम से कम वे यही कहते हैं। ऐसी देश सेवा करूँगा कि देश की तकदीर पलट जाएगी। दूसरी तरफ व्यवसायी समाज में बहुत पापी माना जाता है। वह हेराफेरी करता है, टैक्स की चोरी करता है, कालाधन जमा करता है इत्यादि-इत्यादि बहुत सारे पाप। लेकिन देश के सेवकों की समाज में आर्थिक हनक बनाये रखना उसी की जिम्मेदारी होती है। अगर वह पूरी ईमानदारी से व्यवसाय करने लगे तो देश के सेवकों का ध्यान नहीं रख पायेगा। देश सेवकों का ध्यान नहीं रखेगा तो जेल के अंदर होगा। ईमानदार व्यक्ति को जेल भेजने के हजार तरीके हैं और इसी तरह बेईमान व्यक्ति को जेल न जाना पड़े और उसे कोई कष्ट न हो, इसके भी हजार तरीके हैं। देश के सेवकों के यहाँ नोटों से भरी अटैचियाँ पहुँच रही थीं। उन्हें देश सेवा का फल मिल रहा था।

माधवेन्द्र को इन सब से निवृत्त होने में महीनों लग गये। उन्हें फुर्सत मिली तो वे पैसा जमा करने बैंक पहुँच गये। अपने तय समय पर। जब पैसा जमा करने का काउन्टर खाली रहता था। आज उनके नमस्ते करने के पहले प्रेयसी ने ही नमस्ते किया, "नमस्ते सर! आज बहुत दिनों बाद आये?'' "नमस्ते-नमस्ते! आप मेरा इन्तज़ार कर रही थीं क्या?'' माधवेन्द्र शरारत से मुस्कराये। वह भी मुस्करायी, "इंतज़ार तो करूँगी ही सर! हमारे बैंक का नियम है। आप हमारे बैंक के विशिष्ट ग्राहक हैं।'' वे हँसने लगे, "आप बहुत बुद्धिमान हैं। सुंदरता और बुद्धिमानी जल्दी एक साथ नहीं मिलती।'' वह झेंप गयी, "सर, आप मेरी टाँग मत खीचिए।...वैसे मुझे आप को एक बात बतानी थी। आपका काफी नुकसान हो रहा है। आपका खाता साधारण बचत खाता है। इसमें सिर्फ चार प्रतिशत ब्याज मिलता है। हमारे यहाँ एक विशेष बचत खाता होता है। उसमें आपके खाते में कम से कम एक लाख रुपये हमेशा रहना चाहिए। उसमें नौ प्रतिशत ब्याज मिलता है। आपके खाते में तो कई लाख रुपये हमेशा पड़े रहते हैं। इसलिए आप अपने साधारण बचत खाते को विशेष बचत खाते में बदलवा लीजिए। उसके लिए आपको परेशान नहीं होना है।

कुछ औपचारिकताएँ पूरी करनी पड़ेंगी। फिर यही खाता आपके विशेष बचत खाते में परिवर्तित हो जाएगा।''

''अरे इसमें तो बहुत फायदा है। यह बात आपने मुझे पहले क्यों नहीं बतायी?'' उन्होंने पूछा। ''सर, आपसे मेरा कोई परिचय नहीं था। अब आप परिचित हो गये हैं तो बैंक में आपके हितों का ध्यान रखना मेरा फर्ज बनता है।'' उसने विनम्रता से कहा। वे उत्सुक होकर बोले, ''तो ठीक है। मेरा साधारण बचत खाता विशेष बचत खाता में परिवर्तित कर दीजिए।'' ''लाइए पहले आपका पैसा जमा कर लूँ।'' उसने हाथ बढ़ाया। पैसा जमा करने का काउंटर पिंजरेनुमा था। पैसा जमा कर लेने के बाद वह पीछे से उस पिंजरे से निकली। उसने अपने पिंजरे में ताला लगा दिया। वह उनको लेकर एक अन्य काउंटर पर गयी। उस काउंटर पर भी एक लड़की बैठी हुई थी। वह बोली, ''निकी, सर के साधारण बचत खाते को विशेष खाते में बदल दो। मैं तुम्हें सर का एकाउन्ट नम्बर दे रही हूँ। उससे कम्प्यूटर में सर का पूरा डिटेल मिल जाएगा। फॉर्म पर जहाँ-जहाँ आवश्यक हो, सर से हस्ताक्षर करवा लो। बाकी चीजें फॉर्म में तुम खुद भर लो।...सर आप यहीं बैठ जाइए। मैं अपने काउंटर पर जा रही हूँ। निकी आपसे सारी औपचारिकता पूरी करवा लेगी।'' माधवेन्द्र वहीं सामने बैठ गये। प्रेयसी चली गयी। निकी ने एकाउंट नम्बर से कम्प्यूटर पर माधवेन्द्र का विवरण खोला। उसने देखा, खाते में बहुत पैसे थे। वह समझ गयी कि कोई मोटा मुर्गा है। उसने एक फॉर्म निकाला और उसमें तीन-चार जगह निशान लगा दिये। ''सर,जहाँ-जहाँ मैंने निशान लगाये हैं, वहाँ-वहाँ हस्ताक्षर कर दीजिए।'' माधवेन्द्र ने हस्ताक्षर कर दिये। फॉर्म में कम्प्यूटर से देख-देखकर निकी सारा विवरण भरने लगी। कुछ ही देर में सारी औपचारिकता पूरी हो गयी। निकी बोली, ''सर, आपका खाता विशेष बचत खाते में परिवर्तित हो गया।'' माधवेन्द्र ने देखा कि यद्यपि निकी में प्रेयसी वाली बात नहीं थी, लेकिन वह भी सुन्दर थी। प्रेयसी जहाँ एकदम साफ दिल की लड़की थी, वहीं निकी थोड़ा चालाक दिख रही थी। वे बोले, ''आप हँसती रहा करिए। हँसते हुए आप ज़्यादा सुंदर लगती हैं।'' निकी के चेहरे पर एक क्षण के लिए गुस्से का भाव तैर गया, लेकिन होशियारी से उसने क्षण भर में ही अपने चेहरे का भाव बदल लिया और हँसने लगी। उसे लगा कि इसे बेवकूफ बनाया जा सकता है।

थोड़ी देर में वह हँसते हुए और कुछ अदा दिखाते हुए बोली, ''सर, हमारे बैंक का एक बीमा प्लान है। उसमें इतनी अधिक बीमा सुरक्षा है कि आपको उतनी अधिक सुरक्षा कहीं नहीं मिलेगी। इस प्लान में आपको पाँच साल तक हर साल दो लाख रुपये जमा करने पड़ेंगे। पाँच साल बाद आपको पैसा नहीं जमा करना

है। पहली किस्त जमा करने से लेकर दस साल तक कोई अनहोनी होने पर बैंक आपके परिवार को पचास लाख रुपये अदा करेगा। अगर सब कुछ सही सलामत रहा तो दस साल बाद बैंक आपका सारा पैसा चार प्रतिशत वार्षिक ब्याज लगाकर आपको वापस कर देगा।'' माधवेन्द्र ताड़ गये। निकी मुस्करा-मुस्करा कर ठीक से चूना लगाने के चक्कर में पड़ गयी है। वे धर्मसंकट में पड़ गये। वे सोचने लगे कि चूँकि मुझे प्रेयसी इस काउन्टर तक लेकर आयी है अतः मुझे प्लान दिलवाने में उसकी भी सहमति है। मेरे यह प्लान ले-लेने से हो सकता है, इन दोनों लड़कियों को कुछ फायदा मिलना हो। उन्हें असमंजस में पड़ा देखकर निकी बोली, ''सोचिए मत सर। बहुत अच्छा प्लान है यह। इसमें आपको कुछ करना नहीं पड़ेगा। आपके खाते से अपने आप हर साल दो लाख रुपये कट जाया करेंगे। उसकी रसीद आपके पते पर अपने आप पहुँच जाया करेगी।'' उन्हें सोचने का कुछ और मौका दिये बिना उसने जल्दी से एक फॉर्म निकाला। उसमें उसने कई जगह निशान लगा दिये, ''सर, आप इन-इन जगहों पर हस्ताक्षर कर दीजिए।'' माधवेन्द्र संकोच में कुछ बोल नहीं पाये। उन्होंने फॉर्म लिया और चुपचाप उन स्थानों पर हस्ताक्षर कर दिया। निकी जल्दी-जल्दी सारे कॉलम भरने लगी। कुछ देर बाद वह बोली, ''धन्यवाद सर! इतनी अच्छी पॉलिसी लेने के लिए बहुत-बहुत बधाई!'' वह लगातार हँसे जा रही थी। माधवेन्द्र ने एक बार जो कह दिया था कि हँसते हुए आप और अधिक सुन्दर लगती हैं, उसी का असर था। वह सोच रही थी कि हँसते हुए मैं इस आदमी को बहुत अच्छी लग रही हूँ। अपने हिसाब से वह बहुत चालाकी कर रही थी और उसकी चालाकी पर माधवेन्द्र मन ही मन मुस्करा रहे थे। उनका मन थोड़ा सा खिन्न हो गया। वे बैंक के बाहर चले आये।

माधवेन्द्र एक सप्ताह तक बैंक नहीं गये। निकी के प्रति उनके मन में थोड़ी सी चिढ़ पैदा हो गयी थी। थोड़े से संकोच में वे प्रायः धोखा खा जाते थे या नुकसान उठाते थे। सप्ताह भर बार उन्हें प्रेयसी को देखने की इच्छा हुई। वे चल दिये बैंक।

उन्हें देखकर प्रेयसी मुस्करायी, ''नमस्ते सर! आपका काम तो हो गया।'' ''नमस्ते! काम तो हो गया, लेकिन जो पॉलिसी करवायी हो, वह कैसी है?'' ''कैसी पॉलिसी सर?'' उसने आश्चर्य से पूछा। ''निकी ने बीमा की एक पॉलिसी भी करवा दी। दो लाख रुपये साल देना है।'' वे बोले। ''रुकिए, मैं कम्प्यूटर में देखती हूँ।'' कहकर वह कम्प्यूटर में देखने लगी। अच्छी तरह देख लेने के बाद बोली, ''आपको मना कर देना था। कहाँ आप फँस गये? निकी को इससे फायदा हो जाएगा, लेकिन आप को क्या मिलेगा? दस साल तक चार प्रतिशत ब्याज पर आपका पैसा फँसा रहेगा।'' उन्होंने कहा, ''मैंने सोचा, आपने ही निकी को सहेजा

है यह पॉलिसी करवाने के लिए। आपके कारण ही मैंने यह पॉलिसी करवा ली, अन्यथा मैं मना कर देता। आपके लिए मैं दो लाख तो क्या दस लाख की पॉलिसी ले सकता हूँ।'' वह मुस्करायी, ''मुझे पता है लेकिन बैंक को फायदा पहुँचाने के लिए मैं आपको नुकसान नहीं पहुँचाऊँगी।'' वे भी मुस्कराये, ''आप अपने बैंक से ज्यादा मेरा फायदा देख रही हैं। इसका मतलब हुआ कि आप मेरी शुभ चिन्तक या सीधे-सीधे कहूँ तो दोस्त हैं?''

''यही समझ लीजिए।''

''तो आज से आप मेरी दोस्त। बाद में मुकरिएगा मत कि मैंने कब कहा था।''

''नहीं मुकरूँगी।''

''ठीक है! तो अपना मोबाइल नम्बर दीजिए। ऑफिस का नम्बर मत दे दीजिएगा। निजी नम्बर दीजिए।'' उसने अपने बैग से अपना कार्ड निकाला और पकड़ा दिया, ''इसमें मेरा ऑफिस का और व्यक्तिगत सब नम्बर है। जिस नम्बर पर इच्छा हो उस नम्बर पर फोन कीजिएगा।''

''अगर मैंने आपके व्यक्तिगत नम्बर पर फोन किया और कुछ मजाक-वजाक कर दिया तो पुलिस को तो नहीं बुला लेंगी? आपके व्यक्तिगत नम्बर पर फोन करके मैं कानूनी रूप से फँस जाऊँगा।''

''मैं वादा करती हूँ कि मैं पुलिस को नहीं बुलाऊँगी।''

''तब ठीक है। मुझे आपको जब भी फोन करना होगा, मैं आपके व्यक्तिगत नम्बर पर ही फोन करूँगा। लीजिए अब आप मेरा पैसा जमा कर लीजिए।''

पैसा जमा करके वे दुकान पर आ गये। अपने चैम्बर में बैठकर उन्होंने प्रेयसी के व्यक्तिगत मोबाइल फोन पर फोन लगाया। उधर से आवाज आयी, ''कौन बोल रहा है?'' माधवेन्द्र ने कहा, ''मैं बोल रहा हूँ माधवेन्द्र! प्रेयसी जी मेरा नम्बर अपने मोबाइल में सेव कर लीजिए। आपसे एक बात पूछनी थी?'' ''ठीक है सर, मैं आपका नम्बर सेव कर लेती हूँ। पूछिए क्या पूछना है?'' प्रेयसी बोली। माधवेन्द्र ने पूछा, ''प्रेयसी तुम मेरी दोस्त हो न?'' प्रेयसी खिलखिलाने लगी, ''हाँ सर!''

माधवेन्द्र कई दिन से बैंक नहीं जा रहे थे। दरअसल अब बैंक जाने में उन्हें एक झिझक सी हो रही थी। वे प्रेयसी को मन ही मन बहुत प्यार करने लगे थे और अब उससे बात कर पाने और उसका सामना कर पाने में वे अपने को थोड़ा असहज महसूस कर रहे थे। अपने दिल का हाल तो उन्हें मालूम था, लेकिन प्रेयसी के मन क्या है, वे नहीं समझ पा रहे थे। प्रेयसी के दिल में भी थोड़ा बहुत प्यार है या वह सिर्फ यूँ ही हँसी-मजाक करती है। वे बैठे-बैठे प्रेयसी के रूप में खो गये।

प्रेयसी की लम्बाई पाँच फीट चार-पाँच इंच के आसपास थी। एकदम गोरी-

चिट्ठी। जैसे उगा हुआ सूरज हो। चेहरे पर कोई दाग-धब्बा नहीं। एकदम निष्कलुष चेहरा। पतली-दुबली थी, लेकिन मरगिल्ली जैसी नहीं थी। कुछ लड़कियाँ इतनी पतली-दुबली होती हैं कि उनका शरीर कुपोषणग्रस्त जैसा दिखता है। ऐसा कुछ भी नहीं था प्रेयसी के साथ। एकदम साँचे में तराशा हुआ बदन। कभी वह बिना बाँह का कपड़ा पहनकर आती थी तो माधवेन्द्र उसकी खूबसूरत बाँहों को निहारते रह जाते थे। मुस्कराती तो गालों में खूबसूरत गड्ढे बन जाते। उन गड्ढों को छू लेने का दिल करता था उनका। उसके होंठ बड़े मादक और मारक थे। वह कभी लिपस्टिक लगाकर नहीं आती थी, फिर भी उसके होंठ दहकते रहते थे। गुलाबीपन में हल्का सा कालापन लिये उसके होंठ बहुत ही मादक थे। प्रेयसी से छुपाकर माधवेन्द्र अक्सर उसके होंठो को देखते रहते। वे तड़पकर रह जाते कि काश! कभी इन होठों को चूमने मिलता। उसकी बड़ी-बड़ी काली आँखें। हिरनी की आँखों के सौन्दर्य को भी लज्जित कर देने वाली थीं उसकी आँखें। उनमें जो नशा था, वह किसी और चीज में कहाँ। जब वह माधवेन्द्र की आँखों में आँखें डालकर बात करती तो वे धन्य हो जाते थे। उन्हे लगता की यह लड़की उन्हें पहले क्यों नहीं मिली? शादी हो जाने और दो बच्चों का बाप बन जाने के बाद क्यों मिली? पहले मिली होती तो मैं इसी से शादी करता। अभी इसकी शादी नहीं हुई है। काश! यह मेरी प्रेमिका बन जाती। वे समझ नहीं पा रहे थे कि सीधे-सीधे इससे कैसे कहूँ कि मैं तुम्हें प्यार करता हूँ। या फिर यही कि क्या तुम मेरी प्रेमिका बनना पसंद करोगी? बिना सीधे-सीधे पूछने पर जवाब नहीं मिलेगा। बैंक में वह उन्हें हर तरह से सहयोग करती थी। उनके सारे काम खुद ही लेकर करा लाती थी एक अच्छे हमउम्र दोस्त की तरह। बात भी वह उसी तरह करती थी जैसे वे उसके बहुत अच्छे हमउम्र दोस्त हों। यही सब बातें माधवेन्द्र को और उलझन में डाल देती थीं। कहीं प्रेयसी भी तो मुझे प्यार नहीं करती? पहले भले ही वह बड़ी बेरुखी से पेश आती रही हो, लेकिन धीरे-धीरे मेरा रुख देखकर उसका दिल पसीज गया हो। उसको यह तो अच्छी तरह पता है कि मैं उसे प्यार करता हूँ। लड़कियाँ यह सब भाँपने में बहुत तेज होती हैं। वे तो यह भी भाँप लेती हैं कि फलाँ व्यक्ति उन्हें जल्दी ही प्यार करने लगेगा। आदमी जरूर इस मामले में बेवकूफ होते हैं। सामने वाली लड़की के दिल में क्या चल रहा है, यह भाँप पाना किसी भी मर्द के लिए एकदम टेढ़ी खीर होता है।

उन्होंने अपना मोबाइल फोन उठाया। हिम्मत करके प्रेयसी को मिला दिया। "हलो सर, नमस्ते! कैसे हैं आप?" उधर से आवाज़ आयी।

"प्रेयसी जी, मैं आपसे एक बात पूछूँ?"

"एक नहीं सौ बात पूछिए। मैंने आपको बात पूछने से कब मना किया है?"

“मैं फोन पर आपको मेरी प्यारी-प्यारी प्रेयसी जी कहकर बुला सकता हूँ?”

वह जोर से हँसने लगी, “यही पूछना था आपको?...ठीक है! आप मुझे मेरी प्यारी-प्यारी प्रेयसी जी कहकर बुला सकते हैं...लेकिन बैंक में सबके सामने मत कहने लगिएगा। इधर आ नहीं रहे हैं कई दिन से। कहीं व्यस्त हैं क्या?”

“व्यंस्तता तो कुछ न कुछ लगी ही रहती है, लेकिन आपको देखे कई दिन हो गये, इसलिए मन बेचैन है। मैं तो आपसे मिलने अक्सर आपके बैंक आता हूँ। किसी दिन मुझसे मिलने आप भी मेरी दुकान पर आइए न! आपके बैंक से एकदम नज़दीक ही तो है मेरी दुकान।”

“मैं आऊँ?”

“अरे, यह तो मेरा सौभाग्य होगा। मेरी दुकान पवित्र हो जाएगी। एक बार इसमे पाँव तो रख दीजिए।”

“ठीक है! आज शाम को बैंक बन्द हो जाने के बाद मैं आपकी दुकान पर आऊँगी। दरअसल आपकी दुकान पर मुझे कुछ काम है। मुझे एक अच्छा सा पंखा लेना है। सीलिंग फैन...!”

“स्वागत है, स्वागत है! किसी भी बहाने आप आइए तो सही। मेरी दुकान बेचारी आपकी राह देखते-देखते थक गयी है। पहली बार आ रही हैं तो ढंग से स्वागत तो करने देंगी न? उसमें ना-नुकुर तो नहीं करेंगी?”

“ठीक है! आप स्वागत कर लीजिएगा, लेकिन मेरी एक शर्त है। आपको पंखे के पूरे पैसे लेने होंगे। मैं मुफ्त में पंखा नहीं लूँगी।”

“क्या मेरी प्यारी-प्यारी प्रेयसी जी! पहली बार एक छोटा सा सामान लेने आ रही हैं और उसका पैसा देंगी। यह नहीं चलेगा। आपकी ही दुकान है। फिर मेरी प्यारी-प्यारी प्रेयसी होने का फायदा क्या?”

“ठीक है! तब मैं नहीं आऊँगी आपकी दुकान पर। मैं कहीं और से पंखा खरीद लूँगी।”

“अरे-अरे नाराज मत होइए। आप पंखे का पैसा दे दीजिएगा। किसी तरह आप आइए तो सही!”

शाम छः बजे के लगभग प्रेयसी आ गयी। माधवेन्द्र ने उसे अपने केबिन में बैठाया। एक आदमी को तुरंत कामधेनु की दुकान पर भेजा। कोल्डड्रिंक, मिठाइयाँ और आइसक्रीम लाने के लिए। उन्होंने प्रेयसी से कहा, “पहले आपको पंखा दिलवा देता हूँ। उसके बाद बैठकर बातें करते हैं।” माधवेन्द्र ने घंटी बजायी। एक आदमी आकर खड़ा हो गया। उन्होंने उससे कहा, “मैडम को लिवा जाओ और जैसा ये कहें वैसा एक पंखा दे दो। अच्छी क्वालिटी का सामान देना और हाँ, दाम

जरा वाजिब लगाना।'' इसके बाद उन्होंने प्रेयसी से कहा, ''आप इसके साथ चली जाइए। यह आपको पंखा पसंद करा देगा। दाम आप अपने हिसाब से दीजिएगा। उसमें किसी तरह की कोई झिकझिक करने की जरूरत नहीं है।''

प्रेयसी पंखा खरीद चुकी तो आकर माधवेन्द्र के केबिन में बैठ गयी। तब तक कामधेनु की दुकान से सामान लेने गया आदमी कई चीजें लेकर आ गया। कोल्ड ड्रिंक, तीन तरह की मिठाइयाँ, आइसक्रीम। प्रेयसी बोली, ''अरे बाप रे! इतनी सारी चीजें? मैं नहीं खा पाऊँगी यह सब।'' माधवेन्द्र ने कहा, ''आपने वादा किया था कि स्वागत लेने में आप कोई ना नुकुर नहीं करेंगी। आप पहली बार मेरी दुकान पर आयी हैं। जी कर रहा है कि अपना दिल आपके कदमों के नीचे बिछा दूँ... आप डाइटिंग पर हैं क्या?'' ''नहीं! मैं डाइटिंग नहीं करती, लेकिन खाने-पीने में यह सतर्कता जरूर बरतती हूँ जिससे मोटापा न बढ़ने पाये। मिठाइयाँ मैं बहुत ही कम खाती हूँ।'' प्रेयसी बोली। वे समझाने लगे, ''एक दिन मिठाई खाने से मोटापा नहीं बढ़ेगा। अब आज तो आपको सब कुछ खाना ही पड़ेगा। मैं हूँ न साथ देने के लिए। सबसे पहले आइसक्रीम खाइए, नहीं तो वह गल जाएगी।''

ज्यादा बहस करने के बजाय प्रेयसी ने आइसक्रीम उठा ली। दूसरी आइसक्रीम माधवेन्द्र ने उठा ली। माधवेन्द्र ने कहा, ''आपने बड़ा अच्छा किया जो आज मेरी दुकान पर आ गयीं। बैंक में ढंग से बात नहीं हो पाती। मैं आपके परिवार के बारे में जानने को उत्सुक हूँ। आपके परिवार में कितने लोग हैं?'' प्रेयसी बताने लगी, ''हम लोग मूल रूप से यहीं इलाहाबाद के ही रहने वाले हैं। परिवार में पापा हैं, मम्मी हैं, मेरा एक बड़ा भाई है और मैं हूँ। मैं और मेरे भैया यहीं पैदा हुए और यहीं पढ़े लिखे। इंटरमीडिएट कर लेने के बाद भैय्या का चयन आई.आई.टी. रुड़की में हो गया। फिर वे रुड़की चले गये पढ़ने। वहाँ पढ़ाई कर लेने के बाद उनकी नौकरी अमेरिका में लग गयी। इस समय वे अमेरिका में ही नौकरी कर रहे हैं। पिछले साल शादी हो गयी। उनकी शादी मम्मी-पापा के पसंद से भारत में ही हुई। अभी उनके कोई बच्चा नहीं है। मैंने अपने बारे में तो आपको बताया ही था। इलाहाबाद विश्वविद्यालय से बी. काम. करके मैं नौकरी मे आ गयी। मेरे पापा रीवा विश्वविद्यालय में अंग्रेजी के प्रोफेसर हैं। भले रीवा मध्य प्रदेश में है लेकिन है तो इलाहाबाद के बगल ही। पापा बराबर घर आते-जाते रहते हैं। मम्मी घर में ही रहती हैं। वे कुछ नहीं करतीं। हम लोगों का घर जार्ज टाउन में है। मैं घर से बैंक स्कूटी से आती-जाती हूँ। आपकी दुकान पर भी अपनी स्कूटी से ही आयी हूँ।

''स्कूटी से घर तक पंखा लेकर चली जाएँगी आप? कोई दिक्कत तो नहीं होगी?'' माधवेन्द्र ने पूछा।

"कोई दिक्कत नहीं होगी। मैं स्कूटी से सामान ढोने की अभ्यस्त हूँ।" वह मुस्करायी।

"आपकी शादी अभी नहीं हुई है। कोई लड़का आपने पसंद किया है? आजकल तो गर्ल फ्रेंड-ब्वाय फ्रेंड का जमाना है। हर लड़की एक ब्वाय फ्रेंड टाँगें घूमती रहती है। फिर आप तो नौकरी कर रही हैं। ऊपर से इतनी ज्यादा सुंदर हैं। आपके पीछे तो लड़कों की लाइन लगी रहती होगी। आपका दिल भी किसी पर आ गया होगा।"

"आपकी यह बात सच है कि लड़कों की पूरी फौज मेरे पीछे टहलती रहती है लेकिन मैं किसी को घास नहीं डालती। मैं शादी अपने माँ-बाप की पसंद से करूँगी। लव मैरिज में मेरा विश्वास नहीं है। लव मैरिज कर लेने के बाद मैंने बहुत सारे परिवार टूटते देखे हैं। इसलिए लव मैरिज से मुझे डर लगता है।" "आप किसी लड़के को घास नहीं डालतीं, यह सुनकर मुझे अच्छा लगा। मेरे सामने तो आप थोड़ी सी घास फेंक देती हैं। उस घास को खाकर मैं अपने को बहुत धन्य समझता हूँ।" दोनों ठहाका लगाकर हँसने लगे।

उस दिन माधवेन्द्र बैंक में पैसा जमा करने गये तो जेब में एक मँहगी चाकलेट लेकर गये। तीन आदमी पहले से पैसा जमा करने के लिए लाइन में खड़े थे। वे सबसे पीछे खड़े हो गये। प्रेयसी ने उन्हें देखा लिया, लेकिन सिर झुकाकर वह इस तरह काम करने में व्यस्त हो गयी, जैसे उसने उन्हें नहीं देखा। वे थोड़ा सा और पीछे हट गये। तीनों आदमियों का पैसा जमा हो गया तो वे काउन्टर पर पहुँचे। प्रेयसी ने उन्हें मुस्कराकर नमस्ते किया। नमस्ते का जवाब देकर उन्होंने जेब से चाकलेट निकाला और उसकी ओर बढ़ा दिया। उसने जल्दी से अपना बैग खोला। चाकलेट अन्दर डाली और बैग बन्द कर दिया। वह उनकी ओर देखकर मुस्कराने लगी। उन्होंने पूछा, "इस तरह क्यों मुस्करा रही हैं?" वह शरारत से मुस्कराते हुए बोली, "मैं सब समझ रही हूँ। आप उँगली पकड़कर पहुँचा पकड़ने की कोशिश कर रहे हैं। क्या होशियारी से धीरे-धीरे आगे बढ़ रहे हैं। मैं सब समझ रही हूँ।" वे थोड़ा सा सकुचा गये, "क्या मैं अपनी प्यारी-प्यारी प्रेयसी के लिए एक चाकलेट भी नहीं ला सकता?" वह हँसने लगी, "बिलकुल ला सकते हैं, बिलकुल ला सकते हैं। लेकिन अगर किसी ने देख लिया तो मैं पूरे बैंक में मजाक की पात्र बन जाऊँगी। वैसे भी सब मेरे बारे में कुछ मसाला खोजते रहते हैं। तिल का ताड़ बन जाएगा। इसीलिए मैंने जल्दी से आपका चाकलेट अपने बैग में रख लिया। वैसे भी चाकलेट मैं कम खाती हूँ।" "मुझे पता नहीं था कि आप चाकलेट कम खाती हैं। अब अगर भविष्य में मैं आपके लिए कुछ लाऊँगा तो बिजली का बल्ब लाऊँगा।" वे बोले। प्रेयसी को बहुत तेज हँसी छूटी। उसने अपने दोनों हाथों से अपना मुँह

दबा लिया। कुछ देर तक वह अपनी हँसी रोकने की कोशिश करती रही। नहीं कामयाब हो पायी तो अपना पिंजरा खोलकर बाथरूम में चली गयी।

काउन्टर पर खड़े-खड़े माधवेन्द्र प्रेयसी का इंतजार कर रहे थे। वापस आने में वह देर लगा रही थी। वह वापस आ गयी। अब भी वह मुस्करा रही थी। "आपने ऐसी बात कह दी, जिसकी मैं कल्पना भी नहीं कर सकती थी। लाइए पैसा दीजिए। आपका पैसा मैं जमा कर लूँ।" उन्होंने पैसा उसकी ओर बढ़ा दिया। पैसा जमा कर लेने के बाद वह बोली, "आप पैसा जमा करने के लिए क्यों रोज-रोज परेशान होते हैं? अपने किसी आदमी को भेज दिया करिए। वह सीधे मेरे पास चला आया करे। मैं पैसा जमाकर लिया करूँगी। वैसे एक तरीका और है। आप बैंक को एक प्रार्थना पत्र दे दीजिए कि कोई आकर मेरी दुकान से पैसा कलेक्ट कर लिया करे। नज़दीक ही तो है आपकी दुकान। बैंक एक आदमी को आपकी दुकान पर पैसा लेने भेज दिया करेगी। वह आदमी जब अगले दिन आपके पास जाएगा तो एक दिन पहले वाली रसीद आपको दे दिया करेगा। वैसे भी पैसा जमा होने के पन्द्रह मिनट के अन्दर आपके मोबाइल पर मैसेज पहुँच जाता होगा कि बैंक में आज इतने बजे आपका पैसा जमा हुआ।" माधवेन्द्र ने कहा, "ठीक है! मैं आपके बैंक में एक प्रार्थना पत्र दे देता हूँ कि कृपया मेरी दुकान पर प्रेयसी जी को रोज पैसा लेने भेज दिया करिए। मुझे बहुत आसानी हो जाएगी।" वह हँसने लगी, "बैंक मुझको थोड़ी न पैसे लेने भेजेगी। कोई आदमी पैसा लेने जाएगा।" उन्होंने कहा, "बहुत घुमा-फिराकर बात करने की मेरी आदत नहीं है। मैं सीधे-सीधे बता रहा हूँ। मेरा एक चालू खाता स्टेट बैंक में है। यहाँ पर बचत खाता मैंने आपको देखने के लिए खुलवा रखा है। पैसा जमा करने के बहाने मैं अक्सर यहाँ आता हूँ और जी भरकर आपको देखता हूँ। आपको जी भर कर देख लेता हूँ तो मेरी आँखें और मन सब तृप्त हो जाते हैं। आप सोच रही हैं कि मैं यह सुख अपने किसी कर्मचारी को लेने दूँ?" वह हँसी, "ठीक है! अगर आप तृप्त हो गये हों तो जाइए!" वे हँसते हुए वहाँ से चल दिये।

एक दिन माधवेन्द्र अपनी दुकान में बैठे थे। उस दिन वे बैंक नहीं गये थे। बैठे-बैठे उपन्यास पढ़ रहे थे- 'पहला गिरमिटिया।' थोड़ी देर तक पढ़ने के बाद उन्होंने उपन्यास रख दिया। उनका मन नहीं लग रहा था। वे प्रेयसी के बारे में सोच रहे थे। उनकी समझ में नहीं आ रहा था कि अब आगे कैसे बढ़ा जाय। वे प्रेयसी से स्पष्ट शब्दों में प्यार का इजहार करना चाह रहे थे। पूरी गम्भीरता से। संकेत-संकेत में वह अपनी बात कह चुके थे, लेकिन अन्ततः सारी बात मजाक में परिवर्तित हो जाती थी और उसका कोई हल नहीं निकल पाता था। वे सोच रहे

थे कि अब बहुत गम्भीर होकर अपनी बात को कहना होगा। या तो यह कहूँ कि प्रेयसी मैं तुम्हें बहुत प्यार करता हूँ,क्या तुम मेरा प्यार स्वीकार करोगी? या तो यह कहना पड़ेगा कि प्रेयसी तुम मेरी प्रेमिका बन जाओ, प्लीज! लेकिन कहा कैसे जाय और कब कहा जाय? बैंक में इस तरह की बात कहना मूर्खता होगी। क्या किसी दिन अपनी दुकान पर उसे किसी तरीके से बुलाऊँ, यहीं कह दूँ? पता नहीं उसकी प्रतिक्रिया क्या होगी? उसकी प्रतिक्रिया का अंदाज लगा पाना एकदम मुश्किल है। अगर उसने कोई हंगामा खड़ा कर दिया तो लेने के देने पड़ जाएँगें। पूरी दुकान में तो बदनामी होगी ही, अगल बगल तक भी बात पहुँच जाएगी। अभी तो मुझसे बहुत कायदे से बात करती है और लगता है कि अगर उसे मेरा प्रस्ताव स्वीकार नहीं होगा तो वह शालीनता से मना कर देगी। लेकिन लड़कियों का कोई भरोसा नहीं होता। वे इतनी तेजी से पलटती हैं जिसकी कल्पना भी नहीं की जा सकती। अगर उसने अप्रत्याशित रूप से कोई भयंकर प्रतिक्रिया व्यक्त की तो मुसीबत आ जाएगी। ज्यादातर बड़े अखबारों के कार्यालय सिविल लाइन्स में ही हैं। सबके एकाध पत्रकार जरूर आसपास चक्कर मारते रहते हैं। क्या पता कब कोई चटपटा समाचार हाथ लग जाय। इससे चटपटा समाचार क्या हो सकता है? अखबार वाले चार कॉलम के बॉक्स में समाचार छापेंगे।

माधवेन्द्र बड़ी उधेड़बुन में थे। कोई ऐसी विश्वसनीय लड़की भी नहीं थी, जिसके माध्यम से प्रेयसी के मन की बात जानी जा सके या उस तक अपने मन की बात पहुँचायी जा सके। प्रेयसी का सौन्दर्य उन्हें पागल बना रहा था और वे उसे किसी भी कीमत पर अपनी प्रेमिका बनाना चाह रहे थे। वह एक अच्छे और सम्भ्रान्त परिवार की लड़की थी और यह एकदम निश्चित था कि उसके प्यार को पैसे से नहीं खरीदा जा सकता था। पैसों के प्रति उसने कभी भी अपना मोह नहीं प्रदर्शित किया। माधवेन्द्र के पैसों की वजह से उसने कभी उन्हें महत्व नहीं दिया। वह उनका सम्मान करती थी और इसलिए उनसे इतना हँसती-बोलती थी, क्योंकि वह उन्हें बहुत अच्छा आदमी समझती थी। एक ही बात थोड़ा समझ से परे थी। माधवेन्द्र तो अक्सर उससे प्यार का इजहार कर दिया करते थे, लेकिन कभी-कभी वह भी प्यार का इजहार कर देती थी। माधवेन्द्र अगर प्यार का इजहार करते थे तो वह बुरा नहीं मानती थी, बल्कि हँसते हुए उसे स्वीकार करती थी। उसे पता था कि माधवेन्द्र उसे मेरी प्यारी-प्यारी प्रेयसी किस अर्थ में कहते हैं! यह उसे बुरा नहीं लगता था बल्कि अच्छा लगता था। ये सब बातें माधवेन्द्र की उलझन को और बढ़ा रही थीं।

माधवेन्द्र यही सब सोचते बैठे थे, प्रेयसी ने उनके केबिन का दरवाजा खोला

और अन्दर गयी, "नमस्ते सर!" "नमस्ते-नमस्ते!" माधवेन्द्र ने कहा। वे आश्चर्य चकित रह गये। उन्हें लगा जैसे वे सपना देख रहे हों। "मैं बैठ जाऊँ?" उसने पूछा। माधवेन्द्र बोले, "आपकी दुकान। आपका सब कुछ और आप ही से पूछ रही हूँ कि बैठ जाऊँ? किसी दुकान का मालिक अपनी दुकान में जाता है तो अपने कर्मचारियों से पूछकर अपनी कुर्सी पर बैठता है क्या?" "इतना सम्मान देने के लिए धन्यवाद!" कहते हुए वह उनके सामने वाली कुर्सी पर बैठ गयी। वे फिर बोले, "मुझे अपनी आँखों पर विश्वास नहीं हो रहा है। इसी को कहते हैं किस्मत। आज मैं बैंक भी नहीं गया था, लेकिन आज मेरी किस्मत में आपका दर्शन होना लिखा था इसलिए आप खुद चलकर मेरी दुकान पर आ गयीं। मेरी दुकान पर पधारने के लिए बहुत-बहुत धन्यवाद!" वह मुस्करायी, "दरअसल मुझे तीन एल ई डी बल्ब लेने थे। मैंने सोचा कहीं और से ले लूँ क्योंकि आपकी दुकान पर आने पर आप बहुत औपचारिकता करते हैं। फिर सोचा, आपके यहाँ से ही ले लूँ। एल ई डी बल्ब बहुत मँहगे हैं और आपकी दुकान पर वाजिब दाम में मिल जाएँगे। उन्होंने अपना सिर पकड़ लिया, "वाह रे दुनिया! जहाँ कोई एक गिलास पानी भी न पूछे वहाँ जाना मंजूर। जहाँ कोई इज़्ज़त से पेश आये और ढंग से नाश्ता-पानी कराये वहाँ जाना नहीं मंजूर। ठीक है! अपने तो मेरा दिल तोड़ दिया।" प्रेयसी ने देखा माधवेन्द्र बहुत गम्भीर हो गये। वह दोनों हाथ जोड़कर बोली, "मुझे माफ़ कर दीजिए। आपका दिल दुखाना मेरा मकसद नहीं था। आपकी दुकान के रहते मैं किसी दूसरी दुकान पर क्यों जाऊँगी। मैंने मजाक किया और आप बुरा मान गये।" माधवेन्द्र मुस्कराये, "आपने मजाक नहीं किया। अपने दिल की बात बता दी। अब उस पर लीपापोती कर रही हैं। ठीक है! अब मेरी जो इच्छा होगी, वह आपको खिलाऊँगा। आपने मना किया तो अच्छा नहीं होगा।" "मुझे मंजूर है! लेकिन चीजों को थोड़ी-थोड़ी मात्रा में मँगाइएगा। इतना मत मँगा लीजिए कि खाया न जा सके और चीजों को फेंकना पड़े।" उसने कहा। माधवेन्द्र हँसे, "आप डरिए मत! आपके सामने यह पेटू भी तो बैठा है। आप जो नहीं खा पायेंगी, वह सब मैं खा जाऊँगा। कुछ फेकने की नौबत नहीं आएगी।" वह हँसने लगी।

उन्होंने घंटी बजायी। एक आदमी आ गया। उन्होंने उसे नाश्ते की काफी लम्बी लिस्ट बनाकर दी और जाकर ले आने को कहा। आदमी लिस्ट लेकर चला गया। उन्होंने फिर घंटी बजायी। दूसरा आदमी आया। उन्होंने कहा, "मैडम को लिवा जाओ। इन्हें एल ई डी लेना है। ये जितनी भी एल ई डी लें, उसे पैक कर देना और छपे हुए दाम का सिर्फ आधा लेना।" आदमी प्रेयसी को लिवाकर चला गया।

प्रेयसी लौटकर आयी, बोली, "आपने सिर्फ आधा दाम क्यों लिया। माधवेन्द्र

ने कहा, "आप मानतीं ही नहीं न, नहीं तो मैं आपसे एक पैसा न लेता। अब आप से ही मुझे फायदा कमाना रह गया है? आप शान्ति पूर्वक बैठ जाइए और ज्यादा सोचने की कोशिश न कीजिए। मैं बैंक में जाता हूँ तो आप मेरा कितना ध्यान रखती हैं। आप मेरी दुकान में आयी हैं तो आप का ध्यान रखना मेरा फर्ज नहीं बनता क्या?" तब तक दूसरा आदमी सारा नाश्ता लेकर आ गया। उसने माधवेन्द्र की मेज पर चीजों को एक-एक करके फैला दिया। सारा काम तरीके से करके वह चला गया। माधवेन्द्र बोले, "मजा आ गया। मुझे तो ऐसा लग रहा है, जैसे मैं आपके साथ कहीं डेटिंग पर आया हूँ।" वह मुस्करायी, "आपको जो सोचकर सुख मिले, वही सोच लीजिए। सोचने मे पैसा नहीं खर्च होता।"

माधवेन्द्र प्रेयसी को लेकर बहुत गम्भीर हो गये थे। उन्हें प्रेयसी का रुख काफी सकारात्मक लग रहा था। उन्हें लग रहा था कि शायद प्रेयसी हाँ कह देगी। उसे यह बहुत अच्छी तरह यह मालूम है कि मैं उसे बहुत प्यार करता हूँ। मेरे प्यार को स्वीकार करने में वह कोई आनाकानी नहीं करती, बल्कि मेरे प्यार के इजहार को देख-सुनकर खुश ही होती है। क्या पता, मैं उससे कहूँ कि मैं तुम्हें प्यार करता हूँ तो वह भी पलट कर कह दे कि मैं भी आपको प्यार करती हूँ। वे सोच रहे थे कि मैं अब उससे कहकर रहूँगा, लेकिन कैसे कहूँ, यह उनकी समझ में नहीं आ रहा था।

अचानक उनके दिमाग में एक विचार कौंधा। उन्होंने सोचा कि मैं अपने मोबाइल फोन से उसके मोबाइल फोन पर एक मैसेज भेजता हूँ। देखता हूँ कि वह क्या प्रतिक्रिया व्यक्त करती है? आमने-सामने कहने में कुछ बवाल हो सकता है और इज़्ज़त उतर सकती है। मोबाइल से संदेश भेजने पर खतरा कम है। उसने मुझसे वादा किया है कि वह पुलिस तक नहीं जाएगी। संदेश से उसे कोई नारा. जगी होगी तो भी वह बात को अपने तक ही सीमित रखेगी। एक संदेश भेजता हूँ। देखता हूँ क्या होता है?

वे अपने मोबाइल पर संदेश टाइप करने लगे- प्रेयसी जी आपके होंठ बहुत खूबसूरत हैं। मैं उन्हें एक बार जी भरकर चूमना चाहता हूँ। एक बार चूमने दीजिए। प्लीज!

उन्होंने संदेश प्रेयसी के मोबाइल फोन पर भेज दिया। उन्होंने बात को घुमाकर लिखा। यह नहीं लिखा कि मैं आपको प्यार करता हूँ, क्या आप मेरी प्रेमिका बनना स्वीकार करेंगी? संदेश का अर्थ यही था। वह यह तो जानती ही थी कि माधवेन्द्र उसे बहुत प्यार करते हैं। चुम्बन देने के लिए वह तभी तैयार होगी, जब उसे भी उनकी प्रेमिका बनना मंजूर होगा। माधवेन्द्र ने बहुत दिमाग लगाकर वाक्यों का चयन किया। उन्होंने अपनी बात कही लेकिन थोड़ा सा लोच देकर।

वे जवाब का इंतजार करने लगे। दो घंटे हो गये। कोई जवाब नहीं आया। इतना तो एकदम तय था कि संदेश उस तक पहुँच गया होगा और उसने पढ़ भी लिया होगा। माधवेन्द्र के दिल की धड़कन बढ़ने लगी। उन्हें घबराहट होने लगी। वे सोचने लगे कि लगता है प्रेयसी को मेरा भेजा गया संदेश पसंद नहीं आया। कहीं संदेश पढ़कर वह क्रुद्ध तो नहीं हो गयी? कहीं कोई बवाल न खड़ा हो जाय। अचानक उनके मोबाइल पर टन् हुआ। मतलब कोई संदेश आया। उन्होंने धड़कते दिल से संदेश खोला। लिखा था- ''मैं हूँ मोनिका। बहुत सुंदर हूँ। शरारती भी हूँ। मुझे प्यार भरी बातें करना पंसद है। अभी मैं एकदम खाली हूँ। आप मुझसे दोस्ती करेंगे? तुरंत कॉल करें...।'' अंत में एक नम्बर दिया हुआ था। वे बहुत मायूस हुए। इस तरह के बकवास संदेश दिन भर आते रहते थे। उन्होंने संदेश को मिटा दिया। धड़कते दिल से मोबाइल फोन को वे हाथ में लेकर बैठे हुए थे। उन्हें इतनी घबराहट हो रही थी कि उनका बस चलता तो संदेश को वापस ले लेते। लेकिन यह संदेश भी कम्बख्त कमान से छूटे तीर और मुँह से निकली बात की तरह होता है। एक बार किसी को भेज दिया तो उसे वापस नहीं लिया जा सकता। प्रेषित जगह वह चला गया तो चला गया। फिर तो उसे कानूनी सबूत के रूप में भी इस्तेमाल किया जा सकता है। माधवेन्द्र की घिग्घी बँध रही थी। हे भगवान! यह मुझसे क्या हो गया? अब क्या होगा? प्रेयसी ने अभी तक कोई उत्तर नहीं दिया, मतलब वह संदेश पढ़कर नाराज़ हो गयी। नाराज़गी का स्तर क्या है, भगवान ही जाने।

माधवेन्द्र को कुछ सूझ नहीं रहा था। दिन बीत गया। रात के नौ बज गये। उन्होंने अपने आदमियों से कहा, ''मैं घर जा रहा हूँ। तुम लोग देख लेना।'' वे घर चले आये। पत्नी से बात करने में भी वे डरे-डरे से थे। कहीं बात पत्नी तक पहुँच गयी तो? पत्नी को भी आज उनका व्यवहार थोड़ा सा असामान्य लग रहा था। उसने पूछ ही लिया, ''आज दुकान में कुछ हो गया क्या?'' ''न...न नहीं तो? तुम ऐसा क्यों कह रही हो?'' वे थोड़ा सा घबरा गये। पत्नी बोली, ''आज आपके अंदर वह आत्मविश्वास नहीं दिख रहा है।'' उन्होंने बात को सँभालते हुए कहा, ''हल्का सा सिर में दर्द हो रहा है, और कोई बात नहीं है। मैंने दवा ले ली है।''

आज खा-पीकर वे जल्दी लेट गये। बेचैनी के कारण उन्हें नींद नहीं आ रही थी। मोबाइल वे लगातार अपने हाथ में रखे हुए थे। न जाने प्रेयसी का कब क्या संदेश आ जाय। मन में कभी-कभी आशा की किरण भी कौंध जाती थी, लेकिन ज्यादा देर तक टिक नहीं पाती थी। प्रेयसी की क्या-क्या सम्भावित प्रतिक्रिया हो सकती है, इसका वे अंदाजा लगाने की कोशिश कर रहे थे। इन्हीं सब कशमकश

में वे रात भर सो नहीं पाये। उन्हें लग रहा था कि ज़िन्दगी शान्तिपूर्वक चल रही थी, कहाँ बैठे-बैठाये मुसीबत मोल ले ली।

अगले दिन वे दुकान में अपने केबिन में बैठे थे। लगभग बारह बज रहे थे। वैसी ही बेचैनी में कसमाते हुए। अचानक मोबाइल ने टन्न से किया। मतलब कोई संदेश! उन्होंने तुरंत संदेश खोला। प्रेयसी का संदेश था। वे जल्दी-जल्दी पढ़ने लगे। लिखा था- 'आप मेरे बाप की उम्र के हैं। इस तरह का संदेश भेजते हुए आपको शर्म आनी चाहिए। आप मेरी शराफत का नाजायज फायदा उठाने की कोशिश कर रहे हैं। आपके अंदर एक भेड़िया छुपा हुआ है।' संदेश को पढ़कर माधवेन्द्र को ऐसा लगा जैसे किसी ने उनके शरीर का सारा रक्त निचोड़ लिया हो। भरे बाजार में किसी ने जूते उतारकर दस जूते मारे हों। वे अपमान की पीड़ा से अर्ध-विक्षिप्त से हो उठे। उन्होंने संदेश को फिर से पढ़ा। उन्हें फिर लगा कि किसी ने तड़ातड़ चार-छः थप्पड़ मारे हों। उन्होंने आँखें बन्द कर लीं। थोड़ी देर बाद आँखें खोलकर उन्होंने संदेश को फिर पढ़ा। उन्होंने संदेश मिटा दिया। पता नहीं किसके हाथ पड़ जाय और वह पढ़ ले। फिर तो सारी इज़्ज़त उतर जाएगी। वे बदहवास से बैठे हुए थे। अपमान की पीड़ा से उन्हें रोना आ रहा था। वे रो भी नहीं सकते थे। जीवन में पहली बार किसी लड़की के द्वारा उन्हें इस तरह अपमानित होना पड़ा था। किसी लड़की से अपमानित होने की पीड़ा कितना गहरा घाव देती है, यह उन्हें आज पता चला। किसी ने उन्हें गोली से मार दिया होता तो उन्हें इतना कष्ट न होता। कमजोर नस को ही कोई कसकर दबा दे तो आदमी बिलबिला पड़ता है। वे सचमुच प्रेयसी के बाप की उम्र के थे। इसी बात को उसने शिद्दत से रेखांकित कर दिया था। उसकी यह मार बड़ी गहरी चोट दे गयी। माधवेन्द्र की अपने चेम्बर के बाहर निकलने की हिम्मत नहीं पड़ रही थी। उन्हें लग रहा था कि वे किसी को मुँह दिखाने लायक नहीं बचे हैं। थोड़ी देर में उन्होंने अपने को थोड़ा सम्हाला। एक गिलास पानी लेकर पिया। कुछ संयत हुए।

उन्होंने सी सी एच बैंक जाना छोड़ दिया। वहाँ ज्यादा ब्याज मिलता था, इस बात में उन्हें विशेष दिलचस्पी नहीं थी। वे तो वहाँ प्रेयसी के कारण जाते थे। अन्य बैंको में खुले खातों से कामकाज होने लगा। उन्होंने एक नयी परम्परा शुरू कर दी। अब बैंकों में पैसा जमा करने या निकालने वे अपने आदमियों को भेजने लगे। दूध का जला मट्ठा भी फूँक-फूँक कर पीता है। उन्हें भय लगता था कि किसी बैंक में प्रेयसी न मिल जाय। क्या पता, किसी काम से उस बैंक में वह भी गयी हो और मैं भी पहुँच जाऊँ। प्रेयसी के सामने पड़ने की उनकी हिम्मत नहीं रह गयी थी। फिलहाल तो मन के किसी कोने में एक भय यही समाया था कि प्रेयसी

इस सम्बन्ध में कुछ आगे न कदम उठा ले। ज़िन्दगी भर की कमायी इज़्ज़त मिट्टी में मिल जाएगी। अभी तो मामला सिर्फ दो लोगों को ही पता है। इसीलिए हमारे सभी ग्रन्थों में कहा गया है कि औरतों से दूर रहना चाहिए। औरतों के चक्कर में जो पड़ा, गया काम से। लेकिन सुंदर लड़की के सौन्दर्य में चुम्बक से भी ज्यादा आकर्षण होता है। वह पुरुष के मन को जबर्दस्ती अपनी ओर खींच लेता है। इस संसार में अगर स्त्री का सौन्दर्य न हो तो पुरुष के लिए यह दुनिया बोझ बन जाय।

सी सी एच बैंक से सम्बन्ध लगभग समाप्त ही थे। प्रेयसी का संदेश आये लगभग छः महीने हो चुके थे। माधवेन्द्र अब निश्चिन्त हो गये थे। अब प्रेयसी आगे कोई कदम नहीं उठायेगी। उसे कोई कदम उठाना होता तो अब तक उठा चुकी होती। इतने दिनों बाद कदम उठाने का कोई औचित्य नहीं बनता। वैसे अभी उनकी अपमान की पीड़ा गयी नहीं थी। प्रेयसी का भेजा गया थप्पड़नुमा संदेश अब भी उन्हें कष्ट देता था। उन्हें जब भी प्रेयसी की याद आती थी, वे भय से सिहर उठते थे। वे भगवान से यही मनाते थे कि कहीं आते-जाते प्रेयसी से मुलाकात न हो। वह भी अब कभी कोई सामान लेने उनकी दुकान पर नहीं आती थी। खैर, यह तो एकदम स्वाभाविक बात थी।

लगभग साल भर बीत गये। एक दिन उनके पास सी सी एच बैंक से डाक द्वारा एक पत्र आया। उसमें उनसे अनुरोध किया गया था कि कृपया एक दिन बैंक आकर कुछ कागजों पर हस्ताक्षर कर दें। पत्र पढ़कर वे बड़े असमंजस में पड़ गये। यद्यपि अब काफी पुरानी बात हो गयी थी, फिर भी वे सी सी एच बैंक नहीं जाना चाहते थे और प्रेयसी के सामने नहीं पड़ना चाहते थे। काम ऐसा था कि वे अपनी जगह किसी दूसरे को नहीं भेज सकते थे। उनकी जान साँसत में पड़ गयी। अब क्या करूँ? तीन-चार दिन वे वहाँ जाना टालते रहे। बैंक के उनके एकाउंट में काफी ज्यादा पैसा था। वे ऐसा नहीं कर सकते थे कि उस खाते को भूल जायँ।

एक दिन उन्होंने उस लिफाफे को लिया और गाड़ी से बैंक की ओर चल दिये। बैंक के अंदर घुसकर वे एक खंभे की ओट में हो गये। वे देखने लगे कि प्रेयसी कहाँ है? उन्होंने देखा कि पैसा जमा करने वाले काउंटर पर अब एक दूसरी लड़की बैठने लगी है। प्रेयसी पिंजरे के बाहर एक खुले हुए काउंटर पर बैठी थी। अब भी वह उतनी ही सुंदर थी। वे एक काउंटर पर पहुँचे। काउंटर पर एक लड़का बैठा था। उन्होंने उसको लिफाफा दिया और पूछने लगे कि मुझे किसके पास जाना चाहिए। अचानक प्रेयसी ने उन्हें देख लिया। वह उठकर उनके पास आ गयी, ''क्या हुआ सर? कोई समस्या है क्या?'' उन्होंने लाचार भाव से उसकी ओर देखा। उसको लिफाफा पकड़ाते हुए चोर जैसी आवाज में बोले, ''आपके बैंक से मेरे पास

यह लिफाफा भेजा गया है।'' उसने लिफाफे में से कागज निकालकर पढ़ा। ''ऐसा है सर, आप मेरी सीट पर चलिए। मैं आपका सारा काम करवा देती हूँ।'' वह बोली। वे उसकी सीट तक गये और सीट के सामने वाली कुर्सी पर बैठ गये। वह एक अन्य सीट पर गयी और दो कागज लेकर आयी। उन पर उसने कुछ जगहों पर निशान लगाये, ''सर, जहाँ-जहाँ मैंने निशान लगाये हैं, वहाँ-वहाँ हस्ताक्षर कर दीजिए।'' उन्होंने हस्ताक्षर कर दिये। ''बस सर, आपका काम हो गया।'' उसने कहा। ''ठीक है मैं जाऊँ?'' उन्होंने फिर चोरों जैसी आवाज़ में पूछा। ''अरे सर, कम से कम एक गिलास पानी तो पीते जाइए।'' उसने कहा और चपरासी से तुरंत एक गिलास पानी मँगाया। चपरासी जल्दी ही पानी लेकर आ गया। उन्होंने जल्दी से पानी पिया और प्रेयसी से विदा लेकर चल दिये।

माधवेन्द्र प्रेयसी के व्यवहार से आश्चर्यचकित रह गये। कोई गुस्सा नहीं। कोई घृणा नहीं। कोई तिरस्कार का भाव नहीं। यहाँ तक कि अनदेखा करने का भी कोई प्रयास नहीं। खुद आकर अपनी सीट तक लिवा गयी। सचमुच लड़कियों को समझ पाना बड़ा विचित्र काम होता है। उनके मन में क्या होता है, यह या तो भगवान जानता है या वे खुद जानती हैं। वे अपनी दुकान पर लौट आये।

लगभग दो महीने बाद सी सी एच बैंक से फिर एक पत्र आया। उसमें अनुरोध किया गया था कि बैंक आकर एक फॉर्म भर दें। पत्र पढ़कर उन्हें एक खीझ सी हुई। पता नहीं क्या रोज-रोज हस्ताक्षर करवा रहें हैं, फॉर्म भरवा रहे हैं। यद्यपि अब बैंक जाने में उन्हें जरा भी हिचक नहीं थी। प्रेयसी के व्यवहार से वे आश्वस्त हो गये थे। उन्होंने तुरंत गाड़ी उठायी और बैंक चल दिये। बैंक के अंदर पहुँचकर वे प्रेयसी की सीट पर नहीं गये। एक अन्य व्यक्ति को वे कागज दिखाने लगे। प्रेयसी ने बैंक में घुसते समय ही उन्हें देख लिया था। वह अपनी सीट से उठकर उनके पास आयी और बोली, ''क्या सर? जब मैं यहाँ हूँ तो आप क्यों इधर-उधर परेशान होत हैं? चलिए मेरी सीट पर! मैं आपका सारा काम करवा देती हूँ।''

वे आकर उसकी सीट के सामने बैठ गये। बैंक का पत्र उन्होंने उसे दे दिया। उसने पत्र को पढ़ा। जाकर दूसरी सीट से एक फॉर्म ले आयी। उस फॉर्म पर उसने चार जगह निशान लगाया और उसे माधवेन्द्र की तरफ बढ़ा दिया, ''सर, चारों जगह हस्ताक्षर कर दीजिए।'' उन्होंने हस्ताक्षर कर दिये। वह बोली, ''अब यह फॉर्म भरकर मैं जमा कर दूँगी। आप निश्चिन्त रहिए।'' माधवेन्द्र कुछ देर तक प्रेयसी की ओर देखते चुपचाप बैठे रहे। ''इस तरह मुझे क्यों देख रहे हैं सर?'' उसने पूछा। माधवेन्द्र बोले, ''प्रेयसी जी मैं आपको समझ नहीं पाया।'' ''आप क्या कह रहें हैं, मैं सब समझ रही हूँ।'' उसने कहा, ''मैं आपको खुलकर और साफ-साफ

समझाती हूँ।...सर, हर लड़की के सपनों का एक राजकुमार होता है। मेरे सपनों के राजकुमार आप नहीं हो सकते। आप एक शादीशुदा और बाल-बच्चों वाले आदमी हैं। हर लड़की किसी कुँवारे लड़के से शादी करना चाहती है और उससे प्यार करना चाहती है। मैं आपकी बहुत इज़्ज़त करती हूँ, लेकिन आप से प्यार नहीं करती। मैं यह भी ज़ानती हूँ कि आप मुझे बहुत प्यार करते हैं। आप बहुत सरल, सज्जन, विनम्र, शालीन और नेकदिल इंसान हैं। ऐसा व्यक्ति अगर किसी को प्यार करता है तो उसके प्यार की कद्र करनी चाहिए। किसी नेकदिल व्यक्ति का प्यार ईश्वर का तोहफा होता है। मैं आपके प्यार की कद्र करती हूँ। यह मेरा सौभाग्य है कि आप मुझे प्यार करते हैं लेकिन मैं आपके प्यार के बदले आपको प्यार नहीं दे सकती। मैं आपका बहुत सम्मान करती हूँ, इसमें कोई शक नहीं है। मुझे इतना प्यार करने के लिए मैं हमेशा आपको सम्मान देती रहूँगी।'' माधवेन्द्र प्रेयसी की बात सुनते ही रह गये। उन्हें लगा कि हर व्यक्ति का प्यार के सम्बन्ध में भी अपना एक दर्शन होता है। प्रेयसी का भी अपना अलग किस्म का दर्शन है। थोड़ी देर तक प्रेयसी से इधर-उधर की बात करने के बाद वे अपनी दुकान पर लौट आये।

प्रेम की रेखा

बारहवीं की परीक्षा उत्तीर्ण कर चुका था सुशांत। घर में सबकी एकमत राय थी कि सुशांत को अब आगे की पढ़ाई के लिए इलाहाबाद विश्वविद्यालय भेज दिया जाय। घर जौनपुर में था। आसपास के कई लड़के इस समय इलाहाबाद विश्वविद्यालय में पढ़ रहे थे। कुछ वहाँ से पढ़कर बहुत ऊँचे पदों पर पहुँच चुके थे। सुशांत पढ़ने में बहुत अच्छा था। घरवालों का सोचना था कि सुशांत इलाहाबाद विश्वविद्यालय में पढ़ेगा तो भारतीय प्रशासनिक सेवा में पहुँच जाएगा। भारतीय प्रशासनिक सेवा में अगर न पहुँच पाया तो प्रादेशिक प्रशासनिक सेवा कहीं नहीं गयी है। इलाहाबाद के आसपास के जिले के विद्यार्थियों के घरवालों का जो सपना रहता है, वही सपना सुशांत के घरवालों का भी था। पहले तो आई.ए.एस., न बन सके तो पी.सी.एस. को तो हाथ से निकलने नहीं देना है।

घर के लोग हर बात में सुशांत से भी परामर्श ले लेते थे। सुशांत ने समझ लिया कि अब उसे इलाहाबाद जाना ही पड़ेगा। इलाहाबाद जाने के लिए वह अपने को मानसिक रूप से तैयार कर रहा था। उसके मन के किसी कोने में स्वतः इलाहाबाद विश्वविद्यालय में पढ़ने की इच्छा थी। पहला कारण तो अच्छी शिक्षा पाना था। एक और भी कारण था। अब तक फिल्मों और टी.वी. धारावाहिकों में उसने देखा था कि बड़े-बड़े विश्वविद्यालयों में सुंदर-सुंदर लड़कियों से दोस्ती करने को मिलती है। अपनी कक्षा की किसी सुंदर लड़की से दोस्ती की कल्पना भर से उसे गुदगुदी होती थी। सुंदर लड़कियों से दोस्ती होगी, उनके साथ खूब बातें होंगी, उनके साथ घूमना-फिरना होगा। जिन्दगी का मतलब ही बदल जाएगा। कितनी स्वप्निल और खूबसूरत हो जाएगी जिन्दगी। सुशांत कल्पना की दुनिया में पंख लगाकर उड़ रहा था।

सुशान्त ने इलाहाबाद विश्वविद्यालय में बी.ए. की प्रवेश परीक्षा दी। प्रवेश परीक्षा में उसे काफी अच्छे अंक मिले। उसने पता किया तो पता चला कि उसे मुख्य परिसर में प्रवेश मिल सकता है, लेकिन मनमाफिक विषय नहीं मिलेंगे।

सुशान्त अपने पंसद के विषयों को ही लेना चाह रहा था। उसने तय किया कि वह इलाहाबाद विश्वविद्यालय के किसी संघटक महाविद्यालय में पढ़ेगा, लेकिन लेगा अपनी पसंद के विषय ही। विश्वविद्यालय के मुख्य परिसर से एक और कारण से उसका मन बिदक गया। उसे पता चला कि मुख्य परिसर में बी.ए. में लड़कों और लड़कियों की कक्षाएँ अलग-अलग चलती हैं। लड़कियाँ महिला कॉलेज में पढ़ती हैं, जबकि लड़के सीनेट हाउस कैम्पस में पढ़ते हैं। वह पता करने लगा कि किन-किन महाविद्यालयों में लड़के और लड़कियाँ साथ-साथ पढ़ते हैं।

सुशान्त को श्यामा प्रसाद मुखर्जी महाविद्यालय पसंद आया। वहाँ पर लड़के और लड़कियाँ साथ-साथ पढ़ते थे। अपने पसंद के विषय भी मिल जा रहे थे। उसने तय किया कि वह इसी महाविद्यालय में पढ़ेगा।

सुशान्त ने श्यामा प्रसाद मुखर्जी महाविद्यालय में बी.ए. में प्रवेश ले लिया। महाविद्यालय इलाहाबाद के फाफामऊ मुहल्ले में था। वह फाफामऊ मुहल्ले में ही अपने रहने के लिए किराये पर कमरा खोजने लगा। इलाहाबाद विश्वविद्यालय में उसका एक परिचित लड़का मनोविज्ञान विषय से एम.ए. कर रहा था। वह सुशान्त का दूर का रिश्तेदार भी लगता था। वह छात्रावास में रहता था। सुशान्त काफी दिनों से उसी के कमरे पर रह रहा था। दोनों मिलकर फाफामऊ में कमरा खोजने लगे। सुशान्त को काफी संकोच लग रहा था, अतः वह जल्दी से जल्दी अपने परिचित का कमरा छोड़ देना चाह रहा था। सुशान्त को कमरा मिल गया। वह भी महाविद्यालय के एकदम पास। कमरे के साथ एक लैट्रिन-बाथरूम भी था। किराया था आठ सौ रुपये महीने। सुशान्त ने मकान मालिक को एक महीने का किराया अग्रिम दे दिया और अपना सारा सामान वहाँ लाकर रहने लगा।

महाविद्यालय में प्रवेश समाप्त हो गया। कक्षाएँ चलने लगीं। अगस्त का अन्तिम सप्ताह आ गया कक्षाएँ शुरू होते-होते। भूतल पर कक्ष संख्या एक में चलती थीं बी.ए. प्रथम वर्ष की कक्षाएँ। प्रैक्टिकल के विषयों जैसे- भूगोल, रक्षा अध्ययन वगैरह की कक्षाएँ सम्बद्ध विभागों में ही चलती थीं। सुशांत ने कोई भी प्रैक्टिकल वाला विषय नहीं लिया था। उसने लिया था, दर्शनशास्त्र, राजनीतिविज्ञान और हिन्दी। ये विषय प्रतियोगी परीक्षाओं के हिसाब से बहुत उपयुक्त थे।

सुशान्त ने देखा कि कक्षा में कुछ लड़कियाँ काफी सुंदर हैं। उन्हीं में एक लड़की थी, भव्या। सुशान्त का दिल भव्या पर आ गया। भव्या ने उसके दो विषय ले रखे थे–हिन्दी और दर्शनशास्त्र। कक्षा के अधिकांश लड़कों से सुशान्त का परिचय हो गया। अधिकांश लड़के और लड़कियाँ ग्रामीण पृष्ठभूमि के ही थे। कक्षा में लड़के एक तरफ बैठते थे और लड़कियाँ दूसरी तरफ। उत्सुकता दोनों तरफ थी। लड़के

लड़कियों से बात करना चाहते थे। लड़कियाँ भी लड़कों से बात करना चाहती थीं। गाँव के संस्कारों के कारण संवादहीनता टूट नहीं पा रही थी। कक्षा चल रही होती तो लड़के बीच-बीच में लड़कियों को देख लेते। लड़कियाँ भी कनखियों से लड़कों की तरफ देख लेतीं।

सुशान्त ने लड़कियों पर रंग जमाने का प्रयास शुरू कर दिया। कक्षा में पढ़ाते समय अध्यापक कुछ भी पूछते तो वह तुरन्त खड़ा हो जाता। प्रायः सही उत्तर दे देता था। बाकी लड़के-लड़कियाँ नहीं खड़े होते थे। प्रश्न का उत्तर आ रहा होता तब भी। बी.ए. में अभी वे नये-नये आये थे। एक दिन हिन्दी की प्रोफेसर काव्य पढ़ा रही थीं। उन्होंने प्रश्न पूछा, ''काव्य किसे कहते हैं?'' सुशान्त उठकर खड़ा हो गया। धीर गम्भीर आवाज मे बोला, ''वाक्यं रसात्मकम् काव्यम्।'' कक्षा में सन्नाटा छा गया। जैसे राम ने धनुष तोड़ दिया हो। सारे लड़के-लड़कियाँ हड़क गये। यह उत्तर तो उन्हें पता ही नहीं था। प्रोफेसर बोलीं, ''शाबास! बहुत अच्छे! पढ़ने में तेज़ लगते हो।'' इसके बाद वे विस्तार से समझाने लगीं कि काव्य किसे कहते हैं? घंटा बजने तक कक्षा के सारे लड़के-लड़कियों के कानों में 'वाक्यं रसात्मकं काव्यम्' ही गूँज रहा था। कक्षा में प्रथम स्थान पाने का सपना देखने वालों के दिल बैठ गये।

पढ़ाने के बाद प्रोफेसर चली गयीं। लड़कियों ने सुशान्त को घेर लिया। वे उससे उसका परिचय पूछने लगीं। सुशान्त संकोचपूर्वक अपने बारे में कुछ बातें उन्हें बताने लगा। लड़कियाँ उससे बहुत सारे सवाल कर रही थीं। सुशान्त हिचकते हुए उत्तर दे रहा था। इतनी सारी लड़कियाँ उसे घेर कर खड़ी थीं और उसके बारे मे जानने को उत्सुक थीं। सुशान्त को बहुत अच्छा लग रहा था। भव्या भी उसके पास ही खड़ी थी। वह उत्सुकता से सबकी बातें सुन रही थी। खुद कुछ नहीं बोल रही थी। सुशान्त हिम्मत जुटाकर भव्या से बोला, ''आप कुछ नहीं बोल रहीं हैं। आप भी तो पढ़ने में बहुत अच्छी हैं।'' भव्या शरमाकर मुस्करा पड़ी, ''किसने आपको यह बता दिया कि मैं पढ़ने में बहुत अच्छी हूँ? मैं तो सेकेण्ड डिवीजनर हूँ। मेरी आप मदद कर दीजिए तो मैं भी पढ़ने में अच्छी हो जाऊँ।'' सुशान्त ने उत्तर दिया, ''ठीक है! मैं आपकी पूरी मदद करूँगा। आप देख लीजिएगा। इस साल आप प्रथम श्रेणी में उत्तीर्ण होंगी।'' ''आपके मुँह में घी-शक्कर! मैं प्रथम श्रेणी में उत्तीर्ण हो जाऊँ तो फिर बात ही क्या है? लेकिन अब जब आपने मेरी मदद करने का वादा कर लिया है, आपको अपना वादा निभाना पड़ेगा।'' भव्या मुस्कराती हुई बोली। सुशान्त भी धीरे से मुस्कराया, ''ठीक है! मैं अपना वादा निभाऊँगा, लेकिन प्रथम श्रेणी में उत्तीर्ण होने के बाद मिठाई खिलाना मत भूलिएगा।'' ''आप मिठाई

खिलाने की बात कर रहे हैं? मैं आपको मिठाइयों से ढक दूँगी।'' भव्या बोली और सारी लड़कियाँ ठहाका लगाकर हँस पड़ीं।

सुशान्त के चलते लड़कों और लड़कियों की संवादहीनता टूट गयी। उत्सुकता दोनों तरफ पहले से ही थी। अब जब भी क्लास न चल रही होती लड़के-लड़कियाँ आपस में बातें कर रहे होते। सुशान्त भी बातें तो सब लड़कियों से कर लेता था, लेकिन उसकी सर्वाधिक दिलचस्पी भव्या में थी। वह भव्या से बातें करने के चक्कर में ही परेशान रहता। उसी के इर्द-गिर्द घूमता रहता। जिस दिन वह भव्या से बातें कर लेता, उस दिन उसके दिल में विशेष उमंग भर जाती। रात में सोने तक वह बहुत प्रफुल्लित रहता। पढ़ाई समेत अपने सारे काम बड़े उत्साह से करता। भव्या भी समझ गयी कि सुशान्त के लिए वह विशेष है। उसके दिल में मेरे लिए बहुत कुछ है।

एक दिन भव्या सुशान्त को अकेले में मिल गयी। उसका दिल खिल उठा। उसने हिचकते हुए भव्या से पूछा, "तुम कहाँ रहती हो?'' भव्या बताने लगी, "मेरे पिताजी फाफामऊ पुलिस चौकी में सिपाही हैं। फाफामऊ पुलिस चौकी से थोड़ी दूरी पर हम लोग किराये के एक मकान में रहते हैं। परिवार में मेरी माँ और मेरे पिताजी हैं। मेरा एक छोटा भाई भी है जो नौंवी कक्षा में हैं। मेरे पिताजी का नाम राजदेव है। मेरे भाई का नाम बड़ा अजीब है। तुम सुनोगे तो तुम्हें हँसी आ जायेगी।'' "क्या नाम है उसका?'' सुशान्त ने पूछा। भव्या हँसने लगी, उसका नाम एस पी है।'' "एस पी? यह कैसा नाम है?'' सुशान्त को बड़ा अटपटा लगा नाम। भव्या बातने लगी, "मेरे पिताजी हम लोगों को बताते हैं कि हम दोनों के पैदा होने से पहले उनकी दिली इच्छा थी कि उनका कोई बच्चा आई.पी.एस. बने। जब मेरा भाई पैदा हुआ तो उन्होंने सोचा कि आगे चलकर पता नहीं यह आई.पी.एस. बनेगा या नहीं। मैं अभी से इसका नाम एस पी रख देता हूँ। सो वे उसको एस पी कहकर बुलाने लगे। एस पी अर्थात पुलिस सुपरिटेन्डेट अर्थात पुलिस अधीक्षक। सब उसे एस पी ही कहने लगे। आगे चलकर पिताजी ने उसका नाम सूर्यपाल रख दिया। यह अलग बात है कि पिताजी जब उस पर नाराज़ होते हैं तो कहते हैं कि कस रे एस पिअवा सारे!'' दोनों ठहाका लगाकर हँस पड़े। सुशान्त ने भव्या से कहा, "मैं भी यहीं पास में ही रहता हूँ। एक मकान में एक कमरा किराये पर ले रखा है। तुम्हारा घर मेरे कमरे से मुश्किल से एक किलोमीटर दूर होगा। किसी दिन मेरे साथ मेरे कमरे पर चलो।'' भव्या उसकी ओर देखकर अर्थपूर्ण ढंग से मुस्करायी। सुशान्त उसके मन की बात समझ गया, "हाँ, मैं यह बात स्वीकार करता हूँ कि तुम मुझे बहुत अच्छी लगती हो, लेकिन तुम्हें अपने कमरे पर लिवा चलकर मैं तुम्हारे साथ कोई बदतमीजी नहीं करूँगा।'' सुशान्त के मुँह से यह स्वीकारोक्ति सुनकर कि वह

उसे बहुत अच्छी लगती है, भव्या का मन खुशी से नाच उठा। कुछ देर तक खुशी और शर्म के मारे वह चुपचाप खड़ी रही। सुशान्त को भी लगा कि वह क्या बोल गया। वह भी संकोचवश चुपचाप खड़ा रहा।

कुछ देर बाद भव्या बोली, ''पहले तुम मेरे घर आओ। मेरे घर में तुम्हें सब जानते हैं। अपने घर में मैंने तुम्हारी बहुत तारीफ़ कर रखी है।'' ''ठीक है! मैं कल ही तुम्हारे घर आऊँगा, लेकिन उसके बाद तुम्हें भी मेरे कमरे पर आना पड़ेगा। बोलो तैयार हो?'' सुशान्त बोला। भव्या शरमाकर बोली, ''ठीक है! मैं तैयार हूँ। कल शाम को घर पर मैं तुम्हारा इन्तज़ार करूँगी।'' सुशान्त मुस्करा पड़ा, ''ठीक है, कल मैं तुम्हारे घर आऊँगा, लेकिन जाने के पहले एक बात तो बता दो। मैं तुम्हें कैसा लगता हूँ?'' भव्या बिना कोई उत्तर दिये हँसते हुए वहाँ से भाग खड़ी हुई।

अगले दिन पूछते-पूछते सुशान्त भव्या के घर पहुँच गया। पहुँच तो गया, लेकिन घबराहट और संकोच के मारे घंटी बजाने की हिम्मत नहीं हो रही थी। कुछ देर में हिम्मत जुटाकर उसने घर की घंटी बजा दी। दरवाजा तुरंत खुला। भव्या सामने थी। वह सुशान्त का इंतज़ार कर रही थी। उसने अपनी माँ और भाई को बता रखा था कि सुशान्त आने वाला है। पिताजी चौकी से नहीं लौटे थे। उसकी माँ और भाई भी आ गये। सुशान्त ने भव्या की माँ के पैर छुए। उसकी माँ खुश हुईं। उन्हें लगा कि लड़का संस्कारी हैं। भव्या ने सुशान्त को ड्राइंगरूम में बैठाया। उसका ड्राइंगरूम आधा ड्राइंगरूम था, आध उसके छोटे भाई का शयनकक्ष।

भव्या ने अपनी सामर्थ्य भर सुशान्त के स्वागत की तैयारी कर रखी थी। तश्तरी में वह मिठाई, पानी, चाय, बिस्कुट, दालमोट सब एक साथ लेकर आ गयी। चाय चार कप थी। वह, उसकी माँ, उसका भाई सब सुशान्त को घेरकर बैठ गये। सुशान्त कुछ नर्वस, कुछ असहज सा उन लोगों के बीच बैठा हुआ था।

तरह-तरह की बातें होने लगीं। धीरे-धीरे सुशान्त सबके साथ घुलमिल गया। भव्या का भाई एस पी कुछ मजाकिया स्वभाव का था। उसने सुशान्त से पूछा, ''मेरी दीदी कितनी मूर्ख है, आपको कुछ अंदाजा है?'' भव्या ने घूरकर उसकी ओर देखा। वह बोला, ''मुझे घूरो मत! मैं इसलिए पूछ रहा हूँ कि आगे-पीछे इन्हें भी पता चल जाएगा कि तुम सात सौ पचास ग्राम से ज्यादा मूर्ख हो।'' सब हँसने लगे। भव्या बोली, ''यह बहुत दुष्ट है। अपने बारे में किसी को नहीं बताता कि यह ढाई किला से ज्यादा मूर्ख है।'' इसी तरह गपशप होती रही। एक घंटे बीत गये। अचानक भव्या के पिता जी भी आ गये। सुशान्त को देखते ही बोले, ''अच्छा, तो तुम्हीं सुशान्त हो। मेरी बेटी तुम्हारी बहुत तारीफ़ करती है कि तुम पढ़ने में बहुत तेज हो। मेरी बेटी को भी कुछ पढ़ा दो। इसको भी कुछ आने लगे।'' सुशान्त ने

उठकर उनका पैर छुआ और बोला, "आप चिन्ता न करिए चाचा जी। मैं भव्या को इतना पढ़ा दूँगा कि वह बी.ए. की परीक्षा प्रथम श्रेणी में उत्तीर्ण होगी।" भव्या के पिताजी खुश हो गये, "यह तो बहुत अच्छी बात है बेटा! तुम यहाँ अकेले रहते हो! घूमते हुए चले आया करो हमारे घर। यहाँ तुम्हे अपने घर जैसा ही लगेगा।" "हाँ-हाँ क्यों नहीं!" सुशान्त ने उत्तर दिया, "अब घर देख लिया है। अक्सर आता रहूँगा।" काफी देर तक वहाँ रुकने के बाद, सुशान्त ने सबसे विदा ली। पैदल ही आया था वह। पैदल ही चल दिया। उसे थोड़ा मायूसी हुई। इतनी देर तक वह भव्या के घर रहा, लेकिन भव्या के साथ उसे एक मिनट भी एकान्त नहीं मिला। सब घेरकर बैठे हुए थे।

एक दिन अपने कमरे पर सुशान्त बर्तन धो रहा था। मकान के आँगन में लगे नल के नीचे। वह बनियान पहनकर तौलिया लपेटे हुए था। लगभग तीन बज रहे थे। अचानक आँगन का दरवाजा खुला। दरवाजा अन्दर से बन्द नहीं था। भव्या और उसका भाई एकदम से आ गये अन्दर। सुशान्त उन्हें देखकर झेंप गया। एस पी बोला, "वाह-वाह! क्या सीन है! मेरे पास कैमरा होता तो मैं फोटो खींच लेता।" भव्या ने उसके सिर पर एक थप्पड़ मारा। सुशान्त उठकर खड़ा हो गया, "आओ-आओ तुम लोग! मेरे कमरे में चलो।" उसने बर्तन वहीं छोड़कर दोनों को अपने साथ लिया और ले जाकर उन्हें अपने कमरे में बैठाया। दोनों को कमरे में बैठाकर वह फिर नल पर आया और जल्दी-जल्दी बर्तनों को धोकर उन्हें समेटा। बर्तनों को लेकर वह कमरे में आ गया। सुशान्त को इस स्थिति में देखकर भव्या को भी मन ही मन हँसी छूट रही थी, लेकिन वह खुलकर हँसी नहीं। मुस्कराकर रह गयी।

सुशान्त ढंग के कपड़े पहन कर संयत होकर बैठ गया। सुशान्त और भव्या चारपाई पर पास-पास ही बैठे हुए थे, जबकि एस पी कमरे की इकलौती कुर्सी पर बैठा हुआ था। भव्या बोली, "मैं तुम्हारे पास दर्शनशास्त्र पढ़ने आयी हुई हूँ।" "तो अकेले ही चले आना था। एस पी को क्यों परेशान किया?" सुशान्त ने कहा। एस पी उसे कबाब में हड्डी का तरह लग रहा था। वह सोच रहा था कि काश, भव्या अकेले आयी होती। मजा आ गया होता। मैं उससे खूब रोमांटिक बातें करता।

सुशान्त भव्या को दर्शनशास्त्र समझाने लगा। जो चीजें भव्या की समझ में नहीं आ रहीं थीं, वह बाकायदा उनकी लिस्ट बनाकर लाई थी। कुछ देर में एस पी पेशाब करने बाथरूम के अन्दर गया चला गया। सुशान्त ने भव्या का हाथ पकड़ लिया। भव्या धीरे से फुसफुसायी, "छोड़ दो नहीं तो अभी एस पी आ जाएगा।" सुशान्त ने उसका हाथ छोड़कर एक हाथ से उसके बालों को पकड़ लिया। भव्या मुस्कराते हुए उसके हाथ से अपने बालों को छुड़ाने लगी। अचानक अन्दर से

बाथरूम के खुलने की आवाज़ आयी। दोनों संयत होकर बैठ गये और सुशान्त फिर से भव्या को पढ़ाने लगा। एस पी आकर कुर्सी पर बैठ गया। पढ़ाते हुए लगभग एक घंटे हो गये। एस पी ने भव्या से कहा, "तुम पढ़ती रहो, तब तक मैं बाहर टहलकर आता हूँ।" वह बाहर चला गया। सुशान्त ने फिर भव्या का हाथ पकड़ लिया। भव्या शरारत से मुस्कराते हुए बोली, "तुम मुझे ठीक से पढ़ाओगे या मैं जाऊँ?" सुशान्त ने कहा, " भव्या...भव्या...मैं तुम्हें प्यार करता हूँ।" भव्या सुशान्त की आँखों में आँखें डालकर देखने लगी। काफी गुस्से से। सुशान्त डर गया। अचानक हँसते हुए उसने अपना चेहरा सुशान्त के सीने में छुपा लिया। सुशान्त की जान में जान आयी। उसने भव्या को अपनी बाँहों में भर लिया। कुछ देर तक दोनों वैसे ही पड़े रहे।

दोनों अलग होकर बैठ गये। सुशान्त ने कहा, "मुझे नहीं उम्मीद थी कि एस पी ऐसा मौका दे देगा। मुझे लगा कि वह अन्त तक सिर पर सवॉर रहेगा।" "हाँ, मैं उसको इसीलिए लायी थी कि वह अन्त तक सिर पर सवार रहे।" भव्या बोली, "मुझे तुम्हारे ऊपर भरोसा नहीं था। मैं जानती थी कि मुझे अकेला पाकर तुम कुछ न कुछ बदमाशी जरूर करोगे। मुझे उस दुष्ट के ऊपर खुंदक आ रही है। वह मुझे अकेला छोड़कर चला गया और तुम्हें मनमानी करने का मौका मिल गया।" सुशान्त मुस्कराते हुए बोला, "तुम भी एक बार कह दो कि तुम मुझे प्यार करती हो। सुनकर मुझे बहुत अच्छा लगेगा।" भव्या ने फिर अपना चेहरा उसके सीने में छुपा लिया, "मुझे बहुत शर्म आती है। मैं नहीं कह पाऊँगी।" सुशान्त हँसने लगा, "ठीक है! तुम मत कहो। मैं बिना तुम्हारे कहे ही मान लूँगा कि तुमने कह दिया। बस एक काम कर दो।" "क्या?" भव्या ने पूछा। "तुम अपने होठों को इधर करो। मैं उन्हें चूम लूँ तो मैं मान जाऊँगा कि तुमने कह दिया।" सुशान्त ने कहा। भव्या कसकर उससे लिपट गयी, "नहीं! मैं तुमको ऐसा नहीं करने दूँगी। तुम बहुत बदमाश हो।" सुशान्त बलपूर्वक भव्या को अपने से अलग करने की कोशिश करने लगा। भव्या उससे कसकर लिपटी हुई थी। सुशान्त उसे लेकर चारपाई पर लोट गया और उसके सीने पर अपने सीने को रख दिया। भव्या ने हड़बड़ाकर उसे छोड़ दिया। सुशान्त ने उसके होठों पर अपना होंठ रख दिया। भव्या ने भी प्रतिवाद नहीं किया। सुशान्त वैसे ही उसके होठों पर अपने होठों को रखे रहा। काफी देर तक। भव्या के स्तन सुशान्त के सीने से दबे हुए थे। वह चुपचाप आँखे बन्द किये लेटी हुई थी। कुछ देर में दोनों अलग हुए और उठकर बैठ गये। सुशान्त ने कहा, "अब मैंने मान लिया कि तुमने कह दिया कि मैं तुम्हें प्यार करती हूँ।" भव्या बोली, "तुम बहुत दुष्ट हो। अब मैं कभी तुमसे पढ़ने नहीं आऊँगी।"

''कोई बात नहीं! तुमको पढ़ाने मैं तुम्हारे घर आ जाया करूँगा।'' सुशान्त हँसने लगा। ''हाँ, तुम्हीं मेरे घर आ जाया करो, ज्यादा अच्छा है। वहाँ सबके सामने मुझे परेशान तो नहीं कर पाओगे।। वहाँ मुझे ठीक से पढ़ओगे तो।'' भव्या थोड़ी सी अदा दिखाते हुए बोली। सुशान्त ने अपना सिर ठोंकते हुए कहा, ''तुमने जितनी चीजें नोट कर रखी थीं,सब कुछ तो मैंने समझा दिया। आज का तो कोटा मैंने पूरा कर दिया न!'' तो इसका मतलब यह थोड़े है कि पढ़ा लेने के बाद तुम मेरे साथ शरारत करोगे।'' भव्या बोली।

सुशान्त चारपाई से उठकर खड़ा हो गया। उसने भव्या का हाथ पकड़कर उसे भी उठने का इशारा किया। भव्या खड़ी हो गयी। सुशान्त ने उसे अपनी बाँहों में भर लिया और उसके होठों पर अपना होंठ रख दिया। भव्या दोनों हाथों से सुशान्त के शरीर को पकड़कर लिपट गयी। आँखें बन्द करे उसने सुशान्त के होठों पर अपने होठों का दबाव बढ़ा दिया। कुछ देर बाद सुशान्त ने भव्या को अपने से अलग करना चाहा। वह चिहुँक पड़ी। उसने सुशान्त को और कसकर जकड़ लिया और उसके गाल पर दाँतों से काट लिया। सुशान्त रोमांचित हो उठा। उसने भी भव्या को कसकर दबोच लिया। एक दूसरे के होठों पर होंठ रखे दोनों काफी देर तक वैसे ही खड़े रहे। अचानक एस पी के आने की आहट हुई। दोनों अलग हो गये। एस पी को देखकर भव्या उसे डाँटने लगी, ''कहाँ चले गये थे? मैं घर चलने के लिए तुम्हारा इंतज़ार कर रही थी।'' एस पी सफाई देने लगा, ''बाहऱ कुछ दूर पर लड़के क्रिकेट खेल रहे थे। वहीं खड़ा होकर देखने लगा।'' ''चलो जल्दी! देर हो रही है।'' भव्या बोली। दोनों चल दिये। सुशान्त उन्हें बाहर तक छोड़ने गया।

एक दिन कॉलेज में भव्या ने सुशान्त से पूछा, ''दीपावली की छुट्टी नज़दीक आ रही है। घर जाओगे?'' अभी दशहरे पर तो गया था घर। रोज-रोज घर जाकर क्या करूँगा?'' भव्या व्यंग्यपूर्वक बोली, ''ओ हो! बड़ी जल्दी मन लग गया इलाहाबाद में! घर जाने का मन ही नहीं हो रहा है।'' सुशान्त मुस्कराया, ''तुम्हारे जैसी प्रेमिका को छोड़कर कौन घर जाना चाहेगा? हम लोग तो किसी सुंदर लड़की से बात करने को तरसते थे। मुझे उम्मीद नहीं थी कि इलाहाबाद पहुँचते ही ऐसा हसीन प्यार मिल जाएगा। वह भी इनती जल्दी। कहाँ तो शुरू में मैं तुमसे बात करने के लिए तरसता था। कहाँ तुम्हारे होठों की छुवन, तुम्हारे स्तनों की चुभन सब मिल गयी। मैं कितना खुशनसीब हूँ।'' भव्या दाँत पीसते हुए मुस्करायी, ''बदमाश कहीं के। ज्यादा मत बोलो नहीं तो मैं तुम्हें पीट दूँगी।'' ''ठीक है! तुम मुझे पीट लो। लेकिन एक शर्त पर मैं तुम्हें पीटने दूँगा। एक बार तुम्हारे सुन्दर स्तन देखने की मेरी बड़ी इच्छा है। किसी दिन तुम मुझे दिखा दो और फिर पीट लो।'' सुशान्त

ने शरारत से मुस्कराते हुए कहा। भव्या ने उसे ठेंगा दिखाया, "वो तो तुम कभी नहीं देख पाओगे बच्चू। मैं सब समझती हूँ। अँगुली पकड़कर पहुँचा पकड़ने के चक्कर में हो।"सुशान्त फिर मुस्कराया, "ठीक है भाई। तुम्हारा चीज है, तुम्हारी मर्जी। मत दिखाओ।" भव्या शरारत से मुस्कराते हुए सुशान्त की ओर देखने लगी। सुशान्त भी मुस्कराते हुए उसकी ओर देखने लगा। दोनों ऐसे ही काफी देर तक आँखें चार किये रहे।

अचानक भव्या बोली, "दीपावली में यहीं रहोगे तो दोपहर का खाना मेरे घर ही खाना। त्योहार के दिन रोटी बेलो, अच्छा नहीं लगता। मेरे घर तमाम लोग बहुत सारे पटाखे पहुँचा जाते हैं। तुम्हारी जितनी इच्छा हो, उतने पटाखे मेरे घर से ले लेना और ले जाकर अपने कमरे पर छुड़ाना।" "तब तो मज़ा आ गया। मुझे पटाखे नहीं खरीदने पड़ेंगे।" सुशान्त ने कहा। दोनों कुछ देर तक चुप रहे। सुशान्त ने कुछ देर बाद फिर बात शुरू की, ऐसा है, चलो एक दिन सिविल लाइन्स घूमने चलते हैं।" "घर में क्या बहाना करूँगी?" भव्या ने पूछा। सुशान्त उसे समझाने लगा, "जब तुम्हारा भाई स्कूल चला जाय और तुम्हारे पिताजी चौकी पर चले जायँ तो अपनी माँ से कह दो कि मैं जा रही हूँ विश्वविद्यालय मार्ग। मुझे कुछ ज़रूरी किताबें खरीदनी हैं। किताबें खरीदने के लिए अपनी माँ से पैसे भी ले लेना। जिससे उन्हें किसी तरह का शक न हो। उसके बाद तुम ऑटो से तेलियरगंज आना और वहीं उतर जाना। वहाँ मैं पहले से खड़ा रहूँगा। हम दोनों वहाँ से साथ में ऑटो से चलेंगे बैंक रोड। बैंक रोड से रिक्शा पकड़कर विश्वविद्यालय मार्ग चला जाएगा। वहाँ तुम एक-दो किताबें खरीद लेना। किताबें खरीदकर हम लोग कम्पनी बाग चलेंगे। वहाँ एकान्त में कहीं पर बैठा जाएगा।" भव्या सहमत हो गयी। दोनों ने तय किया कि अगले ही दिन चला जाय घूमने।

अगले दिन योजनानुसार वे कम्पनी बाग पहुँच गये। दोनों चारों तरफ टहलकर एकदम से एकान्त खोजने लगे। हर जगह कोई नज़र ही आ जा रहा था। कहीं कुछ लोग बैठकर गपशप कर रहे होते। कहीं कुछ लोग टहल रहे होते। एक जगह एकदम सन्नाटा मिल गया। वहाँ पर झाड़ियाँ भी थीं। सुशान्त भव्या का हाथ पकड़कर उसे झाड़ियों के पीछे खींच ले गया। उसने भव्या को बाँहों में भर लिया और उसे चूमने लगा। भव्या ने भी उसे अपनी बाँहों में भर लिया। भव्या सुशान्त के होठों को चूसने लगी। दोनों जीभ निकालकर एक दूसरे की जीभ चाटने लगे। दोनों एक दूसरे से लिपटे हुए एक दूसरे को भरपूर प्यार कर रहे थे। तब तक उधर से पचीस से तीस साल के दो लड़के गुजरे। दोनों विश्वविद्यालय के एक छात्रावास के लड़के थे। दोनों ने सुशान्त और भव्या को प्यार करते हुए देख लिया। दोनों

झाड़ी के पास खड़े होकर झाँकने लगे। सुशान्त और भव्या हड़बड़ाकर झाड़ी के पीछे से निकल आये और आगे चल दिये। दोनों लड़के भी दोनों के पीछे-पीछे चल दिये। एक ने सुशान्त से पूछा, "क्यों बेटा? बड़ा मस्त माल पटाये हो! कहाँ से लहाया? हम लोगों से डरने या भागने की कोई ज़रूरत नहीं है। हम लोग कुछ कर नहीं रहे हैं। बस, हमें भी थोड़ा सा हिस्सा दे दो।" सुशान्त औरं भव्या ने डर के मारे अपनी चाल बढ़ा दी। पीछा करने वाले दोनों लड़कों ने भी अपनी चाल बढ़ा दी। दूसरे ने भव्या से कहा, "अरे जानेमन! जैसे उसको किस दे रही हो, हमें भी किस दे दो। हम तुम्हारे होठों को काटकर खा नहीं जायेंगे। तुम्हारे गाल कितने चिकने हैं। एक बार छूकर देख लेने दो।"

सुशान्त और भव्या, जल्दी-जल्दी चलते हुए एक मैदान में पहुँच गये। मैदान में जगह-जगह लोग झुण्ड बन कर बैठे हुए थे। वे दोनों भी मैदान में एक जगह बैठ गये। दोनों पीछा करने वाले लड़के भी उनसे कुछ ही दूर पर बैठ गये। एक ने भव्या से कहा, "हम लोगों को भी कुछ दे दो नहीं तो हम तुम्हारे माँ-बाप को बुलवा लेंगे।" भव्या डर गयी। दूसरा बोला, "देखो, इस समय क्या भोली-भाली और सीधी-सादी बन रही है। कुछ देर पहले अपने यार से क्या लिपटी चली जा रही थी और उसे चाट रही थी। हम लोग और थोड़ी देर में पहुंचे होते तो उसका सामान निकलकर अपने सामान में डाल ली होती।" कुछ दूर पर अपने-अपने बच्चों सहित दो परिवार बैठे हुए थे। सुशान्त ने भव्या का हाथ पकड़ा और जाकर दोनों परिवारों के बीच में बैठ गया। पीछा करने वाले दोनों लड़कों ने दूर से ही उन्हें घूरा और चले गये। सुशान्त और भव्या चुपचाप वहीं बैठे रहे। उन्हें डर लग रहा था कि दोनों कहीं छुपे न हों और तुरंत उठकर चलने पर फिर से पीछे लग लें। दोनों ने कुछ देर तक प्रतीक्षा की। दोनों ने तय किया कि यहाँ से सीधे घर निकल लिया जाय। कुछ देर बाद दोनों घर लौट पड़े। दोनों बहुत सहम गये थे। दोनों ने पत्रिका चौराहे से सीधे फाफामऊ के लिए ऑटो पकड़ा। फाफामऊ पहुंचकर सुशान्त ने कहा, "तुम अकेली घर जाओ। आधे घंटे बाद मैं भी पीछे से तुम्हारे घर पहुँचता हूँ।" भव्या अपने घर चली गयी।

वह घर पहुँची तो देखा कि एस पी उसका इंतजार कर रहा है। उसने भव्या से कहा, "मैं तुम्हारा इंतज़ार करते हुए ही बैठा हूँ। लो घर की चाभी। मेरे दोस्त लवली का एक्सीडेंट हो गया है। मम्मी उसके घर गयी हैं। मैं भी वहीं जा रहा हूँ। तुम घर का ध्यान रखना।" चाभी देकर एस पी चला गया। घर में भव्या अकेली रह गयी। कुछ देर बाद सुशान्त भी वहाँ पहुँच गया। दरवाजा खुला था। सुशान्त घर में घुस गया और सीधे ड्राइंग रूम में चला गया। वहाँ सोफे पर भव्या लेटी हुई

थी। उसने सुशान्त को देखा तो उठकर बैठ गयी। "घर में बड़ा सन्नाटा है! कोई है नहीं क्या?" सुशान्त ने पूछा। भव्या बोली, "एस पी के एक दोस्त लवली का एक्सीडेंट हो गया है। माँ और एस पी वहीं गये हैं। सुशान्त ने चिन्तित होते हुए पूछा, "ज्यादा चोट लग गयी है क्या?" "मुझे ज्यादा कुछ नहीं मालूम है। माँ पहले ही जा चुकी थीं। मेरे आते ही, एस पी भी मुझे चाभी देकर चला गया।" भव्या ने उत्तर दिया। सुशान्त भव्या के बगल में बैठ गया और उसे अपनी बाहों में भर लिया। भव्या बोली, "रहने दो प्लीज! मुझे अच्छा नहीं लग रहा है।" सुशान्त मुस्कराया, "वहाँ हम लोग एकान्त खोज रहे थे। यहाँ पर अपने आप एकान्त मिल गया। वह भी एकदम सुरक्षित एकान्त।" भव्या ने कहा, "मैं एकदम से भयभीत हो गयी हूँ। उन लड़कों ने अगर मेरे साथ कोई बदतमीजी कर दी होती तो? बात किसी तरह से मेरे घर तक पहुँच गयी होती तो? मुझे बहुत डर लग रहा है।" "लेकिन ऐसा कुछ हुआ तो नहीं।" सुशान्त ने लापरवाही से कहा, "आओ हम दोनों एक दूसरे को प्यार करें।" भव्या बोली, "तुम नहीं समझोगे। तुम लड़के हो। एक बार तुम्हारी बदनामी भी हो जाय तो तुम्हें कोई फर्क नहीं पड़ता। मैं लड़की हूँ। मेरी बदनामी हो जाएगी तो मैं कहीं मुँह दिखाने लायक नहीं रहूँगी।" "अब छोड़ो भी इन बातों को।" सुशान्त अधीर हो रहा था, "अपने होठों को इधर करो!" "प्लीज़ आज अब और कुछ नहीं!" भव्या बोली, "मुझे कुछ अच्छा नहीं लग रहा है। अब घर चले जाओ। मुझे कुछ देर आराम करने दो।" सुशान्त नहीं माना। वह कपड़े के ऊपर से ही भव्या के स्तनों को सहलाने लगा। भव्या ने उसका हाथ पकड़कर झटक दिया, "तुम आदमी हो या जानवर? तुम्हें मेरी भावनाओं की कोई परवाह नहीं है? मेरी कोई दिलचस्पी नहीं है, फिर भी तुम मनमानी किये चले जा रहे हो। आज मुझे अकेला छोड़ दो। फिर मौका मिलेगा। तब तक मेरा मूड ठीक हो जाएगा। तब प्यार करना। आज मैं कुछ नहीं करने दूँगी। सुशान्त लाचार हो गया। वह समझ गया कि भव्या का मूड एकदम खराब है। उसने वहाँ से निकल लेने में ही भलाई समझी।

भव्या कई दिनों तक महाविद्यालय नहीं आयी। सुशान्त की आँखें बेचैन होकर उसे खोजती रहती थीं। उसकी हिम्मत भव्या के घर जाने की भी नहीं पड़ रही थी। पता नहीं उसका मूड कैसा है? सुशान्त का मन पढ़ाई में भी नहीं लग रहा था। वह हमेशा भव्या के बारे में ही सोचता रहता था। किताब खोलकर बैठता तो किताब में उसे भव्या का ही चेहरा दिखायी पड़ता।

एक दिन भव्या आ ही गयी महाविद्यालय। उसका चेहरा काफी खिला हुआ दिख रहा था। चलती क्लास के दौरान कई बार सुशान्त से उसकी आँखें चार

हुईं। सारी कक्षाएँ समाप्त हो जाने के बाद वह सुशान्त से मिली। उसने सुशान्त से पूछा, "सुशान्त तुम मुझसे नाराज़ तो नहीं हो?" "मैं भला तुमसे क्यों नाराज़ होऊँगा?" सुशान्त मुस्कराया। भव्या सिर झुकाकर बोली, "मैंने उस दिन तुम्हें कुछ उल्टा-सीधा कह दिया था।" सुशान्त ने कहा, "उसमें गलती मेरी ही थी। मुझे तुम्हारी भावनाओं को समझना चाहिए था।" भव्या सिर उठाकर मुस्करायी, "मैं अब उस घटना से पूरी तरह उबर चुकी हूँ। दीपावली के दिन मैं दिन भर तुम्हारा इंतजार कर रही थी। तुम नहीं आये। मुझे बहुत खराब लग रहा था। अपने ऊपर ही कोफ्त आ रही थी। आज चाहो तो तुम यहीं सबके सामने मुझे अपनी बाँहों में भरकर चूम सकते हो।" "अरे-अरे! इरादा क्या है तुम्हारा?" सुशान्त बोला, "आज तुम घर से मुझे पिटवाने का प्लान बनाकर आयी हो क्या?" "भव्या हँसने लगी, "नहीं! ऐसी कोई बात नहीं है। आज मुझे तुम पर बहुत प्यार आ रहा है। कोई कक्षा एकदम खाली हो, उसमें कोई न हो तो चलो।" दोनों टहलकर देखने लगे। स्टॉफ रूम एकदम खाली था। कोई प्राध्यापक नहीं था उसमें। दोनों उसी में घुस गये। दरवाजे की ओट में होकर सुशान्त ने भव्या को अपनी बाँहों में भर लिया और उसे तीन-चार बार चूमा। दोनों जल्दी से बाहर निकल आये और अपने-अपने घर की ओर चल दिये।

दिसम्बर में बड़े दिन की एक सप्ताह की छुट्टी हो गयी। सुशान्त जौनपुर अपने घर चला गया। दशहरे की छुट्टी के बाद से वह घर नहीं गया था। उसके मन में भव्या के प्यार की मिठास घुली हुई थी। घर पर भी वह भव्या को भूल नहीं पा रहा था। वह हमेशा भव्या की यादों में खोया रहता। वह सोचता कि प्यार कितनी मीठी चीज होती है। शायद दुनिया की सबसे मीठी चीज। इसके आगे बाकी सुख बेकार हैं। मैं कितना भाग्यशाली हूँ कि एक सुंदर लड़की मुझे इतना प्यार करती है। हम दोनों सिर्फ एक दूजे के हैं।

छुट्टी के बाद सुशान्त इलाहाबाद लौट आया। कक्षाएँ शुरू हो गयीं। भव्या पहले दिन कक्षा में नहीं आयी। दूसरे दिन भी नहीं आयी, तीसरे दिन भी नहीं आयी, चौथे दिन भी नहीं आयी। सुशान्त को चिन्ता हुई। उसने भव्या की सहेली तूलिका से एक दिन पूछ लिया, "भव्या नहीं आ रही है। कहीं गयी है क्या?" "भव्या अब कभी नहीं आयेगी।" तूलिका ने उत्तर दिया। सुशान्त को तो जैसे ग्यारह हजार वोल्ट का करंट लगा, "क्यों? क्या बात हो गयी?" तूलिका बताने लगी, "मैं एक दिन उसके घर गयी थी। उसकी माँ ने बताया कि उसे पाँच माह का मरा हुआ बच्चा पैदा हुआ। वह ससुराल चली गयी। अब वह आगे की पढ़ाई नहीं करेगी।" "मरा हुआ बच्चा पैदा हुआ? ससुराल चली गयी? क्या वह शादीशुदा

थी?'' सुशान्त को फिर ग्यारह हजार वोल्ट का करंट लगा। "हाँ!'' तूलिका ने बताया, "यह बात मुझे भी नहीं पता थी। दरअसल भव्या ने यह बात किसी को बतायी ही नहीं थी कि वह शादीशुदा है। न तो कभी वह सिन्दूर वगैरह लगाकर आती थी, जिससे कोई जान पाता कि उसकी शादी हो गयी है। वो तो उसके कई दिन न आने पर मैं उसके घर गयी तो उसकी माँ ने मुझे सारी बात बतायी। मुझे उसके ऊपर बड़ा गुस्सा आया। इसलिए कि यह बात उसने तुम्हें भी नहीं बतायी थी जबकि तुम उसे बहुत प्यार करते थे। वह मेरी पक्की सहेली थी। मुझे वह सारी बात बताती थी। मुझे तुम्हारे और उसके प्यार के बारे में सारी बातें पता थीं। वह खुद ही मुझे बताती थी। उसने मुझे यह भी सहेजा था कि किसी को इस बात की भनक नहीं लगनी चाहिए। तुम भी कभी यह नहीं भाँप पाये होगे कि मुझे तुम्हारी और भव्या की प्रेमकथा मालूम है। खैर अब मैं तुमसे क्या कहूँ? भव्या ने तुम्हारे साथ जो किया वह कतई माफ़ी के लायक नहीं है।''

सुशान्त एक खाली कमरे में जाकर अपना सिर पकड़कर बैठ गया। उसके मुँह से आवाज़ नहीं निकल रही थी। तूलिका उसे तरह-तरह से समझाने और सान्त्वना देने का प्रयत्न कर रही थी। सुशान्त ने एक बार सिर उठाकर सूनी नज़रों से तूलिका की ओर देखा फिर सिर नीचे कर लिया। तूलिका के मुँह से उसने अभी जो कुछ सुना, उस पर उसे विश्वास ही नहीं हो रहा था। कुछ देर में वह रोने लगा। तूलिका अपने हाथों से उसके आँसू पोछने लगी।

सुशान्त अपने कमरे पर चला आया। उसने दरवाजा अन्दर से बन्द कर लिया और फूट-फूट कर रोने लगा। उसे लग रहा था, जैसे उसक सब कुछ लुट गया हो। वह मन ही मन भव्या से शादी करने के बारे में सोचने लगा था। उसे विश्वास नहीं हो पा रहा था कि भव्या उसे इस तरह से धोखा दे रही थी। वह तो शुक्र था कि दोनों के बीच कभी शारीरिक सम्बन्ध नहीं बना था, अन्यथा उसके बच्चे के मरने का दोषी वह खुद को ही समझता। दुनिया में इतना बड़ा फरेब भी होता है, सुशान्त की समझ में यह अब आया। सुशान्त के साथ भव्या केवल समय बिता रही थी और मजे लूट रही थी। सुशान्त ने दिनभर न तो खाना बनाया और न ही वह कमरे से निकला। उसे लग रहा था कि जैसे उसके शरीर की सारी शक्ति निचुड़ गयी है। कुछ भी नहीं बचा है शरीर में।

सुशान्त चार दिन से महाविद्यालय नहीं आ रहा था। तूलिका को चिन्ता हुई। उस दिन कक्षाएँ समाप्त हो जाने पर वह सुशान्त के कमरे पर गयी। घर के बाहर ही सुशान्त की मकान मालकिन मिल गयीं। तूलिका तीन-चार बार भव्या के साथ सुशान्त के कमरे पर आ चुकी थी। उसकी मकान मालकिन तूलिका को पहचानती

थीं। तूलिका ने उनसे पूछा, "आंटी, सुशान्त कई दिनों से कॉलेज नहीं आ रहा है। अपने घर चला गया है क्या?" "नहीं बेटा!" वे बताने लगीं, "उसकी तबीयत कई दिन से खराब है। वह अपने कमरे में आराम कर रहा है।" "ठीक है! मैं जरा उसे देख लेती हूँ।" कहती हुई तूलिका अन्दर चली गयी।

सुशान्त के कमरे का दरवाजा खुला था। वह बनियान और लुंगी पहने चारपाई पर लेटा था। तूलिका उसके कमरे में घुस गयी। सुशान्त उठकर बैठ गया।" "यह क्या मजनूँ की तरह हालत बना रखी है तुमने?" तूलिका ने लगभग डाँटते हुए कहा, "तुम्हारे इस तरह शोक मनाने से भव्या लौट नहीं आयेगी। जब उसे तुम्हारी कोई परवाह नहीं है तो तुम उसको लेकर क्यों इतने दुःखी हो? अपने आप को सम्हालो। ज़िन्दगी को नये सिरे से शुरू करो।" सुशान्त ने कोई जवाब नहीं दिया। तूलिका कमरे में रखी हुई इकलौती कुर्सी पर बैठ गयी। काफी देर तक खामोशी छायी रही। अचानक तूलिका उठी और सुशान्त से सटकर बैठ गयी। उसने सुशान्त का हाथ पकड़ लिया, "मैं एक बात पूरी ईमानदारी और सच्चाई से कहूँ? मैं तुम्हें बहुत प्यार करती हूँ। हाँ सुशान्त!" उसने अपने होंठ सुशान्त के होठों पर रख दिये। सुशान्त ने कोई प्रतिक्रिया नहीं व्यक्त की। तूलिका उठी। उसने दरवाजा अन्दर से बन्द कर लिया। उसके बाद वह फिर सुशान्त के पास आकर बैठ गयी। उसने जब देखा कि सुशान्त कोई प्रतिक्रिया नहीं व्यक्त कर रहा है तो उसने सुशान्त को चारपाई पर गिरा दिया और खुद उसके ऊपर लेट गयी। उसने होंठ सुशान्त के होठों पर गड़ा दिया और आँखें बन्द करके उसमें डूब गयी। सुशान्त चुपचाप लेटा रहा। कुछ देर बाद सुशान्त को जैसे चेत आया। उसने जोर से भव्या को अपनी बाँहों में भर लिया और उसको उठाकर अपने बगल में लिटा दिया। तूलिका मुस्करायी। उसने सुशान्त की नाक पकड़कर हिला दी। सुशान्त बोला, "यह जानते हुए भी कि मैं किसी और लड़की के प्यार में पागल रहा हूँ, तुम मुझसे प्यार करने के लिए तैयार हो? तुम जानती हो तुम मेरा पहला प्यार नहीं हो, जब कि मैं तुम्हारा पहला प्यार हूँ।" तूलिका ने शरारत से मुस्कराते हुए उसका गाल नोच लिया, "सच तो यह है कि मैं तुम्हें बहुत पहले से प्यार करती थी। मैं तुमसे कुछ कह पाती, उसके पहले ही भव्या ने तुम्हारे ऊपर हाथ साफ कर दिया। मुझे बहुत दुःख हुआ और साथ ही कोफ्त भी हुई कि मैंने पहले ही तुमसे अपने प्यार का इजहार क्यों नहीं कर दिया? भव्या जब खूब रस ले-लेकर तुम्हारे और अपने प्यार के किस्से मुझे सुनाया करती थी तो मुझे अन्दर ही अन्दर बहुत चिढ़ होती थी। देर से सही तुम मुझे मिल तो गये। अब मैं तुम्हें सात तालों में बन्द करके अपनी पलकों में छुपाकर रखूँगी। अब तुम्हारे ऊपर मेरा कब्जा हो गया है। किसी और लड़की ने तुम्हारे ओर देखने

की कोशिश की तो मैं उसकी आँखें फोड़ दूँगी। ...मेरा प्यार मुझे मिल गया। मैं कितनी खुशनसीब हूँ।''

अगले दिन तूलिका ने अकेले में महाविद्यालय में सुशान्त को पकड़ लिया। उसका चेहरा खुशी से चमक रहा था। उसे देखकर सुशान्त भी मुस्कराया। तूलिका बोली, ''बड़ी खुशी की बात है कि तुम फिर से कॉलेज आने लगे।'' ''तुम्हारे कारण।'' सुशान्त ने कहा। तूलिका रहस्यपूर्ण ढंग से बोली, ''कभी मेरे घर आओ न! मेरा घर हम दोनों के लिए बहुत सुरक्षित रहेगा। दिन में मेरे घर में कोई नहीं रहता। मेरे भइया नोएडा में इंजीनियरिंग कॉलेज में पढ़ते हैं। मेरे पापा बैंक में क्लर्क हैं और साढ़े नौ बजे वे बैंक चले जाते हैं। मेरी मम्मी जगत तारन इंटर कॉलेज में टीचर हैं। घर की एक चाभी मम्मी के पास रहती और एक मेरे पास।'' ''तुम्हारा घर कहाँ है?'' सुशान्त ने पूछा। ''मम्फोर्डगंज में।'' तूलिका ने बताया। सुशान्त ने कहा, ''ठीक है! कल हम लोग क्लास नहीं करेंगे। कल तुम कॉलेज आना। यहाँ से हम दोनों अपनी-अपनी साइकिल से तुम्हारे घर चलेंगे।'' तूलिका तैयार हो गयी।

अगले दिन तूलिका के साथ सुशान्त उसके घर पहुँच गया। करीब बारह बज रहे थे। तूलिका ने चाभी निकालकर ताला खोला और सुशान्त को गेट के अन्दर ले गयी। उसने सुशान्त से साइकिल अन्दर करवा ली और गेट बन्द कर लिया। उसके बाद उसने घर में बन्द ताला खोला। सुशान्त को लिवाकर वह अन्दर चली गयी। वह सुशान्त से बोली, ''चलो हम लोग मम्मी-पापा के बेडरूम में बैठते हैं।'' वह सुशान्त को उस कमरे में लिवा ले गयी। कमरा काफी साफ-सुथरा था। दोनों बिस्तर पर बैठ गये। ''तुम्हारा घर तो काफी साफ-सुथरा है। सुन्दर भी है।'' सुशान्त ने कहा। ''चलो! मेरा घर तुम्हें पसंद आया। बिस्तर पर लेट जाओ। मैं भी लेट जाती हूँ। लेटकर बातें करते हैं।'' तूलिका बोली। दोनों बिस्तर पर लेट गये। थोड़ी देर तक दोनों इधर-उधर की औपचारिक बातें करते रहे। तूलिका सुशान्त से उसके घर और घरवालों के बारे में पूछने लगी। सुशान्त उसे अपने घर के बारे में बताने लगा। झूठी डींगे हाँकने के बजाय, अपने घर-परिवार के बारे में सुशान्त ने सब कुछ सच-सच बता दिया।

अचानक सुशान्त ने तूलिका को अपनी बाँहों में भर लिया और उसके होंठो, गालों, आँखों सबको चूमने लगा। तूलिका भी उससे लिपट गयी और उसने भी सुशान्त के ऊपर चुम्बनों की बौछार कर दी। दोनों बुरी तरह एक दूसरे से लिपट गये और एक-दूसरे को जी भरकर चूमने चाटने लगे। सुशान्त बोला, ''प्लीज तूलिका। तुम अपनी कमीज उतार दो। मैं तुम्हारे स्तनों को देखना चाहता हूँ।'' तूलिका बोली, ''ठीक है! मैं कमीज तो उतार दूँगीं, लेकिन सलवार उतारने के लिए मत कहना।''

"ठीक है मैं तुमसे सलवार उतारने के लिए नहीं कहूँगा।'' सुशान्त ने कहा। तूलिका ने अपनी कमीज उतार दी। कमीज के नीचे उसने ब्रा पहन रखी थी। ब्रा उतारकर उसने उसे सुशान्त के हाथ में पकड़ा दिया और हँसते हुए उससे कसकर लिपट गयी। तूलिका के स्तनों की एक झलक सुशान्त को मिल गयी। उसने तूलिका को अपने से अलग करने की कोशिश की, लेकिन तूलिका ने उसे बहुत कसकर पकड़ रखा था। उसने किसी तरह तूलिका को अपने से अलग किया, लेकिन तूलिका फिर उसे पकड़कर चिपक गयी। हारकर सुशान्त चुपचाप बैठ गया। कुछ देर बाद तूलिका हँसते हुए उससे अलग हुई और पीठ के बल बिस्तर पर लेट गयी। सुशान्त उसके स्तनों को सहलाने लगा। तूलिका ने अपने हाथों से अपनी आँखें बन्द कर लीं। कुछ देर तक सहला लेने के बाद सुशान्त उसके स्तनों को हौले-हौल मसलने लगा। स्तनों को काफी देर तक मसल लेने के बाद वह तूलिका के खुले हुए शरीर को सहलाने लगा। वह काफी देर तक तूलिका के शरीर को सहलाता रहा। तूलिका के गोरे-गोरे चिकने शरीर को देखकर सुशान्त बहुत उत्तेजित हो रहा था। उसने तूलिका को उठाकर पलट दिया। अब वह उसकी पीठ को सहलाते हुए स्पर्श सुख ले रहा था। पीठ को सहलाते-सहलाते वह कपड़े के ऊपर से ही तूलिका के नितम्बों को सहलाने लगा। उसे बहुत सुख मिल रहा था, साथ ही वह अत्यन्त उत्तेजित भी हो रहा था। उसका मन कर रहा था कि वह तूलिका की सलवार नोच-नोच कर फेंक दे और उसके साथ सब कुछ कर डाले। वह किसी तरह अपने पर नियंत्रण बनाये हुए था। वह तूलिका की सलवार के अन्दर हाथ डालकर उसके नितम्बों को सहलाने लगा। तूलिका बोली, "ऐ मिस्टर! अन्दर से हाथ निकालो।'' सुशान्त के ऊपर कोई असर नहीं पड़ा। वह उसी तरह उसके नितम्बों को सहलाता रहा। तूलिका उठकर बैठ गयी। उसने अपनी कमीज से अपने स्तनों को ढक लिया। आँखें तरेरते हुए वह बोली, "मना कर रही हूँ तो मान नहीं रहे हो।'' उसने जल्दी से अपनी ब्रा पहन ली। "ऐसा है, अब तुम अपनी शर्ट और बनियान उतार दो। मैं भी तुम्हारे शरीर को छूकर देखना चाहती हूँ।'' तूलिका ने कहा। सुशान्त ने अपनी कमीज और बनियान उतार दी। तूलिका ने धक्का देकर उसे बिस्तर पर गिरा दिया और सहलाकर उसके शरीर को देखने लगी। उसे सुशान्त का शरीर सहलाने में बहुत मजा आ रहा था। वह काफी देर तक सुशान्त के शरीर को सहलाती रही। अचानक उसने अपनी ब्रा उतारकर रख दी और सुशान्त के ऊपर लेट गयीं। वह सुशान्त के सीने पर अपने स्तनों को दबाने और उठाने लगी। उसे बहुत मजा और उत्तेजना मिल रही थी। सुशांन्त को भी बहुत मजा आ रहा था। वह उत्तेजित हो उठा। नीचे लेटे-लेटे ही उसने तूलिका को कसकर दबोच लिया। दोनों काफी देर

तक आँखें बन्द किये वैसे ही पड़े रहे। थोड़ी देर में तूलिका उठ खड़ी हुई। वह अपने कपड़े पहनने लगी, "बस! अब बहुत हो गया।"

परीक्षाएँ नजदीक आ रही थीं। मार्च के पहले सप्ताह से होने वाली थीं परीक्षाएँ। तूलिका हमेशा सुशान्त का प्यार पाने के लिए पागल रहती थी। पढ़ने-लिखने में उसका बिलकुल मन नहीं लग रहा था। सुशान्त अपनी पढ़ाई-लिखाई में जुट गया था। वह समझ रहा था कि इस समय प्यार-मुहब्बत के चक्कर में पड़ने से परीक्षा का परिणाम प्रभावित होगा। अगर परीक्षाफल खराब आया तो घरवालों को क्या मुँह दिखाऊँगा। वह तूलिका को भी समझता था कि इस समय पढ़-लिख लो नहीं तो फेल हो जाओगी। तूलिका पर उसकी बातों का कोई असर नहीं हो रहा था। उल्टे वह सुशान्त के रवैये से परेशान थी। वह उससे अक्सर एकांत में मिलने की जिद करती थी। हमेशा उसे अपने घर पर बुलाती थी। सुशान्त मना कर देता। मना करने के साथ वह जो लेक्चर पिलाता वह तूलिका के लिए असह्य हो जाता।

एक दिन तूलिका अकेले ही उसके कमरे पर पहुँच गयी। सुशान्त अपनी पढ़ाई में तल्लीन था। तूलिका को देखकर उसने पूछा, "कहो तूलिका, कोई खास बात है क्या?" "हाँ!" तूलिका ने जवाब दिया। "क्या समस्या आ रही है?" सुशान्त ने पूछा। जवाब में तूलिका ने अपनी कमीज उतार दी। फिर ब्रा भी उतारी, "यह समस्या आ रही है।" उसके स्तनों को देखकर सुशान्त उत्तेजित हो उठा। उसने दरवाजा अन्दर से बन्द कर लिया। तूलिका को अपनी गोंद में बैठाकर वह उसके स्तनों को सहलाने और मसलने लगा। तूलिका नाराज़ होती हुई बोली, "माना कि परीक्षाएँ नज़दीक आ रही हैं। पढ़ाई करना जरूरी है, लेकिन यह भी तो ज़रूरी है।" सुशान्त ने कहा, "कुछ ही दिनों की तो बात है। जरा सब्र रखो। न मेरा ध्यान भटकाओ और न अपना ध्यान भटकाओ। परीक्षाएँ समाप्त हो जाने के बाद मैं तुम्हें इतना तृप्त करूँगा कि तुम परेशान हो जाओगी।"

परीक्षाएँ समाप्त हो जाने के बाद सुशान्त एक महीने तक इलाहाबाद में रुका रहा। तूलिका को छोड़कर घर जाने का मन नहीं हो रहा था उसका। वह तूलिका के साथ प्यार के खेल में मग्न था। तूलिका के माँ-बाप के घर से चले जाने पर वह अक्सर उसके घर पहुँच जाता था। तूलिका उसे खाना बनाकर खिलाती। फिर दोनों एक दूसरे से बातें करते और एक दूसरे को प्यार करते पड़े रहते। सुशान्त कभी-कभी एकदम विचलित हो जाता और तूलिका से सब कुछ माँगने लगता। तूलिका तैयार नहीं होती थी। उसे डर लगता था कि अगर पेट में बच्चा आ गया तो जिन्दगी नर्क हो जाएगी। माँ-बाप उसका जीना मुश्किल कर देंगे। धीरे-धीरे तूलिका की माँ की छुट्टियाँ आ गयीं सुशान्त अपने घर चला गया।

गर्मियों की छुट्टियों के बाद विश्वविद्यालय खुल गया। परीक्षा परिणाम आ गया तो सुशान्त भी इलाहाबाद लौट आया। सुशान्त प्रथम श्रेणी में उत्तीर्ण हुआ था। महाविद्यालय में उसे सबसे अधिक अंक मिले थे। तूलिका फेल हो गयी थी। तूलिका की कुछ सहेलियों ने सुशान्त को बताया कि तूलिका मानसिक रूप से असन्तुलित हो गयी है और उसकी माँ उसे इलाहाबाद से लेकर चली गयी है। सुशान्त को जबर्दस्त झटका लगा। काफी दिनों तक वह बहुत परेशान रहा। भव्या का एक झटका वह झेल चुका था, अतः उसने धीरे-धीरे अपने को सम्हाल लिया। बी.ए. द्वितीय वर्ष में नाम लिखाकर वह पढ़ाई में लग गया। अब वह बहुत चुपचुप रहता था। वह अपने कमरे से आता, क्लास करता और वापस कमरे पर चला जाता। अपने कमरे से वह पैदल ही आता जाता था। इसका कमरा महाविद्यालय से था ही कितनी दूर।

एक दिन वह महाविद्यालय से पैदल ही अपने कमरे की ओर लौट रहा था। अचानक पीछे से एक लड़की की आवाज आयी, ''सर, एक मिनट जरा सुनिएगा।'' उसने पलटकर देखा। एक बहुत सुंदर पतली-दुबली लड़की उसकी ओर बढ़ी चली आ रही थी। वह उस लड़की को पहचानता नहीं था। उसे बड़ा कौतूहल हुआ। वह रुक गया। लड़की उसके पास पहुँच गयी तो बोली, ''हाँ सर, अब चलिए। मैं भी आप के साथ-साथ चल रही हूँ...सर, आपका नाम सुशान्त है? इस साल कॉलेज में बी.ए. प्रथम वर्ष में आपने ही टॉप किया है?'' ''हाँ, तो?'' सुशान्त ने उसके साथ चलते-चलते ही प्रश्ननुमा उत्तर दिया। ''सर मेरा नाम स्वेच्छा है। मैंने इस साल बी.ए. प्रथम वर्ष में प्रवेश लिया है। पढ़ाई में मेरी कुछ मदद कर दीजिए। मैं भी अच्छे नम्बरों से पास होना चाहती हूँ।'' उस लड़की ने कहा। सुशान्त को उससे मिलकर अच्छा लगा, ''ठीक है, मैं तुम्हारी पूरी मदद करूँगा। तुम्हें जब भी, जिस भी तरह की मदद की ज़रूरत हो मुझे बताना।'' ''आपको बहुत बहुत धन्यवाद सर! आप कहाँ रहते हैं?'' स्वेच्छा ने पूछा। ''यही दस कदम दूरी पर एक मकान में किराये पर कमरा लेकर रहता हूँ।'' सुशान्त ने बताया। स्वेच्छा ने उससे उत्सुकता से पूछा, ''सर मैं आपके साथ आपके कमरे पर चलूँ?'' सुशान्त को मन ही मन उसकी बात बहुत अच्छी लगी, ''हाँ-हाँ क्यों नहीं? चलों मैं तुम्हें अपने कमरे पर लिवाकर चलता हूँ।''

सुशान्त स्वेच्छा को अपने कमरे पर लिवाकर गया। कमरे का ताला खोलकर उसे अन्दर ले गया। स्वेच्छा कुर्सी पर बैठ गयी तो उसके एक प्लेट में चार बिस्कुट निकालकर रखा और दो गिलास पानी सुराही से निकाला। स्वेच्छा बोली, ''अरे सर! आप इन सब औपचारिकताओं में मत पड़िए।'' सुशान्त ने कहा, ''अरे भाई तुम पहली बार मेरे यहाँ आयी हो। मुझे कम से कम इतना तो करना ही चाहिए।''

स्वेच्छा सुशान्त से करने लगी। उसकी बातचीत पूरी तरह से पढ़ाई पर ही केन्द्रित थी। सुशान्त मन ही मन सोच रहा था कि काश! यह लड़की पट जाती तो मज़ा आ जाता। स्वेच्छा जरा भी इधर उधर के मुद्दे पर नहीं जा रही थी कि सुशान्त को प्यार-मुहब्बत सम्बन्धी हल्की बात कहने का अवसर मिल पाता। वह उठकर चलने लगी। चलते-चलते सुशान्त ने कह ही दिया, ''स्वेच्छा तुम बहुत सुंदर हो?'' स्वेच्छा मुस्करायी, ''थैंक्यू सर।'' वह चली गयी। सुशान्त को लगा कि मामला कुछ तो आया लाइन पर।

अब स्वेच्छा कॉलेज मे अक्सर सुशान्त से मिलने लगी। वह सचमुच पढ़ाई के प्रति गम्भीर थी। वह पढ़ाई से ही सम्बन्धित कोई न कोई बात सुशान्त से पूछती थी। सुशान्त उसकी बातों का उत्तर देते हुए उसे चाहत भरी नज़रों से भी देखता रहता। धीरे-धीरे स्वेच्छा समझने लगी कि सुशान्त के दिल में उसके लिए कुछ है। सुशान्त का लगाव धीरे-धीरे उसे भी अच्छा लगने लगा, लेकिन उसे अच्छी तरह पता था कि पढ़ाई एक तपस्या होती है। ध्यान इधर-उधर भटका तो आदमी गया काम से। सुशान्त को देखना, उससे बातें करना उसे भी अच्छा लगने लगा, लेकिन वह इससे ज्यादा नहीं बढ़ना चाहती थी। वह जानती थी कि मन प्यार-मुहब्बत में फँसा तो पढ़ाई में आगे रहने का सपना अधूरा रह जाएगा।

एक दिन सुशान्त ने उससे कहा, ''तुम दुबारा मेरे कमरे पर कभी नहीं आयी? चलों मैं तुम्हें बहुत अच्छी चाय बनाकर पिलाऊँगा।'' स्वेच्छा बोली, ''चलिए सर मैं आज ही आपके साथ चलती हूँ लेकिन चाय मैं बनाऊँगी। आप देखियेगा। मैं आप से अच्छी चाय बनाती हूँ।'' ''चलो ठीक है! तुम्हीं बनाना चाय।'' सुशान्त ने कहा और दोनों चल दिये।

कमरे पर पहुँचकर स्वेच्छा ने सुशान्त से सारी चीजें माँगीं और चाय बनाने लगी। स्वेच्छा ने पूछा, ''सर आज आपको चाय पिलाने की कहाँ से सूझ गयी?'' सुशान्त ने गम्भीर होकर कहा, ''स्वेच्छा, तुम मुझे बहुत अच्छी लगती हो।'' इस समय कमरे में सुशान्त और स्वेच्छा के अलावा और कोई नहीं था। स्वेच्छा असहज हो गयी। उसे सुशान्त से इस उत्तर की उम्मीद नहीं था। उसने अपने को सम्हाला, ''सर, अच्छे तो आप भी मुझे बहुत लगते हैं। लेकिन यह उम्र बहुत खतरनाक होती है। इसी में आदमी बन भी जाता है और बहककर बर्बाद भी हो जाता है। अभी पढ़-लिखकर आप कुछ बन जाइए। मैं भी पढ़-लिखकर कुछ बन जाऊँ। फिर मेरे लिए न आप कहीं गये हैं और न आप के लिए मैं कहीं गयी हूँ। हम दोनों प्रतियोगी परीक्षाओं की तैयारी साथ-साथ करेंगे। हम दोनों अगर बड़े अधिकारी बन गये तो दोनों की जिन्दगी सँवर जाएगी।''

सुशान्त चुप हो गया। अपने कमरे में स्वेच्छा को अकेली पाकर वह काफी उत्तेजित था। एक ही उपदेश में सारी उत्तेजना शान्त हो गयी। स्वेच्छा दो कप चाय बनाकर लायी। उसने सोचा कि मेरी बात से हो सकता है सुशान्त को ठेस पहुँच गयी हो। उसने मुस्कराकर अपने चाय की प्याली सुशान्त की ओर बढ़ा दी, "ऐसा है, मेरी चाय पहले आप जूठी कर दीजिए, तब तो मैं इसे पिऊँगी नहीं तो मैं चाय नहीं पिऊँगी। सुशान्त के होठों पर मुस्कराहट दौड़ गयी। उसने स्वेच्छा की चाय जूठी कर दी।" अपनी चाय की प्याली उसने स्वेच्छा की ओर बढ़ाते हुए कहा, "अब तुम मेरी भी चाय जूठी कर दो।" स्वेच्छा ने भी उसकी चाय जूठी कर दी। दोनों एक दूसरे की ओर देखकर खिलखिलाकर हँस पड़े और चाय पीने लगे।

चाय पी लने के बाद स्वेच्छा जाने लगी। सुशान्त ने स्वेच्छा के दोनों गालों को अपने दोनों हाथों में भर लिया। स्वेच्छा ने विरोध नहीं किया। वह सुशान्त की ओर देखकर मुस्करायी।

परीक्षाएँ समाप्त हो गयीं और गर्मी की छुट्टियाँ हो गयीं। छुट्टियों में सुशान्त अपने घर चला गया। इलाहाबाद में रुकने के लिए उसके पास कोई मकसद नहीं था।

इलाहाबाद विश्वविद्यालय खुल गया तो सुशान्त भी वापस आ गया। कुछ दिनों में परीक्षाओं के परिणाम भी आ गये। बी.ए. द्वितीय वर्ष में पूरे श्यामा प्रसाद मुखर्जी महाविद्यालय में सुशान्त को सर्वोच्च अंक मिले थे, जबकि बी.ए. प्रथम वर्ष में स्वेच्छा ने टॉप किया था। महाविद्यालय में सुशान्त ने जब स्वेच्छा को देखा तो वह चौंक गया। स्वेच्छा करीब चार गुना मोटी हो गयी थी। अपने नये रूप में वह निहायत बेडौल लग रही थी। नमस्कार-प्रणाम तो बड़ी गर्मजोशी से हुआ, लेकिन सुशान्त ने मन ही मन राहत की साँस ली, 'अच्छा हुआ स्वेच्छा से मेरा प्रेम प्रसंग अभी ज्यादा आगे नहीं बढ़ा था। इस रूप में इसको कैसे झेल पाता। अभी तो यह फायदा है कि मैं इससे अपना पिंड छुड़ा सकता हूँ। एकाएक इतनी मोटी यह हो कैसे गयी? पता नहीं भगवान ने मेरे हाथ में प्रेम की कैसी रेखा खींच रखी है। जिस भी लड़की को मैं पसंद करता हूँ, उसी से साथ छूट जाता है।

महाविद्यालय में कक्षाएँ चलने लगीं। सुशान्त ऊपर से स्वेच्छा से वैसी ही गर्मजोशी दिखाता था लेकिन अब उसकी स्वेच्छा में कोई दिलचस्पी नहीं रह गयी थी। अब वह कभी उसे कमरे पर चलने के लिए नहीं कहता था।

एक दिन सुशान्त महाविद्यालय में टहल रहा था। अचानक उसके पास एक लड़की आयी। उसने सुशान्त को एक कागज पकड़ाते हुए कहा, "यह आपके लिए है।" वह कागज देकर चली गयी। सुशान्त ने उस कागज को खोला तो वह प्रेमपत्र था। लड़की का नाम था सुरेखा और वह बी.ए. द्वितीय वर्ष की छात्रा थी। तमाम

शेरो-शायरी लिखते हुए उसने बड़े दर्दनाक ढंग से अपने दिल का हाल लिखा था। उसने लिखा रखा था कि अगर सुशान्त ने उसके प्यार को नहीं स्वीकार किया तो वह जान दे देगी। पूरा पत्र पढ़कर सुशान्त बड़े असमंजस में पड़ गया। उसने सोचा कि जिस लड़की ने मुझे यह पत्र दिया है, सम्भवतः उसी ने यह पत्र लिखा है। उसने पत्र जेब में रखा और उस लड़की को खोजने लगा।

वह लड़की उसे एक जगह मिल गयी। उसने लड़की को रोक लिया। उसने पूछा, ''वह पत्र तुम्हीं ने मुझको लिखा है?'' लड़की ने सहमते हुए सिर झुका लिया, ''हाँ, मैंने लिखा है!'' ''क्या सचमुच तुम मुझे उतना प्यार करती हो, जितना तुमने लिखा है?'' उसने फिर पूछा। लड़की बोली, ''आप मेरी परीक्षा लेकर देख लीजिए! मैं आपके लिए अपनी जान भी दे सकती हूँ।'' ''अरे-अरे, जान देने की कोई जरूरत नहीं है!'' सुशान्त भावुक हो गया, ''तुम्हारा नाम सुरेखा है? तुम मुझे कैसे जानती हो?'' कॉलेज में आपको कौन नहीं जानता? आप कॉलेज के टॉपर हैं। मेरा ही नाम सुरेखा है।'' लड़की सिर झुकाये-झुकाये ही बोली। ''ठीक है! मैं तुम्हें अपना जवाब कल बताऊँगा।'' कहकर सुशान्त चल दिया। वह अपने कमरे पर चला आया।

वह सोचने लगा, 'लड़की काफी सुंदर है। यह मेरा सौभाग्य है कि वह मुझे इतना प्यार करती है। जिन्दगी में पहली बार मुझे किसी लड़की ने प्रेम पत्र लिखा है। कितना प्यारा प्रेम पत्र है। मैं इसका प्यार स्वीकार कर लेता हूँ। मेरी जिन्दगी में फिर से मिठास भर जाएगी। फिर से बहार आ जाएगी मेरी जिन्दगी में।' अगले दिन वह महाविद्यालय पहुँचा तो सुरेखा उसे तुरंत मिल गयी। जैसे वह उसका इंतजार ही कर रही थी। उसे देखकर सुशान्त मुस्कराया। सुरेखा की हिम्मत बढ़ी, ''मेरे प्रस्ताव पर आपने क्या निर्णय लिया?'' ''तुम्हीं बताओं मैंने क्या निर्णय लिया?'' सुशान्त ने शरारत से पूछा। ''मैं आपके दिल की बात कैसे जान सकती हूँ?'' सुरेख बोली। सुशान्त हँसा, ''दिल में रहना चाहती थी लेकिन दिल की बात नहीं मालूम है?'' वह बोली, ''पहले आप मुझे अपने दिल में बसा लीजिए। उसके बाद मैं आपके दिल की बात जान पाऊँगी।'' ''मैंने तो अपने दिल में तुम्हें बसा लिया है!'' सुशान्त ने कहा। सुरेखा खुशी से उछल पड़ी, ''सच? मुझे अपने कानों पर विश्वास नहीं हो रहा है। मैं कितनी भाग्यशाली हूँ।'' ''हाँ सुरेखा!'' सुशान्त ने कहा, ''मैं भी तुम्हें प्यार करने लगा हूँ। तुमने सचमुच मेरा दिल चुरा लिया।''

दोनों के प्यार के पींगें बढ़ने लगी। दोनों कहीं न कहीं बैठकर घंटो प्यार भरी बातें करते रहते। सुशान्त को सुरेखा की एक अदा बहुत प्यारी लगती थी। वह उसे खूब प्रेमपत्र लिख-लिखकर दिया करती थी। ढेर सारी शेरो-शायरी के साथ वह

बहुत अच्छे प्रेमपत्र लिखती थी। सुशान्त को उसके प्रेमपत्र पढ़ने में बहुत मज़ा आता था। वह अपने कमरे पर ले जाकर सुरेखा के प्रेमपत्रों को कई-कई बार पढ़ता था।

एक दिन सुशान्त सुरेखा को अपने कमरे पर ले आया। कमरा अन्दर से बन्द करके वह सुरेखा को चूमने-चाटने लगा। अचानक दरवाजा खटखटाने की आवाज आयी। दोनों अलग हो गये। सुशान्त ने दरवाजा खोला। सामने मकान मालकिन खड़ी थीं। उन्होंने सुशान्त से कहा, ''सुशान्त बेटा, मैंने तुमसे कई बार कहने की कोशिश की लेकिन कभी कह नहीं पायी। हम लोग मुहल्ले के इज़्ज़तदार लोग हैं। तुम कमरे पर लड़कियों को ले आते हो तो इससे मुहल्लेवालों को हमारे खिलाफ खुसुर-फुसुर करने का मौका मिलता है। दो-चार लड़कियाँ साथ आती हैं, तब तो कोई बात नहीं। किसी लड़की के अकेले आने पर लोग शक करते हैं।'' मकान मालकिन ने सुशान्त को दरवाजा बन्द करते देख लिया था। वे सारा माजरा भाँप गयी थीं। बस बात को वे थोड़ा सलीके से कह रही थीं। सुशान्त शर्मिन्दा हो गया, ''ठीक हैं आंटी! आज के बाद अब कभी मैं यहाँ किसी लड़की को नहीं बुलाऊँगा।'' सुरेखा भी लज्जित होकर चली गयी। मकान मालकिन भी वापस चली गयीं, लेकिन सुशान्त समझ गया कि मकान मालकिन को शक हो गया है।

फरवरी का महीना था। सुशान्त महाविद्यालय में एक दिन अपने एक दोस्त अनिरुद्ध से बैठा बातें कर रहा था। अचानक उधर से सुरेखा गुजरी। उसने एक बार सुशान्त की ओर देखा, लेकिन वहाँ अनिरुद्ध को बैठा देखकर वह रुकी नहीं। चली गयी। सुशान्त ने अनिरुद्ध से कहा, ''जानते हो, यह लड़की मेरी प्रेमिका है।'' अनिरुद्ध ने अविश्वास और आश्चर्य से कहा, ''सच में?'' ''हाँ! तुम्हें इतना आश्चर्य क्यों हो रहा है?'' ''यार, यह तो मेरे मुहल्ले में रहती है। इसका नाम सुरेखा है। मुहल्ले के ही मेरे एक दोस्त अमित की भी यह प्रेमिका है। एक बार इसने अमित को अपने खून से लिखकर प्रेम पत्र दिया था। अमित ने वह प्रेमपत्र मुझे भी पढ़ाया था।'' अनिरुद्ध ने कहा। सुशान्त एकदम से सनाका खा गया, ''तुम सच कह रहे हो?'' ''सोलहों आने सच यार!'' अनिरुद्ध पूरे विश्वास से बोला। सुशान्त का मूड एकदम उखड़ गया। सुरेखा प्रेमपत्र तो उसे भी बहुत लिखती थी, लेकिन कभी खून से लिखा प्रेमपत्र उसने नहीं दिया था। वह अपने कमरे पर चला आया।

अगले दिन सुरेखा उसे महाविद्यालय में मिल गयी। उसने बिना कोई भूमिका बाँधे-सीधे-सीधे प्रश्न दाग दिया, ''सुरेखा तुम्हारा कोई और भी प्रेमी है क्या?'' सुरेखा एकदम से सकपका गयी, ''नहीं तो! कौन कह रहा था तुमसे?'' उसके सकपकाने से सुशान्त समझ गया कि बात सच है। वह बोला, ''मैंने सुना है कि तुम्हारा अमित नाम का एक और प्रेमी है। तुम उसे अपने खून से प्रेमपत्र लिखती

हो।'' ''आपको कोई मेरे खिलाफ़ भड़काने की कोशिश कर रहा है। यकीन मानिए, मैं आपके अलावा और किसी से प्यार नहीं करती।'' सुरेखा घबरा गयी। सुशान्त ने बड़े शान्त स्वर में कहा, ''अब आज के बाद तुम्हें मुझसे प्यार का नाटक करने की जरूरत नहीं है।'' सुरेखा कुछ देर तक चुप रही। अचानक वह भड़क गयी, ''हाँ, मैं अमित से भी प्यार करती हूँ। क्या कर लोगे तुम? मैं तुम्हारी प्रेमिका हूँ कोई गुलाम नहीं। मुझे जो भी अच्छा लगेगा, मैं उससे प्यार करूँगी। मेरे लिए लड़कों की कमी है क्या? जाओ तुम अपना प्यार रखे रहो। मुझे भी नहीं करना है तुमसे प्यार!''

झुल्लुर का दिल

झुल्लुर ने अपने रिक्शे पर जार्जटाउन से सवारी बैठायी थी और वह सिविल लाइंस हनुमान मंदिर की तरफ बढ़ता चला जा रहा था। चढ़ाई काफी थी, फिर भी पैडिल पर पूरी ताकत से पैर मारता हुआ वह रिक्शे को खींचे जा रहा था। उसका मन घर पर अटका हुआ था। आते समय बीवी ने बताया था कि उसकी तबीयत ठीक नहीं है। पेट में काफी दर्द हो रहा है। वह चिन्तित हो गया। उसका शहर जाने का मन नहीं कर था। उसकी अनुपस्थिति में बीवी की तकलीफ़ बढ़ न जाय। उसके सिवा उसकी बीवी का गाँव में है ही कौन? कौन मदद करेगा उसकी? बीवी ने ही उसे बलपूर्वक शहर भेजा। दो पैसे कमाकर लाओगे नहीं तो पेट कैसे भरेगा? तुम जाओ। मैं अस्पताल में जाकर दवा ले लूँगी। झुल्लर चला तो आया लेकिन आते-आते बीवी को सहेज कर आया था। अस्पताल में जाकर डॉक्टर को जरूर दिखा लेना।

झुल्लुर ने रिक्शे परे बैठे हुए आदमी से पूछा, "साहब आज कितनी तारीख है? पहली तारीख आने में अभी कितने दिन हैं?" आदमी बोला, "आज तारीख है पचीस मार्च उन्नीस सौ अठहत्तर। छः दिन बाद पहली तारीख आयेगी। वैसे तुम क्यों पूछ रहे हो पहली तारीख? पहली तारीख को तुमको भी कहीं से तनख्वाह मिलती है क्या?" आदमी हँसने लगा। "हम गरीबों को कौन तनख्वाह देगा साहब? फिर भी पहली तारीख के बारे में जानकारी तो रखनी पड़ती है!" झुल्लुर बुझी हुई आवाज में बोला। उसने मन ही मन सोच लिया। बस, आज की यह अन्तिम सवारी। इसके बाद रिक्शा रिक्शा मालिक के यहाँ जमा कर के गाँव चला जाऊँगा। जाकर देखूँ बीवी की तबीयत कैसी है?

पहली तारीख के बारे में वह खास मकसद से पूछ रहा था। वह छुपा-छुपाकर कुछ पैसे जमा कर रहा था। उसने सोचा रखा था कि पहली तारीख को चाँदी के दो कड़े खरीदूँगा। कड़े ले जाकर बीवी को दे दूँगा। अचानक चाँदी के कड़े पाकर बीवी बहुत खुश होगी। पैसे वह रिक्शा मालिक के पास रख रहा था।

सिविल लाइंस हनुमान मंदिर पहुँचकर रिक्शे पर बैठा आदमी उतर गया। उसने

झुल्लुर से पूछा, "थोड़ी देर रुकोगे? हनुमान जी के दर्शन कर लेने के बाद मैं लौटकर फिर वहीं चलूँगा, जहाँ से आया हूँ। वापस भी पहुँचा दोगे?" झुल्लर ने उत्तर दिया, "ठीक है साहब! मैं रुका हुआ हूँ। आप जाइए, दर्शन करके आइए। वैसे कितना बज रहा है?" आदमी ने अपनी कलाई घड़ी के ओर देखकर कहा, "इस समय सात बज रहे हैं।" वह दर्शन करने मंदिर के अंदर चला गया। झुल्लर रुकने के चक्कर में तो नहीं था, लेकिन सोचा थोड़ी देर और सही। चार पैसे और मिल जाएँगे।"

कुछ देर बाद आदमी दर्शन करके बाहर आया। उसके हाथों में ताड़ के पत्ते की बुनी हुई टोकरी थी। टोकरी में लड्डू भरे हुए थे। आदमी ने हनुमान जी को प्रसाद चढ़ाया था। झुल्लर उसका इंतज़ार करते हुए खड़ा था। आदमी बिना कुछ बोले उसके रिक्शे पर बैठ गया। झुल्लुर भी बिना कुछ बोले रिक्शा लेकर चल दिया। वापसी में झुल्लुर को आराम मिल गया। रास्ता ढलान भरा था। रिक्शे को चलाने में ज्यादा ताकत नहीं लग रही थी।

कुछ देर में रिक्शा सवारी के घर के सामने पहुँच गया। रिक्शे से उतरकर उस पर बैठे आदमी ने पहले पूरा किराया दिया, उसके बाद उसने अपनी टोकरी में से चार लड्डू निकाले और झुल्लुर को हाथ पर रख दिया। झुल्लुर बोला, "साहब एक कागज दे देते। लड्डू उसी में लपेट कर जेब में रख लूँगा। घर लेता जाऊँगा।" आदमी बोला, "घर ले जाना है तो लो एक और लड्डू। अभी अंदर से लाकर तुमको कागज देता हूँ।" आदमी अंदर गया और कुछ देर में अखबार का एक बड़ा टुकड़ा लेकर लौटा। उसने वह टुकड़ा झुल्लुर को दे दिया। झुल्लुर ने प्रसाद को माथे से लगाया और पाँचों लड्डू कागज में लपेटकर पैण्ट की जेब में रख लिया।

झुल्लुर ने रिक्शा लाकर रिक्शा मालिक के यहाँ खड़ा कर दिया। उसने मालिक को चालीस रुपये दिये। रिक्शा मालिक को रोज चालीस रुपये रिक्शा ले जाने का किराया देना पड़ता। रिक्शा मालिक बीस रिक्शे चलवाता था और हर रिक्शे वाले से रोज चालीस रुपये किराया लेता था। रिक्शा मालिक का हिसाब करके उसने अपनी साइकिल उठायी और अपने गाँव की ओर चल दिया। उसका गाँव कोटवा वहाँ से पचीस किलोमीटर पड़ता था। झूँसी से और आगे पूरब की तरफ। मालिक के यहाँ से साइकिल से घर पहुँचने में डेढ़ घंटे लग जाते थे। साइकिल पहेंटता हुआ वह जल्दी-जल्दी घर की तरफ भागा जा रहा था। उसे बीवी की चिन्ता थी। इस समय न जाने कैसी तबीयत होगी।

घर पहुँचते-पहुँचते रात के नौ बज गये। उसने साइकिल घर के आँगन में खड़ी की। छः कमरे का उसका कच्चा घर था। घर के बीच में एक छोटा सा आँगन

था। उसी आँगन में झुल्लुर हमेशा अपनी साइकिल खड़ी करता था। वह जल्दी से अपने कमरे में घुसा। बीवी अपनी चारपाई पर लेटी हुई थी। उसने तुरंत बीवी से पूछा, "अब कैसी तबीयत है?" "अब तो काफी ठीक है!" बीवी हल्का सा कराहते हुए बोली। उसने फिर पूछा, "डॉक्टर को दिखाने अस्पताल गयी थी?" बीवी चुप रही। थोड़ी देर में उसने अपना प्रश्न फिर दुहराया। "काफी आराम हो गया था। मैंने सोचा क्या फालतू में अस्पताल जाऊँ डॉक्टर को दिखाने!" बीवी बोली। झुल्लुर उसे मीठी फटकार लगाते हुए बोला, "यही तुम्हारी सबसे खराब आदत है। तुम अपना जरा भी ध्यान नहीं रखती हो। कभी सोचा है कि अगर तुम्हें कुछ हो गया तो मैं क्या करूँगा, कहाँ जाऊँगा? एक तुम्हारे ही सहारे तो मैं जिन्दा हूँ।"

उसके कमरे के ठीक बाहर दो साफ घड़े रखे थे। उन घड़ों में पीने का पानी भरा रहता था। उसने दो लोटा लिया और उनमें पीने के लिए पानी भर लाया। पैण्ट की जेब से उसने लड्डू निकाले। एक लड्डू उसने खुद लिया और चार लड्डू बीवी को दे दिये, "ले, खाकर पानी पी ले। एक साहब ने दिया था आज।" एक लड्डू खाकर एक लोटा पानी पी गया झुल्लुर। बीवी ने न तो कुछ पूछा और न ही एकाध और लड्डू झुल्लुर को देने की औपचारिकता निभायी। भकर-भकर चारों लड्डू खा गयी वह। लड्डू खाकर उसने आधा लोटा पानी पिया। बचा आधा लोटा पानी उसने झुल्लुर को पकड़ा दिया। झुल्लुर ने पूछा, "इस बखत कुछ खाना बना?" बीवी बोली, "मेरी तबीयत ठीक नहीं थी। मैं कैसे खाना बनाती?" "मैं सुबह जाते समय माई को सहेज कर गया था कि मेरी बीवी फुल्ली की तबीयत खराब है। रात में हम दोनों का खाना बना देना। उसने नहीं बनाया खाना?" झुल्लुर रोष में आ गया। "कोई तुम्हारी सगी माई हैं क्या?" हैं तो सौतेली माई ही न? हम लोग मरें चाहे जिएँ, उनको क्या फर्क पड़ता है?" झुल्लुर को गुस्सा आ गया। वह माई-बाबू के कमरे के बाहर जाकर चिल्लाने लगा, "माई ऽ माई! खुद खा-पीकर आराम से लेट गयी? चार रोटी हम दोनों के लिए नहीं बना सकती है? आदमी मुसीबत में गैरों की भी मदद कर देता है। यहाँ अपने घर में ही चार रोटी बनाकर देने में तकलीफ़ हो रही है।"

उसकी माई भी कमरे से बाहर निकल आयी, "गले में बाँस डालकर चिल्ला क्यों रहे हो? फुल्ली तुम्हारी मेहरिया है। तुम्हीं देखो उसका नाटक! अपनी ससुराल से लौंडी के रूप में नहीं लेकर आयी है मुझे जो मैं उसका नाटक देखती फिरूँ... बीमार है वह? दिनभर घर के बाहर बैठकर बल्ली की बीवी रामरती के साथ कचहरी कर रही थी। हा-हा ही-ही कर रही थी, तुम कह रहे हो कि वह बीमार है! अरे तुम जब शहर जाने लगते हो तो हाय-हाय, हें-हें करती हुई बिस्तर पर लेट जाती है।

लौटकर आते हो तो फिर वही नाटक शुरू कर देती है। तुम्हारे शहर जाते ही यह अपने घर से निकलती है और सामने से रामरती निकल आती है। बीच रास्ते में बैठकर दोनों दुनिया भर की फुरा-जमोगी बतलाती रहती हैं। आने-जाने वाले मर्दों को देखकर मुस्की मारती रहती हैं। तुम समझते हो कि मेरी फुल्ली बड़ी भोली-भाली है।''

''खबरदार माई!'' झुल्लुर चिल्लाया, ''खाना बनाना हो, बनाओ, चाहे न बनाओ। फुल्ली पर लांछन लगाया तो मुझसे बुरा कोई नहीं होगा।''

''तू मेरा क्या कर लेगा बोल! क्या कर लेगा? तेरी मेहरिया कभी हम लोगों के लिए खाना बनाती है? कभी सोचती है कि मेरे सास-ससुर हैं, चलो आज खाना मैं ही बना देती हूँ? अपना, अपने मरद और अपने बेटे का खाना रोज खुद ही बनाती हूँ। तेरी जोरू की नौकरानी हूँ क्या? क्यों बनाऊँ मैं उसका खाना? तू है तो जोरू का गुलाम। अक्सर बनाता है खाना। वह नाटक फैलाकर हे-हे करके लेटी और तूने खाना बनाना शुरू किया। जैसे रोज बनाता है आज भी बना ले। मुझे क्या ताव दिखा रहा है? चोर छिनार बहुत बुधि लावें, आग लगा पानी को धावें। उस छिनार का नखरा तू ही झेल।''

''मैं फिर कह रहा हूँ खबरदार, जो उसे छिनार कहा या उसके चरित्र पर लांछन लगाया। झगड़ा तेरे-मेरे बीच हो रहा है। तू बार-बार फुल्ली को क्यों अनाप-शनाप कह रही है? तू रहने दे। मैं बना लूँगा खाना, लेकिन अगर फुल्ली के बारे में फिर कुछ इधर-उधर बोली तो गला दबा दूँगा।''

''तू दबायेगा मेरा गला? दबा के तो देख? जोरू का गुलाम कहीं का! ऐसा हमेशा मेहरिया की आरती उतारता रहता है, जैसे संसार में और किसी के पास मेहरिया ही नहीं है। बस एक इसी को अनोखी मिल गयी है। जिन घरों में मैं काम करती हूँ उन घरों की ठकुराइनें भी इतना नखरा नहीं दिखाती हैं, जितनी तेरी मेहरिया दिखाती है। राँड़, कलमुँही, पता नहीं कौन सा टोना तुझ पर कर रखी है कि तू उसके कपड़े भी धोता है। तुझे पता है कि जब तू शहर चला जाता है तो यह क्या-क्या कांड करती है? रज्जू सिंह और ननका सिंह शराब पीकर आते हैं और थोड़ी दूर पर जो राधे का खेत है, उसकी मेंड़ पर बैठ जाते हैं। वे दोनों खेत की मेंड़ पर बैठकर आपस में तरह-तरह की डाइलागबाजी करते रहते हैं। यह घर के बाहर निकलकर खड़ी हो जाती है और उन दोनों की ओर मुस्कराकर देखती रहती है।''

''अपनी गज भर की जबान को लगाम लगा कमीनी, नहीं तो अनर्थ हो जाएगा। जैसे तू खुद छिनार है, वैसे ही तुझे सारा संसार छिनार दिखायी देता है। अपने पति के मरते ही भाग आयी मेरे बाप के साथ। साथ में अपना एक अरधेल बेटा भी ले

आयी। तुम दोनों को खटकर खिला रहा है मेरा बाप। मुझसे कोई मतलब नहीं है।''

"अरे जमराज का दामाद! कुतिया का जना! जाकर अपने बाप से पूछ। मैं उसके साथ खुद भागकर आयी थी, कि तेरा बाप गया था मेरे बाप के आगे नाक रगड़ने? मेरा भतार मर गया तो मैं अपने बेटे को लेकर आराम से थी अपने बाप के घर। तेरी सगी माई जब परलोक सिधार गयी तो तेरा बाप बार-बार जाकर मेरे बाप के आगे नाक रगड़ रहा था। कह रहा कि अपनी बेटी की शादी मुझसे कर दो। मैं उसको और उसके बेटे, दोनों को बहुत प्यार और इज़्ज़त से रखूँगा। तेरे बाप का नाटक देखकर मेरे बाप को दया आ गयी। मुझे अगर पता होता कि यहाँ आकर तेरे जैसे हरामी कुत्ते कमीने से पाला पड़ेगा तो मैं कभी तेरे बाप से शादी न करती...मेरे बेटे को अरधेल कह रहा है? कैसा अरधेल रे? जैसे तू अपने बाप का बेटा है, वैसे ही वह भी अपने बाप का बेटा है।...तेरा बाप मुझे खटकर खिलाता है? अरे मैं खुद जाँगर भर खटती हूँ और पेट भर खाती हूँ। जैसे तेरी बीवी रनिवास है, जैसे तू उसे घर में बैठाकर खिलाता है, वैसे मैं घर में बैठकर नहीं खाती। पाँच ठाकुरों की बखरी पकड़ रखी है मैंने। उनके घर पानी भरती हूँ, उनके घर का बर्तन धोती हूँ। पाँच घरों से मेरी इतनी कमाई हो जाती है कि अपना परिवार पाल लेती हूँ।...एक तू है मेहरा। खाना बनाकर शहर जाता है। वहाँ दिन भर रिक्शा खींचता है। घर लौटकर फिर खाना बनाता है। तेरी मेहरिया रानी की तरह बैठकर बस रोटी तोड़ती है। हर तीसरे दिन बीमारी का नाटक फैला लेती है और खाने बनाने से छुट्टी पा जाती है।''

घर में छः कमरे थे। एक कमरे में झुल्लुर और उसकी बीवी फुल्ली रहते थे। एक कमरे में झुल्लुर के माँ-बाप यानी मुल्की और भजन रहते थे। एक कमरे में फुल्ली का बेटा चरन रहता था। एक कमरे में घर के सारे सामान रखे हुए थे। एक कमरे में शाम को मुल्की और भजन भरसाँइ (भाड़) जलाते थे और गाँव के लोगों का दाना भूनते थे। एक कमरे में कोई आने-जाने वाला मेहमान रुकता था। घर के बीचों बीच एक आँगन था। जिस कमरे में भरसाँइ जलती थी, वह कमरा बाहर से पूरी तरह खुला हुआ था। झगड़ा घर के आँगन में हो रहा था। दोनों इतनी तेज-तेज आवाज़ में लड़ रहे थे कि गाँव का सन्नाटा काफी दूर तक भंग हो रहा था। सभी घरों में लोग खा-पीकर सोने के लिए लेट गये थे। जहाँ तक झगड़े की आवाज जा रही थी, वहाँ तक लोगों का मनोरंजन हो रहा था। गाँव में मनोरंजन का कोई साधन नहीं था। काली सन्नाटी रात को चीरती हुई दोनों की आवाज़ें काफी दूर तक माहौल को मनसायन बनाये हुए थीं। झुल्लुर की बीवी फुल्ली, मुल्की का पति भजन और मुल्की को बेटा चरन अपने-अपने कमरे में लेटे हुए सारा झगड़ा

सुन रहे थे। तीनों में से कोई झगड़े में हस्तक्षेप करना ज़रूरी नहीं समझ रहा था। अन्ततः थककर दोनों ने स्वतः झगड़ा समाप्त कर दिया।

मुल्की के कमरे के सामने उसका चूल्हा था। झुल्लुर के कमरे के सामने झुल्लुर का चूल्हा था। दोनों के चूल्हे मिट्टी के थे। झुल्लुर अपने चूल्हे में गोबर के कंडे और लकड़ी डालने लगा। अपनी बीवी का और अपना खाना बनाने का उपक्रम करने लगा वह। इतनी देर तक झगड़ा कर लेने के जठराग्नि और प्रबल हो गयी थी। उसने अपने मन में सोचा कि आटे के मोटे-मोटे लिक्कड़ और आलू का भुर्ता बनाना सही रहेगा। जल्दी बन जाएगा और आसानी से बन जाएगा।

खाना बन जाने के बाद झुल्लुर अपने कमरे से टीन की दो थालियाँ लाया। दोनों थालियों मे आधा-आधा खाना परोसा। खाना परोस लेने के बाद दोनों थालियों को अन्दर लेकर चला गया वह। एक थाली बीवी के सामने रख दी। एक अपनी चारपाई पर रख ली। वह फिर कमरे के बाहर गया और दो लोटे पानी भर लाया। एक लोटा पानी बीवी को दिया। एक लोटा खुद लिया। दोनों खाना खाने लगे। फुल्ली बोली, ''काहे को उस हरजाई के मुँह लगते हो? वह तो वैसे ही तुमसे और मुझसे लड़ने के लिए बहाना ढूँढ़ती रहती है। तुम्हारे कुछ समझाने से वह समझ जाएगी क्या?'' झुल्लुर ने कोई उत्तर नहीं दिया। उसे फिलहाल बहुत तेज भूख लगी थी। उसने खाना खा लिया, तब जाकर जान में जान आयी। फुल्ली भी खा चुकी थी। झुल्लुर ने सारे जूठे बर्तनों को समेटा और आँगन में बनी नाली के पास ले जाकर साफ करने लगा।

सारे बर्तनों को लेकर जब झुल्लुर कमरे में घुसा तो उसने देखा कि फुल्ली सोने के लिए लेट चुकी है। उसने बर्तनों को करीने से लगाया। झुल्लुर के मन में हलचल होने लगी। वह जाकर फुल्ली की चारपाई पर बैठ गया और धीरे-धीरे हिलाने लगा। फुल्ली ने उसका हाथ पकड़कर झटक दिया, ''क्या है? मेरी तबीयत नहीं ठीक है और तुम्हें मस्ती सूझ रही है? मेरा शरीर रौंदने के लिए परेशान हो? जाकर चुपचाप अपनी चारपाई पर लेट जाओ।'' अक्सर ऐसा ही होता था। झुल्लुर जब अपनी बीवी से शारीरिक सम्बन्ध बनाने की कोशिश करता, वह इसी तरह झिड़क देती या कोई न कोई बहाना बनाकर टाल जाती थी। दो-चार महीने में एकाध बार उसे अपनी पत्नी से शारीरिक सुख मिल पाता था। दरअसल फुल्ली ने अपने दिमाग में मर्द की जो छवि बना रखी थी, झुल्लुर उस पर खरा नहीं उतरता था। इसीलिए शारीरिक रूप से झुल्लुर में उसकी कोई दिलचस्पी नहीं थी।

झुल्लुर चुपचाप जाकर अपनी चारपाई पर लेट गया। उसका मन ग्लानि से भर उठा, 'मैं भी कितना नीच आदमी हूँ। बेचारी की तबीयत ठीक नहीं है। न तो वह

डॉक्टर के पास जा पायी और न ही कोई दवा ले पायी। दिनभर किसी तरह घर में पड़े-पड़े उसने दिन काटा। पता नहीं उसे कितनी तकलीफ है! पता नहीं बेचारी पर क्या बीत रही है? मैं उसके लिए दवा-दारू की कोई व्यवस्था तो कर नहीं सका, ऊपर से उसे परेशान करने के बारे में सोचने लगा...'

इसी तरह की तमाम बाते सोचते-सोचते झुल्लुर इतना भावुक हो उठा कि वह रोने लगा। फुल्ली चौंक उठी। वह आकर झुल्लुर की चारपाई पर बैठ गयी। उसने झुल्लुर के सिर पर हाथ रख दिया, "मैंने मना कर दिया तो इतना बुरा मान गये कि रोने लगे? अरे मैं तुम्हारी लुगाई हूँ। तुम्हें नहीं दूँगी तो किसे दूँगी? वो तो तबीयत नहीं ठीक थी, इसलिए मना कर दिया...अच्छा चलो मेरी चारपाई पर। कर लो मेरे साथ। अब चुप हो जाओ। झुल्लुर ने उसका हाथ पकड़ लिया, "नहीं, वह बात नहीं है। मैं कुछ और सोचकर रोने लगा था। एक तो तुम्हारी तबीयत ठीक हैं। ऊपर से मैं तुम्हें पेरशान करने की सोचने लगा।" "मैं तुम्हारी लुगाई हूँ। मैं तुम्हारे मन की बात नहीं समझूँगी तो क्या कोई और समझेगा?" फुल्ली पुचकारती हुई बोली, " इधर-उधर की बातें बताकर मुझे बेवकूफ न बनाओ। मैं सब समझती हूँ कि कहाँ चोट लगी है। चलो कर लो।" झुल्लुर नहीं उठा। फुल्ली ने अपने सारे कपड़े उतार दिये और झुल्लुर के बगल में लेट गयी, "अच्छा ठीक है! अपनी चारपाई पर ही कर लो।" "नहीं रहने दो! तुम्हारी तबीयत ठीक नहीं है।" झुल्लुर बोला। "अब तबीयत इतनी खराब नहीं है कि मैं मरी जा रही हूँ।" कहते हुए फुल्ली खुद झुल्लुर के कपड़े उतारने लगी। आज फुल्ली ने झुल्लुर को बिलकुल भी रोका-टोका नहीं। झुल्लुर बहुत रात तक फुल्ली के ऊपर टूटा पड़ा रहा। वह खूब जी भर कर तृप्त होता रहा। वैसे मन के एक कोने में यह अपराध-बोध भी सता रहा था कि बेचारी बीमार है।

झुल्लुर का घर गाँव की कहार बस्ती में था। गाँव में कहारों के कुल दस घर थे। सब आस-पास। झुल्लुर के बाप भजन की पहली शादी इलाहाबाद शहर में हुई थी। झुल्लुर की माँ सुन्दर थी, शहरी होने के कारण नाजुक-मिजाज थी। कोटवा गाँव में ठाकुरों की काफी संख्या थी। कहारों का काम था, ठाकुरों के घर दोनों वक्त कुएँ से पानी भरना और दोनों वक्त बर्तन धोना। कौन कहार, किस ठाकुर की प्रजा है, यह पीढ़ियों से निर्धारित था। पहले कहारों का एक काम यह भी था कि गाँव में जिसके घर शादी पड़े, उसके घर दूल्हा-दूल्हन की पालकी ढोना। पालकी ढोने का काम अब बंद हो चुका था। दूल्हे-दूल्हन अब कार से आने-जाने लगे थे। पालकियाँ अब लोगों के घरों में भुसौल में फेंक उठी थीं। कहारों को पहले काम करने के बदले अनाज मिलता था। गाँव की कहार-पचांयत

ने बैठक करके अनाज लेना प्रतिबंधित कर दिया। अब सारे कहार अपने काम के बदले पैसा लेते थे।

हालाँकि झुल्लुर की माँ के साथ-साथ भजन भी काम करता था। वह गाँव के पाँच ठाकुरों की प्रजा था। सुबह-शाम पाँच घरों में पानी भरना और बर्तन साफ करना। उसकी माँ के बस का काम नहीं था। झुल्लुर के पैदा होने के कुछ साल बाद उसे तपेदिक हो गया। झुल्लुर अपनी माँ-बाप की इकलौती संतान था। झुल्लुर जब दस साल का हुआ, उसकी माँ चल बसी। झुल्लुर बिना माँ का हो गया। भजन अब अकेले ही पाँचों घरों में काम करता। हर जगह वह अपने साथ झुल्लुर को लिये रहता। झुल्लुर का भजन के सिवा इस दुनिया में कोई नहीं था। भजन उसे माँ और बाप दोनों का प्यार देता था। पाँचों घरों की ठकुराइनें झुल्लुर को बहुत मानती थीं। उनके दिमाग में था कि बेचारा बिना माँ का है। वे अक्सर उसको कुछ न कुछ खाने के लिए दे देती थीं। झुल्लुर भी दिनभर पाँचों घरों में ठकुराइनों के आगे-पीछे टहलता रहता।

भजन की उम्र उस समय पैंतीस साल थी। उसके टोले में उसकी बिरादरी के बड़े-बजुर्ग उसे समझाने लगे, ‘‘भजन अभी तुम्हारी उम्र ही क्या है? कब तक अकेले रहोगे? दूसरी शादी कर लो। तुम्हारी गृहस्थी सुधर जाएगी। तुम्हारी बेटे को भी माँ मिल जाएगी जो उसका ठीक से देखभाल करेगी। बच्चे के लिए आदमी कभी माँ नहीं बन सकता।’’ रोज-रोज की टोका-टाकी से भजन क़ा मन भी धीरे-धीरे शादी के लिए तैयार होने लगा। वैसे एक चीज उसे भी अखरती थी। काम-धाम करने के साथ-साथ उसे खाना भी बनाना पड़ता था। उसने बिरादरी के लोगों से कहा दिया, ‘‘आप लोग इतना जोर दे रहे हैं तो मैं शादी के लिए तैयार हूँ। कोई अच्छी लड़की दिखे तो बताइएगा। जिसका स्वभाव ठीक हो। जो झगड़ालू न हो।’’

मुसई की एक चचेरी साली थी। उसकी उम्र इस समय बत्तीस साल थी। दो साल पहले उसके पति की मौत हो गयी थी और इस समय वह अपने मायके में रह रही थी। उसके पाँच साल का एक बेटा भी था। मुसई ने बिरादरी के लोगों से अपनी चचेरी साली की चर्चा की। बुजुर्गों ने आपस में सलाह-मशविरा किया और तय किया कि एक बार लड़की को देख-समझ लिया जाय। यह भी तय हुआ कि सारी बात भजन की जानकारी में रहे। भजन को सब कुछ बताने का जिम्मा मुसई पर डाला गया।

उचित मौका देखकर मुसई ने अपनी चचेरी साली वाली बात भजन को बता दी। मुसई ने अपनी साली की खूब तारीफ़ की, ‘‘तुम्हारी पहली बीवी की तरह शहर की नहीं है। गाँव की मजबूत लड़की है। इतनी जँगरैतिन है कि पूछो मत! सुबह

से लेकर शाम तक काम में डटी रहती है। उसके आने से तुम्हारा काम भी हल्का हो जाएगा और आमदनी भी बढ़ जाएगी। पानी भरने और बर्तन धोने के अलावा, कटाई के मौसम में खेतों में कटाई करके भी वह चार पैसे कमा लेगी। एक गाय रख लेना। वह अपने बूते पाल लेगी गाय। गाय और उसके बच्चे को चारा-पानी देना, घास छीलकर लाना, गाय को दुहना, सारे काम कर लेगी वह। देखने-सुनने में भी टोले में किसी से खासर नहीं है। तुम्हारे झुल्लुर को अपने बेटे की तरह पालेगी। बस एक छोटी सी समस्या है। उसके पास भी अपने पहले पति से पाँच साल का बेटा है। तुम्हें भी उसके बेटे को अपने बेटे की तरह रखना होगा। अगर तुम ऐसा कर दोगे तो वह तुमसे बहुत प्यार करेगी...।''

मुसई ने भजन को अपनी साली से सम्बन्धित सारी जानकारियाँ दे दीं। खूब सम्हाल-सम्हालकर। जिससे भजन शादी करने के लिए मानसिक रूप से तैयार हो जाय। इस शादी की चर्चा से मुसई की बीवी बहुत प्रसन्न थी। उसे लग रहा था कि उसकी चचेरी बहन उसके पास आ जाएगी। वह एक से दो हो जाएगी। मुसई और उसकी पत्नी की कहार टोले में विशेष इज़्ज़त थी। मुसई गाँव के इंटर कॉलेज में चपरासी था। इसलिए मुसई की पत्नी गाँव के किसी ठाकुर के यहाँ कोई काम नहीं करती थी। मुसई भी कॉलेज की नौकरी के अलावा कोई काम नहीं करता था। हाँ, मुसई को ढोलक बजाने का शौक था। गाँव में किसी के यहाँ भजन-कीर्तन होता तो वह बिना बुलाये वहाँ ढोलक बजाने पहुँच जाता।

भजन शादी के लिए तैयार हो गया। उसने मुसई से कहा, ''मुझे शादी करने में कोई आपत्ति नहीं है। टोले के एक-दो बुजुर्गों को लेकर चले जाओ और लड़की के बाप से बात कर लो। अगर उनको कोई आपत्ति न हो तो शादी हो जाय। शादी में कोई तामझाम नहीं होगा। मैं और तुम इक्के से चले चलेंगे और उसी पर बैठाकर लड़की को लिवा लाएँगें। और कोई कर्मकांड नहीं होगा। तुम्हें तो पता ही है कि मेरे भाई से मेरी नहीं पटती। मेरे घर के ठीक सामने उसका घर है, लेकिन हम दोनों में किसी चीज का कोई सम्बन्ध नहीं है। इक्के से हम दोनों जब यहाँ आयेंगे तो भौजाई यानी तुम्हारी लुगाई दूल्हन उतार लेंगी।''

मुसई ने बिरादरी के पंचों को भजन की बात बता दी। पंचों ने तय किया, कि जब दूल्हन आ जाएगी तो भजन को बिरादरी को भोज-भात देना होगा। बाकी सब उसकी मर्जी के अनुसार। दो पंचों को लेकर मुसई एक दिन चल दिया अपनी ससुराल।

भजन उस दिन मुसई के घर बैठा भौजाई से बात कर रहा था। दोनों बेसब्री से पंचों की प्रतीक्षा कर रहे थे। समय बिताने के लिए भौजाई भजन को अपनी चचेरी

बहन के बारे में तरह-तरह की बातें बताकर उसे छेड़ रही थी। भजन की स्थिति-मन मन भावे, मूड़ी हिलावे-वाली हो रही थी। भौजाई सब समझ रही थी, इसलिए वह भजन को और तंग कर रही थी। दिन डूबते-डूबते मुसई पंचों के साथ वापस आ गया। तीनों के चेहरे उतरे हुए थे। भजन ने व्यग्रता से पूछा, "क्या हुआ?" मुसई ने एक पंच को इशारा किया। पंच ने कहा, "लड़की के बाप ने कहा है कि पहले लड़का आवे और मुझसे शादी के लिए कहे तब मैं इस बारे में सोचूँगा। लड़का इस बात का भी वादा करे कि वह मेरी बेटी के साथ हमेशा अच्छा व्यवहार करेगा और उसे सुखी रखेगा।" भजन कुछ नहीं बोला। वह थोड़ा मायूस हो गया। अचानक मुसई की बीवी कूदकर आगे आ गयी, "देवर, तुम कल मेरे साथ चलो मेरे मायके। इन लोगों के बस का कुछ नहीं है। देखना कैसे चुटकी बजाते तुम्हारी शादी तय करवाती हूँ। अपनी माँ, चाची-चाचा सबको झाड़ पिलाती हूँ। मेरा देवर भी तो लाखों में एक है। अपनी बेटी की शादी करके मेरे देवर पर वे कोई एहसान कर रहे हैं क्या? मैं कल एक-एक को बताती हूँ।"

अगले दिन सचमुच मुसई की बीवी भजन को लेकर अपने मायके चल दी। वहाँ पहुँचकर उसने अपने माँ-बाप और चाचा-चाची को इकट्ठा किया। भजन को एक अलग चारपाई पर बैठा दिया गया। उसकी ठीक से आवाभगत होने लगी। मुसई की बीवी लगी एक तरफ से सबको बड़े मीठे ढंग से फटकार लगाने। उसने भजन की इतनी तारीफ़ की, इतनी तारीफ़ की कि सब धराशायी हो गये। भजन चुपचाप सिर झुकाये हुए बैठा था। लड़की का नाम था- मुल्की। मुल्की के बाप को लगा कि लड़का तो बड़ा शालीन और विनम्र है। उसने भजन से दो चार बातें पूछीं। भजन ने बड़ी विनम्रतापूर्वक सारी बातें का जवाब दिया। मुल्की का बाप गद्गद हो गया। लड़का तो बड़ा संस्कारी है। मुसई की पत्नी ने मुल्की के बाप से कहा, "मेरे देवर को तुमसे कोई दहेज नहीं चाहिए। तुमको अगर कुछ चाहिए तो माँग लो मेरे देवर से।" मुल्की का बाप हाथ जोड़कर खड़ा हो गया, "बस बिटिया बस। अब और शर्मिन्दा न करो।" "आँखें खोलकर देख लो चाचा! लड़का लाखों में एक है। दिन में लालटेन लेकर घूमोगे, तब भी ऐसा लड़का तुम्हें नहीं मिलेगा अपनी बेटी के लिए।" मुसई की पत्नी ने फिर लग ललकारा। "सो तो है बेटी! लड़का बड़ा सुशील और विनम्र है। मैं बड़ी खुशी-खुशी अपनी बेटी की शादी करने के लिए तैयार हूँ।" मुल्की के बाप ने कहा। मुसई की बीवी रात में मायके में ही रुक गयी। भजन भी साथ में था। रात में ही मुसई को बीवी ने सब कुछ तय करवा दिया। शादी किस तारीख को होगी! शादी कैसे-कैसे होगी आदि। भजन जिस तरह चाहता था, मुल्की का बाप उसी तरह शादी करने के लिए तैयार हो गया।

अगले दिन ससुराल लौटकर मुसई की बीवी ने पूरे टोले में खुशखबरी बाँट दी। भजन के भाई जगन के परिवार में सन्नाटा छा गया। जगन के परिवार को यह सुनकर बहुत बुरा लगा कि भजन की दूसरी शादी हो रही है। मुसई भी जगन की निगाह में खटक उठा, क्योंकि वही अपनी साली से शादी करवा रहा था।

भजन की शादी हो गयी। बहुत साधारण ढंग से। जैसा वह चाहता था। भजन और मुसई इक्का लेकर गये और दूल्हन को लिवाकर चले आये। कोटवा में दूल्हन को मुसई की बीवी ने उतरा। उसने शादी का गाना भी गा दिया...नये घर दुलहिन आवइ, नया खपरैलवा छवाइ...। भजन ने एक दिन बिरादरी को भोज-भात दे दिया। भोज-भात खाकर बिरादरी ने मुल्की को भजन की पत्नी स्वीकार कर लिया।

मुल्की बहुत जल्दी अपनी ठकुराइनों में लोकप्रिय हो गयी। सचमुच बहुत जँगरैतिन थी मुल्की। भजन की मदद वह सिर्फ पानी भरवाने में लेती थी। बाकी बर्तन धोना, चौका लगाना, ठहर लीपना इत्यादि सारे काम वह अकेले ही करती थी। ठकुराइनें हमेशा ऐ भजन बहू, ऐ भजन बहू लगाये रहती थीं। पैसा या अनाज लेकर अपनी ठकुराइनों के यहाँ दाल दरने, अनाज पछोरने इत्यादि का काम भी वह बिना नखरा दिखाये कर देती थी। उसने एक गाय पाल ली और गाय की सारी जिम्मेदारी अपने ऊपर ले ली। भजन जब तक सोकर उठता, वह गाय के लिए घास छील लाती थी। उसने घर के सबसे किनारे वाले कमरे में गाँव के लोगों का अनाज भूनने के लिए एक भरसाँइ (भाड़) बना लिया। भजन के जिम्मे उसने काम सौंपा कि वह दिन में बागों से खूब सारी सूखी पत्तियाँ इकट्ठा करके लाये। चार-पाँच मिट्टी के पुराने घड़ों से भरसाँइ बनी थी। सारे घड़ों में आधा-आधा घड़ा बालू भरा रहता था। भरसाँइ जलने के थोड़ी देर बाद धिक जाती थी। उसके बाद भजन भरसाँइ के मुँह के पास बैठकर उसमें एक-एक मुट्ठी सूखी पत्तियाँ फेंकता रहता। भरसाँइ के अन्दर भक्क से लपटें उठ जातीं। मुल्की भरसाँइ के अन्दर से कलछुला द्वारा गरम बालू निकालकर मिट्टी की खपड़ी में रखे हुए चने, चावल, गेंहूँ वगैरह को भूनने लगती। दाना भुनाने के लिए लोगों को भार देना पड़ता था। भूनने के पहले अनाज में से मुल्की अंदाज से भार काट लेती थी।

भजन की गृहस्थी व्यवस्थित हो गयी। उसकी आमदनी भी बढ़ गयी और काम का बोझ भी काफी हल्का हो गया। कटाई के मौसम में दोनों खेतों में कटाई भी कर लेते थे। कटाई में बोझ मिलता था। अर्थात् कटाई करने वाला दिनभर खेत में कटाई करने के बाद शाम को अपने लिए एक बोझ बनाता था। कटवैये अधिकतम जितना बड़ा बोझ अपने सिर पर लाद कर ले जा सकते थे, उतना बड़ा बोझ बनाते थे। यही बोझ उनके दिन भर खेत काटने का पारिश्रमिक होता था।

दोनों दिनभर में दो बोझ कमा लेते थे। कटाई का पूरा सीजन खत्म होते-होते दोनों पर्याप्त फसल इकट्ठा कर लेते थे। अनाज भी मिल जाता और गाय के लिए भूसे की भी व्यवस्था हो जाती थी।

और सब तो ठीक हो गया लेकिन एक बात ऐसी थी जो भजन के दिमाग में खटक रही थी। झुल्लुर धीरे-धीरे उपेक्षित हो रहा था। मुल्की अपने बेटे का तो बहुत ध्यान रखती थी, लेकिन झुल्लुर की बहुत परवाह नहीं करती थी। झुल्लुर अपनी लकड़ी की तख्ती और किताब का झोला लेकर स्कूल जाया करता था। मुल्की को उसकी पढ़ाई से कोई मतलब नहीं था। धीरे-धीरे झुल्लुर की पढ़ाई छूट गयी। भजन झुल्लुर को लेकर दुःखी था, अतः जैसे ही वह बीस साल का हुआ, भजन ने उसकी शादी कर दी। उसने सोचा कि बीवी भी साथ हो जाएगी तो दोनों एक दूसरे का ध्यान रखते हुए जीवन बिता लेंगे।

शादी हो गयी तो झुल्लुर के ऊपर गृहस्थी की गाड़ी खींचने की भी जिम्मेदारी आ पड़ी। झुल्लुर ने सोचा कि वह और उसकी बीवी फुल्ली, दोनों मिलकर गाँव में ही काम-धाम करें। जैसे उसके माँ-बाप मेहनत करके कमा रहे हैं, वैसे ही वो दोनों भी कमायें। झुल्लुर तो अपने बाप की तरह ही मेहनती था, लेकिन फुल्ली निहायत कामचोर थी। झुल्लुर फुल्ली को बहुत प्यार करता था और उसका हर नखरा उठाने को तैयार रहता था। उसकी यह स्थिति थी कि फुल्ली उसे जितना समझाती थी, उसे बस उतना ही समझ में आता था। फुल्ली ने उसकी यही नस पकड़ ली। उसने गाँव में किसी के यहाँ काम-धाम करने से इनकार कर दिया। मजबूरन झुल्लुर शहर में जाकर रिक्शा चलाने लगा। कोटवा गाँव इलाहाबाद जिले में है। वह इलाहाबाद शहर में रिक्शा चलाने लगा। शहर जाना और शहर से आना साइकिल से होता था। अक्सर यह होता कि झुल्लुर खाना बनाकर शहर जाता और शहर से लौटकर आता तो फिर खाना बनाता। उसकी लुगाई अक्सर बीमारी का बहाना बनाकर झुल्लुर के सामने चारपाई पर लेटी रहती। झुल्लुर तीन साल से गृहस्थी की गाड़ी इसी तरह खींच रहा था।

रात में झुल्लुर फुल्ली के साथ काफी देर तक जगा था। पहली बार उसने इस तरह खुलकर झुल्लुर को सब कुछ करने दिया था। सुबह फिर भी वह काफी जल्दी उठ गया। उसके दिमाग में था कि फुल्ली की तबीयत ठीक नहीं है। लोटा लेकर तुरंत खेतों की तरफ फारिग होने निकल गया। वहाँ से लौटकर जल्दी-जल्दी नहाया-धोया और फिर खाना बनाने में जुट गया। फुल्ली अभी सो रही थी। वह खा-पीकर शहर जाने के लिए तैयार हो गया। फुल्ली भी उठकर बैठ गयी थी। सूरज धीरे-धीरे निकल रहा था। झुल्लुर ने जाते-जाते फुल्ली को सहेजा, "मैंने

तुम्हारा खाना बनाकर रख दिया है। समय से नहा-धोकर खा-पी लेना। अपनी तबीयत का ध्यान रखना। ज्यादा दिक्कत महसूस हो तो अस्पताल जाकर डॉक्टर को दिखा लेना। आलस मत करना।'' वह चला गया। फुल्ली बुदबुदायी, ''अरे दहिजरू के नाती! तुम जाओ तो किसी तरह। मुझे कुछ नहीं हुआ है। मैं एकदम मजे में हूँ।...रात में मेरे साथ करने के लिए रो रहा था...ठीक कहती है माई...जरूर यह कुतिया का जना है।''

कुछ देर में खा-पीकर मुल्की भी हँसिया लेकर निकली। वह किसी के खेत में कटाई करने जा रही थी। इसके पहले भजन और मुल्की ठाकुरों के घर का काम कर आये थे। भजन आज कटाई के लिए नहीं गया। आज उसे पास के गाँव के एक रिश्तेदारी में जाना था। वहाँ लड़के की शादी पड़ी हुई थी। मुल्की हँसिया लिये खेतों के बीच बढ़ती चली जा रही थी। रास्ते में रज्जू सिंह और ननका सिंह दिख गये। मुल्की ने ललकरा, ''क्या ठाकुर? आजकल देख रही हूँ आप दोनों झुल्लुरवा की लुगाई के लिए मेरी तरफ चक्कर मारे रहे हो? वो हाथ नहीं आयेगी!'' रज्जू सिंह सामने खड़े हो गये, ''अरे भजन बहू जब तुमको सब पता है तो हमारी मदद क्यों नहीं कर देती? वह हम लोगों को देखकर मुस्की भी मारती है। सबसे बड़ी समस्या यह है कि वह घर से कहीं जाती ही नहीं। तुम थोड़ी सी मदद कर देती तो उसको हम लोग तुम्हारे घर के अन्दर ही पटक देते। देखती हो कैस गदराई हुई है? झुल्लरवा के बस का नहीं है, उसकी जवानी को सम्हालना। मरियल सा आदमी है। हम लोगों की टाँगों के नीचे दबेगी, तब वह तृप्त होगी।'' ''देखो भइया, मैं तुम लोगों की कोई मदद नहीं कर पाऊँगी।'' मुल्की बोली, ''तुम लोग शादी क्यों नहीं कर लेते? जिस-तिस की लुगाई के चक्कर में घूमते रहते हो।'' ''कोई हम लोगों की शादी करे, तब न कर लें शादी!'' रज्जू सिंह ने कहा, ''अब क्या जमाना चल गया है। हम लोगों की बिरादरी में लोग पूछने लगे हैं कि लड़का नौकरी करता है या नहीं? अब नौकरी कहाँ से लायें?'' ''लेकिन तुम लोग शराब क्यों पीते हो?'' मुल्की ने पूछा। ''भजन शराब नहीं पीता है न, इसीलिए तुम्हें नहीं मालूम!'' रज्जू सिंह समझाने लगे, ''आदमी जब शराब पीकर औरत को पटकता है न, तो औरत को बहुत मजा आता है।'' अचानक ननका सिंह मुल्की का हाथ पकड़कर खेत में खींचने लगे। मुल्की ने विरोध नहीं किया। ननका सिंह और रज्जू सिंह ने बारी-बारी मुल्की का भोग किया। मुल्की उठती हुई बोली, ''तुम लोगों ने कटाई के लिए मुझे देर करा दिया।''

दोपहर में फुल्ली एकदम से फुर्सत होकर आकर बीच रास्ते बैठ गयी। सामने के घर से बल्ली की बीवी रामरती निकल आयी। वह भी उसके पास बैठ गयी।

बल्ली भजन के बड़े भाई जगन का सबसे बड़ा बेटा था। भजन और जगन के परिवारों में एकदम नहीं पटती थी, लेकिन फुल्ली और रामरती में खूब पटती थी। भजन और जगन का घर आमने-सामने था। दोनों के घरों के बीच में दस फीट-चौड़ा रास्ता था। एकदम कच्चा रास्ता। फुल्ली और रामरती को जब भी समय मिलता, दोनों उसी रास्ते पर बैठकर गपियातीं। रास्ते पर आवगमन काफी कम था। इसलिए दोनों को अपना पुराण बाँचने में कोई असुविधा नहीं होती थी। ऐसे तीन बिन्दु थे, जिनके चलते दोनों में बड़ा बहनापा और सच्ची दोस्ती थी। पहला बिन्दु तो यह था कि दोनों निहायत कामचोर थीं। दूसरे दोनों को अपनी सासों से समान मात्रा में घृणा थी और दोनों अपनी-अपनी सासों को सच्चे दिल से गाली देती थीं। तीसरी समानता यह थी कि दोनों को अपने-अपने पति बिलकुल भी नहीं पसन्द थे।

फुल्ली रामरती को बताने लगीं, "जानती हो, आज रात में तो एकदम गजब हो गया। रात में मैं जब खा-पीकर सोने के लिए लेट गयी तो दाढ़ीजार आकर मेरे पास बैठ गया। वह पकड़कर मुझको हिलाने लगा। मेरे साथ कुछ करने के चक्कर में था। मैं समझ गयी। मैंने दाढ़ीजार को डाँटकर भगा दिया। यह ऐसा नामर्द कि न मुझसे लड़ सका, न डाँट सका और न कुछ बोल सका। जाकर अपनी चारपाई पर लेट गया और लगा जोर-जोर से रोने। मैं घबरा गयी कि अगल-बगल के कमरों में कोई इसके रोने की आवाज सुन लेगा तो क्या होगा? मैंने इसकी चारपाई पर जाकर इसे चुप कराया और अपने सारे कपड़े उताकर इसके बगल लेट गयी। यह डर के मारे अपना कपड़ा नहीं उतार रहा था। मैंने इसका भी कपड़ा उतारा। इसके बाद यह पूरी रात मेरे ऊपर इस तरह टूटा पड़ा हुआ था, जैसे जनम-जनम का प्यासा हो। राम भर में इसने मेरे साथ चार बार किया। हिंजड़ा कहीं का। जबर्दस्ती मेरे कपड़े उतारकर यह नहीं होता कि जबर्दस्ती मेरे ऊपर चढ़ बैठे।

रामरती ने एक लम्बी साँस ली, "तुम्हारा इस लायक तो है कि तुम्हारे साथ कुछ कर सकता है। मुझे तो ऐसा मिल गया है कि मेरी शादी होनी, न होनी बराबर है। चार साल हो गये मेरी शादी हुए। मुझे आज तक एक बार भी पति का सुख नहीं मिला। तुम तो देखती हो। बल्ली दाढ़ीजार को हर दूसरे-तीसरे दिन मिर्गी आती है। वह भी इतनी तेज की बहुत देर तक उसे होश नहीं आता। इसकी माँ जूता सुँघाते परेशान रहती है। न कुछ काम करता है न धाम। दिन भर किसी न किसी तालाब में बंशी डाले बैठा रहता है किनारे। वहाँ भी उसे मिर्गी आ जाती है। इसका तीसरा या चौथा भाई भी इसी के साथ लगा रहता है, कि मिर्गी आने पर यह तालाब में गिरकर डूब न जाय। किसी दिन तालाब में डूबकर मर जाता तो भी छुट्टी मिलती इससे। मुआ, शाम तक में चार-छः मछलियाँ पकड़ लाता है। बस यही इसकी

कमाई। मैं क्या करूँ कुछ समझ में ही नही आता? शरीर में इसके बिलकुल ताकत ही नहीं है। रातभर मैं इसको पकड़कर झकझोरती रहती हूँ, लेकिन यह नाशपीटा है कि टस से मस नहीं होता।''

फुल्ली ने सहानुभूति दिखायी, ''हाँ यह तो है। तुम्हारी तो किस्मत ही एकदम फूट गयी है। जब देखो तब बल्ली को मिर्गी आयी रहती है। मुँह से फेंचकुर गिराते पड़ा रहता है। जब उसके शरीर में कुछ है ही नहीं तो वह तुम्हारे साथ कुछ करेगा कैसे...एक काम किया करो। दिन में टाइम-कुटाइम लोटा लेकर फारिग होने के लिए खेतों की तरफ निकल जाया करो। किसी जवान मर्द की किसी दिन निगाह पड़ जाएगी तो वह तुम्हे वहीं खेत में गिराकर तुम्हारे साथ सब कुछ कर देगा।'' ''नहीं-नहीं!'' रामरती घबरा गयी, ''लोगों को एक बार चस्का लग गया तो वे झुण्ड के झुण्ड बनाकर मेरे घर आने लगेंगे। फिर बड़ी समस्या हो जाएगी। घर पर उन्हें कैस सम्हालूँगी?...मैं एक दूसर उपाय सोच रही हूँ। बल्ली का दूसरा भाई छुक्कन बीस साल का हो गया है। एक दिन मैं अपने सास-ससुर को यह बात साफ-साफ बता दूँगी कि बल्ली मेरे साथ कुछ नहीं कर पाता और आज तक एक बार भी उसने मेरे साथ कुछ नहीं किया। उसके अन्दर कुछ करने की ताकत नहीं है। मैं बल्ली को छोड़कर छुक्कन के साथ बैठूँगी।''

''यह तो तुमने बहुत बढ़िया बात सोची है।'' फुल्ली उछल पड़ी, ''यह सही रहेगा। बल्ली को छोड़कर छुक्कन के बैठ जाओ।...लेकिन अगर तुम्हारे सास-ससुर न माने तो?'' ''मानेंगे कैसे नहीं। मैं पूरी ताकत लगाकर दोनों से भिड़ जाऊँगी। मारपीट की जरूतर पड़ी तो वह भी करूँगी।'' रामरती बोली। फुल्ली के मन में फिर प्रश्न कुलबुलाया,'' और अगर छुक्कन ही तुम्हें रखने को तैयार न हुआ तो?'' रामरती गुर्रायी, ''तैयार कैसे नहीं होगा? पूरे घर ने मिलकर बल्ली की बीमारी छुपा ली और उसे मेरे सिर पर मढ़ दिया। उस नामर्द को मैं जिन्दगी भर ढोऊँगी क्या? मैं जबर्दस्ती छुक्कन के बैठूँगी। रखेगा कैसे नहीं मुझे?''

फुल्ली के मन एक विचार कौंधा, 'रामरती योजना में सफल हो जाती तो बड़ा अच्छा रहता। रामरती सफल हो जाएगी तो दो-चार महीने मैं चुप रहूँगी। उसके बाद अपने घर में मैं भी बगावत कर दूँगी। सास-ससुर से मैं भी खूब लड़ूँगी। कह दूँगी कि मैं झुल्लुर को छोड़कर चरन के साथ रहूँगी। मैं चरन के बैठ जाऊँगी। चरन एकदम नौजवान है। भरा-भरा शरीर है। झुल्लुर से थोड़ा सा साँवला है तो क्या हुआ? झुल्लुर तो एकदम चीलर की तरह है। चरन मस्त और पला हुआ पट्ठा है। कसकर मुझे दबायेगा तो मेरे पोर-पोर में मस्ती छा जाएगी।...बस, अब मैं रामरती को भड़काऊँ कि वह किसी तरीके से बल्ली को छोड़कर छुक्कन के बैठ जाय।'

रात लगभग नौ बजे के करीब घर आया झुल्लुर। साइकिल आँगन में खड़ी कर दी। फुल्ली चूल्हे में लकड़ी डालकर उसे जलाने की कोशिश कर रही थी। फुल्ली झुल्लुर को नाटक दिखा रही थी। वर्ना यह चूल्हा जलाने का समय नहीं था। लोगों के घरों में दिन डूबने के साथ ही चूल्हा जलना प्रारम्भ हो जाता था और नौ बजे तक सब खा-पीकर फुर्सत हो जाते थे। फुल्ली ने अनुमान लगा लिया था कि झुल्लुर के आने का समय हो गया है तो उसने चूल्हा जलाने का नाटक शुरू कर दिया था। उसे चूल्हा जलाते देख झुल्लुर बोला, ''जब तुम्हारी तबीयत ठीक नहीं है तो क्यों परेशान हो रही हो? मैं आ गया हूँ न! मैं बना देता हूँ खाना! तुम जाकर आराम करो।'' मुल्की आज अपने कमरे में अकेली थी। वह बुदबुदायी, ''आ गया भजन का दामाद! अब जुट जाएगा अपनी जोरू की सेवा में। इतनी रात गये जोरू चूल्हा जलाने का नाटक कर रही है और इसकी समझ में कुछ नहीं आ रहा है।'' फुल्ली अपने कमरे में जाकर लेट गयी। झुल्लुर खाना बनाने का उपक्रम करने लगा। ''माई!'' झुल्लुर ने जोर से आवाज़ लगायी। ''क्या है?'' मुल्की ने अपने कमरे में लेटे-लेटे ही पूछा। झुल्लुर ने पूछा, ''तुम्हारा और चरन का भी खाना बना लूँ? आज बाबू नहीं हैं।'' मुल्की जोर से बोली, ''तू अपनी लुगाई का ही खाना बना। हम लोगों का खाना बनाने के लिए रहने दे। हम लोगों का खाना बन गया। हम लोग खा-पी चुके और मैंने सारे बर्तन भी माँज कर रख दिये।...ज्यादा चालाक बनने की कोशिश न कर! एक दिन तू मेरा खाना बना दे, फिर उसके बाद मैं रोज तेरा और तेरी लुगाई का खाना बनाऊँ।'' ''तुम लोगों से कुछ सीधा बोलो तो भी उल्टा ही जवाब देती हो! मुझसे गलती हो गयी जो तुमसे पूछ लिया।'' झुल्लुर ने कहा और चुपचाप खाना बनाने में जुट गया।

खाना बन गया तो उसने दो थाली खाना सजाया। एक थाली बीवी की चारपाई पर रख दी, दूसरी अपनी चारपाई पर रखी। दोनों चारपाइयों पर एक-एक लोटा पानी भी रख दिया। फुल्ली ने खाना शुरू कर दिया। उसे खाते देख कर झुल्लुर को बड़ी आत्मिक तृप्ति महसूस हो रही थी। उसे लग रहा था कि जैसे वही खाना खा रहा हो। पिछली रात पत्नी द्वारा दिया गया सुख उसे याद आ गया। उसका रोम-रोम पुलकित हो उठा। उसने तय कर लिया आज वह बीवी को बिलकुल परेशान नहीं करेगा। बेचारी बीमार है। रोज-रोज परेशान करना ठीक नहीं है। तबीयत और भी खराब हो जाएगी। वह भी अपनी चारपाई पर बैठ गया और खाना खाने लगा। उसने फुल्ली से पूछा, ''खाना अच्छा बना है न?'' फुल्ली मुस्करायी, ''बहुत अच्छा खाना बना है। तुम जितना अच्छा खाना बनाते हो, उतना अच्छा खाना तो कौनो मेहरारू भी नहीं बना सकती।'' झुल्लुर प्रसन्न हो गया। फुल्ली की बात ने उसका कलेजा तर

कर दिया। उसे लगा कि फुल्ली उसकी भवानाओं का कितना ध्यान रखती है। पता नहीं खाना अच्छा बना भी है या नहीं! फिर भी मुझे खुश करने के लिए वह मेरे हाथ के बने भोजन की कितनी तारीफ़ कर रही है। ''अपने में से थोड़ा सा खाना तुमको और दूँ क्या?'' झुल्लुर ने पूछा। ''आप भी क्या गजब करते हैं!'' फुल्ली बड़ी अदा से बोली, ''शहर से मैं खटकर आ रही हूँ या आप? आप का बस चले तो सारा खाना आप मुझे ही खिला दें। खुद भूखे पेट पानी पीकर सो जाएँ।'' झुल्लुर हँसने लगा। फुल्ली के मुँह से उसे अपने लिए 'आप' सम्बोधन सुनकर बड़ा अच्छा लगा। ऐसे तो ठाकुरों के घरों की बहुएँ बोलती हैं अपने ससुर से। मुल्की ने भाँप लिया कि दोनों चारपाई पर बैठकर खाना खा रहे हैं। वह भुनभुनाते हुए गाली देने लगी, ''अरे भजनवा का दामाद! खुद तो चारपाई पर खा ही रहा है, उस हरजाई को भी चारपाई पर बैठाकर खिला रहा है। खाना जमीन पर बैठकर खाया जाता है या चारपाई पर? संसार में इसी कुतिया के पूत को सोने की लुगाई मिली है। बाकी सबकी लुगाइयाँ तो मिट्टी की हैं।''

उस दिन झुल्लुर शहर से जल्दी आ गया। सात बजे ही। उसने देखा कि घर के बाहर, बीच रास्ते पर महाभारत मचा हुआ था। रामरती अपने सास-ससुर से जमकर भिड़ी हुई थी। फुल्ली, मुल्की और चरन अपने घर के बाहर खड़े तमाशा देख रहे थे। झुल्लुर भी साइकिल लेकर बाहर ही खड़ा हो गया। रामरती चिल्ला रही थी, ''तुम दोनों ने मेरे माँ-बाप को क्यों धोखा दिया? उनसे क्यों छुपाया कि तुम्हारे बेटे को इतनी बुरी तरह मिर्गी आती है? ऊपर से तुम्हारा बेटा नामर्द भी है। उसका सामान ही नहीं खड़ा होता। मेरी शादी के इतने साल हो गये। अभी तक मैं कुँवारी की कुँवारी हूँ। मैं नहीं रहूँगी बल्लियवा दहिजरा के नाती के साथ। मैं किसी और के साथ रहूँगी।''

बल्ली की माँ चिल्लायी, ''अरे राँड़! अरे हरजाई! मेरे बेटे के ऊपर कलंक लगा रही है? उसे नामर्द कह रही है? अपनी खोट नहीं देखती है और चली है दूसरे पर इलजाम लगाने? धोखा तो तेरे माँ-बाप ने हमें दिया है। शादी के इतने दिन बाद भी तेरे बच्चा-कच्चा नहीं हुआ। तेरे तो छेद ही नहीं है।''

''क्या बोली राँड़ तू?'' रामरती और तेज से चीखी, ''मेरे छेद ही नहीं है? यहीं सारे लोगों के सामने तुझे खोलकर दिखाऊँ अपना छेद? राँड़ कहीं की! तेरे छेद है? तेरा बेटा नामर्द न होता तो अब तक मैंने कितने ही बच्चे निकाल दिये होते!'' बल्ली एक तरफ चुपचाप बैठा था। सिर पर दोनों हाथ रखे हुए।

''सीधे-सीधे क्यों नहीं कहती कि तूने कोई दूसरा मर्द खोज लिया है!'' बल्ली की माँ भी चिल्लायी, ''किसी और के साथ भागना है और रंडी मेरे बेटे पर इल्जाम

लगा रही है। बुला अपने यार को हमारे सामने। हम भी तो देखें कौन है, जिस पर तू लट्टू हो गयी है? अब कँहरान रंडीखाना बन जाएगा।''

जोर-जोर से हथलो देती हुई रामरती अपनी सास के पास पहुँच गयी, ''अरे राँड़ रंडी तो तू खुद है और दूसरों को रंडी कह रही है? सब कहते हैं कि जब तेरी शादी हुई थी तो तू पेट से थी। यहाँ दूल्हन के रूप में जब तू उतरी थी तो तेरे पेट में बच्चा था। बल्ली तेरे मायके के यार की निशानी है। सारा कँहरान तेरी करतूत जानता है। पता नहीं कैसा मायके का यार था, जिसका बेटा मिर्गीवाला और नामर्द पैदा हुआ।''

बल्ली की माँ को क्रोध आ गया। वह रामरती से भिड़ गयी। रामरती भी भिड़ गयी। मल्ल युद्ध में रामरती भारी पड़ रही थी। यह देखकर बल्ली का बाप जगन भी अपनी लुगाई की तरफ से भिड़ गया। झुल्लुर साइकिल खड़ी करके तीनों को छुड़ाने के लिए दौड़ा। तीनों एकदम गुत्थमगुथा। झुल्लुर एक-एक कर तीनों को खींचने लगा, ''यह क्या तमाशा हो रहा है? लोग क्या सोच रहे होंगे? कुछ तो शर्म लिहाज करो। लड़ाई-झगड़ा से किसी समस्या का समाधान नहीं होता। जो भी समस्या हो मिल-बैठकर सुलझा लो।'' बड़ी मुश्किल से तीनों अलग हुए। बल्ली की माँ झुल्लुर से बोली, ''मेरा बेटा नामर्द है न? इससे कह दो जिसके साथ जहाँ जाना हो खुशी से चली जाय। हम लोगों को कोई आपत्ति नहीं है।'' रामरती ने कहा, ''मैं यह घर छोड़कर कहीं नहीं जाऊँगी। मैं यहीं रहूँगी। हाँ, मैं बल्ली को छोड़कर उसके छोटे भाई छुक्कन के बैठूँगी। मैं छुक्कन की बीवी बनकर रहूँगी।'' ''अच्छा तो तेरी निगाह छुक्कन पर है!'' बल्ली की माँ बोली, ''तभी मैं कहूँ कि अचानक बल्ली नामर्द कैसे हो गया? खबरदान जो तूने छुक्कन की ओर आँख उठा कर देखा। मैं जल्दी ही छुक्कन की शादी कर देती हूँ, नहीं तो यह डायन छुक्कन पर आँख गड़ाये हुए है।'' रामरती ने कहा, ''तुम छुक्कन की शादी क्या करोगी? मैं आज से ही छुक्कन के बैठ जाती हूँ। रही बात बल्ली की तो तू खुद उससे पूछ ले कि वह नामर्द है या नहीं? यहीं सबके सामने वह अपना सामान खड़ा करके दिखा दे तो जो कहो सो हार जाऊँ।'' फुल्ली शरमाकर अन्दर चली गयी। रामरती ने छुक्कन से कहा, ''आज से मैं तुम्हारे बैठती हूँ। आज से मैं तुम्हारी बीवी।'' बल्ली की माँ ने दौड़कर छुक्कन का हाथ पकड़ लिया, ''खबरदार छुक्कन! तू इस डायन के चक्कर में मत पड़ना। तेरे भाई को यह खा चुकी है। तुझे भी खा जाएगी।'' रामरती ने दौड़कर छुक्कन का दूसरा हाथ पकड़ लिया, ''आज से यह मेरा पति है। देखती हूँ तू इसको मुझसे कैसे छुड़ाकर ले जाती है?'' छुक्कन हक्का-बक्का होकर दोनों औरतों को बारी-बारी से देख रहा था।

छुक्कन की माँ बार-बार छुक्कन से कह रही थी कि हाथ झटककर रामरती से अपना हाथ छुड़ा ले। छुक्कन सहमा खड़ा था। उसकी कुछ समझ में नहीं आ रहा था। दोनों औरतें उसका हाथ पकड़े खड़ी थीं। झुल्लुर अपनी साइकिल लेकर अन्दर चला गया। साइकिल आँगन में खड़ी करके उसने हाथ-पैर धोये। आज फुल्ली ने खाना बना रखा था। झुल्लुर और फुल्ली, दोनों आँगन में ही जमीन पर बैठकर खाना खाने लगे। झुल्लुर ने फुल्ली से पूछा, "यह सब क्या तमाशा हो रहा है?" फुल्ली बड़े उत्साह से बताने लगी, "रामरती बहुत दिनों से बल्ली को छोड़कर छुक्कन के बैठने के चक्कर में थी। उसी के लिए आज वह लड़ गयी है। वह कहती है कि बल्ली नामर्द है। वह उसके साथ कुछ नहीं कर पाता।" झुल्लुर ने पूछा, "तुझे तो मुझसे इस तरह की कोई शिकायत नहीं है? ...ठीक है! आज मैं तेरे साथ सब कुछ करूँगा, जिससे तुझे इस तरह की कोई शिकायत न रहे!" फुल्ली उसकी ओर कनखियों से देखकर मुस्करायी। मानो अपनी मौन सहमति दे रही हो।

बाहर झगड़ा जारी था। कोई पक्ष रत्ती भर भी झुकने को तैयार नहीं था। आज पता नहीं क्यों फुल्ली का बहुत मन कर रहा था। झुल्लुर ने पहल की तो वह खुशी-खुशी उससे लिपट गयी। उसने रात भर झुल्लुर के साथ खूब मस्ती की। वैसे भी सो पाना किसी के लिए सम्भव नहीं था। बाहर झगड़ा बन्द होने का नाम ही नहीं ले रहा था।

झगड़ा पूरी रात होता रहा। दिन निकलने को हुआ तो छुक्कन अपनी जान छुड़ाता हुआ बोला, "तुम लोग अपना लड़ो। मैं जा रहा हूँ ठाकुर के यहाँ पानी भरने।" छुक्कन चल दिया। रामरती भी उसके पीछे-पीछे चल दी। छुक्कन की माँ चिल्लायी, "तू कहाँ जा रही है?" रामरती ने उत्तर दिया, "मैं जा रही हूँ उसकी मदद करने। उसके साथ-साथ काम करवाऊँगी।" छुक्कन की माँ असहाय होकर देखने लगी। आगे-आगे छुक्कन गया। पीछे-पीछे रामरती भी चली गयी। छुक्कन की माँ समझ गयी। अब बहुत मुश्किल है छुक्कन को रामरती से बचा पाना। बल्ली को देखकर चिल्लायी, "तू यहाँ बैठा-बैठा क्या कर रहा है? जा, जाकर अपनी लुगाई को पकड़। उसका झोंटा पकड़कर घसीटते हुए ले आ।" बल्ली चुपचाप बैठा रहा। वह न तो कुछ बोला और न ही अपनी लुगाई को पकड़ने के लिए गया। उसकी माँ उसे हिराकत से देखते हुए घर के अन्दर चली गयी। उसकी देखा-देखी जगन भी घर के अन्दर चला गया। सारी रात झगड़ा करते-करते दोनों हलकान हो गये थे। दोनों के मुँह में अन्न का एक भी दाना नहीं गया था। प्यास ऊपर से लग रही थी। दोनों ने गुड़ खाकर एक-एक लोटा पानी पिया। कुछ जान में जान आयी।

इतनी सवेरे-सवेरे भोजन बनाना सम्भव नहीं था। दोनों ने सोचा कि नित्यक्रिया से निवृत्त होकर पहले ठाकुरों के घर का काम निबटा लिया जाय।

रामरती अब छुक्कन के साथ रहने लगी। छुक्कन की हिम्मत नहीं पड़ रही थी कि वह रामरती से झगड़ा करके उसे भगाये। दूसरे, उससे एक ऐसी गलती हो गयी कि रामरती का पक्ष बहुत मजबूत हो गया। अपने कमरे में अकेली औरत को पाकर उससे रहा नहीं गया और लगातार तीन रात रामरती के साथ हमबिस्तर हो गया। छुक्कन ने मानसिक रूप से स्वीकार कर लिया कि रामरती अब मेरे ही साथ रहेगी और अब वह मेरी पत्नी है।

बल्ली ठाकुरों के यहाँ घूम-घूमकर अपना दुःखड़ा रो रहा था, ''ठाकुर मेरे भाई छुक्कन ने मेरी बीवी मुझसे छीन ली है। आप लोग न्याय करिए। मेरी बीवी मुझे वापस दिला दीजिए। मैं आप लोगों के पैर पकड़ रहा हूँ।'' सभी ठाकुरों का लगभग एक ही जवाब था, ''यह तेरे घर का आपसी मामला है। तू अपने माँ-बाप से शिकायत कर। अपने सास-ससुर से शिकायत कर। वे लोग ही इस समस्या को सुलझाएँगे। हम लोग इसमें कुछ नहीं कर सकते।'' बल्ली चारों तरफ दौड़-धूप करके हार गया। कहीं से कोई सहारा न पाकर वह चुपचाप बैठ गया।

कुछ महीने बीत गये। उस दिन झुल्लुर रात आठ बजे के लगभग जब घर लौटा तो देखा, उसके यहाँ गदर मची हुई थी। एक तरफ भजन और मुल्की थे तो दूसरी तरफ फुल्ली अकेले। जोर-जोर से झगड़ा हो रहा था। झुल्लुर को बड़ा गुस्सा आया। वह मुल्की को डाँटने लगा, ''तुम दोनों लोगों को शर्म नहीं आ रही है? दो लोग मिलकर बेचारी एक अकेली औरत से लड़ रहे हो?'' कोई दूसर अवसर रहा होता तो मुल्की ने झुल्लुर को लाखों गालियाँ दी होतीं। वह दौड़कर झुल्लुर के पास पहुँची, ''यह नहीं पूछेगा कि लड़ाई किस लिए हो रही है? फुल्ली ही हम लोगों से झगड़ा कर रही है कि मैं झुल्लुर को छोड़कर चरन के बैठूँगी।'' झुल्लुर एकदम से सन्न रह गया, ''क्या?'' ''हाँ!'' मुल्की बोली, ''तू इस राँड़ से पूछ! कब से हम लोगों से भिड़ी हुई है। खाना भी नहीं बनाने दे रही है।'' झुल्लुर ने फुल्ली की ओर देखा, ''क्यों फुल्ली? क्या माई सच कह रही है?'' फुल्ली चिल्लायी, ''हाँ-हाँ! तू देखने में टी.बी. के मरीज जैसा दिखता है। एक हड्डी का! जैसे चीलर और खटमल। मैं तेरे साथ नहीं रहूँगी। एक सच्चे मर्द जैसा सुख तू मुझे नहीं दे पाता। मैं तो चरन के बैठूँगी।'' झुल्लुर ने साइकिल बाहर ही खड़ी कर दी। वह अपना दोनों सिर पकड़कर घर की ड्योढ़ी के पास बैठ गया। भजन ने उसे ढाँढस बँधाया, ''झुल्लुर तू घबरा मत। मैं जगन नहीं हूँ। या तो यह तेरे साथ रहेगी या घर छोड़कर भाग जाय। ज्यादा तेवर दिखायेगी तो मैं इसे लाठी से पीट-पीटकर मार

डालूँगा। भले ही मुझे फाँसी की सजा हो जाय।'' मुल्की भी आकर झुल्लुर के सिर पर हाथ रखकर खड़ी हो गयी। झुल्लुर उसके दोनों पैर पकड़ कर रोने लगा, ''माई मुझे माफ कर दे। मैं तुझे ही गलत समझता था।'' मुल्की ने जोर से ललकारा, ''तू क्यों रो रहा है बेटवा? रोयेगी तो राँड़ फुल्ली। देख अभी मैं क्या करती हूँ।'' मुल्की गयी अन्दर से एक लाठी निकाल लायी। कद-काठी की मजबूत थी ही वह। उसने खींचकर एक लाठी फुल्ली की टाँग पर मारी। फुल्ली चिल्लाती हुई अंदर भाग खड़ी हुई। मुल्की ने ललकारा, ''आ बाहर निकल। और झुल्लुरवा को छोड़कर चरन के बैठेगी?'' फुल्ली ने अपना दरवाजा अन्दर से बन्द कर लिया। फुल्ली धीरे से झुल्लुर के कान में फुसफसायी, ''तू परेशान मत हो। रात में मैं चरन को उसकी मौसी के घर नैनी भगा दूँगी। फिर देखती हूँ यह राँड़ किसके बैठती है?''

मुल्की फुल्ली के दरवाजे के पास खड़ी होकर चिल्लायी, ''मैं जा रही हूँ अपना खाना बनाने। तू भी दरवाजा खोल और अपना खाना बना। झुल्लुर का खाना तू मत बना। झुल्लुर हमारे साथ खायेगा। तू हरजाई अपना खाना बना ले यही बहुत है।...रामरती को देखकर तुझको भी रंडीबाजी सूझ रही है। यह जगन का घर नहीं है। तेरी सारी रंडीबाजी मैं निकाल लूँगी।''

मुल्की चूल्हा जलाकर खाना बनाने लगी। कुछ देर में फुल्ली ने भी दरवाजा खोला। वह भी अपना खाना बनाने लगी। झुल्लुर अपनी जगह से उठा ही नहीं। वहीं बाहर बैठा हुआ था। उसकी देखा-देखी भजन और चरन भी बाहर ही बैठ गये। भजन समझ रहा था कि झुल्लुर अभी बहुत सदमे में है। इसे छेड़ना ठीक नहीं है। भलाई इसी में है कि इसे अपनी जगह पर चुपचाप बैठे रहने दो। आज तमाशा देखने की बारी जगन और उसके परिवार की थी। रामरती को यह उत्सुकता थी कि फुल्ली सफल हो पाती है या नहीं। बल्ली बड़े उदास मन के साथ झुल्लुर के पास आकर खड़ा हो गया। उसके कन्धे पर हाथ रखते हुए बोला, ''भाई! जो मेरे साथ हुआ, उसे तू अपने साथ मत होने देना। मैं तुम्हारे मन की हालत समझ सकता हूँ।''

मुल्की खाना बना चुकी तो वह बाहर निकली, ''खाना बन गया है। चलो सब लोग खाना खा लो। झुल्लुर मैंने तुम्हारा भी खाना बन लिया है। चलो तुम भी खा लो।'' झुल्लुर बोला, ''मैं अन्दर नहीं जाऊँगा। मेरा खाना यहीं लेती आओ।'' झुल्लुर की मनोदशा सब समझ रहे थे। किसी ने उसे टोकना उचित नहीं समझा। भजन और चरन मुल्की के साथ अन्दर चले गये। फुल्ली अपना खाना अपने कमरे में ले जाकर खा रही थी। मुल्की झुल्लुर का खाना बाहर रख आयी। साथ में एक लोटा पानी भी रख दिया। झुल्लुर से खाना खाया नहीं जा रहा था। मुल्की का मन

रखने के लिए किसी तरह वह एक-एक कौर गटक रहा था। उसे सारे घटनाक्रम पर विश्वास नहीं हो रहा था। फुल्ली को सुखी देखने के लिए वह खटता-मरता रहता था। शहर से जब वह गाँव अपने घर में लौटता था, फुल्ली का चेहरा देखते ही उसकी सारी थकान दूर हो जाती थी। वह समझता था कि फुल्ली भी उसे उसी तरह चाहती है। आज फुल्ली ने उसे ऐसा झटका दिया जो कल्पना के परे था।

मुल्की उसका बर्तन लेने आयी तो बोली, ''कब तक यहाँ बैठे रहोगे। चलकर चरन के कमरे में सो जाओ।'' उसने कहा, ''माई आज मुझे नींद नहीं आ रही है। मुझे यहीं बैठा रहने दो। आज मेरा यहीं बैठे रहने का मन कर रहा है।'' मुल्की कुछ नहीं बोली। वह बर्तन लेकर अन्दर चली गयी।

सब सो गये। पूरे गाँव में अँधेरी रात का सन्नाटा साँय-साँय कर रहा था। झुल्लुर चुपचाप वैसे ही बैठा था। अचानक मुल्की और चरन बाहर निकले। चरन सजा-धजा हुआ था। उसने एक झोले में सामान ले रखा था। मुल्की धीरे से झुल्लुर से फुसफुसायी, ''यह साल भर के लिए अपनी मौसी के यहाँ नैनी जा रहा है। न रहेगा बाँस, न बजेगी बाँसुरी। अब देखती हूँ फुल्ली राँड़ किसके बैठती है?'' चरन ने मुल्की और झुल्लुर का पैर छुआ और झोला लेकर चल दिया।

सबेरा होने पर रोज की तरह झुल्लुर तैयार होकर शहर चल दिया। आज उसे शहर ले जाने के लिए मुल्की ने खाना बनाकर दिया। आज वह शहर कमाने नहीं जा रहा था। वह इसलिए जा रहा था, जिससे घर के प्रपंच से मुक्ति मिले। शहर पहुँच कर आज उसने रिक्शा नहीं निकाला। साइकिल से सीधे पहुँच गया कम्पनी बाग। साइकिल खड़ी करके एक घने हरे-भरे पेड़ के नीचे लेट गया। आँख ओट, पहाड़ ओट। कोई सामने नहीं था तो वह सारी चिन्ताओं से मुक्ति पा गया। रात भर से सोया नहीं था। उसे गहरी नींद आ गयी।

रात में जब वह घर पहुँचा और साइकिल आँगन के अन्दर रखा तो मुल्की तुरंत उसके सामने गुड़ और एक लोटा पानी लेकर आ गयी। आज तक फुल्ली ने ऐसा कभी नहीं किया था। जो दाना-पानी लेना हो, खुद झुल्लुर अपना जाकर ले। फुल्ली को कोई मतलब नहीं रहता था। मुल्की ने कहा, ''तुम्हारा खाना बना रखा है। चलकर खा लो। अपने कमरे में सोने का मन न हो चरन के कमरे में सो जाओ। उसका कमरा खाली ही रहता है।'' ''हाँ! यह ठीक रहेगा। मैं चरन के कमरे में ही सोऊँगा।'' झुल्लुर खाना-पीना खाकर चरन के कमरे में जाकर लेट गया। फुल्ली बहुत मायूस हुई। एक तो दिन भर इस बात को लेकर परेशान थी कि चरन कहाँ गायब हो गया। वह समझ गयी कि मुल्की ने कोई न कोई माया रची है। वह इस चक्कर में पड़ गयी कि किसी न किसी तरह झुल्लुर से ही समझौता हो जाय।

मुल्की यहाँ भी दाँव खेल गयी। उसकी हालत धोबी के कुत्ते वाली हो गयी। वह न घर की रही न घाट की।

फुल्ली परेशान हो गयी। झुल्लुर कुछ खर्चा-पानी नहीं दे रहा था। उसे लगा कि यह तो मेरे हाड़ तोड़ने की नौबत आ गयी। गाँव में लोगों के यहाँ जाकर काम करना पड़ेगा। एक दिन झुल्लुर रात में घर लौटा। जैसे ही उसने आँगन में साइकिल खड़ी कर ली, फुल्ली दौड़कर आयी और उसके दोनों पैर पकड़कर फूट-फूटकर रोने लगी। भजन और मुल्की भी अपने कमरे से निकल आये। मुल्की जोर से बोली, "देखो राँड़ का छिनारा देखो। क्या बढ़िया नाटक दिखा रही है! अभी तक चली थी चरन के बैठने। अब झुल्लुर के पैर पकड़कर रो रही है।" भजन ने मुल्की को डाँटकर चुप रहने को कहा। फुल्ली रोते हुए झुल्लुर से कहने लगी, "मुझे चाहे जो सजा दे लो। मेरी बोटी-बोटी काटकर फेंक दो, लेकिन मुझे माफ़ कर दो। मुझसे बहुत भारी गलती हो गयी। जिन्दगी में दोबारा ऐसी गलती नहीं होगी। मेरी मति मारी गयी थी। रामरती ने मुझको भड़का-भड़का कर मेरा दिमाग खराब कर दिया था...।" मुल्की ने बीच में ही बात काट दी, "क्या पता? रामरती ने तेरा दिमाग खराब किया था या तूने रामरती का दिमाग खराब किया था? दस दिन हाथ में पैसे नहीं मिले तो अकल ठिकाने आ गयी।" भजन फुल्ली से बोला, "अब बस कर। झुल्लुर को खाना खा लेने दे। खाना खाकर वह तेरे कमरे में जा रहा है।" फुल्ली ने बड़ी मुश्किल से झुल्लुर का पैर छोड़ा।

झुल्लुर खाना-पीना खा चुका तो भजन के कहने से वह अपनी बीवी के कमरे में गया। फुल्ली ने दरवाजा अन्दर से बन्द कर दिया। उसने एक बार फिर झुल्लुर के पैर पकड़ लिये। अबकी बार वह रो नहीं रही थी। झुल्लुर के मन में फुल्ली के लिए अथाह प्यार उमड़ आया। उसने उसको उठाकर अपने सीने से लगा लिया, "अरे पगली, आदमी से गलती हो जाती है। संसार में ऐसा कोई आदमी है क्या जिससे कभी कोई गलती नहीं होती? मुझसे गलतियाँ नहीं हो जाती हैं क्या? आदमी से कोई गलती न हो तो वह भगवान हो जाय। तुझसे भी हो गयी एक छोटी सी गलती। मैं तुझे माफ़ कर रहा हूँ। इससे तुझको दुनिया को समझने का एक सबक तो मिल गया।" फुल्ली ने बड़ी लाड़ भरी नजरों से झुल्लुर की ओर देखा। वह अपने हाथों से झुल्लुर के कपड़े उतारने लगी। झुल्लुर हँसने लगा। झुल्लुर के कपड़े उतार लेने के पर वह अपने कपड़े उतारने लगी। दोनों निर्वस्त्र खड़े थे। फुल्ली प्यार से झुल्लुर के लिंग को सहलाने लगी झुल्लुर उसे बाँहों में भरकर चारपाई पर लेट गया।

तीन महीने बीत गये। झुल्लुर का जीवन फिर कायदे से चलने लगा था। एक

दिन झुल्लुर सोकर उठा तो देखा कि फुल्ली अपनी चारपाई पर नहीं है। उसने सोचा, शायद वह लोटा लेकर खेतों की ओर गयी होगी। झुल्लुर काफी जल्दी उठता था। उसे साइकिल से शहर जाना रहता था। वही भी एक लोटे में पानी लेकर खेतों की तरफ निकल गया। वह लौटकर भी आ गया। जल्दी-जल्दी सारे काम निबटाने लगा। काफी देर तक फुल्ली नहीं दिखी। झुल्लुर ने मुल्की से कहा, “माई! मेरी बीवी भोर से ही अपने बिस्तर से गायब है। तुम्हें कहीं दिखी?” मुल्की ने साफ इनकार कर दिया। वह दौड़कर भजन को भी बुला लायी। भजन को भी पता चला कि फुल्ली गायब है। तीनों अलग-बगल पता करने लगे। वे जिससे पूछते वह भी खोजने में जुट जाता। धीरे-धीरे बहुत सारे लोग फुल्ली की खोज में जुट गये। फुल्ली का कोई अता-पता नहीं।

इतना बड़ा गाँव कोटवा। पूरे गाँव में खोज होने लगी फुल्ली की। शाम तक खोज होती रही। कुछ पता नहीं चला। शाम होत-होते पता चला कि गाँव से रज्जू सिंह और ननका सिंह भी गायब हैं। मुल्की चिल्लायी, “मैं सब समझ गयी। फुल्ली रज्जू सिंह और ननका सिंह के साथ भाग गयी। इधर एक महीने से रज्जू सिंह और ननका सिंह बहुत हमारे घर की तरफ चक्कर लगा रहे थे। आजकल अक्सर फुल्ली फारिग होने के बहाने लोटा लेकर खेतों की तरफ निकल जाया करती थी। वहीं कुछ गुल खिला होगा। कुछ खिचड़ी पकी होगी। उन्हीं दोनों के साथ योजना बनाकर फुल्ली भागी होगी कहीं। रामरती उसकी पक्की सहेली है। रामरती को जरूर कुछ न कुछ पता होगा!” रामरती गरजी, “खबरदार जो मेरा नाम लिया किसी ने। झुल्लुर से उसकी जवानी सम्हलती नहीं थी, भाग गयी होगी किसी यार के साथ।” मुल्की ने रामरती को गाली दी। उसने भी पलटकर गाली दी। दोनों में भंयकर लड़ाई शुरू हो गयी।

भजन साइकिल लेकर झुल्लुर के ससुराल चल दिया। आदमी का ऊँट खो जाता है तो वह उम्मीद में एक बार घड़े में भी हाथ डालकर टटोलता है। झुल्लुर फिर अपनी ड्योढ़ी के पास अपने दोनों हाथों से सिर पकड़कर बैठ गया।

छिछोरा

इलाहाबाद विश्वविद्यालय का शिक्षाशास्त्र विभाग। सत्र उन्नीस सौ सतहत्तर-अठहत्तर। एम.ए. प्रथम वर्ष का प्रवेश कार्य पूरा हो गया और कक्षाएँ प्रारम्भ हो गयीं। उस समय एम.ए. की पढ़ाई के लिए इलाहाबाद विश्वविद्यालय के छात्र-छात्राओं में विशेष उत्सुकता और कौतूहल रहता था। मन के किसी कोने में गुदगुदी भी होती थी। कक्षा एक से बी.ए. तक लड़के-लड़कियाँ अलग-अलग पढ़कर आये होते। इलाहाबाद विश्वविद्यालय में बी.ए. में भी लड़के-लड़कियों को साथ पढ़ने की अनुमति नहीं थी। लड़कियाँ विश्वविद्यालय में ही अलग बने महिला कॉलेज में पढ़ती थीं। लड़के सिनेट हाउस के मुख्य कैंपस में अपने-अपने विभाग में पढ़ते। विभागों में एम.ए. की कक्षाओं में लड़के-लड़कियों को साथ पढ़ते देखकर लड़के रोमांचित होते। कभी हम भी एम.ए. में जाएँगे। ऐसे ही लड़कियों के साथ पढ़ेंगे। एम.ए. की पढ़ाई के लिए विभागों में हॉल थे। हॉल में बीच में चौड़ा सा रास्ता। रास्ते के एक तरफ लड़कों की सीट लगी होती, एक तरफ लड़कियों की। क्लास चलती रहती और लड़के-लड़कियाँ अध्यापक की आँखें बचाकर अपने-अपने विशेष को कनखियों से देखते रहते। चेहरे को ठीक से देख लेना ही बहुत बड़ा सौभाग्य था।

शिक्षाशास्त्र की एम.ए. की कक्षाएँ चलने लगीं। उसी हॉल में सारी कक्षाएँ चलतीं। लड़के-लड़कियाँ पहले घंटे की शुरुआत से अंतिम घंटे तक उसी हॉल में बैठे रहते। बी.ए. की तरह हर घंटे के बाद एक विभाग से दूसरे विभाग में भागने का झंझट नहीं था। लड़के-लड़कियों में ताका-झाँकी शुरू हो गयी। सबका ध्यान अपनी ओर आकृष्ट करने के लिए कुछ लड़के-लड़कियाँ घर से खूब पढ़कर आते और अध्यापक के पढ़ाते समय बीच-बीच में खूब फटाफट बोलते। प्रोफेसर समेत सबका ध्यान ऐसे लोगों की ओर जाता। ऐसे लड़के-लड़कियाँ धीरे-धीरे स्वतः अगली पंक्तियों की ओर खिसकते गये। जो बेचारे कुछ नहीं बोलते थे वे भयवश पिछली पंक्तियों की ओर रुख करने लगे।

एक प्रोफेसर के कक्षा से जाने और दूसरे प्रोफेसर के कक्षा में आने के बीच

लगभग पाँच से दस मिनट का अंतराल हो जाता था। धीरे-धीरे कक्षा में लड़के-लड़कियाँ सहज हो रहे थे। यद्यपि लड़कियाँ अपनी ही गोल और झुण्ड में रहती थीं, लेकिन चंट टाइप के लड़के लड़कियों से बोलने का प्रयास करने लगे। दो कक्षाओं के बीच पाँच से दस मिनट का होने वाला अंतराल हीरोगिरी करने वाले लड़कों के लिए वरदान हो गया। उस अंतराल में वे जोर से कोई डायलाग बोलते। प्रायः वे किसी सीधे या दब्बू टाइप के लड़के को निशाना बनाकर कोई ऊटपटाँग कटाक्ष करते। सारी कक्षा ठहाका लगाकर हँस पड़ती। अगर लड़कियाँ भी हँस पड़तीं तो हीरो भाई साहब का जीवन धन्य हो उठता। ऐसे ही हथकंडो से तेज-तर्रार किस्म के लड़के लड़कियों के नज़दीक आने का प्रयास कर रहे थे। लड़कियों में छात्रावास में रहने वाली लड़कियाँ थोड़ा सा तेज-तर्रार किस्म की थीं। उनका मुख्य काम यह था कि अपने-अपने घरों से पढ़ने आनेवाली घरेलू टाइप की लड़कियों की रक्षा करें। घरेलू लड़कियों में लड़कों के प्रति उत्सुकता तो थी, लेकिन वे लड़कों से डरती थीं। छात्रावास में रहनेवाली लड़कियों की छत्रछाया में वे अपने को सुरक्षित महसूस करती थीं और आश्वस्त रहती थीं कि कोई लड़का उनके साथ बदतमीज़ी नहीं करेगा। एक महीना बीता, दो महीना बीता। कौन कैसा है, यह धीरे-धीरे सब समझने लगे। सब एक दूसरे का नाम भी जान गये। प्रोफेसर हाजिरी लेते रहते तो सब ध्यान दिये रहते कि किस नाम पर कौन बोल रहा है? इस बीच सारे लड़कों में इस बात पर एक राय बन गयी कि कक्षा की सबसे सुंदर लड़की कौन है? सबने मान लिया कि स्वाति गुप्ता बहुत ही सुंदर है। दूसरे तीसरे नम्बर की सुंदरियाँ उसके आस-पास भी नहीं हैं।

कक्षा में एक बहुत ही घाघ लड़का पढ़ रहा था। अभी तक वह एकदम शांत था और चुपचाप कक्षा की सारी गतिविधियों पर नज़र रख रहा था। लड़के उसका नाम तो जानते थे कि इसका नाम भाष्कर त्रिवेदी है लेकिन उसकी असलियत अभी तक किसी को मालूम नहीं हो पायी थी।

एक दिन कक्षा में पढ़ाते समय एक प्रोफेसर ने भाष्कर को खड़ा किया और उससे कोई प्रश्न किया। भाष्कर ने प्रश्न का उत्तर दे दिया। प्रोफेसर बोले, ''बहुत अच्छे! सही जा रहे हो। आज हेड साहब ने मुझसे कहा है कि मैं तुम्हारे ऊपर ठीक से नज़र रखूँ। तुम्हारी पढ़ाई-लिखाई सही चल रही है या नहीं? तुम विभागाध्यक्ष प्रोफेसर रमेन्दु त्रिवेदी के पुत्र हो। सर का पूरे देश में कितना नाम है। सरकार शिक्षा पर कोई समिति बनाती है तो उस समिति में तुम्हारे पिताजी जरूर रहते हैं। देश का शिक्षा विभाग अक्सर तुम्हारे पिता जी से शिक्षा के सम्बन्ध में सलाह लेता रहता है। तुम्हें उनका नाम रोशन करना है। तुम्हें भी लोग एक दिन तुम्हारे पिता जी की

तरह एक प्रख्यात शिक्षाशास्त्री के रूप में जानें। पढ़ाई में तुम्हें पूरी ऊर्जा झोंकनी होगी। तुम सर के इकलौते बेटे हो। तुम्हारी दोनों बहनों की तो शादी हो चुकी है। सर ने अपनी दोनों बेटियों को भी बहुत पढ़ाने की कोशिश की, लेकिन दोनों में से कोई अपने पिता का नाम नहीं रोशन कर सकीं। अब सारा दारोमदार तुम्हारे ऊपर है। सर भी तुमसे बहुत उम्मीद लगाये हुए हैं। उनको निराश मत करना।''

सारे लड़के भौंचक्के रह गये। हमारे साथ विभागाध्यक्ष का बेटा भी पढ़ रहा है? फिर तो सबकी एक-एक गतिविधि की खबर विभागाध्यक्ष तक पहुँचती होगी। विभागाध्यक्ष इतने विद्वान व्यक्ति थे और एक प्रख्यात शिक्षाशास्त्री के रूप में देश में उनकी इतनी इज़्ज़त थी कि सभी छात्र-छात्राएँ उन्हें बहुत सम्मान देते थे। चिराग तले अँधेरा। उनका बेटा और वह भी इकलौता बेटा, अपनी कक्षा में और किसी को पता तक नहीं?

प्रोफेसर कक्षा लेकर चले गये। सारे लड़कों ने भाष्कर को घेर लिया। सब उससे अपना-अपना परिचय देकर दोस्ती गाँठने लगे। विभागाध्यक्ष अर्थात् हेड साहब से सबका काम पड़ता था। विशेष रूप से एक ऐसा काम सबका रहता था कि हेड साहब की कृपा बहुत कल्याणकारी सिद्ध हो सकती थी। एम.ए. के दोनों वर्षों में सौ-सौ नम्बर की मौखिक होती थी। मौखिकी में विभागाध्यक्ष की कृपा बहुत मायने रखती थी। विभागाध्यक्ष चाहें तो सौ में पाँच अंक मिले और वे चाहें तो सौ में अस्सी अंक मिले। इलाहाबाद विश्वविद्यालय में अस्सी अंक तो नहीं, हाँ साठ अंक तक मिल जाता था। विभागाध्यक्ष जी बड़ी मुश्किल से किसी को सौ में साठ अंक देते थे। उनके बेटे के बहाने उनके घर आया-जाया जा सकता था। उनसे परिचय बढ़ाया जा सकता था। लड़कियाँ अपनी तरफ बैठीं, उचक-उचक कर भाष्कर को देखने का प्रयास कर रही थीं। भाष्कर चारों तरफ से घिरा था। दिख नहीं रहा था। एक लड़के ने भाष्कर से कहा, ''कितना बड़ा आश्चर्य है! हम लोग आज तक जान ही नहीं पाये कि तुम हेड साहब के लड़के हो। तुमने भी कभी हम लोगों को यह बात नहीं बतायी।'' दूसरा लड़का चापलूसी करता हुआ बोला, ''सूरज दुनिया को खुद नहीं बताता कि मैं सूरज हूँ। जब उसका प्रकाश फैलता है तो सब जान जाते हैं। इसी को बड़प्पन कहते हैं। बड़े लोग चारों तरफ खुद अपनी तारीफ़ करते हुए नहीं घूमते। उनके बारे में लोगों को दूसरों से पता चलता है। क्षुद्र लोग अपनी वाहवाही अपने मुँह करते हैं। भाष्कर ने कभी अपने मुँह से नहीं कहा कि मैं विभागाध्यक्ष जी का बेटा हूँ। फिर भी आज सारे लोग उसके बारे जान गये। बहुत खूब भाष्कर बहुत खूब!'' अपनी चापलूसी से भाष्कर फूलकर कुप्पा हो रहा था। चेहरे पर और बड़प्पन लाने के लिए रह-रहकर मुँह टेढ़ा कर ले रहा था।

भाष्कर पढ़ने में ठीक-ठाक था, लेकिन इतना भी ठीक नहीं था कि उससे रमेन्दु त्रिवेदी बनने की उम्मीद की जा सके। ऊपर से कोढ़ में खाज यह कि वह लड़कियों का बड़ रसिया था। पढ़ाई बड़ी कठिन तपस्या होती है। चारों तरफ से ध्यान हटाकर चित्त को पढ़ाई में एकाग्र करना पड़ता है। आवारागर्दी और पढ़ाई साथ-साथ कर पाना लगभग असंभव है। लेकिन फिलहाल तो भाष्कर रमेन्दु त्रिवेदी का बेटा था, अतः भविष्य की उम्मीद था। भविष्य को किसने देखा है? इस समय कक्षा के सारे लड़कों की तरह उसकी नज़र भी स्वाति गुप्ता पर थी।

विभाग के अध्यक्ष अर्थात् भाष्कर के पिता एकदम अलग तरह के इन्सान थे। वे मूल रूप से इलाहाबाद के ही किसी गाँव के रहने वाले थे। जहाँ चलते थे, पैदल चलते थे। बहुत दूर जाना होता, तभी रिक्शा करते थे। उस समय इलाहाबाद में बड़ी सादगी थी। पूरे शहर में एक भी बहुतमंजिला इमारत नहीं थी। सिविल लाइंस के बड़े-बड़े बँगले शहर की शोभा थे। ज्यादा भीड़-भाड़ नहीं थी। अधिकांश लोग साइकिल से ही चलते थे। विश्वविद्यालय के पचास प्रतिशत अध्यापक भी साइकिल से ही विश्वविद्यालय आते। किसी-किसी के पास स्कूटर होती थी। कार तो इक्का-दुक्का दिखती थी। रमेन्दु त्रिवेदी को लगभग सारा शहर पहचानता था। जाड़ा, गर्मी हो या बरसात, सड़क पर छाता लगाये पैदल जाते दिख जाते थे। उनके छाते के हत्थे में एक बित्ते का झोला लटकता रहता। झोले में चाहे कुछ रहे या न रहे। फिर इतने छोटे झोले में क्या रखा जा सकता है? छाते में लटकता हुआ छोटा सा झोला मानो उनकी पहचान था। कोई आदमी अगर रास्ते में देखता कि एक आदमी छाता लगाये चला जा रहा है और छाते में एक बित्ते का झोला लटक रहा है तो आदमी समझ जाता था कि यहीं हैं रमेन्दु त्रिवेदी। प्रोफेसर रमेन्दु त्रिवेदी की यह पहचान पूरे शहर मे विख्यात थी।

उनके निर्देशन में शोधकार्य करने वाले छात्र रो देते थे। बड़ी निष्ठा और लगन से वे शोधकार्य करवाते। छात्र-छात्राओं को भी बहुत मेहनत करनी पड़ती। वे छाँटकर बहुत अच्छे छात्रों को अपने निर्देशन में शोधकार्य कराते। डी.फिल् की उपाधि पाते-पाते उनके छात्र एकदम मँज जाते। यह दूसरी बात थी कि तब तक में डी. फिल् की उपाधि पाने वाले की सब दुर्दशा हो चुकी होती। उनके यहाँ शोधछात्रों को आटा पिसाने और सब्जी लाने जैसे कामों की अनुमति नहीं थी। इसी तरह वे इस तरह के अध्यापकों में नहीं थे कि लड़कियाँ मुस्कराकर सर से सटकर खड़ी हो गयीं और सर ने शोधप्रबन्ध का एक अध्याय लिख दिया। लड़कियों को भी उतना ही कठिन परिश्रम करना पड़ता, जितना लड़कों को। उनके निर्देशन में शोधकार्य करने वाली सुन्दर लड़कियों के साथ हँसी-ठिठोली करने का जिम्मा

भाष्कर ने उठा रखा था। दोनों बहनों की शादी हो चुकी थी। घर में थे सिर्फ तीन प्राणी-रमेन्दु, उसकी पत्नी और भाष्कर। जब रमेन्दु घर में नहीं रहते थे और कोई सुन्दर शोधछात्रा आ जाती तो भाष्कर उसके साथ ड्राइंगरूम में बैठकर चिमगोइयाँ करता रहता। भाष्कर अपनी माँ का बहुत लाडला था। उसको किसी काम के लिए वे बिलकुल रोकती-टोकती नहीं थीं।

प्रोफेसर रमेन्दु दर्शनशास्त्र के भी प्रकांड विद्वान थे। भारतीय दर्शन पर उनकी पकड़ अद्भुत थी। इसीलिए देश में अगर कहीं भारतीय दर्शन पर कोई संगोष्ठी होती तो वहाँ भी रमेन्दु त्रिवेदी आदर के साथ बुलाये जाते। भारतीय दर्शन में उन्हें शंकराचार्य विशेष पसंद थे और वे उनके अद्वैत वेदान्त के पक्के समर्थक थे। शंकराचार्य के इस सिद्धान्त में उनकी दृढ़ आस्था थी—ब्रह्म सत्यं जगन्मिथ्या जीवो ब्रह्मैव नापरः। अर्थात् इस सृष्टि में केवल ब्रह्म (ईश्वर) की सत्य है, यह संसार मिथ्या है और आत्मा ब्रह्म ही है।

कक्षा में पढ़ने वाली स्वाति गुप्ता बड़ी आत्मकेन्द्रित लड़की थी। वह विश्वविद्यालय आती थी, कक्षाएँ करती थी और वापस घर चली जाती थी। बहुत सारी लड़कियों और लड़कों में बातें शुरू हो चुकी थीं। लड़के लड़कियों से बात करने के लिए ज्याद उत्सुक रहते थे। लड़कियों में बात करने की इतनी उत्सुकता नहीं थी, लेकिन ऐसा नहीं था कि वे लड़कों से बात करना नहीं चाहती थीं। अब जब भी खाली समय होता या कोई प्रोफेसर न आया होता और उसकी कक्षा न चल रही होती, लड़के-लड़कियाँ आपस में बातें करने में ही मशगूल रहते। लड़कियाँ लड़कों को अदाएँ दिखा रही होतीं। लड़के अदाएँ देख-देखकर खुश हो रहे होते। लड़के इस प्रयास में रहते कि ऐसा क्या डायलाग बोल दूँ कि सारी लड़कियाँ हँस पड़ें। जिसके डायलाग पर सारी लड़कियाँ हँस पड़ीं वह हीरो।

स्वाति गुप्ता लड़कियों से तो हँसती-बोलती थी, लेकिन किसी लड़के से नहीं बोलती थी। वह बहुत ही शालीन लड़की थी और लड़कों द्वारा किये जाने वोल छिछोरे- पन टाइप नाटक उसे पसंद नहीं थे। कक्षा की बहुत सारी लड़कियाँ लड़कों की इन्हीं हरकतों पर मगन रहती थीं। लड़के स्वाति से बात करने के लिए बहुत परेशान रहते लेकिन उसकी मुखमुद्रा देखकर किसी की हिम्मत नहीं पड़ती थी। लड़के, स्वाति की नज़दीकी लड़कियों से दोस्ती गाँठ कर, उस तक पहुँचने का प्रयास कर रहे थे। स्वाति लड़कों की सारी हरकतें ताड़ रही थी।

भाष्कर को यह बात अच्छी लगती थी। स्वाति किसी लड़के को घास नहीं डालती। वह भी मन ही मन यही चाहता था कि स्वाति किसी लड़के से न बात करे। वह सोच रहा था कि कुछ दिन हो जाय, तब मैं उससे बात करने का प्रयास

करूँगा। उसने तय किया कि मैं कक्षा में उससे बात करने का प्रयास नहीं करूँगा। विश्वविद्यालय परिसर में ही उसे बाहर पटाऊँगा। वह मुझसे बात करने लगेगी तब भी मैं उससे कक्षा में कभी बात नहीं करूँगा। कक्षा में बात करूँगा तो मेरे बहाने और भी लड़के उससे बात करने का प्रयास करेंगे। हो सकता है वे सफल भी हो जायँ। इसलिए कक्षा में बात तो एकदम नहीं। उसे इस बात का विश्वास था कि स्वाति से बात करने में वह सफल हो जाएगा। उसकी मंशा सिर्फ उससे बात करने की नहीं थी। वह उसे पटाना चाहता था। इतनी सुंदर लड़की पट जाय और प्रेमिका बन जाय तो मजा आ जाय। भाष्कर निहायत ही छिछोरा लड़का था और मन ही मन उसे अपने छिछोरेपन पर गर्व भी था। वह सोच रहा था कि अगर स्वाति पट गयी और मेरी प्रेमिका बन गयी तो मैं उसे छोड़ूँगा नहीं। जब किसी दिन घर में कोई नहीं रहेगा तो मैं इसे अपने घर ले जाऊँगा। वहाँ उसके साथ सब कुछ करूँगा। ऐसा बिस्तर पर पटकूँगा कि हमेशा याद रखेगी। भाष्कर ने अभी तक कभी कामसुख नहीं प्राप्त किया था, लेकिन स्वाति को देखकर उसकी कामेच्छा जोर मारने लगती थी। वह सोच रहा था, 'इसे पटाने के लिए और इससे दोस्ती करने के लिए मेरा यह रौब ही काफी है कि मैं विभागाध्यक्ष का लड़का हूँ। मैं इसे धौंस दूँगा। समझाऊँगा कि मैं विभागाध्यक्ष का बेटा हूँ। मुझसे दोस्ती करके फायदे में रहोगी। विश्वविद्यालय में तुम्हारा कहीं कोई काम रुकेगा नहीं। ज्यादा ऐंठ दिखायेगी तो धमकी दूँगा। विश्वविद्यालय में तुम्हारा काम हर स्तर पर रुकेगा। करवा लोगी तो जानूँगा। मौखिकी की परीक्षा में पिता जी से कहकर सौ में शून्य अंक दिलवा दूँगा। पिता जी से घर पर कह दूँगा कि यह लड़की विभाग में आपको बहुत गालियाँ देती है। आपका बहुत विरोध करती है। इसे झख मारकर मुझसे दोस्ती करनी पड़ेगी। पट जाने पर मौखिकी में ज्यादा अंक दिलवाने का लालच देकर इसे बिस्तर पर पटकूँगा। बहुत मस्त माल है। बहुत मजा देगी।'

जल्दी ही एक दिन भाष्कर की स्वाति से मुठभेड़ हो गयी। यूनियन गेट की तरफ से वह विश्वविद्यालय में घुस रही थी। भाष्कर ने जल्दी-जल्दी जाकर अपनी साइकिल स्टैण्ड में खड़ी की। स्वाति थोड़ा सा आगे निकल गयी थी। भाष्कर लगभग दौड़ते हुए पीछे से उसके पास पहुँच गया। "हलो स्वाति, कैसी हो?" उसने हाँफते हुए कहा। स्वाति बड़े पशोपेश में पड़ गयी। बोले या न बोले? विभागाध्यक्ष का बेटा है। उनके नाते इसे कुछ तो सम्मान देना ही पड़ेगा। "ठीक हूँ!" स्वाति ने बहुत ही संक्षिप्त उत्तर दिया। "कहाँ जा रही हो? क्लास करने?" भाष्कर ने हँसते हुए पूछा। "हाँ!" उसने गम्भीर होकर उत्तर दिया। भाष्कर स्वाति के साथ-साथ चल रहा था, "आज शुरू की दो कक्षाएँ नहीं चलेंगी। दोनों सर लोग नहीं आये हैं। मुझे घर

पर ही पता चल गया था।...कक्षा में जाकर क्या करोगी? बोर होगी वहीं।'' ''तब कहाँ जाऊँ?'' उसने पूछा। भाष्कर समझाने लगा, ''मध्यकालीन इतिहास विभाग की तरफ काफी सन्नाटा रहता है। चलो उधर ही चलकर बैठते हैं। मुझे पढ़ाई के सम्बन्ध में तुमसे कुछ जरूरी बातें करनी हैं। मुझे पता है कि तुम पढ़ने में बहुत तेज हो।'' स्वाति बड़ी उलझन में पड़ गयी। वह भाष्कर के साथ जाने के लिए बिलकुल तैयार नहीं थी। विभागाध्यक्ष के बेटे को किस तरह मना करे कि उसे अपमानजनक न लगे। असमंजस में वह खड़ी हो गयी। उसकी समझ में नहीं आ रहा था कि क्या करूँ? भाष्कर उसके मन की दुविधा को भाँप गया। उसने बहुत होशियारी से अगली चाल चली। थोड़ा सा नाराज़ होता हुआ बोला, ''मैं कोई चोर-उचक्का हूँ क्या? मैं भी एक सम्मानित परिवार का व्यक्ति हूँ। लड़कियों के साथ तमीज़ से पेश आना हमें भी सिखाया गया है।...ठीक है! मत चलो, तुम्हारी मर्जी।'' भाष्कर को नाराज़ देखकर स्वाति विचलित हो गयी, ''नहीं नहीं, मैं चल रही हूँ तुम्हारे साथ।'' वह भाष्कर के साथ चल दी। भाष्कर मन ही मन हँस रहा था।

मध्यकालीन इतिहास विभाग और दर्शन विभाग के बीच से होते हुए दोनों निकले और एक जगह जाकर बैठ गये। स्वाति पर अपना प्रभाव जमाने के लिए भाष्कर पढ़ाई की बात करने लगा, ''प्रथम प्रश्नपत्र के नोट्स बनाने शुरू किये तुमने?'' स्वाति लाचारगी जताते हुए बोली, ''प्रथम प्रश्नपत्र की सात-आठ अच्छी किताबें मिल जायँ, तब तो बनाऊँ नोट्स।'' मैंने लाइब्रेरी में खोजा, बाजार में खोजा, दो तीन किताबें ही मिल पायीं। कुछ और किताबें मिल जायँ तब नोट्स बनाऊँ।'' ''मुझसे एक बार नहीं बता सकती थी अपनी समस्या?'' भाष्कर अपनत्व दिखाता हुआ बोला, ''मेरे घर पर हर पेपर की इफरात किताबें हैं। जितनी चाहिए ले लो।... ऐसा करो, एक दिन तुम मेरे साथ घर चलो। वहाँ अपनी पसंद की किताबें छाँट लो और घर लेती जाओ। नोट्स बना लेना तो किताबें वापस कर देना। जब जिन किताबों की आवश्यकता हो मेरे घर पर आकर ले लिया करो। मेरे घर को अपना ही घर समझो। पिता जी पढ़ने-लिखने वाले लड़के-लड़कियों को बहुत पसंद करते हैं।'' स्वाति घबरा गयी, ''नहीं मैं तुम्हारे घर नहीं आ सकती। मेरे पिता जी को यह बिलकुल पसंद नहीं है कि मैं किसी लड़के के घर जाऊँ या कोई लड़का मेरे घर आये। मैं अगर तुम्हारे घर जाऊँगी तो पिता जी मुझे बहुत डाँटेंगे।'' भाष्कर मन मसोसकर रह गया। उसने मन ही मन स्वाति के बाप को एक भद्दी सी गाली दी। उसने पूछा, ''तुम्हारे पिता जी क्या करते हैं? बहुत ही पिछड़े विचारों के आदमी हैं।'' स्वाति बोली, ''मेरे पिताजी माध्यमिक शिक्षा परिषद में क्लर्क हैं।'' उसके चेहरे पर बहुत संकोच और थोड़ा सा शर्मिंदगी का भाव था। भाष्कर ने मन

ही मन स्वाति को गरियाया, "कुतिया कहीं की! बाप क्लर्क है और इसके नखरे राजकुमारियों जैसे हैं। खैर, तुम इतनी सुन्दर न होती तो दो लात मारकर भगा देता। बात को सँभालते हुए भाष्कर बोला, "तुम मेरे घर नहीं चल सकती तो कोई बात नहीं। ऐसा करो कि तुम अच्छी किताबों की एक लिस्ट बना लो। मुझे दे दो। मैं देखूँगा कि उनमें कौन-कौन सी किताबें मेरे घर में उपलब्ध हैं। जो-जो किताब मिल जाएगी, मैं लाकर तुम्हें दे दूँगा।" स्वाति ने धीरे से कहा, "किताबें देखने के बाद समझ में आता है कि अच्छी किताबें कौन सी हैं! मैं क्या जानूँ अच्छी किताबों के बारे में...सर से पूछ लेना कि प्रथम प्रश्नपत्र की अच्छी किताबें कौन सी हैं? उनसे अपने पढ़ने के लिए माँग लेना और मुझे लाकर दे देना। मैं उन्हें अपने घर ले जाऊँगी। नोट्स बना लूँगी तो मैं किताबें वापस कर दूँगी।"

भाष्कर मुस्कराया, "हाँ, तुमने यह आइडिया तो बड़ा अच्छा दिया। मैं ठीक यही काम करूँगा, लेकिन बदले में तुम्हें भी मेरी मदद करनी होगी।" "मैं तुम्हारी क्या मदद कर सकती हूँ?" स्वाति ने पूछा। भाष्कर बोला, "मैं हर प्रश्नपत्र की ढेर सारी किताबें पिताजी से माँग-माँग कर लाता रहूँगा और तुम्हें देता रहूँगा। तुम सारे प्रश्नपत्र के नोट्स बना लेना। जब तुम्हारे सारे प्रश्नपत्र के नोट्स बन जायँ तो अपने नोट्स मुझे भी दे देना। मैं उन्हें अपनी कॉपी में उतार कर तुम्हें वापस कर दूँगा। इस तरह तुम्हारा भी काम हो जाएगा और मेरा भी।" स्वाति उसकी बात मान गयी। स्वाति ने अन्दर ही अन्दर बहुत मन मसोकर स्वीकृति दी। अपने नोट्स वह किसी को नहीं देना चाहती थी। वह एम.ए. में सर्वोच्च स्थान पाना चाहती थी। उसने पहले से ही तय कर रखा था कि मैं बहुत ही अच्छा नोट्स बनाऊँगी और कक्षा में किसी को नहीं दूँगी। खूब मेहनत से पढ़ाई करूँगी और सर्वोच्च स्थान प्राप्त कर के रहूँगी। वह टॉपर बनना चाह रही थी, लेकिन भाष्कर बीच में आ गया। वह सोचने लगी, 'कोई बात नहीं! कुछ पाने के लिए कुछ खोना पड़ता है। इससे अच्छी किताबें पाने के लिए मुझे अपने नोट्स देने पड़ेंगे। वैसे ही यह अध्यक्ष का बेटा है। भले ही सर लाख आदर्शवादी बनते हों, जब बात अपने इकलौते बेटे की आएगी तो वे सारे आदर्श ताक पर रख देंगे। मैं कितना भी सिर पटक लूँ, टॉप नहीं कर पाऊँगी। किसी भी तरीके से सर अपने बेटे को टॉप करायेंगे। मैं इससे बनाकर रखूँगी तो कम से कम मेरा दूसरा स्थान नहीं बिगड़ने पायेगा। बेटे से बिगाड़ हो गया तो बेटा भड़काकर अपने बाप को भी मेरा दुश्मन बना देगा और अगर दोनों दुश्मनी पर उतर आये तो मेरा बेड़ा गर्क हो जाएगा। भाष्कर से मैं सम्बन्ध बनाये रखूँगी, लेकिन बस औपचारिक। हाँ, इसे यह महसूस नहीं होने दूँगी कि मन से मुझे इससे कोई मतलब नहीं है। बड़े बाप का बेटा है।'

भाष्कर बोला, "तुम चुपचाप क्यों बैठी हो? कुछ सोच रही हो क्या?" "नहीं, कुछ सोच नहीं रही हूँ। समझ में नहीं आ रहा है कि क्या बोलूँ?" स्वाति ने कहा। भाष्कर समझाने लगा, "मैं एक चीज बताना तो भूल ही गया। तुम मुझसे जब विभाग में मिला करो तो इस तरह पेश आया करो, जैसे तुम मुझे पहचानती ही नहीं। मैं भी तुमसे उसी तरह पेश आऊँगा। कक्षा में लड़के बहुत शैतानी करते हैं। उनके सामने मैं तुमसे बात करूँगा तो सब तुमसे बात करने लगेंगे। तुम एक तो लड़कों से बात नहीं करना चाहती, दूसरे अगर सब लड़के तुमसे बोलने लगेंगे तो कोई कभी तुम्हें कुछ उल्टा-सीधा बोल सकता है। मैं यह बर्दाश्त नहीं करूँगा कि कोई लड़का तुम्हें कुछ उल्टा-सीधा बोले। इसलिए भलाई इसी में है कि हम दोनों कक्षा में अपरिचित ही बने रहें। जब भी हमें कुछ बात करनी होगी, हम बाहर मिल लिया करेंगे। प्रथम प्रश्नपत्र की किताबें लेकर ठीक चार दिन बाद मैं तुमसे यही मिलूँगा। मैं एक झोले में किताबें लाऊँगा और वह झोला तुम्हें दे दूँगा।" स्वाति ने जैसे राहत की साँस ली, "ठीक यही बात मेरे मन में भी थी, लेकिन मैं कह नहीं पा रही थी। अच्छा हुआ तुमने कह दिया। मैं भी नहीं चाहती थी कि हम दोनों कक्षा में बात करें। वहाँ अपरिचित बने रहना ही ठीक है। मैं लड़कों के चक्कर में नहीं पड़ना चाहती।"

अगले दिन घर में भाष्कर ने अपने पिता से किताबें माँग ही लीं, "पापा, मैं प्रथम प्रश्नपत्र के नोट्स बनाना चाह रहा हूँ। आप मुझे छाँटकर प्रथम प्रश्नपत्र की दस अच्छी किताबें दे दीजिए। मुझे नहीं पता है प्रथम प्रश्नपत्र की अच्छी किताबें कौन-कौन सी हैं।" रमेन्दु त्रिवेदी बहुत प्रसन्न हुए, "यह तो बड़ी अच्छी बात है कि तुम नोट्स बनाना चाह रहे हो। पढ़ाई हमेशा नोट्स बनाकर करनी चाहिए। तुमने बी.ए. में नोट्स बनाकर पढ़ाई नहीं की थी, इसीलिए द्वितीय श्रेणी में उत्तीर्ण हुए। अबकी बार नोट्स बनाकर खूब मन से पढ़ाई करो। मैं चाहता हूँ कि तुम एम.ए. में टॉप करो। मैं तो टॉप करने में तुम्हारी मदद करूँगा ही, लेकिन अपनी तरफ से तुम भी मेहनत करो। एम.ए. में टॉप कर लोगे तो किसी विश्वविद्यालय या कॉलेज में तुम्हें प्राध्यापक बनवा दूँगा। अपने बूते पता नहीं कोई नौकरी खोज पाओगे या नहीं!" रमेन्दु त्रिवेदी की लाइब्रेरी बहुत समृद्ध थी। वे बहुत पढ़ते थे और उन्होंने घर में बहुत सारी किताबें इकट्ठी कर रखी थीं। उन्होंने उसमें से दस अच्छी किताबें खोज कर निकालीं और भाष्कर को दे दीं, "तुम इन किताबों से नोट्स बनाओ। ये बहुत अच्छी किताबे हैं। नोट्स बना लेना तो एक बार मुझे दिखा लेना।" भाष्कर को लगा कि मैं फँस जाऊँगा। उसने बहाना बनाया, "पापा, मुझे पहले चारों प्रश्नपत्र के नोट्स बना लेने दीजिए। सारे नोट्स मैं इकट्ठे आप को दिखाऊँगा। फिर उसमें

जो संशोधन आप कहेंगे मैं कर लूँगा।'' रमेन्दु ने कहा, ''जैसी तुम्हारी मर्जी! यह भी ठीक है।'' भाष्कर की जान में जान आयी।

निर्धारित दिन और समय को भाष्कर सारी किताबें एक झोले में भरकर विश्वविद्यालय चल दिया। स्टैण्ड में साइकिल खड़ी करके वह निर्धारित जगह पहुँच गया। स्वाति अभी नहीं पहुँची थी। वह वहीं बैठकर प्रतीक्षा करने लगा। थोड़ी दरे में स्वाति आ गयी। भाष्कर बोला, ''लो, मैं पिता जी से छँटवाकर दस किताबें लाया हूँ। इन्हें एक बार देख लो तुम। फिर ले जाकर नोट्स बनाओ। प्रथम प्रश्नपत्र का नोट्स बन जाये तो किताबें वापस कर देना। फिर मैं दूसरे प्रश्नपत्र के लिए किताबें लाऊँगा।'' स्वाति झोले में से एक-एक किताब निकालकर देखने लगी। सारी किताबें देख लेने के बाद उसने किताबों को पुनः झोले में वापस रख दिया।

भाष्कर उसे समझाने लगा, ''ये किताबें अगर तुम कक्षा में लेकर गयी तो सारी लड़कियाँ पूछने लगेंगी कि किताबें तुम्हें कहाँ से मिलीं? वे किताबें माँग भी सकती हैं। इसलिए बेहतर यही होगा कि यह झोला लेकर तुम घर चली जाओ। एक दिन कक्षाएँ नहीं करोगी तो पहाड़ नहीं टूट पड़ेगा। मैं जाकर कक्षाएँ कर ले रहा हूँ। जो पढ़ाया जाएगा, मैं तुम्हें कल बता दूँगा। कल कक्षाएँ शुरू होने के पहले तुम मुझसे अपने विभाग के बगल में स्थित भूगोल विभाग में मिल लेना। मैं तुम्हें बता दूँगा कि आज क्या पढ़ाया गया। स्वाति मान गयी और झोला लेकर घर चली गयी। उसके जाने के बाद भाष्कर विभाग की ओर चल दिया।

अगले दिन स्वाति और भाष्कर भूगोल विभाग में खड़े होकर बातें कर रहे थे। अचानक विभाग के एक लड़के की नज़र दोनों पर पड़ गयी। वह छुपकर दोनों को देखने लगा। दोनों इस ढंग से बातें कर रहे थे, जैसे दोनों में बहुत घनिष्ठ सम्बन्ध हो। कुछ देर बाद वह विभाग में भागा और जाकर सारे लड़कों को बताने लगा, ''भाष्कर त्रिवेदी और स्वाति गुप्ता भूगोल विभाग में छुपकर एक दूसरे से बातें कर रहे हैं। मैं अपनी आँखों से देखकर आ रहा हूँ।'' उसने इतनी जोर-जोर से चिल्लाकर कहा कि सारी लड़कियों ने भी सुन लिया। लड़कियाँ आपस में और लड़के आपस में एक दूसरे की ओर रहस्यपूर्ण निगाहों से देखने लगे। थोड़ी देर बाद दोनों विभाग में आ गये लेकिन अलग-अलग। एक लड़का जोर से चिल्लाया, ''बधाई हो भाष्कर बधाई हो!'' कक्षा के सारे लड़के और लड़कियाँ जोर से हँस पड़े। भाष्कर की समझ में कुछ नहीं आया। एक अन्य लड़का जोर से चिल्लाया, ''भाष्कर आज भूगोल विभाग में किसी लड़की से तुम्हे गुफ्तगू करते देखा गया है।'' फिर सारे लड़के-लड़कियाँ जोर-जोर से हँस पड़े। स्वाति शर्म से लाल हो गयी। लड़कियाँ हँसते हुए उसे धक्का मारने लगीं। भाष्कर जोर-जोर से सफाई

देना लगा, जिससे लड़कियाँ भी सुन लें, ''कल स्वाति विश्वविद्यालय नहीं आयी थी। वह मुझसे पूछने लगी कि कल क्या पढ़ाया गया था। वही मैं बता रहा था। इसमें तिल का ताड़ बनाने की क्या आवश्यकता है? मैं ही अगर विश्वविद्यालय न आऊँ हो अगले दिन किसी से पूछूँगा नहीं क्या कि कल क्या पढ़ाया गया था?'' एक दिन पहले स्वाति सचमुच विभाग में नहीं आयी थी। भाष्कर सफाई देते-देते बात को सम्हाल ले गया। लेकिन यह तिलिस्म टूट गया कि स्वाति किसी लड़के से बात नहीं करती।

भाष्कर किताबें ला-लाकर देता रहा और स्वाति नोट्स बनाती रही। तीन प्रश्नपत्र के नोट्स बन गये। बचा चौथा प्रश्नपत्र। पाँचवा और अन्तिम प्रश्नपत्र मौखिकी अर्थात् वाइबा का। दिसम्बर का महीना था। उस दिन भाष्कर चौथे प्रश्नपत्र की किताबें लेकर आया था। अब तक दोनों में बहुत घनिष्ठता हो चुकी थी। स्वाति आयी। दोनों बैठकर बातें करने लगे। भाष्कर ने कहा, ''स्वाति मैं आज तुमसे कुछ कहना चाहता हूँ। अपने दिल की बात! मैं तुम्हें बहुत प्यार करता हूँ। अपने प्राणों से भी ज्यादा। मैं तुम्हारे बिना नहीं रह सकता।'' स्वाति एकदम से भौंचक रह गयी। दोनों अब तक बहुत अच्छे दोस्त बन चुके थे, लेकिन वह भाष्कर को प्यार नहीं करती थी। उसने चुपचाप सिर झुका लिया। कुछ कहते ही नहीं बन रहा था उससे। कुछ देर बाद भाष्कर बोला, ''स्वाति तुमने मेरी बात का कोई उत्तर नहीं दिया।'' स्वाति बड़ी मुश्किल से हिम्मत जुटाकर बोली, ''भाष्कर मुझे एक सप्ताह समय दो। मैं सोच-विचार कर तुम्हें उत्तर दूँगी।'' ''ठीक है!'' भाष्कर ने चेहरे पर उदासी का भाव लाकर कहा, ''मैं तुम्हारे उत्तर की प्रतीक्षा करूँगा। मना मत करना प्लीज! मैं एकदम से टूट जाऊँगा।'' स्वाति कुछ देर तक चुपचाप बैठी रही। फिर किताबें लेकर चली गयी। भाष्कर मन ही मन मुस्कराया।

भाष्कर मन ही मन सोच रहा था, प्यार की ऐसी की तैसी। किसी तरह मेरी जाल में फँसती। उम्मीद तो है कि फँस जाएगी। मेरे प्यार के जाल में अगर फँसी तो जितनी जल्दी हो सकेगा, मैं इसे बिस्तर पर पटकूँगा। इसको जहाँ एक बार काम सुख का चस्का लगा, उसके बाद तो मुझे खोजती फिरेगी। खुद हमेशा खोलकर खड़ी रहेगी कि आओ मेरे साथ कर लो।...बड़ा समय लगा रही है। बहुत धीरे-धीरे आगे बढ़ रही है। अब तक तो कायदे से इसे बिस्तर की शोभा बन जाना चाहिए था।

स्वाति घर चल गयी। भाष्कर का भी मन नहीं लग रहा था। उसने कक्षाएँ नहीं कीं और वह भी घर चला गया। पिता जी विश्वविद्यालय चले आये थे। माँ घर पर अकेली थीं। भाष्कर को देखकर वे बहुत खुश हुईं, ''बड़ा अच्छा किया जो तू आ गया। पड़ोस में सत्यनारायण भगवान की कथा होने वाली है। मैं वहाँ जा रही हूँ।

मैं जब तक वापस न आ जाऊँ, तू घर पर ही रहना और घर की रखवाली करना।'' वे तैयार होकर चली गयीं।

इत्तफाक! उसके जाते ही साक्षी आ गयी। साक्षी प्रो. रमेन्दु त्रिवेदी की शोधछात्रा थी और पर्याप्त सुन्दर थी। वह काफी घरेलू हो गयी थी और अक्सर प्रो. रमेन्दु के घर आती-जाती रहती थी। उसे देखकर भाष्कर मुस्कराया, ''बड़े अच्छे समय पर आयी हो। घर में न तो पापा हैं और न मम्मी।'' ''तो?'' साक्षी ने पूछा। ''तो यह कि मैं तुम्हें प्यार करूँगा।'' भाष्कर हँसने लगा। साक्षी ने सोचा भाष्कर मजाक कर रहा है। वह सटकर भाष्कर के पास बैठ गयी, ''लो करो प्यार।'' भाष्कर ने उसे कसकर बाँहों में भर लिया और बिस्तर गिरा दिया। खुद उसके ऊपर लेट गया। दोनों का शरीर बिस्तर पर था और पैर बिस्तर के बाहर था। साक्षी बोली, ''छोड़ रहे हो कि मारूँ दो थप्पड़?'' भाष्कर ने उसके होठों को चूम लिया, ''नहीं छोड़ूँगा।'' साक्षी ने उसके गाल पर धीरे से थप्पड़ मारा, ''अच्छा तुरंत छोड़ो!'' भाष्कर ने उसके दोनों गालों पर अपने दाँतों से हल्के-हल्के काट लिया। साक्षी के दोनों स्तन भाष्कर के सीने से कसकर दबे हुए थे। इससे पहले साक्षी को किसी पुरुष का स्पर्श नहीं मिला था। वह धीरे-धीरे उत्तेजित होने लगी, ''ठीक है! मैं कुछ नहीं बोलूँगी। देखती हूँ कब तक नहीं छोड़ते हो?'' भाष्कर उसके होठों और गालों को चूमने लगा। साक्षी बोली, ''और चूमो बच्चा और चूमो। देखती हूँ कितनी देर तक चूमते हो?'' दोनों कुछ देर तक इसी तरह खिलवाड़ करते रहे। अन्ततः साक्षी बिस्तर पर सीधी लेट गयी और उसने भाष्कर को कसकर भींच लिया। भाष्कर पहले से ही उत्तेजित था, और उत्तेजित हो उठा।

वह जल्दी-जल्दी साक्षी के कपड़े उतारने लगा। साक्षी ने विरोध नहीं किया और अपने कपड़े उतरवाने में भाष्कर का सहयोग करने लगी। भाष्कर ने अपने कपड़े नहीं उतारे। वह साक्षी के स्तनों को मसलने लगा। साक्षी चुपचाप लेटी रही और भाष्कर को मनमानी करने देती रही। अन्ततः वह बहुत उत्तेजित्त हो गयी और जबर्दस्ती भाष्कर के कपड़े उतारने लगी। भाष्कर ने अपने कपड़े उतार दिये। साक्षी ने जबर्दस्ती भाष्कर को अपने ऊपर खींच लिया। वह खुद मदद करके भाष्कर से सब कुछ करवाने लगी।

कुछ देर में भाष्कर शांत हो गया। साक्षी परेशान हो गयी। उसकी उत्तेजना शांत नहीं हुई थी और वह बहुत उत्तेजित थी। वह कसकर भाष्कर को पकड़े हुई थी और अपने ऊपर से नहीं हटने दे रही थी। उसने भाष्कर से कहा, ''प्यार करना आता नहीं और चल दिये प्यार करने? जल्दी मेरे साथ फिर से करो, मुझे बहुत परेशानी हो रही है।'' वह बिस्तर पर पड़ी-पड़ी छटपटा रही थी। उसकी यह दशा देखकर

भाष्कर फिर से उत्तेजित हो गया और दुबारा शुरू हो गया। भाष्कर ने दुबारा करना शुरू किया, तब जाकर साक्षी को कुछ शान्ति मिली। वह आँखें बन्द करके चुपचाप लेट गयी। दुबारा भाष्कर ने उसे जमकर सुख दिया। भाष्कर शान्त हुआ तो साक्षी भी शान्त हो गयी और चुपचाप भाष्कर को पकड़कर अपने बगल में लिटा लिया।

साक्षी ने भाष्कर से पूछा, "आज तुमने ये क्या कर डाला? कहाँ से ये सब करने का मन हो गया?" भाष्कर बोला, "मुझे क्या मालूम मैंने क्या कर डाला? तुमने मुझसे जो करवाया, वही मैंने किया।" साक्षी ने उसे एक थप्पड़ मारा, "मैंने शुरू किया कि तुमने? मेरे आते ही कौन बोला कि आज मैं तुम्हें प्यार करूँगा?" "तो तुमने ही कहाँ मना कर दिया। तुम भी तो आकर मेरे ऊपर बैठ गयी कि लो मुझे प्यार करो।" भाष्कर बोला। साक्षी ने उसे फिर एक थप्पड़ मारा, "अच्छा उठो और कपड़ा पहनो। दरवाजा खुला हुआ है। कोई आ जाएगा तो अनर्थ हो जायेगा। बच्चू एम.ए. में पहुँचे और प्यार करने का शौक चर्राने लगा।"

इधर स्वाति परेशान थी। एक तरफ वह नोट्स बना रही थी, दूसरे तरफ भाँति-भाँति की बातें दिमाग में नाच रही थीं। उसने भाष्कर की नाटकबाजी को गम्भीरता से ले लिया था। उसे नहीं पता था कि भाष्कर एक छिछोरा व्यक्ति है और उसकी सुन्दरता से प्रभावित होकर वह उसका शारीरिक शोषण करना चाहता है। स्वाति छल-प्रपंच से दूर एक भावुक लड़की थी। उसे लग रहा था कि यदि मैंने मनाकर दिया तो भाष्कर टूट जाएगा। हो सकता है वह आत्महत्या कर ले। मैं क्या करूँ, क्या न करूँ? अगर मैं उसका प्यार स्वीकार कर लेती हूँ तो बहुत बड़ी समस्या खड़ी हो जाएगी। अगर मैं किसी से प्यार करूँगी तो मरते दम तक साथ निभाऊँगी। यह नहीं कि प्यार किसी से और शादी किसी से। जिससे प्यार करूँगी, उसी से शादी करूँगी। मेरी और भाष्कर की शादी कैस सम्भव है? वह ब्राह्मण है और मैं बनिया हूँ। शादी के लिए न तो उसके घरवाले तैयार होंगे और न मेरे। बड़ा बवाल मचेगा। कौन सम्हालेगा यह सब? बहुत हाथ-पैर जोड़कर मैं शायद अपने माँ-बाप को मना लूँ। प्रो. रमेन्दु त्रिवेदी शहर के एक प्रतिष्ठित आदमी हैं। इस आधार पर शायद किसी तरह मेरे परिवारवाले मान जायँ। लेकिन भाष्कर के घरवाले किसी कीमत पर नहीं मानेंगे। ब्राह्मण बिरादरी में उसके परिवार का बड़ा सम्मान है। उसके घरवाले, उसके रिश्तेदार; सब विरोध में खड़े हो जाएँगे। सबके दबाव में आकर भाष्कर अगर शादी से मुकर गया तो? मैं न तो इधर की रहूँगी और न उधर की। मेरी बिरादरी में भी लोगों को पता चल जाएगा कि मेरा भाष्कर से प्रेम सम्बन्ध था। फिर तो मेरी बिरादरी में भी कोई अपने लड़के की शादी मुझसे नहीं करेगा। समाज में प्रेम सम्बन्ध छुपाये नहीं छुपते। मेरी कक्षा में लड़के-लड़कियों में कानाफूसी शुरू

होगी और धीरे-धीरे सब को पता चल जाएगा। रमेन्दु सर को शहर में सब जानते हैं। हमारी प्रेमकथा पूरे शहर भर में फैल जाएगी।

एक दिन वह विश्वविद्यालय गयी तो उसने भाष्कर को एक विशेष इशारा किया। उस इशारे का मतलब सिर्फ भाष्कर और स्वाति जानते थे। इशारे का मतलब था कि मध्य कालीन इतिहास विभाग के उसी निर्धारित स्थल पर पहुँचना है। भाष्कर इधर-उधर से खिसते हुए विभाग के बाहर हुआ और चल दिया मध्यकालीन इतिहास विभाग की ओर। निर्धारित स्थल पर बैठकर वह स्वाति का इंतजार करने लगा। स्वाति भी जल्दी ही आ गयी। दोनों कुछ देर तक चुप रहे। अन्ततः स्वाति ने पहल की, "भाष्कर मैं तुम्हारा प्यार एक ही शर्त पर स्वीकार करूँगी। तुम अगर मुझे अपनी प्रेमिका बनाओगे तो तुम्हें मुझसे शादी भी करनी पड़ेगी। मैं किसी कीमत पर यह बर्दाश्त नहीं करूँगी कि तुम किसी और से शादी करो।" भाष्कर नाराजगी का नाटक करता हुआ बोला, "तुमने मुझे छिछोरा समझ रखा है क्या? तुम क्या सोच रही हो? मैं तुमसे केवल तफरीह करने के लिए प्यार करना चाहता हूँ? अरे, हनुमान जी की तरह मैं अपना सीना चीरकर नहीं दिखा सकता, नहीं तो मैं तुम्हें दिखा देता कि मेरे दिल में तुम्हारे लिए क्या जगह है! मैं अपने दिल की पूरी गहराई से तुम्हें प्यार करता हूँ। तुम कभी भी मुझे आजमाकर देख लो!" स्वाति घबरा गयी, "मेरा यह मतलब नहीं है भाष्कर! मुझे तुम्हारे ऊपर पूरा विश्वास है। मैं जानती हूँ कि तुम मुझे बहुत प्यार करते हो। तुम मेरे बारे में कुछ गलत सोच ही नहीं सकते। लेकिन तुम अपने घरवालों का क्या करोगे? मैं अच्छी तरह जानती हूँ कि तुम्हारे घरवाले किसी भी कीमत पर तुम्हारी शादी मुझसे करने के लिए तैयार नहीं होंगे। वे समाज में, रिश्तेदारों में, शहर में अपनी इज़्ज़त का वास्ता तुम्हें देंगे। तुम सबका दिल तोड़ पाओगे? मेरे लिए इतना सब संघर्ष तुम्हें अनावश्यक रूप में करना पड़ेगा। क्या तुम यह सब कर पाओगे? सब के दबाव मे आकर अगर तुम पीछे हट गये तो मैं कहीं की नहीं रहूँगी। इसलिए अभी भी समय है। ठीक से सोच-विचार कर लो। ऐसा न हो कि बाद में दोनों के हाथ पछताने के सिवा कुछ न लगे।" भाष्कर गम्भीरता से बोला, "जो बातें तुम्हारे दिमाग में नाच रही हैं उन सारी बातों पर मैं पहले ही विचार कर चुका हूँ। इसमें कोई दो राय नहीं कि ये सारी समस्याएँ पैदा होंगी, लेकिन मैंने इनका समाधान सोच लिया है। मेरे मम्मी-पापा मुझे बहुत प्यार करते हैं। खासकर मम्मी। मैंने जहाँ दोनों को धमकी दी कि मैं अगर शादी करूँगा तो सिर्फ स्वाति से, नहीं तो मैं जीवन भर कुँवारा रहूँगा; दोनों अंत में झुक जाएँगे। मुझे अगर सख्ती से कहा गया कि तुम्हारी शादी स्वाति से नहीं होगी तो मैं भी जिद पकड़कर बैठ जाऊँगा। मैं कह दूँगा कि मैं शादी ही नहीं करूँगा। मैं शादी नहीं

करूँगा तो पण्डित रमेन्दु त्रिवेदी का वंश आगे कैसे चलेगा? देखना सब ठीक हो जायेगा। हाँ, शुरू में थोड़ी सी दिक्कत आयेगी जरूर यह मैं मानता हूँ।...अब तो हाँ कह दो!'' स्वाति शर्माते हुए बोली, ''ठीक है! मुझे तुम्हार प्यार स्वीकार है।''

भाष्कर ने चारों तरफ देखा। कहीं कोई देख तो नहीं रहा है? कोई नहीं था। वह स्वाति का हाथ पकड़कर जबर्दस्ती उसे एक कमरे में खींच ले गया। उसने स्वाति को अपनी बाहों में भर लिया और उसके होठों व गालों को चूम लिया। स्वाति ने शर्माकर भाष्कर के सीने में अपना चेहरा छुपा लिया। उसे लग रहा था जैसे सारे संसार की खुशियाँ उसके कदमों में आ गिरी हों।

दोनों का प्यार परवान चढ़ने लगा। दोनों छुप-छुपकर बाहर भी मिलने लगे। स्वाति अपनी पढ़ाई को लेकर सतर्क थी। वह समझ रही थी कि जरा सा ढिलाई आने पर कैरियर चौपट हो जाएगा। भाष्कर के दिमाग में स्वाति का शरीर नाच रहा था। किसी भी तरीके से दंद-फंद करके वह स्वाति का शरीर पाना चाहता था। साक्षी ने उसे कामसुख का एहसास करा दिया था, अतः वह और बेचैन था।

एक दिन दोनों एक जगह एकांत में बैठे बातें कर रहे थे। भाष्कर ने जाल फेंका, ''स्वाति मेरी और तुम्हारी शादी हर हालत में होगी। तुम जानती हो शादी के बाद पति-पत्नी क्या करते हैं! मेरा इशारा तुम समझ रही हो न? हम लोगों की शादी जब होगी तब होगी। इतने दिनों तक उस सुख से हम वंचित क्यों रहें? इस संसार का सबसे बड़ा भौतिक सुख है, काम सुख। चलो एक दिन हम इसका आनन्द लेते हैं। हम दोनों पति-पत्नी बनेंगे। क्यों न हम दोनों पूरी तरह से एक दूसरे को जान लें? हमारी आत्माएँ तो एक हैं ही। हम दोनों का शरीर भी एक हो जाय।'' स्वाति ने उसके जाल को करीने से बगल कर दिया, ''मेरा अपना मानना है कि हर चीज अपने समय पर ही अच्छी लगती है। लड़के और लड़की को शादी के पहले काम सम्बन्ध नहीं बनाना चाहिए। यह सही बात है कि भविष्य में हम दोनों की शादी होने वाली है, लेकिन कल किसी ने नहीं देखा है। मान लो कल को ऐसा कुछ हो जाय कि हम दोनों की शादी न हो पाये, तब क्या होगा? हम लोगों के लाख प्रयास करने पर भी परिस्थितियाँ अनुकूल न हो पायें और हम दोनों को अलग होना पड़े, तब? तुम अपनी होने वाली पत्नी को धोखा दोगे और मैं अपने होने वाले पति को धोखा दूँगी। वैस भी हमें अभी काम सुख के बारे में न सोचकर अपने-अपने कैरियर के बारे में सोचना चाहिए। कामसुख के चक्कर में अगर तुमने अपना कैरियर बर्बाद कर लिया तो समाज तुम्हें हिकारत से देखेगा। लोग कहेंगे कि देखो, प्रो. रमेन्दु त्रिवेदी का बेटा जा रहा है। बाप इतना विद्वान था और बेटा इतना नालायक निकला। पहले तुम कुछ बनकर दिखाओ। शादी के बाद तो कामसुख

मिलना ही है।'' भाष्कर ने तमाम तरह के नाटक किये। स्वाति टस से मस नहीं हुई। भाष्कर रिरियाने लगा। जवाब में स्वाति उसे बड़े प्यार से समझाने लगी कि शादी के पहले सम्बन्ध बनाना गलत है। अन्ततः भाष्कर क्रुद्ध हो गया और उठकर वहाँ से जाने लगा। यह उसका अन्तिम अस्त्र था। उसने सोचा कि स्वाति मेरे गुस्से से डर जाएगी और मान जाएगी। वह वहाँ से चल दिया। उसका अन्तिम अस्त्र भी खाली गया। स्वाति कुछ नहीं बोली और चुपचाप बैठी रही। वह समझ रही थी कि नाटकी औरतों की तरह यह नाटकी आदमी है और तरह-तरह के नाटक दिखा रहा है। साम, दाम, दण्ड, भेद हर तरह से हथियार आजमा रहा है। येन केन प्रकारेण यह मेरा शरीर प्राप्त करना चाह रहा है। मैं इसके झाँसे में नहीं आऊँगी। अगर यह एक बार मेरा शरीर प्राप्त कर लेगा तो बार-बार माँगेगा। मुझे भोगते-भोगते हो सकता है, इसका मन भर जाय। तब हो सकता है, यह मुझसे हाथ झाड़कर अलग हो जाय। शादी के पहले मैं किसी कीमत पर अपना शरीर नहीं सौंपूँगी। आज नाराज़ होकर जा रहा है, कल फिर मिलेगा। तब मैं इसको मना लूँगी। मानने के लिए यह शरीर देने की ही शर्त रखेगा। मैं इसे बहला-फुसलाकर मना कर दूँगी।

भाष्कर ने देखा कि स्वाति उसे मनाने का कोई प्रयास नहीं कर रही है। थोड़ी देर तक तो वह आसपास ही टहलता रहा। वह स्वाति को मनाने का मौका दे रहा था। स्वाति मनाने के लिए नहीं उठी। लाचार होकर वह वहाँ से चला गया।

भाष्कर सीधे घर चल गया। घर पर माँ थीं और साक्षी। माँ कुछ काम कर रही थीं और साक्षी उनकी मदद कर रही थी। साक्षी ने जब से भाष्कर के साथ कामसुख प्राप्त किया था, तब से उसका आना-जाना काफी ज्यादा बढ़ गया था। घर में हमेशा कोई न कोई रहता था। कभी माँ-बाप दोनों, कभी केवल माँ। भाष्कर और साक्षी दोनों बहुत प्रयासरत थे, लेकिन दुबारा अवसर नहीं बना पाये थे। दोनों हमेशा आँखों ही आँखों से एक दूसरे से इशारेबाजी करते रहते थे। अचानक भाष्कर की माँ बाथरूम गयीं। भाष्कर जल्दी से साक्षी का हाथ पकड़कर अपने कमरे में खींच ले गया। उसने साक्षी से कपड़े उतारने के लिए कहा। साक्षी बोली अभी आंटी निकल आयेंगी तो अनर्थ हो जाएगा।'' भाष्कर ने साक्षी को बिस्तर पर गिरा दिया और कपड़े के ऊपर से ही रगड़ने लगा। अचानक उसकी माँ की आवाज आयी, ''साक्षी कहाँ हो तुम?'' साक्षी घबरा गयी, ''आंटी मैं भाष्कर के कमरे में हूँ। आ रही हूँ।'' वह जल्दी से उठकर खड़ी हो गयी और बाहर भागी। भाष्कर झुँझला गया। उसे लगा, आज दिन ही खराब है।

एम.ए. प्रथम वर्ष की परीक्षाएँ समाप्त हो गयीं। एक महीने बाद, जुलाई में परीक्षा का परिणाम भी आ गया। शिक्षाशास्त्र विभाग में भाष्कर ने सर्वोच्च स्थान

प्राप्त किया। मेरिट में स्वाति को दूसरा स्थान मिला। स्वाति को टॉप न कर पाने का जरा भी दुःख नहीं हुआ। भाष्कर के टॉप करने से वह बहुत प्रसन्न थी। उसके लिए भाष्कर का टॉप करना अपने टॉप करने से ज्यादा महत्वपूर्ण था। वह चाहती थी कि उसके भावी पति का कैरियर ज्यादा से ज्यादा ऊँचाई तक पहुँचे। कक्षा के अन्य लड़के-लड़कियों में बड़ा असन्तोष और रोष व्याप्त था। वे आपस में जुटकर कक्षा में बातें कर रहे थे। एक लड़का बोला, "स्वाति ने हाईस्कूल, इंटरमीडिएट और बी.ए. की परीक्षाएँ प्रथम श्रेणी में उत्तीर्ण की हैं। उसका दूसरा स्थान प्राप्त करना तो समझ में आता है। लेकिन ये भाष्कर? यह हाईस्कूल द्वितीय श्रेणी में, इण्टरमीडिएट तृतीय श्रेणी में और बी.ए. द्वितीय श्रेणी में उत्तीर्ण हुआ है। यह कैसे टॉप कर गया? कक्षा में कई लड़के लड़कियाँ हैं जिन्होंने हाईस्कूल इण्टरमीडिएट और बी.ए., तीनों परीक्षाएँ प्रथम श्रेणी में उत्तीर्ण की हैं। सब पीछे चले गये। विभागाध्यक्ष के सुपुत्र सबसे आगे हो गये और टॉप कर गये। विश्वविद्यालय में बहुत अंधेर है।" दूसरा लड़का एक कदम और आगे बढ़ गया, "हेडवा साला वैसे तो बहुत आदर्श बघारता है। जब अपने बेटे की बारी आयी तो सारे आदर्श हवा हो गये। अपने बेटे को टॉप करवा दिया। आगे चलकर उसको यहीं प्रोफेसर बनवा देगा। फिर भाषण देगा कि हमारे देश में योग्य अध्यापकों की बहुत कमी है। सालों को शर्म नहीं आती। सारे संसार में घूम-घूम कर आदर्श शिक्षा व्यवस्था पर भाषण देंगे और अपने विश्वविद्यालय में...मरायेंगे।" लड़के-लड़कियाँ सब उत्तेजित थे और सब अपने मन की भड़ास निकाल रहे थे। वहाँ पर न तो भाष्कर था और न स्वाति। स्वाति को भी अब कक्षा में भाष्कर के जासूस के तौर पर देखा जाता था, क्योंकि अधिकांश लड़के और लड़कियाँ उनको विभाग के बाहर बातें करते हुए देख चुके थे। किसी को यह भनक नहीं लगने पायी थी कि दोनों में प्रेम सम्बन्ध चल रहा है। सब यह समझते थे कि हेड की कृपापात्र बनने के लिए स्वाति भाष्कर के आगे-पीछे घूमती है। हेड के बेटे की चमची के रूप में वह कक्षा में विख्यात हो चुकी थी।

एम.ए. द्वितीय वर्ष की कक्षाएँ चलने लगीं। इस वर्ष कक्षा में एक प्रश्नपत्र प्रो. रमेन्दु त्रिवेदी भी पढ़ा रहे थे। कक्षा में उनसे सब बहुत भय खाते थे और उनके सामने कुछ बोलने की जुर्रत नहीं करते थे। यह सब उनकी विद्वत्ता की हनक का कमाल था। वे यह पसंद भी नहीं करते थे उनके पढ़ाते समय कोई लड़का या लड़की कक्षा में खड़ा होकर कुछ बोले या पूछे।

समय धीरे-धीरे सरक रहा था। भाष्कर ने इस साल भी पिछले साल वाला फॉर्मूला अपनाया। वह अपने पिता जी से चुनिन्दा अच्छी किताबें माँग कर लाता था और स्वाति नोट्स बनाती थी। अच्छे नोट्स बनाने में स्वाति को महारत हासिल थी।

सारी किताबों में पढ़कर वह प्रश्न को पहले अच्छी तरह समझती। इससे दिमाग में प्रश्न का उत्तर अच्छी तरह स्पष्ट हो जाता था। उसके बाद वह सारी किताबों में लिखी अच्छी-अच्छी बातों को छाँटकर प्रश्न का उत्तर लिखती। इस तरह से उसका पूरा प्रश्न तैयार हो जाता। भाष्कर उस नोट्स को जब अपनी कॉपी में उतार लेता तो उसे अपने पिता जी को दिखाता। वह हमेशा यही प्रदर्शित करता कि नोट्स उसने बनाया है। कभी स्वाति का नाम नहीं लेता था। रमेन्दु त्रिवेदी नोट्स देखकर गद्गद हो जाते। उन्हें लगता कि उनका बेटा खूब मेहनत कर रहा है। कितने अच्छे नोट्स बना रहा है।

इधर स्वाति और भाष्कर के प्यार की गुटरगूँ भी जारी थी। दोनों के प्यार में बहुत प्रगाढ़ता आ चुकी थी, इसके बावजूद भाष्कर अपने उद्देश्य में सफल नहीं हो पाया था। किसी भी तरह वह स्वाति का शरीर चाहता था और उसके लिए वह हमेशा स्वाति को मनाता रहता था। स्वाति थी कि पसीज ही नहीं रही थी। वह हमेशा भाष्कर को टरका देती। उसने भाष्कर को बाँहों में भरने और चूमने-चाटने तक तो छूट दे रखी थी, लेकिन उसके आगे नहीं। तुलसीदास की वही चौपाई सार्थक हो रही थी- टरइ न संभु सरासन कैसे, कामी बचन सती मन जैसे। धनुष तोड़ने के लिए भाष्कर पूरी ताकत झोंके हुए था, लेकिन धनुष था कि टस से मस नहीं हो रहा था। स्वाति अपने इस सिद्धान्त पर दृढ़ थी कि शादी के पहले लड़के और लड़की में शारीरिक सम्बन्ध नहीं होना चाहिए। भाष्कर मन ही मन कभी-कभी उसे गाली भी देने लगता था, 'चली है ससुरी सती-सावित्री बनने। पता नहीं कितनी सती-सावित्री है। मेरे ऊपर इम्प्रेशन जमाने के लिए सारा नाटक कर रही है। बाप जान ने कहीं दूसरी जगह शादी कर दी तो ससुरी का शरीर भी नहीं देख पाऊँगा।'

नवम्बर का महीना था। एक दिन प्रो. रमेन्दु त्रिवेदी के घर शाम को एक कुलीन और सम्भ्रान्त पंडित जी पधारे। भाष्कर उस समय घर में नहीं था। रमेन्दु त्रिवेदी ने उनका स्वागत किया। कुछ देर तक औपचारिक बातचीत हुई। आनेवाले सज्जन का नाम मुचकुन्द त्रिपाठी था। रमेन्दु ने उनसे आने का कारण पूछा। मुचकुन्द त्रिपाठी बताने लगे, "मैं लखनऊ का रहने वाला हूँ। मेरे दो बेटे और एक बेटी है। दोनों बेटे अधिकारी हैं और बहुत बड़े पदों पर हैं। मेरी बेटी तीनों बच्चों में से सबसे छोटी है। उसका नाम सोनाक्षी है और वह लखनऊ विश्वविद्यालय में बी.ए. अन्तिम वर्ष की छात्रा है। मैं आपके बेटे के लिए अपनी बेटी की शादी का प्रस्ताव लेकर आया हूँ।" रमेन्दु बोले, "मैं चाह रहा हूँ कि मेरा बेटा एम.ए. करके डी.फिल् कर ले तब मैं उसकी शादी करूँ। अभी इतनी जल्दी मैं उसकी शादी नहीं करनी चाहता। आपके दोनों बेटे अधिकारी हैं। आप यह भी तो चाहते होंगे कि आपका दामाद

किसी ऊँचे पद पर हो।'' मुचकुन्द त्रिपाठी दोनों हाथ जोड़कर बोले, ''आप बहुत विद्वान और महान् व्यक्ति हैं। मैंने आपके परिवार के बारे में सब पता कर लिया है। आपके बेटे का भाविष्य बहुत उज्ज्वल है। उसने एम.ए. में टॉप किया है। इलाहाबाद विश्वविद्यालय में टॉप करने का कुछ मतलब होता है।...मैं दहेज में एक लाख रूपये नकद और एक एम्बेसडर कार दूँगा। आप मेरे प्रस्ताव को न ठुकराइए।'' रमेन्दु त्रिवेदी सोफे से गिरते-गिरते बचे। एक लाख रुपये नकद और एक एम्बेसडर कार? इतना दहेज तो आई.ए.एस. अधिकारियों को भी नहीं मिलता। भाष्कर कुछ भी बन जाएगा, इतना दहेज नहीं मिलेगा। इतना दहेज मिलने पर समाज में मेरी धाक बढ़ जाएगी। अरे रमेन्दु त्रिवेदी के बेटे को दहेज में एक लाख और एक कार मिला। हाहाकार मच जाएगा। विश्वविद्यालय में भी सब जलभुनकर राख हो जाएँगे। ''ऐसा है, हमें सोचने का थोड़ा सा मौका दीजिए।'' रमेन्दु त्रिवेदी बोले, ''घर-परिवार में सबसे सलाह-मशविरा कर लूँ।'' मुचकुन्द त्रिपाठी बोले, ''बेशक, बेशक! मैं एक सप्ताह बाद फिर आऊँगा। तब तक आप सोच-विचार कर लीजिए। अच्छा अब मैं चलूँगा।'' ''अरे, ऐसे कैसे चले जाएँगे? कुछ चाय-पानी तो करके जाइए।'' रमेन्दु ने उन्हें जबर्दस्ती रोक लिया। वे उनके स्वागत सत्कार मे जुट गये।

कुछ देर बाद मुचकुन्द त्रिपाठी चले गये। ठीक एक सप्ताह बाद आने का वादा करके। तब तक भाष्कर भी आ गया। रमेन्दु भाष्कर और उसकी माँ को सारी बात बताने लगे। वे बहुत उत्तेजित थे। एक लाख और एक कार की बात सुनकर वे अपने आप को सम्हाल नहीं पा रहे थे। दिल की धड़कन बढ़ गयी थी। पूरी बात सुनकर भाष्कर और उसकी माँ भी यही दशा हुई। माँ बोली, ''एक बार लड़की देख लेते हैं। अगर लड़की अच्छी हुई तो शादी मान लेते हैं।'' रमेन्दु बिगड़ गये, ''लड़की देखकर क्या करोगी? उन्नीस बीस सारी लड़कियाँ एक जैसी ही होती हैं। मैंने तुम्हें देखकर तुम से शादी की थी क्या?'' माँ चुप हो गयी। रमेन्दु ने भाष्कर से पूछा, ''भाष्कर सबसे महत्वपूर्ण है तुम्हारी राय। तुम्हारी इस सम्बन्ध में क्या राय है? लड़की के साथ जीवन तुम्हें बिताना है। आगा-पीछा सब कुछ अच्छी तरह सोचकर तुम अपनी बात बताओ।'' भाष्कर सिर नीचे करके बोला, ''आप लोग बड़े और समझदार हैं। आप लोग जो करेंगे मेरे हित में करेंगे। मैं आप लोगों की आज्ञा का उल्लंघन कैसे कर सकता हूँ। आप लोग जैसा उचित समझें करें।'' रमेन्दु प्रसन्न हो गये, ''इसे कहते हैं योग्य और संस्कारी पुत्र। आखिर बेटा किसका है? तो तय रहा। एक सप्ताह बाद जब लड़की वाले आयेंगे तो उन्हें हम हाँ कर देंगे।'' खुशी और गर्व से भाष्कर का सीना चौड़ा हुआ जा रहा था, 'इतना दहेज मेरी जान-पहचान में या किसी रिश्तेदारी में किसी को नहीं मिला है। लोगों को पता चलेगा

तो सबके चेहरे उतर जाएँगे और मेरी धाक जम जाएगी। समाज में मेरी इज़्ज़त कई गुना बढ़ जाएगी।...स्वाति? इसको मैं कोई नाटक फैलाकर समझा दूँगा। रो-गाकर ऐसा माहौल बनाऊँगा कि वह खुद दूर हट जाएगी।' औरतों के इस तरह के कृत्य को तो त्रिया चरित्र कहते हैं, पुरुषों के इस तरह के कृत्य का कोई नाम नहीं है।

मुचकुन्द त्रिपाठी एक सप्ताह बाद फिर पधारे। उस दिन भाष्कर घर पर ही था। जानबूझ कर कहीं नहीं निकला। लड़कीवाले लड़का देखने की फरमाइश कर सकते थे। सजधज कर तैयार बैठा था वह घर में। मुचकुन्द त्रिपाठी दो और लोगों के साथ आये थे। रमेन्दु त्रिपाठी मेहमानों की आवाभगत में जुट गये। वे बैठकर मेहमानों से बात कर रहे थे। बीच में भाष्कर सबके लिए नाश्ता लेकर आ गया। उसने सबको प्रणाम किया। रमेन्दु हँसते हुए बोले, "यही है मेरा लड़का भाष्कर। ठीक से देख लीजिए।" मुचकुन्द त्रिपाठी ने कहा, "बेटा तो आपका खूबसूरत है। ऐसा दामाद अगर मुझे मिलता है तो यह मेरा सौभाग्य होगा।" रमेन्दु बोले "ठीक है भाई! मैं अपना बेटा आपको दे रहा हूँ। इसका जो चाहे कीजिए।" मुचकुन्द त्रिपाठी अपने स्थान से उठे और उन्होंने रमेन्दु के दोनों पैर पकड़ लिये, "मेरा धन्यभाग्य त्रिवेदी जी! आपने मेरी इज़्ज़त रख ली।" रमेन्दु त्रिवेदी प्रोफेसर थे। लड़कों से पैर पकड़वाने की उनकी आदत थी। उन्होंने अपना पैर जरा सा भी इधर-उधर नहीं किया। माहौल एकदम से उल्लासमय हो गया।

मुचकुन्द त्रिपाठी के साथ जो दो लोग थे, उनमें से एक उनके कुल पुरोहित थे। सबकी राय बनी कि आज ही शुभ मुहूर्त भी तय कर लिया जाय। पुरोहित जी पत्रा निकालकर देखने लगे।

सब इस बात पर एकमत हो गये कि अट्ठाइस नवम्बर को तिलक रखा जाय और सोलह दिसम्बर को शादी। उस दिन ग्यारह नवम्बर था। पर्याप्त समय था। सारी तैयारियाँ की जा सकती थीं। मुचकुन्द त्रिपाठी ने रमेन्दु त्रिवेदी, भाष्कर और उसकी माँ; सबको एक हजार एक रुपये दिये और वहाँ से विदा ली।

शादी की तैयारियाँ शुरू हो गयीं। बाइस नवम्बर को भाष्कर ने स्वाति को दोपहर एक बजे कम्पनी बाग में बुलाया। स्वाति पहुँच गयी। दोनों जाकर एक जगह एकान्त स्थान में बैठे। कुछ देर तक दोनों चुप थे। अचानक भाष्कर फूट-फूटकर रोने लगा। स्वाति एकदम से घबरा गयी, "क्या हुआ भाष्कर क्या हुआ? तुम इस तरह क्यों रो रहे हो? तुम्हारे घर में सब कुछ ठीक तो है?" भाष्कर उसी तरह रोते हुआ बोला, "मेरे साथ अनर्थ हो गया स्वाति, मेरे साथ अनर्थ हो गया।" "क्या हो गया?" स्वाति ने घबराकर पूछा। भाष्कर उसी तरह रोता रहा। कुछ देर बाद उसे स्वाति ने झिंझोड़ा, "क्या हो गया? कुछ बताओ तो?" भाष्कर उसी तरह रो

रहा था, "किस मुँह से तुमसे बताऊँ स्वाति? मेरे घरवालों ने मेरी इच्छा के विरुद्ध जबरन मेरी शादी तय कर दी है। अट्ठाइस नवम्बर को मेरे घर पर मेरा तिलक है और सोलह दिसम्बर को शादी। मेरा मन कर रहा है कि मैं अपनी जान दे दूँ।" स्वाति एकदम से जड़ हो गयी। लगा जैसे उसके शरीर से सारा रक्त निचोड़ लिया गया हो। उसकी आत्मा उसके शरीर से पलायन कर गयी हो। वह बुत बनी बैठी थी। उसके मुँह से आवाज़ नहीं निकल रही थी। उसके दिमाग ने सोचना-समझना बंद कर दिया था। उसे लगा वह बेहोश हो जाएगी। उसने अपने दोनों हाथ जमीन पर टेक दिये जिससे वह गिरे न।

स्वाति दो घंटे तक वहाँ बैठी रही। तब तक भाष्कर भाँति-भाँति के नाटक दिखा रहा था। जैसे किसी मदारी का बन्दर तमाशा दिखा रहा हो। अचानक स्वाति वहाँ से उठी और भारी कदमों से चल दी। भाष्कर ने उसे रोका नहीं। वह खुद चाह रहा था कि यह किसी तरह से जाय और मेरा पिण्ड छूटे। उस समय इलाहाबाद से निकलने वाले दो अखबार बहुत मशहूर थे। हिन्दी में 'अमृत प्रभात' और अंग्रेजी में 'नार्दर्न इंडिया पत्रिका'। दोनों अखबार एक ही जगह पत्रिका प्रेस से छपते थे और वहीं उनका ऑफिस भी था। पत्रिका प्रेस कंपनी बाग के गेट से सौ मीटर दूरी पर था। स्वाति पैदल ही पत्रिका प्रेस की ओर चल दी। वहाँ पहुँचकर वह 'अमृत प्रभात' अखबार के संपादक को खोजने लगी। पता चला कि वे चार से पाँच बजे के बीच में आयेंगे। स्वाति वहीं बैठकर उनका इंतज़ार करने लगी।

पाँच बजे तक 'अमृत प्रभात' और 'पत्रिका' के पत्रकारों से ऑफिस गुलज़ार हो गया। स्वाति उन सब के बीच में जाकर फूट-फूटकर रोने लगी। सभी पत्रकारों ने उसे घेर लिया और रोने का कारण पूछने लगे। स्वाति बताने लगी, "मेरा नाम स्वाति गुप्ता है। मैं इलाहाबाद विश्वविद्यालय के शिक्षाशास्त्र विभाग में एम.ए. अंतिम वर्ष की छात्रा हूँ। मेरे साथ शिक्षाशास्त्र विभाग के अध्यक्ष प्रो. रमेन्दु त्रिवेदी का बेटा भाष्कर त्रिवेदी भी पढ़ता है। वह मुझसे बहुत प्यार करता है। मैंने उसका प्यार इसी शर्त पर स्वीकार किया था कि वह मुझसे शादी करेगा। अब मोटे दहेज के लालच में प्रो. रमेन्दु त्रिवेदी ने अपने बेटे की शादी दूसरी जगह तय कर दी है। अट्ठाइस नवम्बर को तिलक है और सोलह दिसम्बर को शादी। इसके विरोध में मैं कल दस बजे से प्रो. रमेन्दु के घर पर धरना दूँगी। मैं तब तक धरना दूँगी, जब तक वे अपने बेटे की शादी मुझसे नहीं कर देते। भले ही मेरी जान चली जाय, लेकिन मैं धरना नहीं समाप्त करूँगी। ...मुझे आप लोगों का सहयोग चाहिए।" बहुत मसालेदार खबर की सम्भावना बन रही थी। पत्रकार दौड़कर संपादक को बुला लाये। उन्हें सारी बात बतायी गयी। उन्होंने स्वाति से कहा, "मैडम हम पूरी तरह आपके साथ

हैं। कल दस बजे से हमारे संवाददाता और फोटोग्राफर प्रो. रमेन्दु त्रिवेदी के घर हाजिर हो जाएँगे। परसों दोनों अखबारों में धमाकेदार खबर छपेगी।

अगले दिन सबेरे दस बजे स्वाति प्रो. रमेन्दु त्रिवेदी के घर पर पहुँच गयी। गेट खोलकर वह अंदर गयी और जोर-जोर से चीखने लगी, ''प्रो. रमेन्दु त्रिवेदी बाहर निकलिए...प्रो. रमेन्दु त्रिवेदी बाहर निकालिए...प्रो. रमेन्दु त्रिवेदी बाहर निकलिए...।'' रमेन्दु, उनकी पत्नी और भाष्कर सब दरवाजा खोलकर बाहर निकल आये। आस-पास के और सड़क पर जाते हुए लोग भी इकट्ठा हो गये। स्वाति चिल्लाने लगी, ''आपका बेटा मुझसे साल भर से प्यार करता है। मैंने इसका प्यार इसी शर्त पर स्वीकार किया था कि यह मुझसे शादी करेगा। अब आप दहेज के लालच में उसकी शादी दूसरी जगह करने जा रहे हैं? मैं आज से आपके घर पर धरना दूँगी और आपके दरवाजे पर अपनी जान दे दूँगी। आप भाष्कर की शादी मुझसे करिए।'' रमेन्दु स्वाति को पहचानते थे। उन्होंने भाष्कर से पूछा, ''यह सब क्या है?'' भाष्कर ने सिर झुका लिया। तब तक पत्रकार आ गये और वे फोटो खींचने लगे। रमेन्दु एक डंडा लेकर पत्रकारों की ओर दौड़े, ''सालों तुम लोग भागो यहाँ से नहीं तो मार-मारकर तुम लोगों का हाथ-पैर तोड़ दूँगा।'' पत्रकारों को गुस्सा आ गया। वे इस खोजबीन में लग गये कि दहेज में क्या मिल रहा है। स्वाति वहीं बैठ गयी। तमाशबीनों की संख्या बढ़ने लगी। रमेन्दु स्वाति के ऊपर चिल्लाये, ''ठीक है! यहीं बैठी रहो और मर जाओ। मुझे कोई परवाह नहीं है।'' वे पत्नी और भाष्कर को लेकर अंदर चले गये और दरवाजा बंद कर लिया। स्वाति को देखने के लिए लोग धक्का मुक्की कर रहे थे। पत्रकार भी डटे थे।

अगले दिन हिन्दी और अंग्रेजी दोनों अखबारों में आधे-आधे पेज का फोटो सहित समाचार छपा। स्वाति के घरवाले उसे शाम से ही ढूँढ रहे थे। उन्होंने अखबार में समाचार पढ़ा तो उसके लिए खाना और पानी लेकर भागे। अखबार में रमेन्दु त्रिवेदी की भयंकर छीछालेदर की गयी थी और उन्हें दहेज का लालची बताया गया था।

सवेरे से ही शहर के तमाम लोग स्वाति का धरना देखने के लिए उमड़ने लगे। स्वाति के साथ पढ़ने वाले लड़के और लड़कियाँ भी आ गये। वे स्वाति के समर्थन में खड़े हो गये और रमेन्दु त्रिवेदी मुर्दाबाद के नारे लगाने लगे। बचे-खुचे अखबार वाले भी आज पहुँच गये। स्वाति धरना दे रही थी, न कि अनशन कर रही थी। स्वाति के घरवालों ने उसे खाना खिलाया और वे भी उसके समर्थन में आगे आ गये। दोपहर तक कुछ महिला संगठनों के जुलूस भी आ गये और जोर-जोर से रमेन्दु त्रिवेदी मुर्दाबाद का नारा लगने लगा। पुलिस भले आँख कान बन्द

किये बैठी थी। उसके पास कोई शिकायत लेकर नहीं जा रहा था, अतः वह कोई कार्रवाई नहीं कर रही थी।

अगले दिन अखबारों में एक-एक पेज की खबर छपी। सारे अखबारों में ज्यादा से ज्यादा समाचार छापने की होड़ लगी थी। चूँकि शहर के अधिकांश लोग एक विद्वान के रूप में रमेन्दु को जानते थे, अतः अधिकांश लोग मजा ले रहे थे। लड़के यह कह कहकर उपहास उड़ा रहे थे कि ब्रह्म ही सत्य है, संसार मिथ्या है, आत्मा ही ब्रह्म है। लोग चर्चा कर रहे थे कि आदर्श बघारने और यथार्थ में उसे उतारने में बड़ा अंतर होता है। शहर की एक पुरानी घटना भी इस समय लोगों की चर्चा का विषय थी। शहर के ही निवासी भारत के पूर्व प्रधानमंत्री जवाहर लाल नेहरू बहुत धर्म निरपेक्षता और साम्प्रदायिक सद्भाव पर भाषण देते फिरते थे। लेकिन जब अपनी बेटी इंदिरा एक पारसी से शादी करने लगी तो वे पायजामे के बाहर हो गये। गाँधी जी वगैरह ने बड़ी मुश्किल से उन्हें सँभाला था।

अखबारों में रोज चटपटी और मसालेदार खबरें जारी थीं। अट्ठाइस नवम्बर भी आ गया। उस दिन तिलक होना था। सबको मालूम था कि अट्ठाइस को तिलक है, इसलिए उस दिन और जोर-शोर से धरना-प्रदर्शन चालू था। स्वाति की कक्षा के सारे लड़के-लड़कियाँ आकर डट गये थे। कुछ महिला संगठनों की औरतें भी आ गयीं। एक बजे के लगभग रमेन्दु त्रिवेदी के घर के सामने तीन कारें आकर रुकीं। सब समझ गये कि तिलक चढ़ानेवाले आ गये। जोर-जोर से रमेन्दु त्रिवेदी मुर्दाबाद का नारा लगने लगा। मुचकुन्द त्रिपाठी समेत कई लोग कारों से बाहर निकले। वे लोगों से माजरा पूछने लगे। औरतें चिल्ला-चिल्लाकर सारी बातें बताने लगीं। मुचकुन्द त्रिपाठी अन्दर जाकर दरवाजा खटखटाने लगे और चिल्लाने लगे कि मैं मुचकुन्द त्रिपाठी बोल रहा हूँ। रमेन्दु, उनकी पत्नी और भाष्कर अन्दर ही थे। उन्होंने दरवाजा नहीं खोला। काफी देर तक प्रयास करने के बाद भी जब दरवाजा नहीं खुला तो मुचकुन्द त्रिपाठी ने वहाँ से फूट लेने में ही अपनी भलाई समझी। वे वहाँ पर उपस्थित लोगों से क्षमा माँगते हुए लौट गये। लोग जोर-जोर से स्वाति गुप्ता जिन्दाबाद के नारे लगाने लगे।

अगले दिन बारह बजे के लगभग अचानक भाष्कर दरवाजा खोलकर बाहर निकला। उस समय बाहर बरामदे में स्वाति, उसके माँ-बाप और कुछ लड़के थे। भाष्कर हाथ जोड़कर बोला, "स्वाति, मैं तुम से शादी करने के लिए तैयार हूँ। अभी मेरे साथ चलो कचहरी और वहाँ कोर्ट में शादी कर लेते हैं। सब हर्ष से चिल्लाने लगे। वहाँ से सब पैदल ही कचहरी के लिए चल दिये। कचहरी में लिखा-पढ़ी के साथ शादी सम्पन्न हुई। स्वाति के पिता ने सबको मिठाई मँगाकर खिलायी। स्वाति,

उसके माता-पिता और भाष्कर से विदा लेकर सब लड़के अपने घर या हॉस्टल की ओर चल दिये। बाकी लोग भाष्कर के घर आये। भाष्कर ने दरवाजा खटखटाया, ''पापा दरवाजा खोलिए।'' रमेन्दु त्रिवेदी ने दरवाजा खोला। भाष्कर और स्वाति ने झुककर उनके पैर छुए। भाष्कर बोला, ''पापा हम लोगों ने कोर्ट में शादी कर ली है। हमें आशीर्वाद दीजिए।'' रमेन्दु चिल्लाये, ''भाग जाओ मेरे घर से। तुम दोनों इस घर की तरफ कभी दिखायी मत पड़ना। मेरे लिए तुम लोग मर गये।'' घर में घुसकर उन्होंने दरवाजा अन्दर से बन्द कर लिया। कुछ देर इंतज़ार करने के बाद स्वाति के माता-पिता उन्हें अपने घर लेकर चल दिये।

कई दिनो बाद उस दिन रमेन्दु त्रिवेदी कक्षा में पढ़ाने आये। कक्षा में भाष्कर और स्वाति नहीं थे। पहले उन्होंने हाजिरी ली। रजिस्टर रखकर खड़े हो गये। पढ़ाने के बजाय वे भाषण देने लगे, ''आज हमारा समाज कहाँ जा रहा है? क्या होगा, इस देश का? खासकर लड़कियाँ...आजकल ससुराल में लड़कियों को ससुराल वाले जलाकर मार डाल रहे हैं...उनका गला दबा दे रहे हैं...यह सब बहुत अच्छा हो रहा है। आजकल की लड़कियाँ एकदम लुच्ची और लफंगी होती जा रही हैं...।''एक लड़की अपने स्थान पर खड़ी होकर उनकी बात का विरोध करने लगी। वे चिल्ला पड़े, ''चोप्प...बैठ...ठाढ़ो मूढ़ मोंहि समझावत (खड़ा हुआ मूर्ख मुझे समझा रहा है)। तुम लोग इस लायक नहीं हो कि तुम्हें पढ़ाया जाय। जाओ मरो। आज से मैं तुम लोगों को नहीं पढ़ाऊँगा।'' उन्होंने अपना रजिस्टर उठाया और कक्षा से निकलकर चल दिये।

सत भतरी से शादी के लिए इतना उछाह!

सबसे मँहगे होटल से हो रही थी शादी। 'वातायन' इस शहर का सबसे मँहगा होटल था। बारात होटल के गेट के सामने पहुँच चुकी थी। डी.जे. से गाना बज रहा था। बारात में आगे-आगे नाच रहे युवाओं का जोश चरम पर था। अपने पूरे शरीर को झकझोकर रख दे रहे थे वे।

सिंघाड़ा एक तरफ खड़ा तटस्थ भाव से सब कुछ देख रहा था और अपने में ही मगन था, "शाबास वीरों! जरा और जोर लगाकर नाचो। दनादन फोटो खिंच रही है। वीडियो रिकार्डिंग हो रही है। छबीली की शादी की जब फिल्म बनेगी, तो सबसे महत्वपूर्ण सहायक कलाकरों के रूप में तुम्हीं लोग दिखोगे।...शायद किसी फिल्म निर्माता या निर्देशक के हाथ भी लग सकती है वह फिल्म! फिर तो किसी नामचीन फिल्म में भी काम करने का अवसर मिल सकता है। भले ही सिर पर कद्दू रखकर रास्ते से गुजरते हुए आदमी की ही भूमिका मिले...और जोर से नाचो... कमर को थोड़ा और मटकाकर..."

कुछ लड़के गये और कार से दूल्हे को भी उतार लाये। लड़का बिना किसी के अनुरोध किये ही, खुद लगा जोर-जोर से उछल कर नाचने। "वाह बेटा, वाह! तुम तो ऐसे प्रसन्न लग रहे हो जैसे घनघोर तपस्या के बाद किसी तपस्वी को इन्द्र का पद मिल गया हो। तुझे कुछ नहीं पता है न बेटा! इसीलिए तू इतना धरती धमक नृत्य कर रहा है। सतभतरी से शादी करने के लिए इतना उछाह? जिन होठों को चूमने की तमन्ना में तू अपनी कमर को इतना तकलीफ़ दे रहा है, उसे लोगों ने चूस-चूसकर अरवी जितना मोटा कर दिया है। जा! अब जिन्दगी भर अरवी की सब्जी खा।

घराती पक्ष के कई लोग होटल के गेट पर अपने-अपने हाथ में फूलों की माला लेकर खड़े हो गये। बारातियों के स्वागत में। दूल्हे की दोनों सालियाँ भी वहाँ पहुँच गयीं। अपने जीजा जी को देखने। सिंघाड़ा ने धीरे से सीटी बजायी, "ही...ssss...! तुम दोनों अपने जीजा के साथ वही व्यवहार करना, जो तुम्हारी

दीदी ने तमाम लड़कों के साथ किया है। तभी बेचारे का जीवन सार्थक होगा। अन्यथा उसकी जिन्दगी बेकार है। उसे ऐसी कार तुम लोग चढ़ने के लिए दे रही हो जिस पर न जाने कितने लोग बैठकर विश्वभ्रमण कर चुके हैं। कार खटारा हो गयी तो इसके सिर मढ़ दे रही हो। टाल लो अपने सिर की बला दूसरे के सिर... बला टल जाएगी तो तुम्हारा बाप तुम लोगों के लिए लड़के खोजेगा। तुम लोगों का रिकार्ड साफ सुथरा है। तुम लोगों के बाप को लड़का खोजने में उतनी दिक्कत नहीं आयेगी।''

लड़का फिर जाकर कार मैं बैठ गया। बुजुर्ग और बड़े लोग गेट के अन्दर घुसने लगे। लड़की के बाप ने लड़के के बाप के गले में माला पहनायी और बड़ी गर्मजोशी से उनके दोनों हाथों को पकड़ लिया। सिंघाड़ा ने धीरे से हाँक लगायी, ''हाँ साले! अपने घर का कचरा उस बेचारे के घर में फेंक रहा है और पोज ऐसा बना रहा है जैसे उसके ऊपर एहसान कर रहा है। वैसे वह साला भी इसी का पात्र था। एकमात्र उतावली और सतर्कता दहेज के नोट गिनने तक सीमित रही। यह नहीं देखने की कोशिश की कि दहेज के नोटों के साथ वह जो टोकरी पकड़ा रहा है उसमें फूल भरे हुए हैं या कूड़ा! ले जा! कूड़ा ही सूँघ-सूँघकर कल्पना करना कि इसमें फूलों की सुगन्ध आ रही है। जा बच्चा... भगवान तेरा भला करें।''

द्वारचार की सारी व्यवस्था हो चुकी थी। दूल्हे की कार होटल के गेट के अन्दर चली आयी। फूलों से बहुत आकर्षक ढंग से सजायी गयी थी कार। लड़की के पिता लड़के को उतारने लगे। वर पक्ष का नाई अड़कर खड़ा हो गया। लड़का नहीं उतारने मिलेगा। सिंघाड़ा आश्चर्यचकित हुआ, ''वाह भई वाह! तू तो बड़ा वफ़ादार निकला! तुझे कैसे सब पता चल गया? तू नहीं चाहता कि सतभतरी तेरे मालिक के सिर पर चुरे! लेकिन तुझे सतभतरी के बारे में पता कैसे चला...अच्छा... अब समझा...लगता है वह अपनी सहेलियों से अपनी बहादुरी हाँक रही थी...कि मेरे शरीर ने न जाने कितनों के बोझ झेले हैं...बस! सर्तक हो गया अपने मालिक को बचाने के लिए।''

लड़की के बाप ने नाई को पाँच सौ रुपये नेग में दिये। नाई हट गया। लड़की के बाप ने लड़के को कार से उतारा और बड़े सम्मान पूर्वक वहाँ ले गये, जहाँ द्वारचार होने वाला था। सिंघाड़ा ने मुँह बनाया, ''जमाना बड़ा खराब हो गया है। बड़े-बड़े लोग पैसे के लिए अपना ईमान बेच दे रहे हैं तो इस नाई की क्या बिसात। पाँच सौ रुपये का नोट दिखा तो सारी वफ़ादारी गायब हो गयी। झोंक दिया अपने मालिक को आग में। जा, अब तू अपना समझ मालिक की दुम। नाई वैसे है बड़ा

चालाक। उसे पता है कि दुल्हन बड़ी छबीली है। मौका मिलने पर मैं हाथ साफ कर दूँगा। यही सब सोचकर वह कार का दरवाजा छोड़कर हट गया।''

द्वारचार हो रहा था। दोनों तरफ के पंडित जोर-जोर से सस्वर मंत्रोच्चारण कर रहे थे। औरतें मंगलगीत गा रही थीं। बीच-बीच में दूल्हे के ऊपर पुष्प और अक्षत भी फेंक दे रही थीं। सिंघाड़ा दूल्हे की ओर देखकर मुस्कराया, ''देख बेटा! अपनी सतभतरी को तेर सिर पर मढ़ने के लिए कितने-कितने जतन हो रहे हैं। छबीली बेटी ने अपने बाप की...में गुल्ली कर दी है। बाप वह गुल्ली निकालकर तेरी...में ठोंक रहा है। तुझे दर्द न हो इसलिए खूब गीत-संगीत चल रहा है।''

सिंघाड़ा ने सोचा कि सारी औरतें और लड़की की सारी सहेलियाँ तो यहाँ हैं। चलकर देखूँ सुनयना कहाँ है? सुनयना उस लड़की का नाम था, जिसकी शादी हो रही थी। सुनयना सिंघाड़ा को भी लाइन मारती थी लेकिन सिंघाड़ा किसी लफ़ड़े में नहीं पड़ा। वह एकदम मस्तमौला इंसान था और सुनयना से खूब हँसी-मजाक करता था। इससे आगे नहीं।

सिंघाड़ा पता करते हुए होटल के कमरे-कमरे घूमने लगा। पता लगाते-लगाते अन्ततः वह दूल्हन के कमरे तक पहुँचा गया। कमरे का दरवाजा खुला हुआ था। कमरे में सुनयना के साथ उसका लेटेस्ट ब्वाय फ्रेंड भी बैठा हुआ था। दोनों खिलखिलाते हुए बातचीत में मसगूल थे। सुनयना का दोस्त बीच-बीच में कभी सुनयना के गाल नोच ले रहा था तो कभी उसके गालों को चूम ले रहा था। उसके होठों को इसलिए नहीं छू सकता था, क्योंकि उस पर लिपस्टिक लगी हुई थी। सिंघाड़ा धीरे से बुदबुदाया, ''अरे सतभतरी, अरे हरजाई तू आज भी नहीं बाज आ रही है। लगता है पत्नी पाने के लिए दूल्हा रोज किसी सुअर को जल चढ़ाता रहा है, तभी उसे पत्नी के रूप में तुझे प्राप्त करने का सौभाग्य मिल रहा है।''

सिंघाड़ा खाँसते हुए कमरे में घुस गया। सिंघाड़ा को देखते ही सुनयना का दोस्त तेजी से उठा और वहाँ से चला गया। सिंघाड़ा मुस्कराते हुए गाने लगा, ''आज मेरे यार की शादी है...आज मेरे यार की शादी है...।'' सुनयना भी उसकी ओर देखकर मुस्करायी, ''तुम तो कभी मेरे यार नहीं थे। क्यों झूठमूठ में यार-यार कर रहे हो!'' ''अरे मेरी जान, मैं तो हमेशा से तुम्हारा यार था और आगे भी रहूँगा।'' सिंघाड़ा ने सुनयना को आँख मारी, ''मैं ही एक हूँ, जो पहली कक्षा से लेकर आज तक तुम्हारा यार बना हुआ हूँ। बाकी सारे यार तो आते-जाते रहे। आज मेरे यार की शादी है...आज मेरे यार की शादी है...।'' ''तुम कायर और डरपोक हो। हमेशा मेरे साथ रहे लेकिन कभी मुझे छूने की हिम्मत नहीं जुटा पाये।'' सुनयना बोली, ''मैंने खुद तुमको कितनी बार मौका दिया। तुमसे खुलकर सब कुछ कह दिया। घर

में किसी के न रहने पर मैंने तुमसे कई बार कहा कि कोई नहीं है। जो जी में आये, मेरे साथ कर लो। तुम्हारी हिम्मत ही नहीं पड़ी।'' सिंघाड़ा नाचने लगा, ''आज मेरे यार की शादी है...आज मेरे यार की शादी है...। मुझे पता था कि तुम्हारे साथ कई लोग सब कुछ कर चुके हैं। इसीलिए मैंने तुम्हें हाथ नहीं लगाया। मैं तो सिर्फ उस लड़की को हाथ लगाऊँगा जो सिर्फ और सिर्फ मेरी दोस्त हो। मैं सिर्फ उसका वह सिर्फ मेरी।'' सुनयना नाराज़ हो गयी, ''तुम दोस्त का मतलब गुलाम समझते हो क्या? जो तुम्हारी दोस्त बने, वह तुम्हारी गुलाम बन कर रहे?'' सिंघाड़ा शरारत से मुस्कराया, ''मैं दोस्त के रूप में गुलाम नहीं चाहता लेकिन यह भी नहीं चाहता कि अपने दोस्त से मुझे एड्स हो जाय।''सुनयना भड़क उठी, ''भाग जाओ यहाँ से!'' सिंघाड़ा वहाँ से भाग खड़ा हुआ।

सिंघाड़ा नीचे आकर टहलने लगा। विवाह की सारी व्यवस्था होटल के भूतल पर थी। पहली मंजिल के कुछ कमरों में घरातियों की व्यवस्था थी। दूसरी मंजिल के सारे कमरे बारातियों के लिए बुक थे। दूल्हे की सालियाँ और दूल्हे के परिवार की कुछ औरतें-लड़कियाँ दूल्हे को मंच की ओर ले जा रहे थे। उसी मंच पर जयमाल होना था। मंच पर दो सिंहासन रखे हुए थे। एक सिंहासन पर दूल्हे को बैठा दिया गया। दूल्हे की सालियाँ दूल्हे से चुहलबाजी कर रही थीं। वहाँ पर उपस्थित सारी लड़कियाँ और औरतें हँस रहे थे। सिंघाड़ा सब देख रहा था। वह मुस्कराया, ''एक दिन की बादशाहत का आनन्द उठा ले बेटा! देख, बैठने के लिए तुझे राजा की तरह सिंहासन मिला हुआ है। जैसे राजा को हमेशा सुंदरियाँ घेरे रहती हैं, वैसे तुझे भी सुंदरियाँ घेरकर खड़ी हुई हैं। सब उसी तरह तेरे साथ हास-परिहास कर रही हैं। बस दो दिन! उसके बाद तुझे कोई नहीं पूछेगा। फिर तो तू बचेगा और बचेगी सतभतरी। सतभतरी से शादी करने के लिए तुम्हारा उल्लास देखते ही बन रहा है। तुम्हारा उत्साह और उछाह हिलोरें ले रहा है। किसी ढंग की लड़की से तेरी शादी हो रही होती तो तेरा न जाने क्या हाल होता? सिंहासन पर से सीधे आसमान में छलाँग लगा देता।...लेकर पहले तू जा सतभतरी को अपने घर। फिर तुझे पता चलेगा। पता क्या चलेगा, तुझे शायद कुछ भी पता नहीं चलेगा।...तू अपने दोस्तों को बड़ी प्रसन्नता से अपनी पत्नी से मिलवाने लायेगा और तेरी पत्नी लंकिनी की तरह-तरह एक-एक कर सबका भक्षण करती जाएगी। तुझे हवा भी नहीं लगेगी बच्चू।''

मंच के बगल में डांस-फ्लोर बना हुआ था। उस पर इस समय बच्चे नाच रहे थे। बड़े लोग तो जयमाल होने की प्रतीक्षा कर रहे थे। सिंघाड़ा भी जाकर बच्चों के साथ नाचने लगा। नाचते-नाचते वह नितंब से बच्चों को धक्का मारने लगा। बच्चे सिंघाड़ा से जीत नहीं सकते थे। वे नाचते हुए सिंघाड़ा को घूर रहे थे। कोई

बच्चा जोर से घूरता तो सिंघाड़ा उसे मुँह चिढ़ा देता। अचानक एक बच्चा गिर गया। सारे बच्चों ने मिलकर सिंघाड़ा पर हमला बोल दिया। वे उसे मारने लगे। सिंघाड़ा कूदकर भाग आया।

सिंघाड़ा हॉल में सबसे पीछे अकेले बैठ गया। तब तक लड़कियाँ दूल्हन को लेकर आ गयीं। हाथों में बड़ी सी माला लिये, कभी दूल्हे की ओर तो कभी नीचे जमीन पर देखती, गजगामिनी वाले अंदाज में चल रही थी वह। सिंघाड़ा मन ही मन मुस्कराया, 'कितना शानदार अभिनय कर रही है। लग रहा है जैसे इससे लजीली, शर्मीली, अबोध और भोली लड़की तो दुनिया में होगी ही नहीं। देख ले अपने नादान बलमा को और हे नादान बलमा, तू भी देख ले अपनी भोली भाली सजनी को। खूब प्यार और नाजो-अंदाज से रखना अपनी सजनी को, नहीं तो किसी के साथ अगर भाग गयी तो हाथ मलते रह जाओगे। नहीं कोई मिलेगा तो तेरे घर के सामने जो आइसक्रीम बेचने वाला आता होगा, उसी के साथ भाग जाएगी।'

जयमाल होने लगा। लड़की ने लड़के के गले में माला पहनायी। लोगों ने खूब जोर से तालियाँ बजायीं। अब बारी लड़के की। उसने भी लड़की के गले में माला पहना दी। फिर तालियाँ बजने लगीं। दोनों तरफ के परिजन फूलों की पंखुड़ियाँ वर-वधू पर बरसाने लगे। सिंघाड़ा ने ऐसी गहरी चैन की साँस छोड़ी जैसे सारा बोझ उसी के ऊपर था, "ले जा बेटा ले जा! हमारे मुहल्ले की सूर्पणखा को ले जा। दोनों मिलकर अब खूब प्रेम से गाना-तो सम पुरुष न मो सम नारी।"

वर-वधू सिंहासन पर बैठ गये। दोनों पक्ष के नजदीकी लोग वर-वधू के पीछे खड़े होकर फोटो खिंचवाने लगे। सब होड़ कर रहे थे। किसकी कितनी ज्यादा बार फोटो खिंच जाय। सिंघाड़ा ने भी दो-तीन बार फोटो खिंचवा ली। दूल्हे की दोनों सालियों ने अपने जीजा जी के अगल-बगल बैठकर फोटो खिंचवायी। सिंघाड़ा बुदबुदाया, "क्यों बेटा? गुल्ली ठोंकी जा रही है। दर्द तो नहीं हो रहा है?"

अचानक सुनयना के पिता हिन्दी के प्रसिद्ध कथाकार अमरकांत को लेकर मंच पर चढ़े। वे लड़की के पिता के परिचित थे और उन्होंने ही उनको शादी में आमंत्रित किया था। अमरकांत जी ने, वर और वधू दोनों के सिर पर हाथ रखकर, उन्हें आशीर्वाद दिया। वर-वधू दोनों ने उठकर उनके पैर छुए। सुनयना के पिता उन्हें लेकर दोनों के पीछे खड़े हो गये। फोटो खिंचवाने के लिए। फोटो खिंच गयी तो दूल्हे ने अपनी जेब से एक कागज़ निकाला, "सर इस पर अपना आटोग्राफ दे दीजिए।" सुनयना के पिता जी ने दूल्हे को पहले ही बता दिया था कि ये प्रसिद्ध कथाकार अमरकांत जी हैं। अमरकांत जी ने खुशी से आटोग्राफ दे दिया और लड़की के पिता के साथ मंच से उतर आये। सिंघाड़ा धीरे से मुस्कराया, "अरे वाह! तुझे

भी आटोग्राफ लेने का शौक है बेटा? तब तो तुम बहुत ही किस्मत वाला है। तेरी पत्नी को भी आटोग्राफ लेने का शौक है। सुहागरात के दिन जब तू अपनी पत्नी के सारे कपड़े उतारेगा तो तुझे उसके शरीर पर चारों तरफ आटोग्राफ नजर आयेंगे। एक से एक महापुरुषों के आटोग्राफ। किसी-किसी अंग पर तो इतनी मोटी कलम से आटोग्राफ दिये गये हैं कि तू देखेगा तो बल्लियों उछल पड़ेगा।''

लोग खाना खाने लगे थे। सिंघाड़ा भी खाना खाने चल दिया। इसके पहले वह भोजन की तरफ दो बार और चक्कर मार आया था। पहली बार उसने चाट खायी थी। दूसरी बार एक कप कॉफी ली थी। सिंघाड़ा का सिद्धान्त था- आन का दाना, तान के खाना, मर जाना परवाह नहीं। उसने खूब खींचकर ठूँसा। खाना खाकर वह उस हॉल में फिर लौट आया, जहाँ जयमाल हुआ था। वहाँ अब वह बात नहीं नजर आ रही थी। महफिल उखड़ी-उखड़ी सी लग रही थी। सिंघाड़ा ने सोचा, अब घर लौट चला जाय। यहाँ रुकना बेकार है। दूल्हा-दूल्हन खाना खाने बैठ चुके थे। दूल्हन अपने हाथ से दूल्हे को खिला रही थी। दूल्हा भी बड़े प्यार से दूल्हन के मुँह में निवाला डाल रहा था। सिंघाड़ा हँसते हुए घर चला दिया।

सिंघाड़ा घर लौटकर अपने बिस्तर पर लेट गया और सोने की कोशिश करने लगा। उसे नींद नहीं आ रही थी। वह सोच रहा था कि समय कितनी तेजी से गुज़र गया। कहाँ मैं और सुनयना साथ-साथ स्कूल जाना प्रारम्भ किये थे, कहाँ हम दोनों एम.ए. भी पास हो गये। सुनयना के बाप ने तो एक अच्छा खासा कमानेवाले लड़के के सिर पर सुनयना को मढ़ दिया और निश्चिन्तत हो गये। अब सुनयना खूब ठाठ से रहेगी। मैं एक अदद नौकरी के लिए संघर्ष करूँ। पता नहीं कितने दिन संघर्ष करने पड़ेंगे। लड़की एक अदद बढ़िया कमाने वाला पति पा जाय तो उसकी जिन्दगी सँवर जाती है, जबकि एक अदद लड़की पाने के लिए लड़के को कितनी हाड़तोड़ मेहनत करनी पड़ती है। जब तक ढंग की नौकरी न मिल जाय, ढंग की लड़की कहाँ मिलती है? ढंग की नौकरी मिलने के बाद भी सुनयना जैसी सतभतरी मिलने की आशंका रहती है।

सिंघाड़ा और सुनयना का घर एक ही मुहल्ले में अगल-बगल था। यानी एक दूसरे से सटा। दोनों के पिता अलग-अलग बैंकों में मैनेजर थे। सिंघाड़ा का स्कूल का नाम श्रीकांत था। घर में लोग उसे सिंघाड़ा बुलाते थे। सिंघाड़ा के एक भाई और था–सुनील। सुनील सिंघाड़ा से आठ साल छोटा था। बहन एक भी नहीं थी। उधर सुनयना के कोई भाई नहीं था। बस, वे तीन बहने थीं–सुनयना, सुलोचना और सुखंजना। तीनों बहनों की उम्र में दो-दो साल का अन्तर था। सिंघाड़ा और सुनयना लगभग हम उम्र थे। सिंघाड़ा बमुश्किल दो महीने बड़ा

था सुनयना से। सुनयना बड़ी तेज-तर्रार थी, इसलिए उसके माँ-बाप भी जल्दी उससे नहीं उलझते थे।

सिंघाड़ा और सुनयना का नाम बचपन में एक ही स्कूल में, एक ही कक्षा में लिखाया गया। दोनों ने साथ-साथ स्कूल जाना शुरू किया। सुनयना बचपन में बहुत दब्बू और डरपोक थी। स्कूल में वह सिंघाड़ा के पास ही बैठती थी और उसी के साथ-साथ लगी रहती थी। इस उम्मीद में कि अगर कोई झगड़ा करेगा या मारेगा तो सिंघाड़ा उसे बचा लेगा। सुनयना की माँ के दिल में यह कसक थी कि उनके कोई बेटा नहीं है। सुनयना उनकी सबसे बड़ी बेटी थी। वे उसे ही बेटा बनाने में लगी हुई थीं। वे चाहती थीं कि उनकी बेटी इतनी दबंग और बोल्ड हो कि अच्छे-अच्छे लड़के उसके सामने पानी भरें। उनकी मेहनत रंग ला रही थी। सुनयना धीरे-धीरे निर्भीक हो रही थी और लड़कों से खुल भी रही थी।

सुनयना जैसे-जैसे बड़ी कक्षा में पहुँचती जा रही थी, उसके दोस्तों की संख्या बढ़ती जा रही थी। लड़कियों से वह बहुत कम दोस्ती करती थी। उसके ज्यादातर दोस्त लड़के ही होते थे। अपने दोस्तों को वह घर भी लिवा जाती थी। उसकी माँ उसके दोस्तों से मिलकर बहुत खुश होतीं।

उसने अपना पहला इज़हारे-मुहब्बत बारहवीं कक्षा में किया। कक्षा में संभव नाम का एक लड़का था। कक्षा में सबसे तेज था पढ़ने में। देखने-सुनने में भी स्मार्ट। तमाम लड़कियाँ उसके पीछे पड़ी रहती थीं। वह हँस बोल तो सब लड़कियों से लेता था, लेकिन रहता था हमेशा अपनी लक्ष्मण रेखा के भीतर। उस लक्ष्मण रेखा को लाँघने की इजाजत वह किसी लड़की को नहीं देता था। एक दिन सुनयना ने सिंघाड़ा से कहा, "प्लीज, तुम मेरा एक काम कर दोगे?" "क्या काम है?" सिंघाड़ा ने पूछा। "पहले तुम वादा करो कि तुम मेरा काम कर दोगे, तब मैं तुम्हें काम बताऊँगी।" सुनयना ने मनुहार किया। सिंघाड़ा असमंजस में पड़ गया। वह समझ गया कि कोई उल्टा-सीधा काम है, "पहले तुम काम तो बताओ! फिर मैं बताऊँगा कि मैं वह काम करूँगा या नहीं।" सुनयना आँसू टपकाने लगी, "रहने दो। कोई बात नहीं। मैं तुम्हे अपना बहुत अच्छा दोस्त मानती हूँ। तुम मेरा एक छोटा सा काम भी नहीं कर सकते। जाने दो!" सिंघाड़ा घबरा गया, "ठीक है! बताओ क्या काम है? मैं तुम्हारा काम करने का वादा करता हूँ।" "यह हुई न अच्छे दोस्त वाली बात!" सुनयना ने खुश होकर सिंघाड़ा के दोनों हाथों को पकड़ लिया, "मेरा एक प्रेम पत्र है। तुम उसे संभव को दे आओ।" "क्या?" सिंघाड़ा एकदम से असहज हो गया, "यही काम तुमको मुझसे करवाना रह गया है?" वह काफी देर तक चुपचाप खड़ा रहा। फिर बोला, "अच्छा ले आओ।

जब वादा किया है तो तुम्हारा काम करना ही पड़ेगा।'' सुनयना ने एक बंद लिफाफा उसे पकड़ा दिया। उसने लिफाफा अपनी जेब में रख लिया और चल दिया संभव को खोजने।

संभव कक्षा में मिल गया। सिंघाड़ा उसके कान में पास मुँह ले जाकर धीरे से बोला, ''बाहर चलो। तुमसे अकेले में कुछ ज़रूरी बात करनी है।'' संभव उसके साथ चला आया। एक जगह एकांत में उसे लिफाफा पकड़ाते हुए सिंघाड़ा ने कहा, ''यह पत्र सुनयना ने तुम्हारे लिए भिजवाया है।'' संभव बात को समझ गया। उसने लिफाफा अपनी जेब में डाला और वहाँ से चला गया। सिंघाड़ा भी सुनयना के पास लौट आया। ''मैंने तुम्हारा पत्र संभव को दे दिया।'' उसने कहा। ''सच?'' सुनयना खुशी से चीख पड़ी, ''क्या कहा उसने?'' ''कुछ नहीं! उसने तुम्हारा पत्र लेकर जेब में डाल लिया और चला गया वहाँ से। उसने मुझसे कुछ कहा नहीं!'' सिंघाड़ा ने बताया। ''उसके हाव भाव से तुम्हें क्या लगा?'' सुनयना कुछ और जानने के लिए उतावली हो रही थी। सिंघाड़ा बोला, ''न तो मैं मनोवैज्ञानिक हूँ और न ज्योतिषी। इसलिए इस बारे में कुछ बता पाने में मैं असमर्थ हूँ। कुछ दिन इंतजार करो। उसकी प्रतिक्रिया पता चल जाएगी।'' सुनयना बेचैन हो रही थी, ''पता नहीं वह कितने दिन इंतज़ार करायेगा? वैसे अगर उसने मेरा प्यार स्वीकार कर लिया, तो मैं भगवान को प्रसाद चढ़ाऊँगी।''

एक महीना बीत गया। संभव ने न तो सुनयना से कुछ कहा, न उसके पत्र का उत्तर दिया। सुनयना परेशान हो गयी। एक दिन उसने सिंघाड़ा से कहा, ''संभव ने कोई उत्तर नहीं दिया। मुझे घबराहट हो रही है। जाकर तुम उससे पूछो, क्या बात है?'' सिंघाड़ा भड़क गया, ''मैं उसको तुम्हारा प्रेमपत्र दे आया था। अब तुम जानो और वो जाने। मुझसे संदेशवाहक का काम नहीं होगा। जब प्यार किया तो डरना क्या...जाओ सीधे-सीधे बात करो।'' ''सिंघाड़ा माई डियर प्लीज! तुम्हीं तो मेरे सच्चे दोस्त हो। सीधे बात करने में घबराहट होती है। जाकर मेरी तरफ़ से तुम उससे बात कर लो। तुम मुझसे जो माँगोगे मैं वो दूँगी।'' सुनयना सिंघाड़ा के आगे हाथ जोड़कर खड़ी हो गयी। सिंघाड़ा बोला, ''तुम मुझको क्या दोगी? नोट्स तो हमेशा मुझसे माँगती रहती हो...ठीक है! मैं जाकर संभव से बात करता हूँ। लेकिन हाँ, सिर्फ एक बार! अब दुबारा मैं उससे तुम्हारा संदेशवाहक बनकर बात करने नहीं जाऊँगा।'' सिंघाड़ा चल दिया।

उसे संभव एक जगह मिल गया। उसने उसे रोक लिया, ''यार, तुमने सुनयना को कोई उत्तर नहीं दिया। वह तुम्हारे प्यार में पागल हो रही है। रोज तुम्हारे उत्तर का इंतज़ार करती है। तुम हो कि उसे घास नहीं डाल रहे हो। तुम्हारा प्यार पाने

के लिए उसने भगवान को भी अच्छा ऑफर दे रखा है।'' संभव मुस्कराया, ''तुम क्यों नहीं उससे प्यार कर लेते? तुम्हारे साथ तो वह बहुत रहती है।'' ''मुझे लेकर कोई गलतफहमी मत पालो यार! सपने में भी मुझे अपना प्रतिद्वन्द्वी मत मानो। क्या है न...कि प्यार करना बहादुर लोगों को काम है और मैं बहादुर नहीं हूँ। वो तो मैं उसका पड़ोसी हूँ इसलिए उसके साथ ज्यादा दिख जाता हूँ। मेरे मन में उसके प्रति कोई ऐसी-वैसी भावना नहीं हैं।'' ''तो मुझे क्यों फँसाने के चक्कर में तू लगा है बेटा?'' संभव ने कहा, ''मेरे दादाजी मुझे एक बात समझाया करते हैं। मान कर चलो कि यह जिन्दगी सौ साल की है। इस सौ साल में जो शुरू के पचीस साल तक तपस्या में लीन रहता है वह आगे के पचहत्तर साल आराम से गुजारता है। पढ़ाई बहुत बड़ी तपस्या है। इसके उलट जो शुरू के पचीस साल तक खूब मौज करता है वह आगे के पचहत्तर साल जिन्दगी को रोते हुए गुजारता है। इसलिए मैं प्यार-मुहब्बत के लफड़े में नहीं पड़ने वाला। पढ़ाई के समय जो प्यार-मुहब्बत के चक्कर में पड़ा, समझो वह गया काम से। इसलिए मैं सुनयना से हाथ जोड़ रहा हूँ।'' सिंघाड़ा ने नाक चढ़ायी, ''यार तुम बड़े पाषाण-हृदय व्यक्ति हो। कबीर दास ने कहा है-ढाई आखर प्रेम का पढ़े सो पंडित होइ...बहरहाल, उल्टा उपदेश देने वाले तुम इन बातों का मर्म क्या समझोगे! संतों की वाणी के बजाय, साधारण मनुष्यों का उपदेश आत्मसात् करते हो...बताओ, सुनयना के लिए तुम्हारा क्या संदेश है?'' संभव हँसने लगा, ''उससे कह देना कि अपने पत्र में उसने मेरे बारे में जो इतनी अच्छी-अच्छी बातें लिखीं हैं, उसके लिए धन्यवाद! अपरिहार्य कारणों से मैं उसका प्यार स्वीकार कर पाने की स्थिति में नहीं हूँ। इसके लिए मैं क्षमाप्रार्थी हूँ...उसके प्यार को परवान चढ़ाने के लिए तुमने भी बहुत मेहनत की है श्रीकांत। तुम्हारा प्रयास सराहनीय है और तुम प्रशंसा के पात्र हो।'' ''ठीक है! कभी तुम मेरे लिए किसी का प्रेमपत्र लेकर आओगे तब मैं तुमसे निबटूँगा।'' कहते हुए सिंघाड़ा वहाँ से चल दिया।

सुनयना के पास पहुँचकर सिंघाड़ा ने सारी बात बता दी। उसके और संभव के बीच हुई सारी बात। सिंघाड़ा घबरा रहा था कि अब सुनयना रोना-धोना शुरू करेगी। हुआ उल्टा। सुनयना एकदम तैश में आ गयी, ''दुष्ट...नीच...कमीना... हरामी। पता नहीं क्या समझता है अपने आपको। पढ़ने में जरा सा तेज क्या है, मिजाज ही नहीं मिलता। दरअसल उसको तुमसे चिढ़ है। मैं तुम्हारे साथ अक्सर रहती हूँ न, तो जलता है तुमसे। सोचता है, हम दोनों आपस में प्यार करते हैं। अब मैं उसको और जलाऊँगी। मैं सचमुच में तुमसे प्यार करूँगी। उसको दिखा-दिखाकर तुमसे प्यार करूँगी। बोलो सिंघाड़ा? तुम मेरे प्रियतम बनोगे न? आई लव यू!''

सिंघाड़ा इस अप्रत्याशित घटनाक्रम के लिए तैयार नहीं था। वह घबरा गया, "ये क्या बक रही हो तुम? कहाँ संभव को प्यार करने चली थी, कहाँ तुम्हारी तोप का मुँह मेरी तरफ घूम गया? प्यार-व्यार करना मेरा बस का रोग नहीं है। संभव ने मना कर दिया तो क्या हुआ? तुम किसी दूसरे अच्छे लड़के की ओर देखो।" सुनयना मनुहार करने लगी, "तुम मुझसे नाराज़ हो गये न? मैंने संभव को प्रेमपत्र लिखा और उसे भिजवाया भी तुम्हारे हाथ। अरे, मैंने संभव को प्रेमपत्र ही तो लिखा था। उससे मेरा चक्कर शुरू तो नहीं हुआ था?...मेरे प्रेमी तुम हो। मैं तुम्हें प्यार करूँगी। तुम्हें इतना प्यार दूँगी, तुम्हें इतना प्यार दूँगी कि तुम्हारा जीवन महक उठेगा। मेरे प्रियतम...।" "सुनो! मुझे प्रियतम-सियतम मत कहो नहीं तो मैं तुमसे बात करना ही छोड़ दूँगा।" सिंघाड़ा बोला, "मैं इन सब लफड़ो में नहीं पड़ने वाला। किसी और के साथ अपना चक्कर चलाओ।"

सुनयना समझाने लगी, "तुम शायद यह सोचकर डर रहे हो कि अब हम दोनों हमेशा प्रेमी-प्रेमिका रहेंगे और आगे चलकर हमें एक-दूसरे से शादी करनी पड़ेगी। हम दोनों हमेशा प्रेमी-प्रेमिका तो बने रहेंगे, लेकिन आपस में शादी नहीं करेंगे। बस, एक-दूसरे के साथ प्यार करेंगे और मस्ती करेंगे।" "मुझसे यह सब नहीं हो पायेगा।" सिंघाड़ा हाथ जोड़कर खड़ा हो गया, "अपनी बकवास बन्द करो नहीं तो मैं यहाँ से जा रहा हूँ।" सुनयना बड़े रहस्यपूर्ण तरीके से मुस्करायी, "मैं तुम्हें एक ऐसी चीज देने वाली हूँ कि तुम सुनकर ही मस्त हो जाओगे।" "क्या?" सिंघाड़ा ने पूछा। सुनयना धीरे-धीरे फुसफुसाने लगी, "अब हम दोनों बड़े हो गये हैं। चलो एक दिन सेक्स का मजा लिया जाय। मुझे संतोष रहेगा कि मेरे सबसे पुराने दोस्त ने जिन्दगी में पहली बार मुझे जूठा किया और तुमको भी संतोष रहेगा।" "क्या?" सिंघाड़ा भड़क गया, "तुम्हारा दिमाग तो नहीं खराब हो गया है। पढ़ाई-लिखाई छोड़कर अब यही सब करना रह गया है?" सुनयना भी नाराज़ को गयी, "बहुत नाटक दिखा रहे हो। अभी किसी और लड़के से मैंने यह बात कही होती तो वह मेरे पैरों में लोट गया होता। संभव की तरह तुम भी गये भाड़ में। जिस दिन तुम्हें बताऊँगी कि मैंने किसी और के साथ सेक्स का मजा ले लिया, उस दिन जलन के मारे कूदते फिरोगे। जाओ, अब पहली बार सेक्स का मजा मैं तुम्हारे साथ नहीं लूँगी। तुम हाथ जोड़कर रिरियाओगे तब भी नहीं। जल्दी ही कोई खूबसूरत दोस्त तलाशती हूँ और हम दोनों पहली बार एक दूसरे को जूठा करेंगे।" सुनयना पैर पटकती हुई वहाँ से चली गयी।

बात आयी-गयी हो गयी। सब कुछ सामान्य हो गया। सुनयना और सिंघाड़ा अब भी आपस में बातें करते थे, लेकिन प्रेम-मुहब्बत सम्बन्धी कोई बात नहीं।

सिंघाड़ा यह सोचकर खुश था कि सुनयना के सिर से प्यार का भूत उतर गया है और वह पढ़ाई-लिखाई में मन लगा रही है। इस साल दोनों को बोर्ड की परीक्षा देनी थी। सिंघाड़ा पढ़ाई के प्रति काफी गंभीर हो गया था।

एक दिन दोनों अपनी-अपनी साइकिल से घर से स्कूल आ रहे थे। रास्ते में सुनयना ने सिंघाड़ा से कहा, ''कल एक बड़ी मजेदार बात हुई। सुनोगे तो उछाल पड़ोगे।'' ''क्या हुआ?'' सिंघाड़ा ने पूछा। सुनयना रहस्यपूर्ण ढंग से मुस्करायी, ''कल मैंने धर्मेश के साथ पहली बार सेक्स का मजा लिया।'' ''क्या?'' सिंघाड़ा चीख पड़ा। सुनयना फिर मुस्करायी, ''तुम्हें जलन हो रही है न?'' ''जलन की ऐसी की तैसी।'' सिंघाड़ा बोला, ''कहाँ किया तुम लोगों ने?'' ''अपने घर में।'' सुनयना बताने लगी, ''एक दिन क्लास खत्म होने पर मैंने धर्मेश से बात की तो वह बड़ी खुशी से तैयार हो गया। कल दोनों बहनों के स्कूल से घर लौटने के दो घंटे पहले ही हम दोनों घर पहुँच गये। माँ घर में अकेली थीं। मैंने उनसे कहा कि मम्मी हम दोनों बोर्ड की परीक्षा की तैयारी करने जा रहे हैं। हमें डिस्टर्ब मत करना। मैं धर्मेश को अपने कमरे में लिवा गयी और कमरे का दरवाजा अन्दर से बन्द कर लिया। उसके बाद हम दोनों ने कमरे की फर्श पर लेटकर दो बार सेक्स किया। धर्मेश ने भी अपने सारे कपड़े उतार दिये थे और मैंने भी। बड़ा मजा आया।'' ''तुम्हारी मम्मी को शक नहीं हुआ?'' सिंघाड़ा ने आश्चर्य से पूछा। ''मैंने मम्मी को पहले ही समझा दिया था न! मैं जो भी समझाती हूँ मेरी मम्मी वही समझती हैं। वे कभी मुझ पर शक नहीं करतीं।'' सुनयना बोली।

सिंघाड़ा ने कहा, ''ये तुम्हारा निजी मामला है। जो जी में आये करो। मैं क्या कर सकता हूँ?'' सुनयना हँसी, ''मैं सब समझ रही हूँ। तुम्हें जलन हो रही है। मैंने पहले तो तुमसे ही कहा था। तुम लगे नाटक दिखाने। मैं क्या करती? जवानी का मजा लेना चाहिए कि बैठे रहो एक आदमी का इंतजार करते, जो आगे चलकर तुम्हारा दूल्हा बनेगा। जीवन की यह उम्र फिर लौट कर आयेगी क्या?...अभी देर नहीं हुई है। मैं तुम्हें फिर ऑफर दे रही हूँ। तुम जिस दिन चाहो, मेरे साथ सब कुछ कर सकते हो।'' ''मैं तुम्हारे हाथ जोड़ रहा हूँ। मुझे कुछ नहीं चाहिए। इस साल बोर्ड की परीक्षा है। तुम्हारे चक्कर में मैं फेल नहीं होना चाहता। सिंघाड़ा ने भन्नायी हुई आवाज में कहा। ''तुम्हारी मर्जी!'' सुनयना फिर मुस्करायी, ''मुझे तो धर्मेश मिल ही गया है। मेरा जब मन किया करेगा, तब उसके साथ मजे लूटा करूँगी। तुम बैठे रहो घुन्नाते हुए। मेरी मम्मी बहुत भोली हैं। घर में उनके रहते हुए ही मैं सब कुछ करूँगी और उन्हें भनक तक नहीं लगेगी।''

अब सुनयना अक्सर धर्मेश के साथ ही रहती थी। सिंघाड़ा धर्मेश को बराबर

सुनयना के घर आते-जाते देखता था। वह सब समझ रहा था, क्या हो रहा है। वह कभी कुछ नहीं बोलता था। उसे बुरा तो लगता था, लेकिन वह अपनी पढ़ाई के प्रति सावधान था। उसे पता था कि बोर्ड की परीक्षा में जो भी अंक मिलेंगे, वे जीवन भर के लिए पीठ पर चिपक जाएँगे।

बोर्ड की परीक्षाएँ हो गयीं। रिजल्ट भी आ गया। सिंघाड़ा बहुत अच्छे ढंग से पास हुआ। सुनयना भी ठीक-ठाक पास हो गयी। दरअसल सिंघाड़ा खूब मेहनत से नोट्स बनाता था। सुनयना तमाम तरह के नाटक करके उसके नोट्स माँग लेती थी। सिंघाड़ा के नोट्स तैयार करके वह भी ढंग से पास हो जाती।

दोनों स्कूल से कॉलेज पहुँच गये। सिंघाड़ा ने बी.ए. में हिन्दी, प्राचीन इतिहास और राजनीतिक शास्त्र विषय लिये। वह नहीं चाहता था कि सुनयना हूबहू वही विषय ले जो उसने लिये थे। सुनयना कहाँ बाज आने वाली थी। वह कोई दूसरा विषय लेती तो उसे नोट्स कहाँ से मिलते? उसने भी वही तीनों विषय लिये जो सिंघाड़ा ने लिये थे। स्कूल छूटा तो कॉलेज में भी साथ। हाँ, सुनयना का प्रेमी धर्मेश बारहवीं में फेल हो गया। फेल हो गया तो प्रेम समाप्त। सुनयना ने धर्मेश को पहचानना ही बंद कर लिया।

कॉलेज आना जाना शुरू हो गया। सुनयना और सिंघाड़ा, दोनों अब भी साइकिल से ही जाते थे। एक दिन साथ-साथ कॉलेज जाते समय सुनयना ने फिर सिंघाड़ा पर दबाव बनाना शुरू किया, ''सिंघाड़ा तुम इतने जिद्दी क्यों हो? तुम मेरा प्यार स्वीकार क्यों नहीं कर लेते? मैं तुम पर यह दबाव कहाँ डाल रही हूँ कि आगे चलकर तुम मुझसे शादी करना। मेरे साथ तुम भी सेक्स का मजा लो। एक बार तुम मेरे साथ करके के तो देखो। इतना मजा आता है कि पूछो मत। एक बार अगर तुम्हें सेक्स का मजा मिल गया तो फिर मुझे तुमसे नहीं कहना पड़ेगा। तुम खुद मुझे हमेशा खोजते फिरोगे।'' सिंघाड़ा मुस्कराया, ''धर्मेश की जिन्दगी तो तुम ले बढ़ी। अब तुम उसको पहचानती भी नहीं। मेरी भी जिन्दगी बर्बाद कर दो। तुम्हारे बाप तो तुम्हें किसी के सिर मढ़कर मुक्त हो जाएँगे। मैं तुमसे भीख भी माँगने आऊँगा तो तुम मुझे वह भी नहीं दोगी।'' धर्मेश के उल्लेख से सुनयना का चेहरा चोर हो गया। उससे आगे कुछ भी नहीं बोलते बना।

एक दिन सुनयना ने सिंघाड़ा से कहा, ''क्लास में जितने लड़के हैं, उनसे स्मार्ट तो इतिहास वाले सर हैं। पढ़ाते भी उतना ही अच्छा हैं। लड़के तो उनके आगे फटीचर लगते हैं।'' ''तो फेंक दो उनके ऊपर अपना जाल। उनको ही अपना दोस्त या प्रेमी बना लो।'' सिंघाड़ा ने कहा। सुनयना हँस कर बोला, ''तुम क्या समझते हो? मैं अभी तक बैठी हुई हूँ चुपचाप? मैंने उन पर अपना जाल फेंक

दिया है और वे जाल में फँस भी चुके हैं।'' ''क्या?'' सिंघाड़ा भौचक्का रहा गया। सुनयना बताने लगी, ''एक दिन सर स्टाफ रूप में अकेले बैठे थे। मैं उनसे कुछ पूछने गयी। सर ने जब सब कुछ समझा दिया तो मैंने मुस्कराकर उनसे कहा–सर आप बहुत स्मार्ट और खूबसूरत हैं। फिर तो वे उठकर खड़े हो गये। उन्होंने पहले मेरे दोनों गालों को चूमा फिर होठों को भी चूम लिया। मुझे बहुत अच्छा लगा। मैं सर को हाथ हिलाते हुए मुस्कराकर चली आयी।'' सिंघाड़ा ने ताली बजायी, ''वाह सुनयना द ग्रेट। लोग पहले सोचते हैं, तब काम करते हैं। तुम पहले काम कर डालती हो, उसके बाद सोचती हो। क्या इतिहास वाले सर के साथ भी सब कुछ कर डालने का इरादा है या सिर्फ चूमा-चाटी तक ही सीमित रहोगी?'' ''सिर्फ चूमा-चाटी में क्या रखा है? जो मजा सब कुछ कर डालने में है, वह मजा और किसी चीज में कहाँ?'' सुनयना मुस्करायी।

इतिहास वाले सर से सुनयना की घनिष्ठता बढ़ती जा रही थी। सिंघाड़ा को सब पता रहता था। सिंघाड़ा से विश्वस्त सुनयना का कोई नहीं था। किसी बात को वह अपने तक सीमित नहीं रख पाती थी। सिंघाड़ा के सामने सब कुछ उगल देती थी वह। इससे उसका मन हल्का हो जाता था। मन पर कोई बोझ नहीं रहता था। सिंघाड़ा उसकी बात को पचा जाता था। जानता था, किसी से कुछ कहने-सुनने में बात का बतंगड़ बनेगा और अन्त में जाकर मेरा ही गला फँसेगा। वैसे भी बातों के मामले में सिंघाड़ा का हाजमा बड़ा मज़बूत था।

एक दिन सुनयना साइकिल से घर लौट रही थी। सिंघाड़ा भी साथ में था। सुनयना मन्द-मन्द मुस्करा रही थी। थोड़ा शरमा भी रही थी। सिंघाड़ा कुछ-कुछ भाँप गया,''लगता है, आज तुम्हारे मन में लड्डू फूट रहे हैं। सर के साथ कोई कांड करके आ रही हो क्या?'' सुनयना शरमायी, ''सर ने आज ऐसा काम कर दिया, जिसके बारे में मैं सोच भी नहीं सकती थी।...सर स्टाफ रूम में अकेले बैठे थे। मैं उनसे मिलने गयी। वे मुझे देखते ही उठ खड़े हुए। उन्होंने मेरा हाथ पकड़ा और मुझे बाथरूम के अंदर खींच ले गये। उन्होंने बाथरूम का दरवाजा बन्द कर लिया। बाथरूम के अन्दर उन्होंने कसकर मुझे बाँहों में भर लिया और मेरे चेहरे पर चुम्बनों की बौछार कर दी। उसके बाद कपड़े के ऊपर से ही वे मेरे अंगों को नोचने लगे। मैं डर रही थी कि स्टाफ रूम में कोई टीचर आकर बैठ गया होगा तो क्या होगा? पूरे कॉलेज में बदनामी हो जायेगी। मैंने पूरी ताकत लगाकर सर से अपने को छुड़ाया। बाथरूम का दरवाजा खोलकर मैं बाहर आ गयी। स्टाफ रूम में कोई टीचर नहीं आया था। मेरी जान में जान आयी।'' सर भी बाहर निकल आये। वे नाराज़ न हों, इसलिए मैंने उनके होठों को चूम लिया और भाग आयी।''

"तुमने ओखली में सिर तो दे ही रखा है।" क्या पता किसी दिन सिर पर तड़ातड़ मूसल पड़ भी जायँ। तुम्हारी फिलॉसफी है–त्यजेत् लज्जा सुखी भवेत्। यानी सारी लाज-शर्म छोड़ दो और सुखपूर्वक रहो। जब लाज-शर्म छोड़ ही दिया है तो रहो सुखपूर्वक। करना क्या है!" सुनयना ने कहा, "अच्छा ज्यादा भाषण मत झाड़ो... तुम्हारी एक मदद की जरूरत है। कर दो तो तुम्हारा एहसान मैं जिन्दगी भर नहीं भलूँगी।" "मुझसे क्या काम पड़ गया?" सिंघाड़ा ने पूछा। सुनयना सहमकर बताने लगी, "एक दिन जब सारी कक्षाएँ खत्म हो जाएँ तो तुम इतिहास वाले कमरे के दरवाजे पर खड़े होकर पहरा देते रहो। अन्दर आलमारियों की ओट मे मैं और सर, सब कुछ कर लेंगे।" "क्या?" सिंघाड़ा उखड़ गया और साइकिल से उतरकर खड़ा हो गया, "तुमने मुझको समझ क्या रखा है? अब यही सब काम मेरे पास करने के लिए बचा है? कुछ दिन बाद मुझसे कहोगी कि जाओ मेरे लिए लड़कों की व्यवस्था करो...तुम जाओ अकेले घर। नहीं जाऊँगा मैं तुम्हारे साथ।" सुनयना डर गयी और साइकिल से अकेले ही घर चल दी। सिंघाड़ा कुछ देर तक उसे पीछे से घूरता खड़ा रहा।

कुछ दिनों बाद सर ने सुनयना के घर आना-जाना शुरू कर दिया। सिंघाड़ा ने जब पहली बार उन्हें सुनयना के घर देखा तो उसके कान खड़े हो गये। वह समझ गया। कॉलेज में जुगाड़ नहीं बन पाया। सुनयना ने इन्हें अपने घर लाना शुरू कर दिया है। किसी दिन अपनी माँ को बेवकूफ बनाकर यह अपने घर में ही कामक्रीड़ा करेगी। उसके बाद दोनों आये दिन यह सब करेंगे। इसकी माँ बेटी को मॉडर्न बना रही है। खूब मॉडर्न बन गयी है वह। बहरहाल जहाँ दोनों ने कुछ किया, सुनयना अपने आप मुझे सब कुछ बतायेगी। उसके पेट में पचेगा ही नहीं।

सचमुच वही हुआ। एक दिन सुनयना सिंघाड़ा को ठेंगा दिखाते हुए बोली, "तुमने क्या सोचा था? तुम मदद नहीं करोगे तो मैं और सर सफल नहीं हो पायेंगे? कल हम दोनों ने सब कुछ कर लिया। वो भी घर में ही। पापा बैंक गये थे। दोनों बहनें स्कूल गयी थीं। घर में ड्राइंगरूम में मैं और सर बैठे हुए थे। मम्मी ने मुझसे कहा कि मैं कुछ जरूरी काम से रवीना आंटी के घर जा रही हूँ। सर जब जाने लगेंगे तो तुम इन्हें बाहर तक छोड़ देना। मैं नहीं आ पाऊँगी। मम्मी चली गयीं। उसके बाद तो मैं सर को लेकर अपने कमरे में गयी और वहाँ हम दोनों ने जी भर कर मज़ा लिया। बहुत आनन्द मिला। आत्मा तृप्त हो गयी। सर के साथ ये सब करना, मेरा बहुत बड़ा सपना था।" "तुम्हारी मर्जी! जो जी में आये करो। इसमें मैं क्या करूँ?" सिंघाड़ा ने कहा। सुनयना ने उसे चिढ़ाया, "तुम्हें जलन हो रही? जलने की कोई जरूरत नहीं है। तुम्हारे लिए मेरे दरवाजे हमेशा खुले हुए हैं। जब

भी तुम्हारा मन पटे तुम निःसंकोच तुरंत मेरे घर चले आना। भले उस समय मेरे घर में चाहे सब लोग रहें। मैं किसी ने किसी तरह तुम्हें करवा ही दूँगी। नहीं कहीं जुगाड़ बैठेगा तो छत पर ले चलकर करवा दूँगी।'' ''अच्छा अपनी बकवास बन्द करो!'' सिंघाड़ा झल्लाया।

एक दिन सुनयना ने सिंघाड़ा को बड़ी सनसनी खेज सूचना दी, ''पता है! मैं और सर दस दिन के लिए राजस्थान जा रहे हैं। मैंने घर में सब को बता दिया है कि सर मुझे राजस्थान की ऐतिहासिक जगहें दिखाने लिवा जा रहे हैं। कॉलेज में यह बात किसी को नहीं पता है कि मैं और सर राजस्थान घूमने जा रहे हैं। बात का बतंगड़ हो जाएगा। प्लीज! तुम कॉलेज में किसी को मत बताना।'' सिंघाड़ा ने चिढ़ाया,'' सर के शरीर की सारी ऐतिहासिक जगहें तो तुम देख चुकी हो। वहाँ जाकर कुछ दूसरा दिखेगा क्या?'' सुनयना ने झिड़क दिया, ''चुप रहो। हम लोग दस दिन घूमेंगे-फिरेंगे और मौज-मस्ती करेंगे। जरा बाहर जाकर आनन्द लिया जाय। यहीं इसी शहर में पड़े-पड़े क्या मजा?'' सिंघाड़ा कुछ नहीं बोला। वह समझ रहा था कि सुनयना बहुत बड़ा खतरा मोल ले रही है। कॉलेज में जरा सा यह बात लीक हुई या सर के घर में ही किसी को यह सब पता चल गया तो अनर्थ हो जाएगा, लेकिन वह कुछ नहीं कर सकता था। सुनयना के माँ-बाप ने ही उसको इतनी ज्यादा छूट दे रखी थी कि कोई और कुछ नहीं कर सकता था। सचमुच कुछ दिनों बाद दोनों राजस्थान चले गये। सुनयना के चले जाने पर सबसे ज्यादा शान्ति सिंघाड़ा को महसूस हो रही थी। रहने पर वह सिंघाड़ा की खोपड़ी पर बहुत सवार रहती थी। सिंघाड़ा को अपनी निजता में बहुत खलल महसूस होती। सुनयना को लेकर उसके दोस्त उसका मजाक उड़ाते थे। सफाई देने में उसे सुनयना को गाली भी देनी पड़ती, ''ससुरी को मैं हमेशा डंडा लेकर भगाता रहता हूँ, लेकिन वह भागती ही नहीं। उसका घर मेरे घर से सटा हुआ है। इसके माँ-बाप बड़े झगड़ालू हैं। मैं इसे ज्यादा बोल देता हूँ तो इसके माँ-बाप मेरे मम्मी-पापा से भिड़ जाते हैं।'' सिंघाड़ा अपने को खूब स्वतंत्र और स्वच्छन्द महसूस कर रहा था।

स्वतंत्रता ज्यादा दिन नहीं टिकी। दस दिन में वह लौट आयी। सर उसको उसके घर छोड़ते हुए तब अपने घर गये। सुनयना चहक तो रही थी, लेकिन बहुत ज्यादा भी नहीं चहक रही थी। उसके हाव-भाव से सिंघाड़ा ने भाँप लिया कि दाल में कुछ काला है। उसने अपनी तरफ से टोकना उचित नहीं समझा। उसे पता था। आगे-पीछे सारी बातें सुनयना खुद ही बतायेगी।

साइकिल से साथ कॉलेज जाते समय सुनयना सचमुच उसे राजस्थान की बातें बताने लगी, ''सिंघाड़ा, राजस्थान में सर ने मुझे बहुत बड़ा धोखा दिया। मैंने नहीं

सोचा था कि सर इतने नीच और गिरे हुए इंसान होंगे।'' ''क्या हो गया?'' सिंघाड़ा ने उत्सुकता से पूछा। सुनयना बताने लगी, ''सर ने अपने दो और दोस्तों को फोन करके बुला रखा था। हम लोग जैसे ही रेलवे स्टेशन पर उतरे, वे दोनों लोग भी वहाँ आ गये। उसके बाद तीनो मिलकर मुझे राजस्थान घुमाने लगे। वे लोग हर शहर में एक होटल में रुक जाते और रात में तीनों मिलकर मेरे साथ दुष्कर्म करते। सर के संकोच में मैं कुछ बोल नहीं पा रही थी। कुल मिलाकर बस तीन शहर सब लोग घूमे। उन लोगों को घूमने और ऐतिहासिक स्थानों को देखने में कोई खास दिलचस्पी नहीं थी। सब की दिलचस्पी केवल मुझमें थी। जब जिसका मन करता था, मेरे कपड़े उतार कर शुरू हो जाता था। एक दिन मैं नहा रही थी। सर का एक दोस्त बाथरूम में ही घुसकर सब कुछ करने लगा। वहाँ मैं किसी से कुछ कह नहीं सकती थी। मेरा मन एकदम खराब हो गया है। अब मैं सर से कोई सम्बन्ध नहीं रखूँगी।'' ''इसमें बुरा मानने की क्या बात है?'' सिंघाड़ा बोला, ''तुम एक के साथ मजा मारने की सोचकर गयी थी। तीन-तीन के साथ मजा मारकर आयी हो। तुम्हें तो खुश होना चाहिएं।'' ''सर ने मुझे विश्वास में नहीं लिया। मुझे पहले से कुछ नहीं बताकर ले गये थे। फिर मैं जिससे प्यार करती हूँ, उसके साथ सब कुछ करना चाहती हूँ। हर किसी के साथ नहीं। जैसे मैं तुमसे प्यार करती हूँ, इसलिए हमेशा तुम्हारे साथ सब कुछ करने के सपने देखती हूँ...'' ''देखो!'' सिंघाड़ा भड़क गया, ''मेरा नाम लेकर मेरा दिमाग मत खराब किया करो। समझी!''

एक दिन सुनयना सिंघाड़ा से रोते हुए बोली, ''बड़ा अनर्थ हो गया सिंघाड़ा। मैं गर्भवती हो गयी हूँ।'' ''क्या?'' सिंघाड़ा घबरा गया। कुछ देर में उसने अपने को संयत किया, ''जाकर इतिहास वाले सर से बात करो।'' ''मैंने उनसे बात करना बंद कर दिया है।'' सुनयना उसी तरह रोती रही। ''जाकर बात करो। बिना बात किये कैसे समस्या का समाधान निकलेगा?...और हाँ! अब हमेशा मेरे सिर पर सवार रहने की कोशिश मत किया करो। सारा इल्जाम मेरे सिर पर जाएगा।'' सिंघाड़ा को बहुत तेज घबराहट हो रही थी। सुनयना रोती रही, ''सिंघाड़ा तुम मेरे सबसे अच्छे दोस्त हो। बुरे वक्त में तुम भी साथ नहीं दोगे?'' ''मैं तुम्हारा दोस्त-वोस्त नहीं हूँ, समझी। मैं तुम्हारा पड़ोसी और परिचित हूँ। फिर मुझे दोस्त कहा तो मुझसे बुरा कोई नहीं होगा।'' सिंघाड़ा झल्लाते हुए वहाँ से चला गया।

अब सिंघाड़ा सुनयना से पूरी तरह बचने लगा था। वह साइकिल लेकर एक घंटे पहले ही कॉलेज के लिए निकल देता था, जिससे सुनयना साथ न रहे। कॉलेज में भी जब उसकी सारी कक्षाएँ समाप्त हो जातीं, वह इधर-उधर खिसक देता। जब एकाध घंटे बीत जाते और वह समझ लेता कि अब सुनयना घर चली गयी

होगी, तब वह आता और साइकिल स्टैंड से अपनी साइकिल लेकर घर के लिए निकलता। वह दो महीने तक इसी तरह भागता रहा सुनयना से।

एक दिन सुनयना शाम को उसके घर आ गयी। वह अपने कमरे में बैठा पढ़ रहा था। सुनयना उसके कमरे में घुस गयी। सिंघाड़ा के घर में उसे इतनी छूट प्राप्त थी। सिंघाड़ा उसे देखते ही सकपका गया। सुनयना मुस्करा रही थी। "बहुत खुश नज़र आ रही हो! कुछ खास बात है?" सिंघाड़ा ने बहुत औपचारिकता से पूछा। "तुम क्या सोच रहे थे? मैं जब चारों तरफ से फँस जाऊँगी और कोई रास्त नहीं दिखेगा तो मैं तुम्हारा नाम लगा दूँगी? कि मेरे पेट में पल रहा बच्चा सिंघाड़ा का है? मुझे इतना गिरा हुआ समझ रखा है? मैं सीधे-सीधे सर का नाम लगा देती... बहरहाल उस मुसीबत से छुटकारा मिल गया। तुम्हारे कहने पर मैं सर से जाकर मिली थी और उनको सारी बात बता दी। उन्होंने होम्योपैथी की एक दवा लाकर मुझे दी। उस दवा को कुछ दिन खाने से सब साफ हो गया। मैंने होम्योपैथी की उस दवा का नाम लिखकर रख लिया है। भाविष्य में फिर कभी जरूरत पड़ गयी तो काम देगी।...अब तुम्हें मुझसे भागने की जरूरत नहीं है। ज्यादा भागोगे न तो किसी दिन तुम्हें बेहोशी की दवा पिलाकर बेहोश कर दूँगी। उसके बाद तुम्हारे सारे कपड़े उतार कर मैं खुद ही तुम्हारे साथ सब कुछ कर डालूँगी।" "अच्छा जाओ यहाँ से। तुरंत चली जाओ नहीं तो मुझसे बुरा कोई नहीं होगा। खुद तो पढ़ना-लिखना नहीं है, दूसरों को भी डिस्टर्ब करोगी।" सिंघाड़ा को गुस्सा आ गया। सुनयना उठी और मुस्कराती हुई चली गयी।

सिंघाड़ा और सुनयना बी.ए. तृतीय यानी अंतिम वर्ष में पहुँच गये थे। सिंघाड़ा के नोट्स पढ़-पढ़कर सुनयना पास होती चल रही थी। सुनयना पढ़ने में कमजोर नहीं थी। बस मन नहीं लगता था उसका पढ़ने में। सुनयना ने इतिहास वाले सर से तौबा कर ली थी। आजकल वह एक बी.ए. द्वितीय वर्ष के लड़के के साथ बहुत घूम रही थी। सिंघाड़ा समझ गया। सुनयना इस नये मुर्गे को भी हलाल करके रहेगी। लड़का हमेशा सुनयना को दीदी-दीदी कहता हुआ उसके पीछे-पीछे लगा रहता।

एक दिन सिंघाड़ा ने सुनयना को छेड़ ही दिया, "सुना है आजकल तुम अपने छोटे भइया से बहुत प्यार करती हो?" सुनयना हँसने लगी, "अच्छा! तुम रवीश की बात कर रहे हो। बड़ा बेवकूफ लड़का है। मुझे वो बहुत अच्छा लगता है। मैं उससे प्यार करती हूँ। वो है कि मुझे दीदी-दीदी करता रहता है। अब मैं उसे कैसे समझाऊँ कि मैं उसे प्यार करती हूँ। उसकी दीदी नहीं हूँ।" सिंघाड़ा ने चिढ़ाया, "तुम तो इस क्षेत्र की विख्यात विशेषज्ञ हो। ये सब तो तुम्हारे बाएँ हाथ का खेल है। उसे तुम बहुत आसानी से समझा सकती हो।" सुनयना को बुरा लग गया, "वो

तो मैं कर ही लूँगी। तुम क्या समझते हो? मैं तुमको भेजूँगी क्या उसके पास कि जाओ उसे मेरे मन की बात बता आओ?...बस एक ही डर लगता है। मैं जिस दिन उसको बताऊँगी कि मैं तुम्हें प्यार करती हूँ, वह डर के मारे भाग न खड़ा हो! क्या पता वह भी तुम्हारी तरह नपुंसक हो।'' सिंघाड़ा ने बुरा नहीं माना, ''अगर वह नपुंसक हुआ तब तो ठीक! अगर वह मर्द निकल गया तो इस साल परीक्षा में फेल हो जाएगा।'' सुनयना मुँह फुलाकर चली गयी। सिंघाड़ा मन ही मन हँस रहा था।

उस दिन रविवार था। सिंघाड़ा अपने कमरे में बिस्तर पर बैठा पढ़ रहा था। अचानक सुनयना आ गयी। वह पास रखी कुर्सी पर बैठ गयी। वह सिंघाड़ा को ठेंगा दिखाती हुई बोली, ''देखो! मैंने रवीश को पटा लिया। अब वह मेरा प्रेमी बन गया है और मुझे खूब प्यार करता है।'' सिंघाड़ा हँसने लगा, ''तो वह मर्द निकल ही गया। भगवान उसका भला करें। उसका यह साल खराब होकर रहेगा।'' सुनयना चिढ़ गयी, ''नहीं होगा उसका साल खराब! देख लेना! वह बहुत अच्छे नम्बरों से पास होगा।'' ''बड़ी अच्छी बात है! वैसे तुमने उसे आई लव यू कैसे कहा?'' सिंघाड़ा ने पूछा। ''मैंने उसे थोड़ा दूसरे ढंग से पटाया।'' सुनयना बताने लगी, ''एक दिन मैं दोपहर में उसको अपने घर लेकर आ गयी। घर में न तो पापा थे और न दोनों बहनें। सिर्फ मम्मी थीं। मैं उसे सीधे अपने कमरे में ले गयी। उसे बैठाकर कुछ देर तक तो इधर-उधर की बातें करती रही। अचानक मैंने दरवाजा अन्दर से बन्द कर लिया और लाइट जला दी। एक-एक-एक कर मैंने अपने सारे कपड़े उतार दिये और उसके सामने खड़ी हो गयी। कुछ देर तक वह ललचायी नजरों से मेरे शरीर को निहारता रहा। उसने हिम्मत जुटायी और मुझे अपनी बाहों में भर लिया। वह बहुत नर्वस लग रहा था। अन्ततः उसने मेरे साथ सब कुछ कर डाला।'' तुम्हारे पास कोई प्रेमी न रहे तो तुम बेचैन हो जाती हो। एक प्रेमी के हटने पर तुरंत नये प्रेमी की व्यवस्था करती हो।'' सिंघाड़ा ने कहा। सुनयना बोली, ''तुम यही समझ लो।''

वार्षिक परीक्षा हो गयी। रिजल्ट भी आ गया। सिंघाड़ा और सुनयना बी.ए. पास हो गये। रवीश बी.ए. द्वितीय वर्ष में लटक गया। सुनयना और सिंघाड़ा साथ ही आये थे कॉलेज अंक पत्र लेने। वहीं पता चला कि रवीश फेल हो गया है। घर लौटते समय सिंघाड़ा ठहाका लगाकर हँस रहा था, ''तुम्हारा प्रेमी तो सच्चा मर्द निकला। सौ टंच खरा मर्द। उसने तुम्हारा सिर एकदम गर्व से ऊँचा कर दिया। तुम कैसे भी व्यक्ति से प्रेम करो, उसे एकदम पक्का मर्द बनाकर ही छोड़ती हो। मान गया मैं तुमको।'' सुनयना मन ही मन खिसिया गयी, ''अब मुझसे उससे क्या लेना-देना है। मैं तो इस कॉलेज से पास हो गयी। उसे यहीं इसी कॉलेज में ही

रहना है। तुम्हारी यही खराब आदत है।'' सिंघाड़ा अब भी हँस रहा था, ''किसी को सौ टंच खरा मर्द बना देने के बाद तुम उसे उसके हाल पर छोड़ देती हो।'' सुनयना अंदर ही अंदर बहुत खिसिया रही थी। कुछ नहीं बोली।

सिंघाड़ा ने विश्वविद्यालय में एम.ए. में प्रवेश ले लिया। विषय रखा, राजनीतिविज्ञान। सुनयना भी पीछे-पीछे आ गयी। उसने भी एम.ए. में राजनीति विज्ञान में प्रवेश ले लिया। वह चाह रहा था कि कम से कम विश्वविद्यालय में सुनयना से पिंड छूट जाता। सुनयना इसलिए पीछे लगी थी कि पढ़ाई में ज्यादा बोझ नहीं रहेगा। सिंघाड़ा का बना-बनाया नोट्स मिल जाएगा। उसे उस नोट्स को सिर्फ तैयार करना रहेगा। सुनयना को फिर अपने साथ पाकर सिंघाड़ा को बड़ी कोफ्त हुई।

पढ़ाई शुरू हुई तो सिंघाड़ा का पिंड सुनयना से छूट गया। कक्षा में एक काफी अच्छे घर का लड़का था चिन्मय। चिन्मय मोटर साइकिल से विश्वविद्यालय आता था। वह पढ़ने में भी काफी तेज था। सुनयना ने उससे दोस्ती गाँठ ली। कुछ दिनों बाद बाइक से दोनों घूमने भी जाने लगे। चिन्मय चूँकि पढ़ने में काफी तेज था, सिंघाड़ा ने भी उससे दोस्ती कर ली। सुनयना अब सिंघाड़ा को ज्यादा भाव नहीं देती थी। सिंघाड़ा के साथ आना-जाना भी उसने छोड़ दिया। अपनी साइकिल से अकेले आती और अकेले जाती। सुनयना के घर चिन्मय का काफी आना-जाना हो गया था। सिंघाड़ा को इस बात से बड़ा सुकून मिला कि सुनयना ने उसका पिंड छोड़ दिया था। सुनयना अब सिंघाड़ा के घर भी नहीं जाती थी।

वार्षिक परीक्षाएँ पास आ रही थीं। एक दिन अकेले में चिन्मय सिंघाड़ा से अपने मन की बता बताने लगा, ''यार, सुनयना बड़ी प्यारी और मासूम लड़की है। मुझे उससे प्यार हो गया है। वह भी मुझे बहुत प्यार करती है। कहती है कि तुम्हारे लिये मैं अपनी जान भी दे सकती हूँ। मैंने उससे शारीरिक सम्बन्ध भी बना लिया है। पहले तो वह नहीं तैयार हो रही थी, लेकिन मेरे बहुत कहने पर मान गयी। मेरा जब भी मन करता है मैं उसी किसी होटल में ले जाता हूँ और उसके साथ सब कुछ करता हूँ। वह मुझसे शादी करना चाहती है। मुझे भी लगता है, कर ही लूँ उससे शादी। बहुत अच्छी लड़की है। तुम्हारे घर के बगल में रहती है। तुम कुछ बताओ। कैसी लड़की है?'' ''सुनयना?'' सिंघाड़ा ने कहा, ''वह तो बहुत अच्छी लड़की है। मुहल्ले में किसी से कोई मतलब नहीं रखती। बस अपना पढ़ती-लिखती है और अपने काम से काम रखती है। घरेलू कामकाज में बहुत दक्ष है। अपने माता पिता और बहनों का बहुत ध्यान रखती है। बहुत गम्भीर और समझदार लड़की है।'' ''थैक्यू यार श्रीकांत! तुमने मेरी दुविधा दूर कर दी। अब मैं सुनयना से शादी करने के बारे में गम्भीरता से सोच सकता हूँ।''

बहुत दिनों बाद, अगले दिन सुनयना सिंघाड़ा के घर गयी। सिंघाड़ा अपने कमरे में बैठा पढ़ रहा था।'' ''तुम्हारा बहुत-बहुत धन्यवाद!'' सुनयना बोली। सिंघाड़ा उसका मुँह देखने लगा, ''किस बात के लिए?'' उसने कहा, ''चिन्मय मुझे बता रहा था कि कल तुमने उससे मेरी बहुत तारीफ़ की। तुम्हारी तारीफ़ से वह आश्वस्त हो गया है मुझे लेकर और अब वह मुझसे शादी करने के लिए तैयार है। तुम्हारा यह एहसान में जिन्दगी भर नहीं भूलूँगी।'' ''इसमें एहसान की क्या बात है?'' सिंघाड़ा बोला, ''यह तो मेरा फर्ज था।'' सुनयना उसे फिर से धन्यवाद देती हुई चली गयी। सिंघाड़ा के चेहरे पर शरारती मुस्कान तैर गयी।

एम.ए. प्रथम वर्ष की परीक्षाएँ शुरू हो गयीं। सिंघाड़ा आश्चर्यचकित था। इस साल सुनयना ने उससे नोट्स नहीं माँगे। बात उसकी समझ में आ गयी। जरूर उसने चिन्मय से नोट्स लिये होंगे। चिन्मय है बड़ा अपवाद किस्म का छात्र। वह पढ़ाई और लफंगई को एक साथ साध लेता है। चलो अच्छा ही हुआ। कम से कम उसने एक साल तो मेरा नोट्स नहीं लिया।

परीक्षा परिणाम आ गया। चिन्मय, सुनयना, सिंघाड़ा, सब पास हो गये। सब दूसरे वर्ष में पहुँच गये। दूसरे वर्ष की पढ़ाई शुरू हो गयी। सुनयना और चिन्मय उसी तरह प्यार के पंक्षी बने हुए थे।

अचानक कक्षा में एक खुशखबरी तैर गयी। चिन्मय ने आई.ए.एस. की परीक्षा दी थी। उसका चयन भारतीय पुलिस सेवा में हो गया। कक्षा में सब चिन्मय को बधाइयाँ देने लगे। सिंघाड़ा ने भी बड़ी गर्मजोशी से बधाई दी। सुनयना तो इस तरह फूलकर कुप्पा थी, जैसे उसी का चयन भारतीय पुलिस सेवा में हो गया हो। चिन्मय ने पूरी कक्षा को मिठाई खिलायी। सारे अध्यापकों को उसने मिठाई खिलायी। सभी अध्यापकों ने उसे बधाई देते हुए उसके मंगलमय भविष्य की कामना की।

एक दिन सिंघाड़ा ने देखा कि एक जगह रास्ते में ही खड़े होकर चिन्मय और सुनयना आपसे में धीमी आवाज में झगड़ा कर रहे हैं। चिन्मय अपनी मोटरसाइकिल पर बैठा हुआ था। सुनयना जमीन पर खड़ी थी। उत्सुकता वश सिंघाड़ा भी वहाँ पहुँच गया। सिंघाड़ा को देखते ही सुनयना रोने लगी, ''देखो श्रीकांत! हम दोनों एक दूसरे को बहुत प्यार करते थे। इन्होंने मुझसे वादा किया था कि ये मुझसे शादी करेंगे। अब ,जब इनका चयन भारतीय पुलिस सेवा में हो गया है, ये मुझसे शादी करने से इनकार कर रहे हैं। चिन्मय बोला, ''अब मैं एक आई.पी.एस. अधिकारी हूँ। मैं तेरी जैसी फटीचर लड़की से शादी करूँगा?'' सुनयना चिल्लायी, ''मैं तुम्हारे खिलाफ़ थाने में एफ.आई.आर. लिखा दूँगी कि शादी का झाँसा देकर तुम बहुत दिनो से मेरा शारीरिक शोषण कर रहे थे। नौकरी मिल जाने के बाद तुम मुझसे शादी

नहीं कर रहे हो।'' ''खुशी से जाओ, खुशी से जाओ!'' चिन्मय ने कहा, ''जिस थाने में इच्छा हो उस थाने में जाओ और मेरे खिलाफ जो भी रिर्पाट लिखानी हो, लिखा दो। ...अभी उतारकर जूता, चार जूते मारूँगा; दिमाग हरा हो जाएगा। भाग यहाँ से।'' उसने अपनी मोटरसाइकिल स्टार्ट की और चला गया वहाँ से। सुनयना रोते हुए सिंघाड़ा की ओर देखने लगी। सिंघाड़ा कुछ देर तक असमंजस में वहीं खड़ा रहा। ''जाओ जाओ घर जाओ। बहुत हो चुका। जो होना था वह हो गया।'' अचानक सिंघाड़ा बोला। सुनयना नहीं हिली-डुली। वैसे ही खड़ी रही। सिंघाड़ा ने उसे एक शेर सुनाया–

''निकलना खुल्क से आदम का सुनते आये हैं लेकिन।
बड़े बेआबरू होकर तेरे कूचे से हम निकले।।''

वह भी चल दिया वहाँ से।

अदला-बदली

डॉ मतीन्द्र मिश्र अपने कच्चे मकान के एक कमरे के अस्पताल में बैठे-बैठे मरीजों का इंतज़ार कर रहे थे। दस बजे से बैठे-बैठे एक बज गये, लेकिन अभी एक भी मरीज नहीं आया था। ईसवी सन् उन्नीस सौ पैंसठ का समय था। गाँव में अधिकांश लोगों को पता था कि किस रोग में किस घास या पेड़ का कौन सा हिस्सा काम में आता है। बीमार होने पर गाँव के लोग वनस्पतियों और जड़ी-बूटियों से अपना इलाज स्वतः कर लेते थे। प्रायः ये वनस्पतियाँ और जड़ी-बूटियाँ बड़ी अचूक होती थीं। उस समय तक सरकारी प्रचारतंत्र ने यह नहीं घोषित किया था कि जड़ी-बूटियों और वनस्पतियों से किया जाने वाला इलाज अंधविश्वास के अन्तर्गत आता है। छींक भी आये तो डॉक्टर से मिलिए।

एक बजे के आसपास वनमाली मतीन्द्र के अस्पताल में आये। चेहरा एकदम उतरा हुआ था। उन्होंने बुझे मन से कहा, ''डॉक्टर साहब नमस्कार!'' मतीन्द्र की जान में जान आयी। कम से कम एक मरीज तो आया। कमरे में रखे लकड़ी के तख्त पर वनमाली बैठ गये। मरीज उसी पर बैठते थे। मतीन्द्र लकड़ी की एक कुर्सी पर बैठते थे। कुर्सी के सामने एक बड़ी सी मेज रखी हुई थी। वनमाली को देखते ही मेज पर रखा आला मतीन्द्र ने अपने कानों में लगा लिया। ''और वनमाली? क्या हालचाल है? कैसे आना हुआ?'' मतीन्द्र ने गर्मजोशी से पूछा। वनमाली धीमी आवाज में बोला, ''क्या बताऊँ डॉक्टर साहब, अनर्थ हो गया। अब आप ही अन्तिम आसरा हैं। आप मदद नहीं करेंगे तो मैं कहीं का नहीं रहूँगा।'' ''क्या हुआ, कुछ बताओ तो?'' मतीन्द्र ने पूछा। वनमाली बताने लगे, ''कुलच्छनी मेरी बड़ी बेटी पता नहीं किससे फँस गयी थी। पेट से हो गयी है। शुरू में उसने कुछ नहीं बताया। सात महीने का गर्भ हो गया है। उसकी माँ को शक हो गया। उसने बेटी से सख्ती से पूछताछ की तो उसने स्वीकार कर लिया। अब एक ही उपाय बचा है। आप उसे ज़हर की सूई लगा दीजिए और वह मर जाय।'' ''राम राम राम...''मतीन्द्र बोले, ''किसी की जान लेने का पाप मैं नहीं करूँगा। मुझसे नहीं

हो पायेगा यह।'' वनमाली रोने लगे, ''डॉक्टर साहब, मेरी इज़्ज़त का सवाल है। पूर गाँव में मैं मुँह दिखाने के लायक नहीं बचूँगा।''

वनमाली हाथ जोड़कर गिड़गिड़ा रहे थे। मतीन्द्र मान नहीं रहे थे। काफी देर की नानुकुर के बाद मतीन्द्र बोले, ''मैं यह सब काम करता नहीं और उधर तुम्हारी इज़्ज़त का सवाल है।...तुम्हारी खातिर मैं काम कर दूँगा लेकिन मेरी भी एक शर्त है। इस काम के लिए मैं एक बोरा चना लूँगा। उससे कम में काम नहीं हो पायेगा।'' वनमाली हाथ जोड़कर बोले, ''एक बोरा चना तो बहुत ज्यादा है। मैं दो पसेरी चना आपको दे दूँगा (एक पसेरी = पाँच सेर, एक सेर = लगभग एक किलो)।'' ''नहीं, तब काम नहीं हो पायेगा।'' मतीन्द्र मुँह फुलाकर बैठ गये। वनमाली ने मतीन्द्र के पैर पकड़ लिये, ''डॉक्टर साहब आप तो जानते ही हैं कि इस साल फसल अच्छी नहीं हुई है। चने और अरहर, दोनों की पैदावार मारी गयी। पैदावार अच्छी हुई होती तो एक बोरा चना देने में मुझे कोई परहेज नहीं था।'' मतीन्द्र थोड़ा सा झुँझलाये, ''देखो वनमाली! मैं अन्तिम रूप से तुम्हें बता दे रहा हूँ। अगर तुम्हें स्वीकार हो तो ठीक, नहीं तो अपना रास्ता नापो। दस पसेरी चना से मैं कम नहीं लूँगा। आगे तुम्हारी मर्जी।'' मरता क्या न करता। वनमाली ने मतीन्द्र की शर्त स्वीकार कर ली। तय हुआ कि रात आठ बजे के लगभग मतीन्द्र वनमाली के घर पहुँचेंगे। बेटी को यह समझाया जाएगा कि डॉक्टर साहब पेट गिराने के लिए सूई लगा रहे हैं। रात भर में पेट गिर जाएगा। बेटी ज़हर के असर से पहले बेहोश होगी, फिर हमेशा के लिए सो जाएगी।

तय योजना के अनुसार ही काम हुआ। अगले दिन सवेरे वनमाली के घर रोना-पीटना मचा हुआ था। लोग जुटने लगे। पता चला वनमाली की बड़ी बेटी को रात में साँप ने के डँस लिया। वह अब इस दुनिया में नहीं रही। धीरे-धीर बहुत सारे लोग इकट्ठा हो गये। कुछ लोगों ने सलाह दी कि किसी अच्छे झाँड़-फूँक करनेवाले को बुलाया जाय। लोग एक से एक चमत्कारी झाड़-फूँक करनेवाले की चर्चा करने लगे। फलाँ ने मरने के दो दिन बाद एक आदमी को जिन्दा कर दिया। फलाँ ने अपने मंत्रों से साँप को आने पर मजबूर कर दिया। साँप आया और उसने मरी हुई औरत के शरीर से सारा ज़हर चूस लिया। मरी हुई औरत उठकर बैठ गयी। डॉ. मतीन्द्र मिश्र भी आ गये। सब को एक तरफ़ करते हुए वे लाश के पास जाकर बैठ गये। उन्होंने नब्ज देखी। घोषित किया, ''दिल ने काम करना बन्द कर दिया है। नाड़ी एकदम रुक चुकी है। झाड़-फूँक या किसी चीज से अब कुछ नहीं हो सकता। वनमाली! तुरंत व्यवस्था करो और ले जाकर अपनी बेटी का अन्तिम संस्कार करो। मैं डॉक्टर हूँ। मुझे सब पता है। किसी के कहने में मत जाओ। तुम

अपना काम करो।'' मतीन्द्र चाहते थे कि जल्दी से जल्दी अन्तिम संस्कार हो जाय। गला फँसने की नौबत न आये। वनमाली भी यही चाहते थे। वे तुरंत कफन वगैरह की व्यवस्था में जुट गये। कुछ लोगों ने समझाया, "जिसको साँप ने डँसा होता है, उसे जलाया नहीं जाता। उसे गंगा जी में बहा दिया जाता है। कभी-कभी चमत्कार हो जाता है। गंगा जी में बहते-बहते आदमी के शरीर का ज़हर समाप्त हो जाता है और वह फिर से जी उठता है।''

तय हुआ कि लाश को लेकर गंगा किनारे चलते हैं और लाश को गंगा जी में बहा देते हैं। फिर उसी हिसाब से क्रियाकर्म होगा। सब 'राम नाम सत्य है' करते हुए अर्थी लेकर गंगा जी की तरफ चल दिये। मतीन्द्र साथ-साथ लगे हुए थे। मन के किसी कोने में वे भयभीत थे। यद्यपि दस सेर चना रात में ही उनके घर पहुँच गया था। लोग घाट के किनारे पहुँचे। लाश को विधि-विधान से गंगा की तेज धारा में छोड़ दिया गया। गंगा की तेज लहरें लाश को जल्दी ही दूर बहा ले गयीं और देखते ही देखते लाश नज़रों से ओझल हो गयी। मतीन्द्र और वनमाली की जान में जान आयी। वनमाली पूर्ण आश्वस्त हो गये तो दहाड़ मार-मारकर रोने लगे। उसके पहले तक दिमाग सब कुछ सही-सलामत निबटाने में उलझा हुआ था।

मतीन्द्र घर पर लौटकर आये तो देखा कि उनकी बहन कमला पत्थर की चकरी में चने को दरकर दाल बना रही थी। उन्होंने पूछा, "यह क्या हो कर रही हो?'' कमला बोली, "रात में जो चना आया था उसको दर दे रही हूँ। कुछ दिनों तक खाने की दाल का और सवेरे के चबैने (नाश्ते) का इंतजाम हो जाएगा।...वैसे रात में वनमाली यह चना क्यों दे गये थे?'' मतीन्द्र हड़बड़ा गये, "वो...वो...कुछ नहीं। एक बार वनमाली ने मुझसे अपनी पत्नी का इलाज कराया था। उस समय उसके पास कुछ था नहीं। इलाज का उधार बाकी था। उसी इलाज के लिए अब वे चना दे गये हैं।'' कमला ने पूछा, "सब लोग कह रहे हैं कि वनमाली की बेटी को रात में साँप ने काट लिया और वह मर गयी। रात में वनमाली के साथ आप उनके घर गये थे। आपने तो कोई गड़बड़ी नहीं की?'' मतीन्द्र भड़क गये, "क्या मूर्खों जैसी बात कर रही है? मैं डॉक्टर हूँ। मेरा काम है लोगों का इलाज करना या गड़बड़ करना? रात में वनमाली की बेटी को जब साँप ने काट लिया था, तो वे मुझे बुलाने आये थे। मैंने उनकी बेटी को बचाने की बहुत कोशिश की, लेकिन किसी बहुत जहरीले साँप का ज़हर था। मैं उनकी बेटी को बचा नहीं सका। मुझे बहुत दुःख है इस बात का! ऊपर से तू मेरे ऊपर आरोप लगा रही है? जब मेरे घर में ही लोग इस तरह की बात करेंगे तो बाहर वाले क्या कहेंगे?'' कमला घबरा गयी, "मैं आपके ऊपर आरोप नहीं लगा रही हूँ। मैं तो बस ऐसे ही पूछ रही थी।''

मतीन्द्र पैंतीस साल के थे और कमला तीस साल की। तब पचास साल में लोग बूढ़े मान लिये जाते थे। घर में सिर्फ यही दो प्राणी थे। मतीन्द्र एक झोलाछाप डॉक्टर थे। उन्होंने पाँच साल तक शहर में एक डॉक्टर के साथ रहकर काफी डॉक्टरी सीख ली थी। उन्हें पर्याप्त जानकारी हो गयी थी, अतः गाँव वालो को उन पर काफी भरोसा था। खुद के इलाज से लोग हार जाते थे तो वे मतीन्द्र के पास पहुँचते थे। मतीन्द्र प्रायः लोगों को ठीक भी कर देते। तब गाँव में मुद्रा का प्रचलन बहुत कम था। लेन-देन में अनाज का प्रचलन ज्यादा था। दुकान पर लोग समान खरीदने जाते तो अनाज ही लेकर जाते। मतीन्द्र को भी इलाज करने के बदले पैसा लगभग नहीं ही मिल पाता था। दवा देने के बाद मतीन्द्र जितना अनाज कहते, उतना अनाज मरीज ईमानदारी से पहुँचा देता। सबसे प्रमुख दवा होती थी, शीशी में कोई रंगीन तरल पदार्थ। इसी तरह, दवा की टिकिया को पीसकर, उसकी कई पुड़िया कागज में बनाकर मरीज को दी जाती। सूई प्रायः हर रोग में ही लगायी जाती। खींचतान कर मतीन्द्र की गृहस्थी चल जा रही थी। दूध के लिए उन्होंने एक गाय भी पाली थी।

अभी न तो मतीन्द्र की शादी हुई थी और न कमला की। मतीन्द्र की सोच थी कि पहले बहन की शादी कर लूँ तब अपनी शादी करूँ। इस चक्कर में न तो कमला की शादी हो पा रही थी और न मतीन्द्र की। वैसे भी, गाँव में लोग उसी के यहाँ शादी-ब्याह करना पसंद करते थे, जिसके पास खेती हो, दरवाजे पर दो-चार बैल बँधे हों। मतीन्द्र के पास कुछ नहीं था, अतः भाई-बहन दोनों की शादी अटकी हुई थी।

गाँव में मतीन्द्र के सबसे घनिष्ठ मित्र थे, शिवहर मिश्र। शिवहर मतीन्द्र के पड़ोसी थे, साथ ही पट्टीदार भी। मतीन्द्र और शिवहर के पिता के पिता सगे भाई थे। पिता के पिता, अर्थात बाबा। पूरा गाँव मतीन्द्र को डॉक्टर साहब-डॉक्टर साहब कहता था, लेकिन बस झूठी शान ही थी। शिवहर के घर में भी सिर्फ दो प्राणी थे। वे और उनकी बुआ। शिवहर की उम्र भी लगभग पैंतीस साल थी। उनकी बुआ पार्वती उनसे एक साल बड़ी थीं। लोगों के यहाँ पूजा-पाठ कराना ही शिवहर का काम था और यही उनकी जीविका का साधन था। गाँव में सम्पन्नता का प्रतीक बैल था। दरवाजे पर दो बैल बँधे हैं, अर्थात् व्यक्ति के पास एक हल की खेती है। दरवाजे पर चार बैल बँधे हैं, अर्थात् व्यक्ति के पास दो हल की खेती है। दरवाजे पर छः बैल बँधे हैं, अर्थात व्यक्ति के पास तीन हल की खेती है। मतीन्द्र की तरह शिवहर के दरवाजे पर भी एक बैल नहीं था। किसी यजमान ने गोदान में एक बछिया दी थी, जो अब बड़ी होकर गाय हो गयी थी। शिवहर और उनकी बुआ पार्वती की भी शादी अभी नहीं हुई थी। शिवहर का भी यही सोचना था कि पहले बुआ की

शादी कर लूँ, तब अपनी शादी करूँ। इस चक्कर में दोनों की शादी अटकी हुई थी। मतीन्द्र और शिवहर दोनों के घर में एक-एक औरतें थीं। इसका फायदा यह था कि दोनों को चबैना, भोजन इत्यादि आराम से मिल जाता। खुद चूल्हा फूँकने की नौबत नहीं आती थी। पार्वती और कमला, बुआ-भतीजी कम, सहेलियाँ ज्यादा थीं। एक-दूसरे के घर में भोजन बनाने सम्बन्धी कोई समस्या आती तो दोनों आपस में सुलझा लेतीं। दोनों की आपसी समझ बहुत अच्छी थी। कभी-कभी तो चारों का चबैना या खाना एक ही घर में बन जाता।

रात में सोने के पहले कमला ने लगभग एक सेर चने की दाल पानी में भिगो दी। सवेरे उसने चने की दाल से पानी निकाला। चने की दाल में नमक, मिर्च, अजवाइन इत्यादि डालकर उसका स्वादिष्ट चबैना तैयार किया। आधा चबैना उसने अपने घर के लिए रख लिया। आधा लेकर पार्वती के घर चला दी।

पार्वती ने कमला को देखा तो खिल पड़ी, "अरे कमला, आज बड़े सवेरे-सवेरे?" कमला मुस्करायी, "हाँ बुआ! आज चने की दाल का चबैना बनाया था। मैंने सोचा तुम कुछ चबैना बनाओ, उसके पहले मेरा चबैना तुम्हारे घर पहुँच जाय।" दोनों हँसने लगीं। शिवहर दातुन इत्यादि करके पानी पी चुके थे। पार्वती ने अपने लिए थोड़ा सा रखकर चबैने का अधिकांश हिस्सा शिवहर को दे दिया। कमला पार्वती के पास बैठी थी। शिवहर चबैना खाकर मतीन्द्र के यहाँ चल दिये।

शिवहर को देखकर मतीन्द्र बोले, "आओ शिवहर! मैं तुमसे ही मिलने की सोच रहा था।" "कुछ खास बात हो गयी क्या?" शिवहर ने पूछा। मतीन्द्र ने कहा, "हाँ यार! वनमाली ससुरे ने मुझसे एक बड़ा पाप करवा दिया। तुमने सुना होगा न कि वनमाली की बेटी को साँप ने काट लिया था और वह मर गयी... अरे लाश के साथ तुम भी तो घाट तक गये थे। उसको साँप ने नहीं काटा था। दरअसल वह किसी से फँसी थी और पेट से हो गयी थी। वनमाली आकर चिरौरी करने लगा कि मैं उसकी बेटी को ज़हर की सूई लगा दूँ, नहीं तो वह गाँव में मुँह दिखाने लायक नहीं बचेगा। उसके बहुत हाथ-पैर जोड़ने पर मैंने उसकी बेटी को ज़हर की सूई लगा दी। वह मर गयी। मुझे अफसोस हो रहा है।" आदमी को अगर कोई बहुत रहस्यपूर्ण बात पता रहती है तो वह अपच का शिकार हो जाता है। सारी बात जब तक किसी को बता नहीं लेता, उसे शान्ति नहीं मिलती। मतीन्द्र ने सब कुछ शिवहर के सामने उल्टी कर दी। पेट खाली हो गया तो उन्हें बहुत राहत महसूस हुई। शिवहर सान्त्वना देने लगे, "अब जो हो गया सो हो गया। वनमाली की इज़्ज़त बचानी भी तो जरूरी थी। सचमुच बेचारा गाँव में मुँह दिखाने लायक न बचता।" तब तक कमला आ गयी। दोनों ने बात बदल दी।

पार्वती ने सोचा कि सवेरे कमला ने मुझे चबैना दिया है तो शाम को मैं भी उसे कुछ दूँ। दोपहर का खाना खा लेने के बाद वह सुखाया महुआ खोजने लगी। घर में एक बोरी सुखाया महुआ रखा हुआ था। पार्वती ने एक सेर महुआ निकाला। सूप से उसको खूब अच्छी तरह साफ किया। साफ कर लेने के बाद लोहे की छोटी कड़ाही में उसे ठीक से भूना। भूनकर महुए को ओखली में डाला और मूसल से उसे ठीक से कूँटा। कूँटकर मुहए को फिर से सूप में डाल कर साफ किया। लोहे की कड़ाही में थोड़ी सी अलसी भूनी। भुनी अलसी को सिल पर पीसकर उसे महुए में मिलाया। 'लाटा' बन गया। पार्वती ने आधा लाटा अपने घर के लिए रख लिया। आधा लाटा लेकर वह कमला को देने चल दी।

"क्या हुआ बुआ?" पार्वती को देखकर कमला ने पूछा। "अरे कुछ नहीं!" पार्वती ने कहा, "मैंने लाटा बनाया तो सोचा चलूँ तुम्हें भी देती आऊँ!" "क्या बुआ!" कमला उलाहना देने लगी, "सवेरे मैं चबैना लेकर गयी थी तो उसको तुमने कर्ज समझ लिया क्या? जुट गयी लाटा बनाने में कि कमला का कर्ज मैं उतारकर रहूँगी। उतारकर ही मानी मेरा कर्ज।" "अरे, नहीं रे! कैसा कर्ज? इसी बहाने हम दोनों बैठकर कुछ देर बात करेंगे। साथ में लाटा भी खाते रहेंगे। कई दिन से मेरा मन लाटा बनाने का कर रहा था। सोचा, आज बना ही डालूँ। लाटा शिवहर को बहुत अच्छा लगता है। सच कहूँ तो मुझे भी अच्छा लगता है।" कमला बोली, "लाटा तो मुझे भी अच्छा लगता है बुआ।"

पाँच बजे के पहले पार्वती घर लौट आयी। उसे भड़भूजे के यहाँ दाना भुनाने भी जाना था। उसने एक भौंकी में चना लिया और एक भौंकी में ज्वार। शिवहर को सहेज दिया। जब तक मैं दाना भुनाकर लौट न आऊँ, कहीं जाना मत। शिवहर समय बिताने के लिए बाहर रखी चारपाई पर पत्रा लेकर बैठ गये और पत्रा देखने लगे। वे पत्रा देख ही रहे थे कि जितई आ गया। जितई गाँव का सुनार था। पैलगी करके वह शिवहर की चारपाई के पास जमीन पर बैठ गया। शिवहर समझ गये कि जितई किसी न किसी काम से आया है। उन्होंने पूछ लिया, "और जितई? आज इधर कहाँ चल दिये? हम लोगों की तरफ़ दिखाई नहीं देते हो। सेठ महाजन हो! कहाँ हम गरीब लोगों से मतलब रखोगे?" जितई बोला, "पंडित, हम लोग हमेशा काम-धाम में जुटे रहते हैं। काम नहीं करेंगे तो कमाई कहाँ से होगी? कमाई नहीं होगी तो खायेंगे क्या? आप तो जानते ही हैं कि मेरे छः बेटे हैं। इतने बड़े परिवार का पालन-पोषण करना आसान काम नहीं है...वैसे अभी तो आप के पास ही आया हूँ।" "मुझसे क्या काम पड़ गया तुम्हारा?" शिवहर ने पूछा। जितई बताने लगा, "पंडित, एक ग्राहक ने मुझसे सोने की जंजीर बनाने के लिए कहा था। मैंने सोने

की जंजीर बनाकर एक पुड़िया में बाँध दिया और पुड़िया मुक्के में रख दी। जंजीर वहाँ से गायब हो गयी। जरा पत्रा देखकर बताइए कि जंजीर कहाँ है?'' ''शिवहर बोले, ''अभी देखकर बताता हूँ।'' वे पत्रा पलटने लगे। पत्रा में उन्होंने कुछ देखा और गणना करने लगे। काफी देर बाद बोले, ''जितई, जंजीर अभी भी तुम्हारे घर में ही है। घर के ही किसी सदस्य ने जानबूझ कर उसे छुपाकर रख दिया है। अपने बेटों पर सख्ती करो। तुम्हारी जंजीर मिल जायेगी। जंजीर वापस मिलने का योग है।'' ''अच्छा पंडित पाँवलागी! चलकर घर में जंजीर को खोजता हूँ।'' कहकर जितई चल दिया। ''अरे-अरे रुको! मेरी दक्षिणा तो देते जाओ।'' शिवहर बोले। जितई पलटा। कुर्ते की जेब से एक अधेला निकालकर शिवहर के हाथ पर रख दिया। शिवहर दुःखी होकर बोले, ''यह क्या दे रहे हो? कम से कम दो धेला तो दो।'' जितई ने शिवहर के हाथ से अधेला उठाकर जेब में डाल लिया। दूसरी जेब से एक धेला निकाला और शिवहर के हाथ पर रख दिया। कुछ और बात उठने की गुंजाइश खत्म करते हुए जितई वहाँ से चल दिया। शिवहर गुस्से से भुनभुनाने लगे-

उपकृतरहितनाम् सर्वभोगच्युतानाम्।
कृपणकरगतानाम् सम्पदां दुर्विपाकः।।

(उपकारों से रहित, सभी भोगों से च्युत, कंजूस के हाथ में गया हुआ धन बेकार होता है)

उधर पार्वती दाना भुनाकर लौट रही थी। भूड़भूजे ने चना और ज्वार, दोनों बहुत अच्छा भूना था। एक-एक ज्वार फूटकर लावा बन गया था। पार्वती खुश थी। अचानक रास्ते में जतन और भुअर मिल गये। दोनों की उम्र बीस-बाइस के लगभग थी। जतन बोला, ''बुआ, सारा दाना अकेले ही चबाओगी क्या?'' पार्वती बोली, ''क्यों अकेले चबाऊँगी? तुम लोग अपना-अपना गमछा फैलाओ। तुम लोगों को भी देती हूँ।'' दोनों ने अपना-अपना गमछा फैला दिया। पार्वती ने दोनों के गमछे में थोड़ा सा भुना चना और थोड़ा सा लावा डाल दिया। भुअर बोला, ''क्या बुआ, अपनी जवानी खराब कर रही हो। हम लोगों को आदेश दो। हम लोग तुम्हारी जवानी को सँवार देंगे।'' पार्वती बोली, ''तुम लोगों की बहनों की जवानी तो नहीं खराब हो रही है? वो लोग तो रोज मजा पा रही हैं?'' जतन ने कहा, ''हम लोगों की बहनें तो अपनी-अपनी ससुराल में हैं। उनकी जवानी कहाँ खराब हो रही है। तुम मायके में हो तो तुम्हारी जवानी गाँव वाले ही तो सँवारेंगे?'' ''अच्छा दोनों लोग भागो नहीं तो एक-एक थप्पड़ मारूँगी।'' पार्वती बोली। भुअर ने अपने हाथ से पार्वती का एक स्तन जोर से दबा दिया। जतन ने दूसरा स्तन दबा दिया। पार्वती जोर-जोर से चिल्लाने लगी। जतन और भुअर भाग खड़े हुए। लोग दौड़े। कई लोग

आ गये। लोग पार्वती से पूछने लगे कि क्या हुआ? पार्वती रोते हुए बताने लगी, "अहिराने के दो लड़के थे, जतन और भुअर। दोनों मेरे साथ बदतमीजी करने की कोशिश कर रहे थे।" पार्वती ने इसके आगे कुछ नहीं बताया। वह जोर-जोर से रोने लगी। लोग उसको लिवाकर उसके घर की तरफ चल पड़े। घर पर शिवहर को लोगों से सारी बात पता चली। पार्वती को घर पर छोड़कर शिवहर लोगों के साथ अहिराने की ओर चल दिये।

इतने लोगों को चिल्ला-पों करते हुए टोले की ओर बढ़ता देखकर अहिरान में खलबली मच गयी। सब अपने-अपने घरों से बाहर निकल आये। अहिरान में पहुँचकर शिवहर ने पूछा, "भुअर और जतन किसके लड़के हैं?" भुअर और जतन के बाप भीड़ से हटकर अलग खड़े हो गये। शिवहर बताने लगे, "मेरी बुआ पार्वती दाना भुनाने गयी हुई थी। जब वह दाना भुनाकर लौट रही थी तो भुअर और जतन उसके साथ रास्ते में बदतमीजी करने लगे। अब गाँव में यही सब होगा? गाँव की बहू-बेटियाँ घर से बाहर निकलना बन्द कर दें? क्या चाहते हैं आप लोग?" अहिरान के लोग भी इस बात से उत्तेजित हो गये। जतन का बाप बोला, "पंडित, मेरे बेटे साले ने मुझे आप से माफी माँगने लायक नहीं छोड़ा। मिल जाय मुझे। आपके सामने उसे लाठियों से न मारा तो असल बाप की औलाद नहीं।" भुअर का बाप भी हाथ जोड़कर शिवहर से माफी माँगने लगा। एक बुजुर्ग ने कहा, "यहाँ पर हर जाति के जितने भी नौजवान खड़े हैं, सबको अपने माँ-बाप की कसम है। सब लोग जाओ और भुअर-जतन को खोजो। दोनों जहाँ भी मिल जायँ, वहाँ से उन्हें उठा लाओ। हम लोग देखेंगे कि दोनों के बाप, दोनों को क्या सजा देते हैं?"

वहाँ पर बहुत सारे युवक खड़े थे। सब आपस में टोलियाँ बनाने लगे। टोलियाँ बन गयीं तो सब किसी न किसी तरफ भुअर-जतन की खोज में निकल पड़े। हल्ला करते हुए नौजवान पूरे गाँव में चारों तरफ दौड़ रहे थे। धीरे-धीरे सारे गाँव को खबर हो गयी कि आज भुअर-जतन रास्ते में पार्वती के साथ छेड़खानी कर रहे थे। सारे बुजुर्ग एक-दूसरे को उत्तेजित करने में लगे थे। उत्तेजना का फल यह हो रहा था कि सब अहिरान की तरफ चल दे रहे थे। छोटे बच्चों को तो जैसे एक तमाशा देखने का मौका मिल गया। वे भी अहिराने भाग चले। धीरे-धीरे अहिराने बहुत भीड़ हो गयी। यह भीड़ बढ़ती ही जा रही थी। मतीन्द्र को भी पता चल गया। वे भी अहिराने चल दिये। कमला पार्वती के पास भागी। और भी कई औरतें पार्वती के पास पहुँच गयीं। पार्वती बहुत सहमी हुई थी। औरतें उसे धैर्य बँधा रही थीं।

जतन और भुअर सारी बातों से बेखबर गाँव के बाहर खेतों की तरफ घूम रहे थे। उन्हें नहीं पता था कि बात इतनी बढ़ गयी है। अचानक युवकों की एक टोली

उन्हें खोजते हुए वहाँ पहुँच गयी। दोनों जब तक कुछ समझते, सबने हाथ-पैर पकड़कर उन्हें टाँग लिया और लेकर चल दिये। दोनों चिल्लाने लगे। भुअर बोला, "कहाँ ले जा रहे हो हमें?" एक लड़का बोला, "तुम दोनों के बाप के पास। तुम लोगों के घर से तुम लोगों का बुलावा आया है। वहाँ पहुँचकर तुम दोनों को पता चल जाएगा कि क्यों बुलाया गया है?" एक-एक कर युवकों की टोलियों को पता चलता गया कि भुअर और जतन को पकड़ लिया गया। सब चिल्लाते हुए अहिरान की ओर भागे।

दोनों को ले जाकर भीड़ के सामने पटक दिया गया। दोनों के बाप घर के अन्दर गये और एक-एक मोटा डंडा लेकर निकले। दोनों अपने-अपने बेटों को सटासट पीटने लगे। मारते-मारते दोनों को अधमरा कर दिया। शिवहर को दया आ गयी। उन्होंने दोनों के बाप का हाथ एक-एककर पकड़ लिया, "बस, बहुत हो गया। इतनी सजा काफी है। अब भविष्य में दोनों कोई गलत काम करने से पहले दस बार सोचेंगे।" सब लोगों ने शिवहर की बात का समर्थन किया। शिवहर मतीन्द्र के साथ वहाँ से चल दिये। भीड़ छँटने लगी। रास्ते में मतीन्द्र ने शिवहर से कहा, "दोनों की शादी जल्दी करनी पड़ेगी। कमला और पार्वती दोनों बहुत बड़ी हो गयी हैं। नहीं तो ऐसे ही कुछ न कुछ होता रहेगा। वनमाली की बेटी के साथ जो हुआ, वह तो तुम जानते ही हो।'" शिवहर बोले, "शादी खोजते-खोजते तो मैं परेशान हो गया हूँ। पार्वती की उम्र ज्यादा हो गयी है। उसकी उम्र के सारे लड़कों की शादी हो चुकी है। लड़के ही नहीं मिल रहे हैं। क्या करूँ! खैर, कुछ न कुछ तो करना ही पड़ेगा।"

उस दिन कमला दोपहर में भोजन में रोटी के बजाय ठोकवा बना रही थी। सूखे महुए को उसने रात में ही पानी में भिगो दिया था। दिन में उसको सिल पर पीसकर, उसे जौ के आटे में मिला दिया। दोनों को मिलाकर उसने कायदे से गूँथा और छोटी रोटी की तरह बेल-बेलकर उन्हें महुए के तेल में छानने लगी। तेल में छानकर एक-एक कर करारा ठोकवा निकाल रही थी। पचास से अधिक ठोकवा उसने छाना। दोनों वक्त के भोजन से काफी ज्यादा।

गिनकर उसने बीस ठोकवा निकाला और लेकर पार्वती को देने चल दी। घर में शिवहर नहीं थे। पार्वती अकेली थी और वह घर के अन्दर बैठकर रो रही थी। कमला घबरा गयी, "क्या हुआ बुआ?" पार्वती ने कोई उत्तर नहीं दिया। उसी तरह रोती रही। कमला ने उसे पकड़कर झिंझोड़ा, "बताती क्यों नहीं बुआ? क्या हो गया?" पार्वती रोते हुए बताने लगी, "शिवहर मेरे लिए लड़का देखने गये थे। लड़का इनको पंसद आ गया है।" "तो रोने की क्या बात है?" कमला ने पूछा।

पार्वती बोली, "लड़का दुहाजू है। उसकी उम्र पचपन साल के लगभग है। उसके चार बच्चे भी हैं। मैं यह शादी नहीं करना चाहती। दूल्हन के बजाय मुझे नौकरानी बनकर जाना पड़ेगा। इससे अच्छा तो यही है कि मैं अपने घर में ही रहूँ। यहाँ न तो किसी की चार बात सुननी है और न किसी का हुकुम मानना है।" कमला ने कहा, "तुम घबराओ नहीं बुआ। मैं अपने मतीन्द्र भैया से बात करूँगी। वे शिवहर भैया को समझायेंगे कि यह शादी ठीक नहीं है। मैं किसी भी कीमत पर यह शादी नहीं होने दूँगी। आज तुमको एक बूढ़े के गले बाँध रहे हैं, कल मुझको भी बाँध दिया जाएगा। इससे अच्छी तो हम लोग अपने घर में ही हैं। शादी न हो, न सही। हम लोग अपने-अपने घर में बोझ नहीं हैं। हम लोग न रहें तो दोनों घरों का चूल्हा न जले। मैं कितनी खुशी-खुशी ठोकवा बनाकर लायी थी, लेकिर यहाँ आकर तो मन ही खराब हो गया। तुम घबराओ मत बुआ। यह ठोकवा रखो। मैं अभी जा रही हूँ। बात करती हूँ अपने भैया से।" कमला ने ठोकवा रखा और जल्दी-जल्दी अपने घर की ओर चल दी।

घर पहुँच कर वह मतीन्द्र के ऊपर बिफर पड़ी, "भैया, आप लोगों ने यह क्या मजाक बना रखा है? हम लोग अगर आप लोगों के ऊपर बोझ हैं, तो हमें किसी कुएँ में धकेल दीजिए। हम लोग यह सब नहीं बर्दाश्त करेंगे।" "ऐसी क्या बात हो गयी जो तुम इतना भड़क रही हो? कुछ बताओ तो सही?" मतीन्द्र ने पूछा। कमला बताने लगी, "शिवहर भैया बुआ की शादी एक दुहाजू आदमी से कर रहे हैं। उसकी उम्र पचपन साल है। उसके चार बच्चे हैं। वे क्यों बुआ की जिन्दगी बर्बाद कर रहे हैं? आप उनसे बात करिए और उनको समझाइए। यह शादी किसी कीमत पर नहीं होनी चाहिए। ऐसी शादी से हम लोग अपने घर में ही ठीक हैं। कल को आप भी मुझे किसी बूढ़े के गले में बाँध देंगे।" मतीन्द्र हँसने लगा, "मैं अपनी प्यारी बहन को किसी बूढ़े के गले में नहीं बाँधूँगा। खाना लगाओ। खाना खाकर मैं तुरंत जाता हूँ शिवहर से बात करने। तुम नहीं चाहती हो तो यह शादी एकदम नहीं होगी।" कमला बोली, "भैया, आज मैंने ठोकवा बनाया है।" "अच्छा? लाओ, जल्दी लाओ।" मतीन्द्र ने कहा।

खाना खाकर मतीन्द्र शिवहर के घर चल दिये। शिवहर घर के बाहर चारपाई पर लेटे हुए थे। मतीन्द्र को देखा तो उठकर बैठ गये। "का हो शिवहर? ई का अनर्थ कर हरे हो?" मतीन्द्र ने ललकारा। शिवहर संकोच में पड़ गये, "क्या हुआ?" पार्वती ने मतीन्द्र की आवाज़ सुनी तो समझ गयी कि उन्हें कमला ने भेजा है। वह घर के अन्दर किवाड़ के पीछे छुपकर दोनों की बात सुनने लगी। उसे पता था कि दोनों के बीच में मेरी शादी के सम्बन्ध में बात होगी। मतीन्द्र बोले, "मैंने

सुना है कि तुमने पार्वती के लिए कोई लड़का देखा है। लड़का दुहाजू है।'' शिवहर ने कहा, ''अब इस उमर में पार्वती के लिए कहाँ कुँवारा लड़का मिलेगा? अब तो किसी दुहाजू को ही देखना पड़ेगा। तुम तो जानते ही हो। समाज में अब सब हमारे ऊपर उँगली उठाने लग हैं कि हमने जवान लड़कियाँ घर में बैठा रखी हैं। कुछ न कुछ तो करना ही पड़ेगा। किसी तरह इनकी शादी तो करनी ही पड़ेगी। मैंने जो लड़का देखा है, वह कुछ भी नहीं माँग रहा है। कह रहा है सिर्फ दो कपड़ों में लड़की विदा कर दीजिए। हम लोग सिर्फ पाँच बाराती आयेंगे। उसी गाँव में एक और दुहाजू लड़का है। उसके दो बच्चे हैं। तुम चाहो तो तुम्हारे साथ चलकर मैं कमला के लिए भी बात करूँ।'' मतीन्द्र को अच्छा नहीं लगा, ''मैं अपनी बहन की शादी किसी दुहाजू आदमी से नहीं करूँगा। ऊपर से बाल-बच्चेदार? तुम्हारी मति तो नहीं मारी गयी है? मैंने सुना है कि तुम जिस आदमी से पार्वती बुआ की शादी कर रहे हो, उसकी उम्र पचपन साल है। शादी कर रहे हो या पार्वती को भाड़ में झोंक रहे हो? पता चला कि दस साल बाद पार्वती बुआ विधवा होकर फिर तुम्हारे घर में वापस आकर बैठ गयी। समझदारी से काम लो यार। समाज की परवाह क्यों करते हो? हमारे घर खाना नहीं रहेगा तो समाज हमारे घर खाना पहुँचा जाएगा? समाज को इतनी ही चिन्ता है तो वह कोई अच्छा लड़का क्यों नहीं खोज देता? मैं तो नहीं करता समाज की परवाह। लोगों के पास कोई काम-धाम नहीं है। सबके ऊपर अनावश्यक टिप्पणी करते रहते हैं। अगर कोई अच्छा लड़का नहीं मिल रहा है तो हम क्या करें? मैं भी तो कमला के लिए कितने लड़के देख चुका। अच्छा लड़का नहीं मिलेगा तो दुहाजू से शादी नहीं करूँगा। लड़कियाँ अपने घर में पड़ी हैं तो क्या बुराई है? कम से कम हम लोगों को दो वक्त की रोटी तो मिल रही है। तुम फिर से सोचो और जिस जगह शादी की बात कर रहे हो, वहाँ दुबारा मत जाओ।''

बात शिवहर की समझ में कुछ-कुछ आ रही थी, ''अब तुम मना कर रहे हो तो जाने देते हैं। नहीं जाऊँगा दुबारा उसके यहाँ शादी की बात करने। लेकिन कुछ सोचो। क्या किया जाय? इस मसले का कुछ न कुछ हल तो निकालना पड़ेगा। यह उचित नहीं है कि हम पार्वती और कमला को जीवन भर अपने घर पर बैठाये रखें। आखिर हम लोगों को अपनी शादी भी तो करनी है। जब तक इन दोनों की शादी नहीं हो जाती, हम लोगों की शादी कैसे होगी?'' मतीन्द्र बोले, ''दुनिया में बहुत सारे लोग कुँवारे रह जाते हैं। अपने गाँव में ही देख लो। दर्जनों बूढ़े ऐसे हैं जिनकी शादी नहीं पायी। अरे, जब अमीर लोग दो-दो, तीन-तीन शादियाँ करेंगे तो गरीबों की शादी कहाँ से हो पायेंगी?'' ''ठीक है! हमारी शादी न हो, लेकिन

लड़कियों की तो शादी करनी पड़ेगी। लोग कहेंगे कि दोनों लोग अपने घर का काम करवाने के लिए लड़कियों की शादी नहीं कर रहे हैं।'' शिवहर थोड़ा सा खीझ पड़े। मतीन्द्र हँसे, ''ऊपरवाले ने जो लिख रखा होगा, वही होगा। तुम तो पंडित हो। पत्रा देखकर बताते क्यों नहीं कि पार्वती और कमला की शादी कहाँ होगी? कोई दूसरा किसी काम से आता है तो तुरंत पत्रा लेकर बैठ जाते हो। अपने बारे में पत्रा काम नहीं करता क्या?'' शिवहर बोले, ''पत्रा देखकर दूसरों को झूठी दिलासा और सान्त्वना दे देता हूँ। दुनिया की सारी समस्या का समाधान अगर पत्रा में ही होता तो बात ही क्या थी?'' मतीन्द्र हँसे, ''अच्छा, दूसरों को लोमड़ी शगुन बताये, खुद को कुत्तों से चिथवाये।''

पार्वती की शादी रुक गयी। मुश्किल से दस दिन बीते। रात में सब अपने-अपने घर सो रहे थे। मतीन्द्र घर के बाहर चारपाई बिछाकर सो रहे थे। कमला घर के अन्दर आँगन में सो रही थी। घर में एक तरफ सिर्फ दीवार थी, खपरैल नहीं। दीवार भी बहुत ज्यादा ऊँची नहीं थी। रात में दो लोग दीवार की तरफ से मतीन्द्र के आँगन में कूदे। अँधेरी रात थी। आधी रात से ऊपर का वक्त हो चुका था। गाँव में लोग अँधेरी रात में भी चलने-फिरने के अभ्यस्त होते हैं। दोनों दबे पाँव कमला की चारपाई की ओर बढ़े। एक ने जोर से कमला का मुँह दबाया। वह सो रही थी। इस तरह मुँह दबाये जाने से उसकी आँख खुल गयी। दूसरा आदमी उसके शरीर को टटोलने लगा। कमला चैतन्य हो गयी। जिस आदमी ने मुँह दबा रखा था उसके पेट पर उसने खींचकर एक घूँसा मारा। वह आदमी पेट पकड़कर बैठ गया। कमला जोर-जोर से चिल्लाने लगी, ''चोर...चोर...चोर...'' मतीन्द्र की आँख खुल गयी। वे चिल्लाते हुए दौड़े और बाहर का दरवाजा पीटने लगे। दरवाजा अन्दर से बन्द था। दोनों आदमी जिधर से घर में घुसे थे उधर से ही कूदकर भाग गये। कमला ने दौड़कर दरवाजा खोला। वह रो-रोकर मतीन्द्र को सारी बात बताने लगी। मतीन्द्र बोले, ''चुप, चुप! चोर-चोर ही चिल्लाओ। किसी को असली बात मत बताओ।'' दोनों मिलकर चोर-चोर चिल्लाने लगे। सबसे पहले शिवहर पहुँचे। धीरे-धीरे काफी लोग पहुँच गये। सब चोर के बारे पूछने लगे। मतीन्द्र बताने लगे, ''दीवार फाँदकर दो चोर अंदर घुसे थे। वो तो भगवान की कृपा थी कि कमला की आँख खुल गयी। वह चिल्लाने लगी तो दोनों जिधर से आये थे, उधर से ही भाग गये। कोई चीज चोरी नहीं हुई।'' धीरे-धीरे लोग आते ही जा रहे थे। तमाम लोग लाठी लेकर आ रहे थे। सब तरह-तरह की चर्चा कर रहे थे। मतीन्द्र को कुछ लोग समझा रहे थे कि दीवार और ऊँची करवा लीजिए। दीवार के पास कुछ रखकर लोग अन्दर न फाँदकर आ सकें। मतीन्द्र ने इस सुझाव का समर्थन किया। सचमुच अगर दीवार

बहुत ऊँची रही होती तो कोई इस तरह अन्दर नहीं आ सकता था। एक आदमी ने समझाया, "इसमें करना ही क्या है? दीवार पर तालाब की गीली मिट्टी ला-लाकर छोपते जाइए। दीवार ऊँची हो जाएगी। सारा झंझट ही खत्म हो जाएगा। दीवार ऊँची रही होती तो घुसने के बाद चोर भाग न पाते। साले पकड़ में आ गये होते तो लाठी से मार-मारकर हाथ-पैर तोड़ दिया जाता। अपने गाँव के ही लोग रहे होंगे। बाहर से आकर कोई बीच गाँव में चोरी करने नहीं घुसेगा। किसी जाने-समझे आदमी ने मन बढ़ई की है। उसे आपके घर के बारे में सब कुछ पता था।"

कुछ लोग काफी दूर हटकर खुसुर-फुसुर कर रहे थे। एक व्यक्ति कह रहा था, "इनके घर में रखा क्या है जो कोई चोरी करने घुसेगा? इनकी बहन के चक्कर में लोग दीवार फाँदे होंगे। ऐसी चढ़ी जवानी वाली लड़की को गाँव में इधर-उधर डोलते देखकर बहुतों की नीयत खराब होती होगी। डाक्टरवा ये नहीं कि कहीं देख-सुनकर उसकी शादी कर दे। कोई इतनी उम्र तक जवान लड़की को घर में बैठाकर रखता है? किसी दिन कुछ ऊँच-नीच हो गया तो पता चलेगा। घर में कूदने वाले अगर इसकी बहन के यार रहे होते तो डाक्टरवा को पता भी न चलता कि अन्दर क्या गुल खिल रहा है? क्या पता यार ही रहें हों? अँधेरे में वह पहचान न पायी हो?" दूसरे ने प्रतिवाद किया, "नहीं! परिचित रहे होते तो सारा मामला पहले से ही सधा-बधा रहता। वह अंदर लेटकर उनका इंतजार कर रही होती। चिल्लाती न। वैसे है बेवकूफ। हो सकता है डाक्टरवा इसकी शादी ही न करे। इससे जिन्दगी भर अपना चौका-बरतन करवाने का इरादा हो। इसको दोनों के साथ मजा ले लेना चाहिए था। अब क्या बूढ़ी हो जाने पर जवानी का मजा लेगी?"

धीरे-धीरे भोर होने को आ गयी। चुहचुहिया चुह-चुह करने लगीं। लोग समझ गये कि अब कोई नहीं आयेगा। खतरा टल चुका है। लोग धीरे-धीरे अपने घरों की ओर जाने लगे। अन्त में शिवहर बचे। मतीन्द्र ने कहा, "शिवहर अब तुम भी जाओ। दिन में घर पर ही रहना। तुमसे कुछ जरूरी बात करनी है।" शिवहर की समझ में कुछ नहीं आया। मतीन्द्र के बहुत कहने पर वे भी अपने घर की ओर चल दिये।

सवेरे चबैना वगैरह कर लेने के बाद पार्वती कमला से मिलने चल दी। मतीन्द्र ने पार्वती को अपने घर देखा तो वे शिवहर से मिलने चल दिये। पार्वती रात में हुई चोरी की घटना की जानकारी लेने कमला के पास आयी थी। साथ ही उसका उद्देश्य सान्त्वना देना भी था। कमला बताने लगी, "बुआ किसी से कहना मत। तुमको बता रही हूँ। दो लोग थे, दीवार फाँदकर आये थे। मैं पहचान नहीं पायी कौन था। वे चोरी-वोरी करने नहीं आये थे। एक ने मेरा मुँह कसकर दबा दिया। दूसरा मेरे पेटीकोट के अन्दर हाथ डालकर सहला रहा था। गर्मी के कारण मैंने ब्लाउज नहीं

पहन रखा था। मेरी छातियाँ खुली हुई थीं। बाद में वह मेरी छतियाँ दबाने लगा। तुमसे झूठ नहीं बोलूँगी बुआ, लेकिन किसी को बताना नहीं। मैं डर गयी नहीं तो मुझे बहुत अच्छा लग रहा था। पहली बार किसी आदमी ने मेरे साथ ऐसा किया। पार्वती शरारत से मुस्करायी, "तब चिल्लाने क्यों लगी? चुपचाप लेटी रहती। पूरा मजा ले लेती। तुम्हारे भाई को पता ही न चलता। वे बाहर सो रहे थे। क्या! तुमने हाथ में आया इतना अच्छा मौका गँवा दिया। पता नहीं हम लोगों की शादी होगी कि नहीं। इसी बहाने मजा ले लेती।" कमला शरमाती हुई बोली, "मैं गहरी नींद में सो रही थी। एकाएक आँख खुली और मैंने दो आदमियों को देखा। मैं एकदम से डर गयी। सारी बात बहुत बाद मेरी समझ मे आयी।" पार्वती फुसफुसाते हुए कहने लगी, "मैं भी एक राज की बात बताऊँ? किसी को बताना नहीं। तुम्हें याद है न एक बार रास्ते में जतन और भुअर ने मेरी एक-एक छाती पकड़कर दबायी थी? सच कहूँ तो मुझे भी बहुत मजा आया था। वह तो लोकलाज के भय से चिल्लाना पड़ा, नहीं तो मैं सोच रही थी कि दोनों कुछ देर तक और दबाते।" कमला हँसी, "वाह बुआ! अपनी बात अभी तक मुझसे छुपा रखी थी। मैं अपनी बात न बताती तो आज भी तुम अपना राज न खोलती। मुझसे ही चोरी? अरे, कम से कम मुझसे तो अपनी बात बता दिया करो। मैं जाकर जतन और भुअर से कहती हूँ कि बुआ तुम्हारा इंतजार कर रही हैं।" "तुमको मारूँगी, ठीक हो जाओगी।" पार्वती ने कहा और दोनों खिलखिलाकर हँसने लगीं।

उधर मतीन्द्र शिवहर के घर पहुँचे तो सदा की भाँति शिवहर घर के बाहर चारपाई पर नीम की छाया में बैठे थे। कुछ देर तक इधर-उधर की बातें होती रहीं। कुछ देर बाद मतीन्द्र गम्भीर हो गये, "शिवहर, मैं तुमसे एक बात कहना चाहता हूँ। मेरी बात पर गौर से विचार करो।"

"क्या बात है, बताओ?"

"मुझे लगता है कि पार्वती और कमला की उम्र इतनी ज्यादा हो गयी है कि अब उनकी शादी नहीं हो पायेगी। हम दोनों को भी कोई पूछने वाला नहीं है। हम दोनों की भी शादी नहीं हो पायेगी। क्यों न ऐसा करें कि पार्वती से मैं शादी कर लूँ और कमला से तुम शादी कर लो। इससे चारों का बेड़ा पार हो जाएगा। इसके अलावा और कोई चारा नहीं है। तुम जानते हो? कल रात में मेरे घर में चोर नहीं कूदे थे। दो लोग कमला के लिए कूदे थे। एक ने कमला का मुँह दबा रखा था और दूसरा बदतमीजी करने जा रहा था। वो तो कमला ने घूँसा मारकर दोनों को जमीन पर गिरा दिया और चिल्लाने लगी। उसकी इज़्ज़त बच गयी। पार्वती के साथ भी जतन और भुअर बदमाशी कर चुके हैं। दोनों की इज़्ज़त पर इसी तरह रोज कोई

न कोई हमला करता रहेगा। उनको सुरक्षित रखने का एकमात्र उपाय यही है कि हमीं दोनों उनसे शादी कर लें।''

''क्या बात करते हो मतीन्द्र? डॉक्टर हो लेकिन अकल नहीं है। यह पूरी तरह से शास्त्र-विरुद्ध शादी है। इस तरह तो तुरुक लोग शादी करतें हैं। तुरुक बनोगे क्या? यह सब नहीं होगा।''

''जरा ठंडे दिमाग से सोचो शिवहर। इसके अलावा कोई चारा नहीं है। काम का बाण बड़ा भयानक होता है। दोनों लड़कियाँ कब तक मन मारकर बर्दाश्त करेंगी? उन्होंने इतने दिनों तक सब्र कर लिया यही बहुत बड़ी बात है। इतना निश्चित जानो कि दोनों आगे-पीछे किसी न किसी से फँसेंगी। फिर वही हाल होगा जो वनमाली की बेटी का हुआ। वे पेट से हो जाएँगी और उन्हें ज़हर की सूई लगाकर मारना पड़ेगा। दोनो मर गयीं तो अपने-अपने घर का चूल्हा हमीं लोगों को फूँकना पड़ेगा।''

''कुछ भी हो। मेरा मन इसे स्वीकार नहीं कर पा रहा है। कमला मेरी बहन लगती है। मैं उससे शादी नहीं कर पाऊँगा। इसी तरह पार्वती भी तुम्हारी बुआ लगती है। पूरे समाज में हम मजाक के पात्र बन जाएँगें।''

''ये पोथी-पत्रावाली पंडिताई के हिसाब से मत सोचो। समाज को मारो गोली। यह समाज ही तो हमारे घर की बेटियों की इज़्ज़त लूटने में लगा है। न तो कोई ताम-झाम करने की जरूर है और न ही किसी को बताने की। पार्वती चुपचाप मेरे घर रहने लगेगी और कमला तुम्हारे। किसी को पता ही नहीं चलेगा कि हमने शादी कर ली है। दोनो हमेशा एक-दूसरे के घर आती-जाती रहती हैं। लोग कुछ समझ ही नहीं पायेंगे।

''लेकिन जब दोनों के बच्चा होगा, तब लोग जान जाएँगें। तब हम क्या जवाब देंगे?''

''तब की तब देखी जायेगी। तुम चाहते क्या हो? लड़कियाँ अपने घर में रहें या किसी के साथ भाग जायँ?''

शिवहर बड़े असमंजस में फँस गये। उनकी समझ में कुछ नहीं आ रहा था। एक तरफ उन्हें लग रहा था कि मतीन्द्र सही कह रहे हैं, दूसरी तरफ यह शास्त्रों और हिन्दू मर्यादा के विरुद्ध था। वे सोच रहे थे कि मतीन्द्र महापाप करने के लिए कह रहे हैं। कामदेव ने शिवहर के ऊपर अपना बाण चला दिया है। उनके दिमाग में भी कामसुख कुलबुलाने लगा। जब कामदेव का बाण चल जाता है तो व्यक्ति ऊँच-नीच, भले-बुरे सब की समझ खो बैठता है। शिवहर को चुप देखकर मतीन्द्र बोले, ''इस बारे में एक बार दोनों लड़कियों से भी बात कर लेते हैं। शिवहर बोले, ''नहीं-नहीं अभी नहीं। पहले मुझे इस बारे में ठीक से सोच लेने दो।''

दो दिन बाद मतीन्द्र शिवहर के पास पहुँच गये। वे फिर से शिवहर को वही बात समझाने लगे। शिवहर मानसिक रूप से दो तिहाई तैयार हो चुके थे। बस एक तिहाई असमंसज बचा था। यह गलत है। यह पाप है। मतीन्द्र तर्क पर तर्क दिये जा रहे थे। शिवहर बोले, "हम लोग घोर नर्क में जाएँगे।" मतीन्द्र ने कहा, "स्वर्ग नरक कुछ नहीं होता। अपने मन को समझाने के लिए लोगों ने स्वर्ग-नरक गढ़ लिया है। गालिब का एक शेर सुनाऊँ?

हमको मालूम है जन्नत की हकीकत लेकिन।
दिल को बहलाने को गालिब ये ख़याल अच्छा है।।

इसका मतलब यह हुआ कि स्वर्ग-नरक कुछ नहीं होता। अपना दिल बहलाने के लिए आदमियों ने इस सबके बारे में सोच लिया है।" शिवहर चुप हो गये। उन्होंने अपना सिर झुका लिया। मौनं स्वीकृति लक्षणम्। मतीन्द्र समझ गये। मन में थोड़ा बहुत धर्मसंकट है, लेकिन शिवहर तैयार हैं। शिवहर की पीठ ठोंककर मतीन्द्र घर चल दिये। दरअसल पार्वती और कमला इस समय उनके घर पर ही थीं।

घर पहुँचकर मतीन्द्र ने कमला और पार्वती को अपने पास बुलाया। दोनों आ गयीं तो वे बोले, "तुम दोनों से एक जरूरी बात करनी है। बैठकर आपस में खूब अच्छी तरह सोच-विचार कर लो, उसके बाद अपना उत्तर मुझे बताओ...दरअसल मैंने और शिवहर ने मिलकर एक योजना बनायी है। तुम दोनों की उम्र काफी ज्यादा हो गयी है और तुम दोनों की शादी हो पाना बहुत मुश्किल है। मेरी और शिवहर की शादी हो पाना भी मुश्किल है। इसीलिए हम दोनों ने एक योजना बनायी है। मैं पार्वती से शादी कर लेता हूँ और शिवहर की शादी कमला से हो जाएगी। मैं शिवहर के पास जा रहा हूँ। तक तक तुम दोनों अच्छी तरह आपस में समझ-बूझ लो।" मतीन्द्र चले गये और जाकर शिवहर के पास बैठे।

पार्वती और कमला एक-दूसरे का मुँह देखने लगीं। दोनों एकदम से हक्की-बक्की रह गयीं। दोनों ने कभी इस बारे में सोचा ही नहीं था। सोचना तो दूर, सपने में भी कल्पना नहीं की थी कि ऐसा भी हो सकता है। दोनों के मुँह से आवाज़ ही नहीं निकल रही थी। दोनों नहीं समझ पा रही थीं कि एक-दूसरे से क्या कहें? दोनों को लग रहा था कि यह बहुत गलत काम है। ऐसा करना पाप और घोर अनर्थ है। कहीं बुआ-भतीजे की शादी होती है? चचेरे भाई-बहन की शादी न कभी देखी न सुनी। दोनों लोग ये क्या करने जा रहे हैं? दोनों लोग पढ़े-लिखे और समझदार हैं, फिर यह पाप कैसे करने जा रहे हैं? पूरा गाँव क्या कहेगा? घर के बाहर निकलना मुश्किल हो जाएगा। राह चलते औरतें ताना मारेंगी। हरदम घर के अन्दर घुसकर तो रहा नहीं जा सकता? रास्ते में आदमी भी मिलेंगे। भले कुछ न

बोलें, लेकिन देखकर मुस्करायेंगे। गाँव का कोई आदमी न तो हमारे यहाँ खाना खायेगा और न पानी पियेगा। क्यों हँसी-हँसारथ करवाने पर तुले हुए हैं दोनों? इससे अच्छा तो यही है कि शादी न हो। शादी न होने पर ज्यादा से ज्यादा लोग ताना ही तो मारेंगे? गाँव में हमारी जो इज़्ज़त है उसमें तो कमी नहीं आयेगी? हम लोगों से ज्यादा, लगता है, दोनों को अपनी शादी की चिन्ता है। शादी नहीं होगी तो कैसे औरत का सुख पायेंगे? अब अपनी बुआ और बहन से ही औरत का सुख लेना बचा है? लगता है दोनों के सिर पर कलियुग सवार हो गया है। दोनों को भला-बुरा नहीं सूझ रहा है। लगता है, दोनों मर्द होने का नाजायज फायदा उठा रहे हैं। भगवान अब क्या होगा?

कमला हिम्मत जुटा कर बोली, "बुआ, तुम कुछ बोलती क्यों नहीं? मैं तो शिवहर भैया से शादी नहीं करूँगी।"

"मैं भी मतीन्द्र से शादी नहीं करूँगी। इन दोनों को देखो तो जरा। कैसे सोच ली इस तरह की बात?"

"बुआ मुझे तो लगता है, इन लोगों को हम लोगों की शादी की उतनी चिन्ता नहीं है। दोनों अपनी शादी के लिए परेशान हैं। हम लोग तो बिना शादी के रह लेंगे। ये दोनों औरत का सुख पाने के लिए परेशान हैं। दोनों जान रहें हैं कि इनकी शादी नहीं होगी। औरत का सुख पाने के लिए ये दोनों हम लोगों को फँसाना चाहते हैं। मैं कतई ऐसा नहीं होने दूँगी। जाकर गाँव में किसी विधवा से सम्बन्ध बना लें। औरत का सुख पाने के लिए किसी की दीवार फाँदकर उसके घर में कूद जायँ। इन लोगों को शर्म नहीं आती। अपनी बहन और बुआ से सम्बन्ध बनाना चाहते हैं।"

"हाँ कमला! इस तरह तो तुरुक लोग शादी करते हैं। ये लोग सोच रहे हैं कि दो रोटी के लिए हम लोग इनके मुहताज हैं, इसलिए ये लोग जो भी हुकुम देंगे, हम लोग मान लेंगे। हम लोग दो रोटी के लिए इनके मुहताज हैं तो ये लोग भी दो रोटी के लिए हमारे मुहताज हैं। ठोंक-पीटकर, पाथकर हमीं लोग खिलाते हैं। हम लोग नौकरानियाँ हैं क्या जो इनके घर का सारा काम करती हैं? रखकर देख लें एक नौकरानी? आटे-दाल का भाव पता चल जाएगा।"

"हाँ बुआ! सही कह रही हो। यह खुराफात मेरे भैया के दिमाग की उपज होगी। बहुत अपने आप को डॉक्टर लगाते हैं। लेकिन शिवहर भैया कैसे तैयार हो गये? अपने को बहुत पंडित बनते हैं। सबको बहुत सही-गलत बताते हैं। गाँव का कौन पंडित उनकी शादी कराने के लिए तैयार होगा? गाँव का कौन-कौन आदमी जाएगा उनकी बारात में? गाँव के पंडितों को पता चलेगा तो सब बिरादरी के बाहर कर देंगे। इनके बाल-बच्चों की शादी कैसे होगी?"

"हाँ बाबा! दोनों को कुछ समझ में नहीं आ रहा है। हमारे बच्चे गाँव में किसके साथ खेलेंगे? सारे बच्चे हमारे बच्चों को चिढ़ायेंगे। उन्हें ताना मारेंगे। मेरे और तुम्हारे बच्चे बस आपस में ही खेल पायेंगे। बच्चे बड़े होंगे तो उन्हें भी गुस्सा लगेगी कि हमारे माँ-बाप ने कौन सा कर्म किया है? बेचारे हमारे बच्चे।"

कमला हँसने लगी, "क्या बुआ तुम भी। हमारी शादी अभी हुई नहीं और बच्चों कीं इतनी चिन्ता करके रख दे रही हो। जैसे बच्चे पहले पैदा हो जाएँगें और शादी बाद में होगी। आओ चलो बैठकर बात करते हैं।"

दोनों आँगन में जाकर बैठ गयीं और सिर झुकाकर तमाम तरह की बातें सोचने लगीं। फिर दोनों एकदम से चुप हो गयी थीं। दोनों शान्तिपूर्वक हर पक्ष के बारे मे सोच रही थीं। वे जितना सोच रही थीं, उतना ही उलझन में पड़ती जा रही थीं। काफी देर हो गयी तो पार्वती बोली, "एक बात बताओ कमला। बुढ़ाई में हम लोगों का कौन पार लगायेगा? जब हम लोग खाना बनाने लायक नहीं रह जाएँगी तो कौन हमें दो रोटी बनाकर देगा? बाल-बच्चे रहेंगे तो कम से कम बुढ़ापे में दो रोटी तो नसीब हो जाएगी।...फिर हमारी जवानी? क्या रात में चारपाई पर छाती दबा-दबाकर ही जवानी काटनी पड़ेगी? कमला मुस्करायी, "अब मैं समझी। बुआ की...में खुजली हो रही है। कोई मर्द उसमें अपना...डालकर हचाहच्च-हचाहच्च करे, तब जाकर शान्ति मिलेगी। पार्वती बोली, "तुम्हारी...में तो खुजली हो ही नहीं रही है। अब कोई रात में दीवार फाँदकर आये तो उससे लिपट जाओगी। उसको तब तक नहीं जाने दोगी जब तक वह तुम्हारे साथ कर नहीं लेगा। खूब जीभरकर करवाओगी, तब उसे जाने दोगी। छिनाल कहीं की।" कमला ने पार्वती के दोनों स्तनों को कसकर दबा दिया और आँगन में ही भाग खड़ी हुई। पार्वती ने दौड़कर उसे पकड़ लिया। दोनों एक दूसरे के स्तन नोचने-खसोटने लगीं। कुछ देर में दोनों एक दूसरे से लिपट गयीं। कमला बोली, "ठीक है! मैं भैया से कह देती हूँ कि तुम उनसे करने के लिए तैयार हो।" पार्वती ने कहा, "मैं भी शिवहर से कह देती हूँ कि कमला तुमसे करवाने के लिए उतावली हो रही है। उसकी...में इतना जोर-जोर से धक्का मारना कि फैला जाय।" दोनों खिलखिला कर हँसने लगीं।

कुछ देर बाद मतीन्द्र आ गये। उन्होंने दोनों से पूछा, "तुम लोगों ने आपस में क्या तय किया?" दोनों कुछ नहीं बोलीं। सिर झुकाकर खड़ी हो गयीं। दोनों के चेहरे पर असन्तोष को कोई लक्षण नहीं था। दोनों के चेहरे पर शर्म की हल्की-हल्की रेखा नज़र आ रही थी। वे लड़कियाँ थी। कैसे हाँ बोल दें। मतीन्द्र चुपचाप खड़े दोनों के चेहरों को देखते रहे। उन्होंने चेहरे के भाव पढ़ लिये, लेकिन वे दोनों के मुँह से कुछ सुनना चाहते थे। वे बोले, "इसका मतलब है, तुम लोग शादी

के लिए तैयार नहीं हो।'' ''नहीं, ऐसी बात नहीं है!'' कमला के मुँह से अचानक निकल गया। पार्वती ने उसका हाथ दबा दिया। कमला अपनी नादानी पर शर्मिन्दा हो गयी। मतीन्द्र उल्टे पैर लौट गये।

मतीन्द्र शिवहर के पास पहुँचकर बोले, ''बधाई हो! दोनों लड़कियाँ शादी के लिए तैयार हैं। अब तुम पत्रा देखकर शुभ मुहूर्त निकालो। जिस दिन शुभ मुहूर्त हो, उस दिन से कमला तुम्हारे यहाँ आकर रहने लगे और पार्वती मेरे यहाँ। शिवहर घर के अन्दर गये और पत्रा निकाल लाये। पत्रा के पन्नों को कुछ उलटा-पलटा। पत्रा पर नज़र गड़ाये-गड़ाये बोले, ''शुभ मुहूर्त तो कल ही है।'' ''तो फिर ठीक है!'' मतीन्द्र बोले, ''कल रात का खाना अपने-अपने घर में खाने के बाद दोनों घर बदल लेंगी। तुम मेरे घर आना और कमला को लिवा लाना। मैं तुम्हारे घर आऊँगा और पार्वती को लिवा ले जाऊँगा। चलकर दोनों लड़कियों को इसके बारे में बता देता हूँ। दोनों अपनी-अपनी तैयारी कर लें। जो लाना-ले जाना हो अपने-अपने संदूक में रख लें।''

मतीन्द्र घर आकर दोनों को समझाने लगे, ''शिवहर ने मुहूर्त देख लिया है। कल का मुहूर्त निकला है। कल रात अपने-अपने घर में खाना खा लेने के बाद तुम दोनों एक दूसरे के घर में चली जाओगी। पहले शिवहर आयेंगे और वे कमला को लिवाकर अपने घर जाएँगे। उसके बाद मैं शिवहर के घर जाऊँगा और पार्वती को लिवा आऊँगा। अब तुम दोनों को हमेशा के लिए अपना-अपना घर छोड़ना है, इसलिए सारी तैयारियाँ कर लो। जो-जो सामान मँगाना हो, हम लोगों को बता दो। हम लोग कल सारा सामान ला देंगे। सिन्दूर भी मैं कल लेता आऊँगा। अपना-अपना सारा सामान अपने-अपने सन्दूक में रख लो। तुम लोगों के लिए साड़ी, कपड़े, सब हम लोग कल खरीद लेंगे। जितई सुनार के यहाँ से कुछ गहने भी खरीद लेंगे। और तुम लोगों को जो कुछ मँगाना हो, सब बता दो। कल सब कुछ आ जाएगा। तुम लोगों की शादी के लिए जो पैसे हमने बचाकर रखे हैं, उसमें जो कुछ बचेगा, वह तुम लोगों को दे देंगे। उन पैसों को तुम लोग अपने पास रखना। जरूरत पड़ने पर काम आयेगा। बाकी तो हम लोग पड़ोस में ही हैं। हमेशा एक दूसरी की खोज-खबर लेते रहेंगे।''

अगले दिन मतीन्द्र और शिवहर दिन भर खरीदारी में व्यस्त रहे। पार्वती और कमला एक-एक चीज याद करके अपने सन्दूक में रखती रहीं। दोनों की माँ ने दोनों को कुछ गहने दिये थे। दोनों ने उन्हें विदाई के समय पहनने के लिए रख लिये। अपने हिसाब से दोनों सारी चीजें सहेज ले रही थीं।

यह भी प्रयास था कि आसपास किसी को भनक न लगे। इसलिए रात में नौ

बजे के लगभग, जब गाँव के लोग खा-पीकर सो गये, शिवहर सजधज कर नये कपड़े में मतीन्द्र के घर पहुँचे। कमला शादी के जोड़े में तैयार बैठी थी। शिवहर ने उसकी माँग में सिन्दूर डाला। विदाई का वक्त हुआ तो कमला मतीन्द्र का पैर पकड़कर रोने लगी। मतीन्द्र भी रोने लगे, "मत रो बहन, मत रो! खुशनसीब है कि जीवन भर पड़ोस में ही रहेगी। मैं हमेशा तेरा ध्यान रखूँगा।" आगे-आगे कमला का सन्दूक लेकर शिवहर चले। पीछे-पीछे कमला चल दी। वहाँ पार्वती भी दूल्हन के वेश में सजी हुई थी। उसने कमला का दरवाजे पर स्वागत किया और उसे अन्दर ले गयी।

अब मतीन्द्र सजधज कर शिवहर के घर पहुँचे। उन्होंने भी पार्वती की माँग में सिन्दूर डाला। विदाई के समय पार्वती ने भी रोने का प्रयास किया, लेकिन वह रो नहीं पायी। उसे लगा कि बगल में ही तो जा रही हूँ। दूसरे वह कामातुर हो रही थी। मन ही मन अपने आप गुदगुदी हो रही थी। मतीन्द्र ने पार्वती का सन्दूक उठाया और चल दिये। पीछे-पीछे पार्वती चल दी। शिवहर दोनों को कुछ दूर तक छोड़ने आये।

शिवहर घर लौट आये। उन्होंने दरवाजा अन्दर से बन्द किया। न कोई औपचारिकता न कुछ पूछना-पाछना। वे कमला को बिस्तर पर गिराकर टूट पड़े। कमला भी कोई औपचारिकता नहीं चाहती थी। वह भी उतनी ही प्यासी थी। दूसरे घर में भी यह हुआ। मतीन्द्र और पार्वती जैस ही घर के अन्दर हुए मतीन्द्र ने दरवाजा बन्द किया। वे भी पार्वती पर टूट पड़े। पार्वती ने भी पूरा सहयोग किया। चारों प्यासे प्राणी तृप्त हो रहे थे।

कुछ दिनों तक सब कुछ ठीक-ठाक चला। दोनों जोड़े अपने-अपने में ही मस्त थे। मतीन्द्र अपना अस्पताल सम्हाल रहे थे और शिवहर पूजा-पाठ। पार्वती और कमला घर से बाहर निकलती ही नहीं थीं। एक दिन शिवहर घर में नहीं थे। उनके घर में नाइन आयी। उसकी आदत थी, धड़धड़ाते हुए अन्दर घुस गयी। अन्दर खिली-खिली कमला दिखायी दी। उसकी निगाह कमला की माँग में पड़े सिन्दूर पर पड़ गयी। वह चौंकी। उसने पूछा, "कमला बहन, पार्वती बुआ कहाँ हैं? तुम्हारी माँग में सिन्दूर पड़ा हुआ है। इसका मतलब तुम्हारी शादी हो गयी। क्या बहन, नाइन का नेग मारने के लिए चुपके-चुपके शादी कर ली और पूछा तक नहीं?" कमला उसे फुसलाने लगी, "बहन, मैं तुम्हें पूरा नेग दूँगी, लेकिन गाँव में किसी को बताना मत। मेरी शादी शिवहर से हो गयी है और पार्वती की शादी मेरे भाई मतीन्द्र से। पार्वती अब मतीन्द्र भैया के घर में हैं।" कमला अन्दर गयी। एक सस्ती नई साड़ी लाकर नाइन को दी, "यह लो अपना नेग। हाँ, गाँव में यह बात किसी को पता न चलने पाये। "पार्वती बुआ की शादी का नेग कौन देगा? वह

भी तो लाकर दो।'' नाइन ने कहा। मरता क्या न करता। कमला फिर अपने कमरे में गयी। एक और नयी साड़ी नाइन को दी। नाइन आशीर्वाद देने लगी, ''सदा अहिवात अचल रहे। भगवान हमेशा जोड़ी बनाये रहें। दूधों नहाओ, पूतों फलो। साल भर के अन्दर भगवान जुड़वाँ बेटे दें।''

नाइन दोनों साड़ियाँ लेकर बाहर निकली और तेजी से चल दी। उसके पेट में बात पच नहीं रही थी। उसे लग रहा था कि गाँव में कितने ज्यादा से ज्यादा लोगों को यह बात बता दे। एक जगह एक कुएँ पर चार औरतें नहा रही थीं। वह भी कुएँ की जगत पर बैठ गयी। एक औरत से बोली, ''आज मुझे पूरा विश्वास हो गया कि कलियुग आ गया है। अपनी आँखों से ऐसा अनर्थ मैंने कभी नहीं देखा था। गाँव में अब पता नहीं क्या-क्या होगा?'' ''क्या हुआ नाइन?'' एक औरत ने पूछा। चारों औरतों ने उत्सुकता से उसे घेर लिया। नाइन बोली, ''बहिन हरे, इस गाँव में भाई-बहन और बुआ-भतीजे की शादी हो रही है। अब इससे बड़ा अन्धेर और क्या होगा?'' ''कहाँ शादी हुई, किसकी शादी हुई, कुछ ठीक से बताओ?'' औरत ने पूछा। नाइन कहने लगी, ''बताऊँगी तो तुम लोग विश्वास नहीं करोगी। शिवहर ने मतीन्द्र डाक्टर की बहन से शादी कर ली। मतीन्द्र डाक्टर ने शिवहर की बुआ से शादी कर ली।'' ''झूठी कहीं की! हम लोगों से मजाक कर रही है।'' औरत ने कहा। ''मैं कह रही थी न कि मेरी बात का कोई विश्वास नहीं करेगा।'' नाइन बोली, ''यह दो साड़ियाँ देखो। दोनों की शादी का मुझे नेग मिला है।'' चारों औरतें आश्चर्य से दोनों साड़ियों को देखने लगीं। नाइन साड़ियाँ लेकर चल दी। उसे अभी बहुत सारे लोगों को यह बात बतानी थी।

पूरे गाँव में बात फैल गयी। सबके जबान पर सिर्फ एक ही बात! घोर कलियुग आ गया है। तुलसी बाबा ने कलियुग के बारे में ठीक ही कहा है- सब नर कल्पित करहिं अचारा, जाइ न बरनि अनीति अपारा। लोग इस घटना से एकदम क्षुब्ध थे। ब्राह्मणों में एकदम रोष व्याप्त था। ब्राह्मण होकर ऐसा कुकर्म और अनाचार? सारे ब्राह्मणों की नाक कटवाकर रख दी। एक दिन ब्राह्मणों ने बैठक की। मतीन्द्र और शिवहर का जाति बहिष्कार! किसी कार्यक्रम में कोई ब्राह्मण न तो उन्हें निमंत्रित करेगा और न ही कोई उनके यहाँ जाएगा। उनके हाथ का छुआ कोई पानी भी नहीं पियेगा। गाँव में एक अच्छी बात यह थी कि एक जाति के लफड़े में दूसरी जाति के लोग नहीं पड़ते थे।

अन्य जाति के लोगों के लिए यह ब्राह्मण जाति के लोगों का आपसी मामला था। और किसी जाति वालों ने शिवहर और मतीन्द्र का बहिष्कार नहीं किया। अन्य जाति के लोग अभी भी शिवहर से अपने यहाँ पूजा-पाठ करवाते थे। शिवहर और

मतीन्द्र को पता चल गया कि ब्राह्मणों ने उनका बहिष्कार कर दिया है। शिवहर परेशान हो गये। मतीन्द्र ने आश्वस्त किया, "चिन्ता न करो। वे हमारा क्या बहिष्कार करेंगे? मैं उनका बहिष्कार करता हूँ। अब मैं किसी ब्राह्मण का इलाज नहीं करूँगा। लाख बुलाने पर भी अब मैं किसी ब्राह्मण के घर मरीज को देखने नहीं जाऊँगा। गाँव के जितने ब्राह्मण मेरे अस्पताल में आयेंगे, मैं सब को भगा दूँगा।"

मतीन्द्र ने वैसा ही किया। अब जो ब्राह्मण उनके अस्पताल में आता, उसे वे भगा देते। कुछ उन्हें बुलाने आते तो जाने से मना कर देते। धीरे-धीरे सारे ब्राह्मण कसमसाने लगे।

एक दिन गयाचरन तिवारी के पन्द्रह साल के इकलौते बेटे की तबीयत बहुत खराब हो गयी। वह बेहोश हो गया। पन्द्रह-बीस लोगों का गयाचरन का पूरा परिवार लड़के को चारपाई पर लादकर मतीन्द्र के घर की तरफ भागा। मतीन्द्र के घर पहुँचकर गयाचरन ने मतीन्द्र का पैर पकड़ा लिया, "डॉक्टर साहब, मेरे बेटे को बचा लीजिए। हमारा परिवार आप लोगों के बहिष्कार में नहीं शामिल है। कृपा करिए डॉक्टर साहब!" मतीन्द्र ने पूछा, "बाद में अपनी जबान से पलट तो नहीं जाओगे? " गयाचरन बोले, "नहीं डॉक्टर साहब! मैं अपने बेटे की कसम खाकर कहता हूँ।" मतीन्द्र ने कुछ देर तक लड़के की नाड़ी देखी। उन्होंने उसको सूई लगायी और दस मिनट इंतजार करने को कहा। दस मिनट बाद लड़के ने आँखें खोल दीं। मतीन्द्र ने दवा की टिकिया पीस-पीसकर कई पुड़िया बनायी। तीन दिन की दवा देकर बोले, "तीन दिन बाद लड़के को लेकर फिर आना। तुम्हारा बेटा ठीक हो जाएगा। चिन्ता करने की कोई बात नहीं है।" मतीन्द्र की फीस और दवा का पैसा देकर बाकी सब चल दिये। गयाचरन रुककर बार-बार हाथ जोड़ रहे थे और धन्यवाद दे रहे थे।

मतीन्द्र तुरन्त शिवहर के घर पहुँचे। गयाचरन तिवारी का पूरा किस्सा सुनाने लगे। शिवहर खुश होते हुए बोले, "यह तो बड़ा अच्छा हुआ।" मतीन्द्र ने कहा, "बस देखते जाओ। सबका काम मुझसे पड़ेगा। मेरा काम नहीं पड़ेगा किसी से। साले बहिष्कार करने चले हैं। देखना, एक-एक कर सब अपना बहिष्कार वापस ले लेंगे। शिवहर ने कहा, "फिलहाल दूसरी जाति वाले मुझसे कथा-पूजा सुन रहे हैं। शादी-ब्याह में भी सब मुझे बुलाते हैं। किसी ब्राह्मण के यहाँ मेरी जजमानी है भी नहीं। मैं समझ गया कि धीरे-धीरे तुम हम लोगों का जाति बहिष्कार समाप्त करवा दोगे। फिर हम पहले की तरह ब्राह्मणों के यहाँ भी जाकर दावत खाने लगेंगे।"

परिणति

अनुपम ने बाइक गेट के बाहर खड़ी कर दी। वे एकदम से उदासी में डूब गये। आलोक की कार भी उनके गेट के बाहर खड़ी थी। मतलब आलोक घर के अन्दर मौजूद है। शाम के छः बज रहे थे और अनुपम ऑफिस से तुरन्त घर लौटे थे। वे गेट खोलकर घर में घुसे। घर के अन्दर जाने का रास्ता ड्राइंगरूम से होकर जाता था। ड्राइंगरूम का दरवाजा अन्दर से उढ़का हुआ था। अनुपम ने दरवाजे को धक्का दिया। दरवाजा खुल गया। अन्दर उनकी पत्नी मैत्री और आलोक सोफे पर बैठकर एक दूसरे से हँसी-मजाक कर रहे थे। पाँच वर्षीय इकलौता बेटा नायक वहीं पर किसी नये खिलौने से खेल रहा था। आलोक अक्सर नायक के लिए कोई नया और कीमती खिलौना लाता रहता था। आज भी वह नया खिलौना लाया था। तीनों अपने में मगन थे। उन्होंने अनुपम पर एक सरसरी दृष्टि डाली। जैसे कोई आया ही न हो। उनकी उपेक्षा करके फिर तीनों यथावत व्यस्त हो गये।

अनुपम चुपचाप अन्दर चले गये। आलोक, मैत्री और नायक; तीनों के लिए अनुपम का घर में होना या न होना, कोई अर्थ नहीं रखता था। वे सीधे रसोई घर में घुसे। कुछ बिस्कुट डिब्बे से निकालकर खाये। दो गिलास पानी पिया। वे इस धर्मसंकट में फँस गये कि चाय बनाकर पी लूँ या चलकर चौराहे पर पिऊँ? वे कुछ देर सोच में पड़े रहे। घर में वैसे भी उनका दम घुटता था। घर में जब आलोक भी मौजूद रहता तो उनके लिए माहौल एकदम असह्य हो जाता। उन्होंने चौराहे पर चलकर चाय पीने का मन बनाया। अचानक उनका मूड फिर पलटा और उन्होंने पैन में आधा कप पानी लिया और उसे गैस चूल्हे पर चढ़ा दिया। उन्होंने एक कप दूध निकाला और उसे भी पैन में पलट दिया। दुःखी स्वर में बुदबुदाये, "जब यह कुतिया अपने यार को दूध की चाय पिला रही है तो मैं भी क्यों न दूध की चाय पिऊँ?"

जल्दी ही चाय बन गयी। उन्होंने एक प्लेट में भुने हुए मूँगफली के दाने निकाले और एक प्लेट में काजू की नमकीन निकाली। तीनों चीजें उन्होंने एक ट्रे

में रखी और लेकर अपने कमरे की ओर चल दिये। अनुपम ने दो सौ वर्गमीटर जमीन में अपना एक मंजिला घर बनवाया था। घर में एक छोर पर उनका कमरा था और दूसरी छोर पर उनकी पत्नी मैत्री का कमरा था। नायक मैत्री के ही कमरे में रहता था। अनुपम घर में दो कमरा किराये पर देना चाहते थे। वे सोचते थे कि इससे कुछ अतिरिक्त आय हो जाएगी, जिससे आर्थिक स्थिति कुछ बेहतर हो जाएगी। सिविल लाइन्स! इलाहाबाद का सबसे पाश एरिया। अच्छा किराया मिल जाता, किसी परिवार को किराये पर दे देने पर। मैत्री अड़ गयी। नहीं देना है किसी को किराये पर। उसे डर था कि अगर कोई बाहरी घर के अन्दर रहेगा तो उसकी करतूत की सड़ान्ध दूर-दूर तक फैलेगी। उसने खाली होने पर भी घर का एक हिस्सा किराये पर नहीं उठाने दिया। उसने उसी दो कमरे में से एक कमरा अब आलोक का बना दिया था। गाहे-बगाहे आलोक दिन तो दिन रात में भी अनुपम के घर पर ही रुक जाता था। ऐसे में मैत्री नायक को अपने कमरे में सुलाकर, आकर आलोक के साथ रात मे उसके कमरे में ही सोती थी। लाचार, उदास और दुःखी होकर सब कुछ देखने के अलावा अनुपम कुछ नहीं कर पाते थे।

अपने कमरे में जाकर अनुपम ने ट्रे अपने बिस्तर पर रख दी। बेड पर बैठकर अपना जूता-मोजा उतारा। पालथी मारकर वे बिस्तर पर बैठ गये और चाय पीने लगे। अनुपम अपने को बड़ा अकेला महसूस कर रहे थे। माँ-बाप पहले ही मर चुके थे। भैया और भाभी थे, जो अब महाराष्ट्र में रहते थे। भैया महाराष्ट्र में इंजीनियर थे। अनुपम का शादी-ब्याह भैया-भाभी ने ही कराया था। भैया-भाभी शुरू में बहुत इलाहाबाद आते-जाते थे, लेकिन अब वे अनुपम से कोई सम्बन्ध नहीं रखते थे। भैया-भाभी से भी सम्बन्ध समाप्त करवाने में मैत्री की ही प्रमुख भूमिका थी। तब अनुपम और मैत्री में बहुत प्यार था। भैया के एक बेटा था और एक बेटी। बेटा इस समय दस साल का था, जबकि बेटी आठ साल की।

अनुपम मन से नाश्ता नहीं कर रहे थे। हल्की सी भूख लगी थी, इसलिए चाय के साथ थोड़ा सा खा ले रहे थे। वे सोच रहे थे कि जल्दी से नाश्ता खत्म हो तो घर के बाहर निकल जाऊँ। मूँगफली के दाने और काजू की नमकीन वे खा नहीं रहे थे बल्कि एक ढंग से भकोस रहे थे। नाश्ता खत्म हुआ। उनकी क्षुधा भी शान्त हो गयी। उन्होंने पैर में चप्पल डाल लिया। ट्रे में कप और प्लेट रखकर वे ट्रे किचन में रख आये। घर में बर्तन साफ करने के लिए महरी आती थी। बर्तन चाहे मैत्री के हों या अनुपम के। वह सारे बर्तन साफ करती थी। पैसा उसे अनुपम ही देते थे।

वे घर से निकल आये। उनका घर लोक सेवा आयोग के बाद, पत्रिका चौराहे

के पास था। उनके घर से कम्पनी बाग बमुश्किल सौ मीटर दूर था। वे कम्पनी बाग की ओर चल दिये। यह उनका अक्सर का काम था। वे प्रायः खाली समय में कम्पनी बाग में चले जाते और जहाँ भी अपने बीवी-बच्चों के साथ बैठे चार-छः लोग अलग-अलग झुण्ड में या खेलते-बैठे दिख जाते वहीं बैठ जाते। वे चुपचाप लोगों को बतियाते या टहलते, बच्चों को खेलते देखते रहते। उन्हें बड़ा सुकून महसूस होता था। उन्हें लगता था कि वे संसार में अकेले नहीं हैं। ये सारे लोग उनके परिवार हैं। तब अपने को एक भरे-पूरे परिवार का सदस्य समझते थे वे।

जब वे कम्पनी बाग के अन्दर पहुँचे, अँधेरा हो गया था। चारों तरफ लाइट जल उठी थी। वे घूम-टहलकर जायजा ले रहे थे कि कहाँ बैठा जाय। वैसे भी अब खा-पीकर उन्हें घर केवल सोने जाना था। कभी-कभार ही वे खाना बनाते थे। मैत्री उनके लिए खाना नहीं बनाती थी। खाना तो बहुत दूर की बात थी। कभी एक कप चाय भी नहीं बनाकर देती थी। अपने लिए पानी तक वे खुद लेकर पीते थे। मैत्री वैसे तो उन्हें कुछ नहीं समझती थी, लेकिन अगर उसका कोई काम रहता तो वह साधिकार बात करती थी। घर के खर्च वगैरह के लिए वह उनसे पैसा भी साधिकार माँगती थी। वैसे तो मैत्री को पैसे की कोई कमी नहीं थी। आलोक उसे अक्सर पर्याप्त पैसे देता रहता था, लेकिन आलोक के दिये सारे पैसे वह जेवर बनवाने, बेटे के लिए मँहगे कपड़े खरीदने और गुलछर्रे उड़ाने में खर्च करती थी। अपना भविष्य सुरक्षित करने के लिए वह बीच-बीच में सौ ग्राम सोने का बिस्कुट खरीदती और उसे सँभालकर अपने लॉकर में रख देती। उसके बैंक खाते में भी कभी पाँच लाख से कम रुपये नहीं रहते थे। इन्हीं सब चीजों के चलते अनुपम उसे अपने सामने तुच्छ और मामूली आदमी लगते थे।

सिविल लाइन्स हनुमान मन्दिर के पीछे की तरफ एक दुकान थी। वहाँ वाजिब दाम में ठीक खाना मिल जाता था। रात में अनुपम अक्सर वहीं जाकर खा लेते थे। ढाबेनुमा थी दुकान। रोज-रोज होटल में खाना खाने की उनकी आर्थिक हैसियत नहीं थी। बदलाव के लिए महीने में एकाध दिन वे किसी बड़े रेस्टोरेन्ट या होटल में जाकर खा लेते। आलोक को अपने घर पर देखकर वे अत्यन्त दुःखी, उदास, निराश हो जाते और अपनी ही नज़र में गिर जाते। उनके लिए घर में रुक पाना सम्भव नहीं रह जाता था। तब वे घर पर सोने के लिए ही जाते। अन्यथा अपने लिए खाना बनाना उनके लिए कोई बड़ी बात नहीं थी। वे घर छोड़कर कहीं किराये पर भी नहीं रहना चाहते थे। उन्होंने बैंक से ऋण लेकर बड़ी मुश्किल से सिविल लाइन्स में घर बनवाया था। उन्हें पता था कि अगर वे घर छोड़कर हटे तो आलोक बीवी-बच्चे के साथ उनके घर पर भी कब्जा कर लेगा।

अनुपम एक जगह घास पर लेट गये और हथेली पर गाल टिकाकर सामने का नजारा देखने लगे।

अनुपम मूल रूप से आजामगढ़ के रहने वाले थे। वहाँ से वे इलाहाबाद पढ़ने के लिए आये थे और इलाहाबाद के ही होकर रह गये। वे दो भाई थे। तब उनके माँ-बाप जीवित थे। अपने गाँव से इण्टरमीडिएट की परीक्षा उत्तीर्ण कर लेने के बाद वे इलाहाबाद विश्वविद्यालय में पढ़ने के लिए चले आये थे। इलाहाबाद विश्वविद्यालय में उन्होंने बी.काम. के नाम लिखाया। उनके बड़े भाई उस समय लखनऊ से इंजीनियरिंग की पढ़ाई कर रहे थे। उस साल वे बी.टेक अन्तिम वर्ष के छात्र थे। बी.काम. कर लेने के बाद अनुपम ने एम.काम. में नाम लिखा लिया। उधर उनके बड़े भाई को बी.टेक कर लेने के बाद महाराष्ट्र में एक निजी कम्पनी में इंजीनियर की नौकरी मिल गयी। नौकरी मिलते ही घरवालों ने उनकी शादी कर दी। दुर्भाग्य! बड़े भाई की शादी के एक साल बाद पिता जी दिवंगत हो गये। पिता जी के चले जाने का आघात माँ बर्दाश्त नहीं कर पायीं। साल भर के बाद भी वे चल बसीं। एम.काम. में पहुँचते-पहुँचते अनुपम अनाथ हो गये। ऐसे में उनके बड़े भाई ने उन्हें सहारा दिया। अनुपम इलाहाबाद में किराये का कमरा लेकर रहते थे। बड़े भाई ने उनका सारा खर्च, सारी जिम्मेदारी अपने सिर पर ओढ़ ली। उनकी एक ही चिन्ता थी। पढ़-लिखकर छोटा भाई भी कहीं ढंग से लग जाय।

जब अनुपम एम.काम. कर रहे थे, उसी समय मैत्री विभाग में ही बी.काम. कर रही थी। लम्बी, गोरी और छरहरे शरीर की सुन्दर कन्या थी वह। विभाग में अक्सर आते-जाते दोनों की आँखें एक दूसरे से टकरा जाती थीं। मैत्री काफी सुंदर थी। कोई भी उसकी ओर आकृष्ट हो सकता था। अनुपम का भी दिल उस पर आ गया। चूँकि वह उनकी कक्षा में नहीं पढ़ती थी और जूनियर थी, इसलिए वे उससे बोलने की हिम्मत नहीं जुटा पा रहे थे। विभाग में तमाम लड़के मैत्री के इर्द-गिर्द डोलते रहते। मैत्री ये सारी बातें अच्छी तरह समझती थी, अतः बड़ी अदा और नखरे के साथ रहती थी। विभाग में किसी भी लड़के को भाव नहीं देती थी। एक ढंग से वह वाणिज्य संकाय की हीरोइन थी। लड़के हसरत से दूर-दूर से उसे देखते रहते। पास जाने या बोलने की हिम्मत नहीं जुटा पाते थे।

इत्तफाक! उस दिन अनुपम विश्वविद्यालय मार्ग पर एक किताब खरीदने गये। विश्वविद्यालय मार्ग पर सिर्फ किताबों-कॉपियों की दुकानें थीं। वे जिस दुकान में गये, मैत्री वहाँ पहले से ही किताब खरीद रही थी। मैत्री ने पलटकर उनकी ओर देखा। मैत्री यह अच्छी तरह समझ गयी कि यह मेरे संकाय का ही छात्र है, क्योंकि प्रायः दोनों की आँखें विभाग में चार हो जाया करती थीं, दूसरे उसे अच्छी तरह

पता था कि यह लड़का मुझे अक्सर चाहत भरी नजरों से देखता रहता है। अनुपम ने मैत्री के हाथ में एक किताब देखी। किताब एकदम नयी थी। वे समझ गये कि मैत्री ने यह किताब अभी-अभी इस दुकान से खरीदी है। उसका नाम अब तक वे जान चुके थे। उन्होंने हिम्मत जुटायी और मैत्री से बोले, "यह किताब वापस कर दीजिए। मत खरीदिए। एकदम बाकवास किताब है यह। इस किताब के लेखक सर के दोस्त हैं, इसलिए सर सबको यह किताब खरीदने के लिए कहते हैं। मैं यह किताब पढ़ चुका हूँ। किसी काम की नहीं है।" मैत्री ने उनसे पूछा, "आपके पास है यह किताब?" मैत्री को बात करता देख अनुपम का उत्साह बढ़ा, "हाँ! मेरे पास यह किताब पड़ी हुई है।" "ठीक है! आप मुझे यह किताब दे दीजिए। मैं एक बार पढ़कर वापस कर दूँगी।" मैत्री ने कहा। अनुपम बोले, "यह किताब मेरे पास ऐसे ही पड़ी हुई है। मुझे उसकी कोई जरूरत नहीं है। आप ले लीजिए, रख लीजिए। मैं वापस लेकर क्या करूँगा?" "ठीक है! कल आप यह किताब लेते आइएगा और विभाग में मुझे दे दीजिएगा। आपको बहुत-बहुत धन्यवाद!" मैत्री खुश हो गयी। अनुपम को दुगुनी खुशी हुई, "इसमें धन्यवाद की क्या बात है? आपने मुझे एक छोटी सी मदद करने का मौका दिया, इसके लिए आपको धन्यवाद! मेरे लायक कभी भी, कोई भी मदद की आवश्यकता हुआ करे तो निःसंकोच बताया करिए।"

रात में उत्तेजना के कारण अनुपम को नींद नहीं आ रही थी। अगले दिन उन्हें मैत्री को किताब देनी थी। वे सोच रहे थे कि अगर केवल किताब दिया तो बात नहीं बनेगी। वह थैंक्यू बोलकर किताब रख लेगी। फिर उसके आगे टाँय-टाँय फिस्स। वह अगले दिन से फिर बात करना बन्द कर देगी। उसकी गर्ज खत्म हो जायेगी। कुछ ऐसा किया जाय कि उसकी गर्ज मुझसे हमेशा पड़ती रहे। तभी बातचीत का सिलसिला बना रहेगा और सम्बन्ध जीवित रहेगा। अनुपम की समझ में एक बात आयी। उन्हें पता था कि मैत्री बी.काम. द्वितीय वर्ष की छात्रा है। उन्होंने उसे बी.काम. द्वितीय वर्ष के प्रथम प्रश्न पत्र नोट्स देने की योजना बनायी। उन्होंने सोचा कि अगर उसे नोट्स पसंद आये तो वह अन्य प्रश्नपत्रों के भी नोट्स माँगेगी। सारे नोट्स इकट्ठे नहीं दूँगा। एक-एक पेपर का नोट्स दिया करूँगा। जब वह उसको लिख लेगी और वापस कर देगी तब अगले पेपर का नोट्स दूँगा। इस तरह नोट्स के लेन-देन से स्थायी सम्बन्ध बन जाएगा। अगर ऐसा सम्बन्ध बन गया तो फिर बीच में ही आगे की रणनीति बनायी जाएगी। फिलहाल स्थायी सम्बन्ध बने तो सही...

अगले दिन विभाग में अनुपम को मैत्री दिख गयी। उनका दिल बाल्लियों उछल पड़ा, साथ ही साथ जोर-जोर से धड़कने लगा। वे उसके पास सहमते कदमों से पहुँच गये। अनुपम को देखकर वह मुस्करायी। हाथ जोड़कर नमस्ते किया।

अनुपम को अच्छा लगा। उनकी हिम्मत भी थोड़ा बढ़ी। उन्होंने अपने बैग से किताब निकाली और उसे दे दी, ''ये लीजिए अपनी किताब। अब इसे अपने पास ही रखिए।...वैसे आपसे एक और बात कहनी है। आप बी.काम. द्वितीय वर्ष में हैं न?'' मैत्री मुस्करायी, ''तो आपको मेरी क्लास भी पता है?...बताइए! क्या कहना चाहते हैं?'' अनुपम संकोच से बोले, ''दरअसल मैं बी.काम. द्वितीय वर्ष के प्रथम प्रश्नपत्र के अपने नोट्स ले आया हूँ। आप एक बार देख लीजिए। अगर आपको अच्छे लगें तो आप उतारकर मुझे वापस कर दीजिएगा।'' ''देखूँ-देखूँ!'' मैत्री ने उत्सुकता से कहा। अनुपम ने बैग से अपने नोट्स निकाले और मैत्री को दे दिये। मैत्री उलट-पुलटकर उन्हें देखनी लगी। कुछ देर में बोली, ''ऐसा है भाई साहब, मैं इन्हें घर ले जाऊँगी। घर में इन्हें एक बार पढ़ लूँगी तब आपको कुछ बताऊँगी।'' ''ठीक है! आप इन्हें घर ले जाइए। एक बार पढ़ लीजिए। अगर आपको काम के न लगें तो कल इन्हें वापस कर दीजिएगा। काम के लगें तब भी बता दीजिएगा। आगे चलकर ये नोट्स अभी मेरे भी काम आयेंगे।'' अनुपम ने संकोच पूर्वक कहा।

अचानक मैत्री मुस्करायी, ''मैंने आपसे नोट्स तो मँगाये नहीं थे। आप अपने आप ये नोट्स क्यों लेते आये?'' अनुपम शर्मिन्दा हो उठे। उन्हें इस प्रश्न की कतई उम्मीद नहीं थी। वे हकलाने लगे, ''दरअसल...दरअसल...अपने पढ़ने के लिए मैं इन्हें लिये हुए था। आपको देखा तो सोचा आपको दे दूँ...आपको जरूरत न हो तो आप इनको वापस कर दीजिए। मुझे खुद इस नोट्स को पढ़ना है...।'' मैत्री ने भाँप लिया कि अनुपम ने अपने को कुछ अपमानित महसूस किया। लड़का हो या लड़की। अगर वह सुंदर है तो जवानी के दस-बारह साल अलग ही अकड़ और घमंड में रहता है। जवानी के दस बारह साल जैसे ही फुर्र हो जाते हैं, अकड़ ढीली हो जाती है। अपनी सुंदरता के घमंड में मैत्री ने भी अनुपम की भावनाओं को कोई महत्व नहीं दिया, ''जब आपने मुझे अपने नोट्स दे ही दिये हैं तो मैं इन्हें एक बार पढ़ूँगी जरूर। क्या पता इनसे मेरा काम आसान हो जाय?'' मैत्री चली गयी। अनुपम अपना सा मुँह लिये खड़ा रहा।

अगले दिन अनुपम को विभाग में मैत्री फिर दिख गयी। एक दिन पहले की घटना से वे अपने को इतना शर्मिन्दा महसूस कर रहे थे कि उन्होंने कन्नी काटकर चुपके से निकल जाने का प्रयास किया। मैत्री ने उन्हें देख लिया। वह तेज कदमों से चलकर उनके पास पहुँच गयी। आज उनसे नमस्ते नहीं किया लेकिन उन्हें देखकर वह उत्साह से मुस्करायी, ''अरे वाह भाई साहब! आपके नोट्स तो बहुत ग़ज़ब के हैं। आपने ने तो मेरी सारी समस्या ही हल कर दी। अब मुझे अपने आप नोट्स बनाने की कोई जरूरत नहीं है। काश, आप मुझे पिछले साल ही मिल गये होते!

प्रथम वर्ष में भी मुझे आपके नोट्स मिल गये होते तो मुझे और अच्छे अंक मिले होते।'' अनुपम की जान में जान आयी। उन्हें लगा कि अब वे बराबरी की हैसियत से बात कर सकते हैं। मान न मान मैं तेरा मेहमान वाली बात नहीं रही। वे हँसकर बोले, 'चलिए मेरे नोट्स आपके काम लायक तो हैं। मैंने तो कल सोचा कि बेकार में मैंने दे दिये अपने नोट्स लिख लीजिएगा तो वापस कर दीजिएगा।'' "आपके नोट्स काम लायक नहीं बल्कि बहुत ही अच्छे हैं। आपने मेरी कितनी बड़ी समस्या हल कर दी, आप सोच भी नहीं सकते। मैं आज कुछ रजिस्टर खरीद लेती हूँ। दो-तीन दिन में मैं सारा उतार लूँगी। उतार लूँगी तो वापस कर दूँगी आपके नोट्स। फिर आप मुझे दूसरे पेपर का दे दीजिएगा। एक-एक रजिस्टर में एक-एक पेपर के नोटस उतारती जाऊँगी। अब तो जब तक मैं सारे पेपर के नोट्स आपसे ले नहीं लूँगी, आपका पिण्ड नहीं छोड़ूँगी।'' अनुपम हँस दिये। बोले कुछ नहीं। उनके मन में लड्डू फूट रहे थे। उन्हें लग रहा था कि अब दोस्ती पक्की हो जाएगी। नोट्स के लेन-देन के बहाने बन जाएगा स्थायी सम्बन्ध।

अब अनुपम और मैत्री में बराबर बातचीत होने लगी। मैत्री को कहीं कुछ समझ में न आता तो वह बेहिचक अनुपम से पूछ और समझ लेती थी। नोट्स का लेन-देन भी बराबर चल रहा था। दोनों के बीच इस तरह दोस्ती बढ़ती देख, मैत्री को हसरत भरी नजरों से देखने वाले लड़के ताव खा रहे थे। अनुपम के दोस्त भी उन्हें चिढ़ा रहे थे। वे मैत्री को दोस्त बना लेने के उपलक्ष्य में पार्टी माँग रहे थे। अनुपम को यह सब बड़ा अच्छा लग रहा था। इन दिनों वे अपने जीवन में ऐसी मिठास का अनुभव कर रहे थे, जैसा पहले उन्होंने कभी नहीं किया था।

उस दिन उन्हें मैत्री को अन्तिम पेपर का नोट्स देना था। उन्होंने रात भर खूब हिम्मत जुटायी। अगले दिन उन्होंने एक पन्ना सादा कागज लिया। फाड़कर उसे आधा किया। उस पर उन्होंने बड़े-बड़े अक्षरों में लिखा- आई लव यू। उस कागज को उन्होंने अपने नोट्स के बीच में डाल दिया। नोट्स को अपने बैग में रखकर वे विश्वविद्यालय चल दिये। अपने कमरे से विश्वविद्यालय वे साइकिल से जा रहे थे। उस दिन साइकिल चलाते हुए उनके हाथ-पैर काँप रहे थे। दिल जोर-जोर से धड़क रहा था। उनके मन में बार-बार एक ही प्रश्न उमड़-घुमड़ रहा था- इस चक्कर में अगर मैं पिट गया तो? उन्होंने यह भी तय कर रखा था कि नोट्स के बीच में मैंने जो कागज डाला है, उसे निकालूँगा नहीं, चाहे जो हो जाय। विभाग में जाकर उन्होंने धड़कते दिल से अपने नोट्स मैत्री को दे दिये। मैत्री को आज उनका व्यवहार अज़ीब लग रहा था। उनके चेहरे की रंगत उड़ी हुई थी। मुँह से आवाज़ नहीं निकल पा रही थी। उसने आश्चर्यचकित होकर पूछा, "आपकी तबीयत ठीक नहीं है क्या?

आज आपका व्यवहार कुछ बदला-बदला सा दिख रहा है।" उन्होंने किसी तरह बात को टालते हुए कहा, "नहीं, कुछ खास बात नहीं है।" मैत्री नोट्स अपने बैग में डालकर चली गयी तो उनकी घबराहट और बढ़ गयी। उन्होंने साइकिल उठायी और अपने कमरे पर चले आये। कमरे में आकर वे चुपचाप बिस्तर पर लेट गये। उनका हाथ-पैर फूल रहा था।

मैत्री घर आयी। नाश्ता-पानी कर लेने के बाद कुछ देर उसने विश्राम किया। अचानक उसे अनुपम के नोट्स का ध्यान आया। उसने सोचा, एक बार सरसरी तौर पर देख लूँ। कितना समय लगेगा उतारने में। वह उठी और अपने बैग से नोट्स निकालकर देखने लगी। देखते-देखते अचानक वह पन्ना खुल गया जिसमें अनुपम ने कागज डाल रखा था। उसने कागज उठा लिया। उसमें लिखा वाक्य पढ़कर उसका खून खौल उठा। इसका इतना दुस्साहस! उँगली पकड़ते-पकड़ते पहुँचा पकड़ने लगा? नोट्स देकर सम्बन्ध बना रहा था। सम्बन्ध इसलिए बना रहा था, क्योंकि प्रेम का चक्कर चलाया जा सके? इसका मतलब यह बड़े योजनाबद्ध तरीके से सारा काम कर रहा था। विश्वविद्यालय में एक से एक खूबसूरत लड़के, एक से एक अच्छे घर के लड़के मेरे पीछे टहल रहे हैं। यह चला है मुझसे इश्क लड़ाने का सपना देखने। ऐसे ही लल्लू-पंजू को मैंने अपना प्रेमी बना लिया तो हो गया। यह मुँह और मसूर की दाल! खैर, मुझे भी अकल से काम लेना होगा। पहले इसके नोट्स मैं उतार लूँ। वैसे भी यह अंतिम पेपर का नोट्स है। बाकी सारे पेपर्स के नोट्स मेरे पास हो ही चुके हैं। जब तक मैं पूरा नोट्स उतार नहीं लूँगी, मैं विश्वविद्यालय ही नहीं जाऊँगी। पूरा नोट्स उतार लेने के बाद ले जाकर उसका नोट्स उसके सर पर पटक दूँगी। और दस बात सुनाऊँगी। कह दूँगी कि भविष्य में मुझसे बात करने की कोशिश की तो चप्पल उतारकर मारूँगी।

प्रेम में जो पहल करता है, हमेशा के लिए उसका हाथ नीचे हो जाता है। जिसके प्रति पहल ही जाती है, उसका हाथ ऊपर हो जाता है और वह शेर हो जाता है। तीन दिन में मैत्री ने नोट्स उतार लिये। तीन दिन तक वह नहीं गयी विश्वविद्यालय। चौथे दिन अपने बैग में अनुपम के नोट्स रखकर चल दी। अनुपम को बुरी तरह लताड़ने के लिए वह मानसिक रूप से तैयार थी। उसे यह नहीं पता था कि अनुपम भी विश्वविद्यालय नहीं आ रहे थे। उन्होंने हिम्मत करके मैत्री को लिख तो दिया था, लेकिन बाद में हिम्मत जवाब दे गयी। उन्होंने सोचा कि मैत्री तेज-तर्रार लड़की है। अगर उसे मेरी बात बुरी लगी तो वह कुछ भी कर सकती है। पीट भी सकती है मुझे। अगले दिन विश्वविद्यालय जाने के बजाय उन्होंने बोरिया-बिस्तर बाँधा और गाँव भाग गये।

मैत्री ने अनुपम को विभाग में चारों तरफ खोजा। वे कहीं नहीं मिले। शर्म के मारे वह किसी से पूछ नहीं पा रही थी। उस दिन उसका मन पढ़ाई में नहीं लगा। वह आयी थी उन्हें डाँटने और वे गायब थे। उसका मूड और भी चौपट हो गया। अब तो यह रोज का किस्सा हो गया। मैत्री आकर चारों तरफ अनुपम को खोजती रहती और अनुपम गायब। दस दिन बीत गये तो मैत्री परेशान हो गयी। उसके दिमाग में तरह-तरह के विचार आने लगे, 'कहीं अनुपम ने आत्महत्या तो नहीं कर ली? मुझसे तो उसकी मुलाकात भी नहीं हुई। मैंने उसे कुछ भी नहीं कहा। मैंने अपने मन की बात किसी को बतायी भी नहीं कि उसने जाकर अनुपम को मेरी योजना के बारे में बता दिया हो...हे भगवान! पता नहीं क्या हुआ? किसी से उसके बारे पूछ भी नहीं सकती...अगर उसने आत्महत्या कर ली होगी तो सारा पाप मुझे ही लगेगा...कायर और डरपोक कहीं का...चला था प्यार करने। पता नहीं कहाँ गायब हो गया। अब मैं उसको कहाँ खोजूँगी? क्या मैं इतनी दुष्ट दिखती हूँ कि मुझसे प्यार करने के बारे में सोच कर ही कोई आत्महत्या कर लेगा? वो बेचारा मेरी इतनी मदद कर रहा था और मैंने उसके साथ क्या किया!...लेकिन मैंने तो उसे कुछ कहा भी नहीं। मेरी उससे मुलाकात तक नहीं हुई।...क्या उसने अनुमान लगा लिया था कि मैं क्या सोच रही हूँ?...प्लीज अनुपम...तुम जहाँ भी हो, चले आओ। मैं तुम्हें कुछ नहीं कहूँगी...तुमने मेरी इतनी मदद की। मुझे प्यार किया। उसका मैंने तुमको ये सिला दिया?'

विश्वविद्यालय में एक महीने बाद प्रकट हुए अनुपम। आये और जल्दी से अपनी क्लास से घुस गये। एक क्लास हो गयी तो अगला पीरियड खाली था। वे दुबके हुए क्लास रूम में बैठे हुए थे। उन्हें नहीं पता था कि मैत्री ने उन्हें क्लास रूम में घुसते हुए देख लिया था। चूँकि क्लास नहीं चल रही थी, अतः सारे लड़के और लड़कियाँ कमरे से बाहर चले गये थे। मैत्री ने आकर कमरे में झाँका। अनुपम अकेले दुबके हुए बैठे थे। वह तनतनाकर उनके पास पहुँच गयी। उसकी आँखों से टप-टप आँसू झर रहे थे। वह अनुपम का हाथ पकड़कर खींचने लगी, "चलिए मेरे साथ...चलिए।" "कहाँ?" अनुपम घबराकर पूछा। मैत्री उसके शरीर पर घूँसे-घूँसे मारने लगी, "चलिए साइंस फैकेल्टी में...वहीं मैं आपसे निबटूँगी। बहुत तड़पाया है, बहुत रुलाया है मुझे।" मैत्री की आँखों में आँसू नहीं रुक रहे थे। अनुपम की जान में जान आयी। वे समझ गये कि मामला नकारात्मक नहीं है। अब उन्हें मैत्री की बातें सुनने की उत्सुकता होने लगी, "ठीक है! तुम जहाँ कहो मैं वहाँ चलने को तैयार हूँ। पहले तुम रोना तो बन्दर करो, नहीं तो लोग क्या सोचेंगे?" मैत्री खड़ी होकर अपने आँसू पोंछने लगी। आँसू पोंछकर थोड़ी देर में वह सामान्य हुई, "तुम

मेरे साथ साइंस फैकेल्टी चलो। मुझे तुमसे कुछ बातें करनी हैं।'' मैत्री की आवाज में लाड़ भरा हुआ था। एक तो तुम सम्बोधन दूसरे आवाज़ में छलकता हुआ प्यार। अनुपम समझ गये कि मामला पटरी पर है। वे उठे और मैत्री के साथ चल दिये।

मैत्री उन्हें लेकर साइंस फैकेल्टी की ओर चल दी। तब इलाहाबाद विश्वविद्यालय का वाणिज्य संकाय कला संकाय मे ही दर्शन विभाग के पास हुआ करता था। छात्रसंघ भवन के गेट से निकलकर दोनों पैदल ही जा रहे थे। अनुपम ने पूछा, ''मेरे मन में बहुत कुलबुलाहट हो रही है। मुझे जल्दी से एक बात बता दो! तुमने मेरा प्यार स्वीकार किया या नहीं?'' ''नहीं!'' मैत्री नखरे के साथ बोली। ''तब साइंस फैकेल्टी में मुझे मारने के लिए ले चल रही हो क्या?'' अनुपम ने फिर पूछा। ''हाँ! तुम्हें मारनाँ बहुत जरूरी है। एम.काम. में पहुँच गये और ढंग से एक प्रेमपत्र तक नहीं लिख सकते। 'आई लव यू' लिख दिया और फुर्सत मिल गयी। आलसी कहीं के!'' मैत्री बोली। अनुपम ने चैन की साँस ली और मुस्कराये, ''विभाग में तुमने मुझे इतने घूँसे मारे, अभी तुम्हारा पेट नहीं भरा है?'' ''नहीं! जब तक तुम कायदे से एक बढ़िया प्रेमपत्र मुझे लिखकर नहीं देते, तब तक मैं तुम्हें मारूँगी। चलो साइंस फैकेल्टी में बैठकर तुम मुझे एक अच्छा सा प्रेमपत्र लिखो। जब तक तुम मुझे प्रेमपत्र लिखोगे, तब तक मैं तुम्हें मारती रहूँगी। जब प्रेम पत्र पूरा हो जाएगा, तब मैं तुम्हें मारना बन्द करूँगी।'' मैत्री उसी तरह नखरे दिखा रही थी। उसके नखरे देखना अनुपम को अच्छा लग रहा था। इसी तरह की बातें करते हुए दोनों साइंस फैकेल्टी में पहुँच गये।

दोनों चारों तरफ टहल-टहलकर एकदम एकान्त खोज रहे थे। एकदम एकान्त कहीं नहीं था। हर तरफ छात्र-छात्राओं की चहल-पहल थी। हारकर दोनों एक जगह सीढ़ी पर बैठ गये और बातें करने लगे। तमाम तरह की बातें हो रही थीं। मैत्री अनुपम को खूब नखरे दिखा रही थी। अनुपम उसके सारे नखरों को सर-आँखों पर रख रहे थे, लेकिन एक बात के कारण उनकी बेचैनी बढ़ रही थी। मैत्री ने उनसे एक बार भी यह नहीं कहा कि मुझे तुम्हारा प्यार स्वीकार है या मैं तुम्हें प्यार करती हूँ। हारकर उन्होंने मैत्री से कहा, ''कम से कम एक बार तो यह कह दो कि तुम्हें मेरा प्यार स्वीकार है।'' ''नहीं कहूँगी!'' मैत्री बोली, ''पहले तुम मुझे इस तरह परेशान करने के लिए कान पकड़कर माफी माँगो। उसके बाद एक अच्छा सा प्रेमपत्र लिखकर दो। तब मैं तुम्हें इस बारे में कोई जवाब दूँगी।'' अनुपम ने कहा, ''ठीक है! मैं कल ही तुम्हें एक अच्छा सा प्रेमपत्र लिखकर दूँगा, लेकिन यहाँ कान पकड़कर माफी कैसे माँगूँ? लोग देख रहे हैं।'' मैत्री खिलखिला कर हँस पड़ी, ''मुझे नहीं पता था कि गाँव के लड़के प्यार के मामले में इतने मूर्ख होते हैं।

चलो मैंने मान लिया कि तुमने कान पकड़कर माफी माँग ली। मैं तुम्हें इस शर्त पर माफ कर रही हूँ कि भविष्य में ऐसी हरकत नहीं करोगे। लेकिन प्रेमपत्र तुम्हें कल लिखकर लाना है। कल ग्यारह बजे यहीं पर प्रेमपत्र लेकर आना।''

अनुपम रात भर परेशान रहे। वे प्रेमपत्र लिखते थे, फाड़कर फेंक देते थे। मैत्री ने ढंग का और अच्छा सा प्रेमपत्र लिखकर लाने को कहा था। उन्हें कुछ आइडिया नहीं था कि प्रेमपत्र कैसे लिखा जाता है। एक बार उन्होंने सोचा था कि किसी दोस्त की सहायता ले लूँ। फिर इस विचार को उन्होंने इसलिए खारिज कर दिया कि उन्हें अपने और मैत्री बीच अंतरंग सम्बन्ध के बारे में किसी और को जानकारी देना अच्छा नहीं लगा। वे खुद ही प्रेमपत्र लिखने में जुटे थे। प्रेमपत्र लिखने के बाद उन्हें लगता कि यह तो बहुत ही साधारण किस्म का प्रेमपत्र है। ऐसा प्रेमपत्र लिखूँ जिससे मैत्री मेरी प्रतिभा की कायल हो जाय। इसका नतीजा यह था कि हर प्रेमपत्र लिखने के बाद फाड़ दिया जा रहा था। अनुपम को एक बात पता थी कि प्रेमपत्र में शेरो-शायरी जरूर होनी चाहिए, लेकिन उन्हें शेरो-शायरी बहुत कम आती थी। ऊपर से प्रेम से सम्बन्धित शेरो-शायरी। उन्हें ले-देकर प्रेम से सम्बन्धित केवल एक शेर याद था–

शाम होते ही चिरागों को बुझा देता हूँ।
दिल ही काफी है तेरी याद में जलने के लिए।।

हर फटे हुए प्रेमपत्र में यह एक शेर मौजूद था। अन्त में परेशान होकर उन्होंने सोचा कि एक प्रेमपत्र को अन्तिम रूप से लिखता हूँ। जो होना होगा देख जाएगा। अब तक अभ्यास करते-करते उनका हाथ काफी मँज गया था। उन्होंने अन्तिम रूप से एक प्रेमपत्र लिखा। पत्र के अन्त में उनका इकलौता शेर मौजूद था।

अगले दिन वे निर्धारित स्थान पर साढ़े दस बजे ही पहुँच गये। ग्यारह बज तक इन्तज़ार करने का उनमें धैर्य नहीं था। आश्चर्य! साढ़े दस बजे ही मैत्री भी पहुँच गयी। अनुपम ने शरमाते-शरमाते अपना प्रेमपत्र मैत्री को दे दिया। मैत्री पत्र को खोलकर ध्यान से पढ़ने लगी। पत्र में लिखी बातों को पढ़-पढ़कर मैत्री मन ही मन फूलकर कुप्पा हो रही थी, लेकिन चेहरे पर वह कोई भाव नहीं आने दे रही थी। पत्र पढ़ लेने के बाद वह मुस्करायी, ''कोशिश तुमने अच्छी की है!'' अनुपम ने बेसब्री से पूछा, ''मेरा पत्र पढ़ लिया न? अब बताओ अपना फैसला।'' मैत्री बोली ''मुझे एकाध हफ्ते सोचने का समय दो। इस पत्र को एक-दो बार और पढ़ूँगी। फिर विचार करूँगी कि तुमसे प्यार करना ठीक रहेगा या नहीं।'' मैत्री की बात सुनकर अनुपम दुःखी हो गये। इतना दुःखी हो गये कि उनकी आँखों में आँसू आ गये। अनकी आँखों में आँसू देखकर मैत्री एकदम परेशान हो गयी, ''अरे बाबा

तुम इतनी सी बात में दुःखी हो गये। ठीक है! मैं एकदम साफ-साफ कह देती हूँ। मुझे तुम्हारा प्यार स्वीकार है, स्वीकार है, स्वीकार है...तुम कितने सीधे और भावुक हो! कोई भी चंट लड़का रहता तो वो समझ जाता कि मैं तो हाँ कह चुकी हूँ। शब्दों में साफ-साफ कहा जाय, जरूरी है क्या? तुम एकदम से गायब हो गये थे तो मैं कितना रोई थी मैं ही जानती हूँ...अच्छा अब मुस्करा दो।'' अनुपम खुशी से मुस्करा पड़े।'' ''हे भगवान!'' मैत्री ने अपना सर पकड़ लिया, ''तुम तो लड़कियों से भी भावुक हो। तुमने तो सारा मजा किरकिरा कर दिया। मैंने तो सोचा था कि मैं तुम्हें खूब नखरे दिखाऊँगी, खूब मनौनी कराऊँगी तब हाँ करूँगी। खैर, हाँ बचा ही कहाँ था कहने को! तुम एकदम बुद्धू हो।''

अनुपम और मैत्री का प्यार धीरे-धीरे परवान चढ़ने लगा। मैत्री को पटा लिया, इस बात पर अनुपम को गर्व था। कामर्स फैकेल्टी के इतने सारे लड़के मैत्री के पीछे टहल रहे थे। हर तरह से योग्य और समर्थ लड़के। सूरत से भी सीरत से भी। पैसे से भी सम्पन्न और सामाजिक रुतबे से भी सम्पन्न। कोई नहीं पटा पाया मैत्री को। मैंने उसे पटा लिया, मैंने! मैत्री नखरे वाली और तेज लड़की थी। प्यार की पहल अनुपम की थी। मैत्री उससे खूब नखरे उठवा रही थी। उसके नखरे उठाकर, उसके आदेशों का पालन करके अनुपम अपने को धन्य समझते थे। अपनी खुशी और अपने गर्व को पचा नहीं पाये अनुपम। उन्होंने अपने कुछ विश्वस्त दोनों को अपने प्यार के बारे में बता दिया। उन पर अपनी धाक जमाने के लिए उन्होंने कुछ ज्यादा ही डींगें हाँक दीं। वैसे भी दोनों के रंग-ढंग देखकर विभाग में लोगों को शक हो रहा था। अनुपम ने ही बात खोल दी तब फिर क्या था। बात धीरे-धीरे पूरे विभाग में फैल गयी। वैसे भी खैर खून खाँसी खुशी बैर प्रीत मधुपान वाला मामला था। कब तक छुपत्ता। धीरे-धीरे खुलना तो था ही।

विभाग के प्रभावशाली और दबंग लडकों को बात नागवार गुजर गयी। लड़की इतनी जोरदार और हम जैसे दिग्गजों के बजाय फटीचर के साथ जा फँसी? ये तो चोंच में बाज के अंगूर और गोद में हूर के लंगूर वाली बात हो गयी। हमारी मर्दानगी को धिक्कार है! टेढ़े तो टेढ़े, सीधे लड़कों की आँखों में भी खटकने लगे अनुपम।

और फिर एक दिन वह हो गया जिसकी आशंका थी लेकिन प्रेम के सरोवर में डुबकियाँ लगाते अनुपम का ध्यान जिधर एकदम नहीं जा रहा था। वे एक दिन अपने कमरे से विश्वविद्यालय आ रहे थे। वही अपनी खटारा साइकिल से। एक जगह उन्हें सात-आठ लड़कों ने रोक लिया! एक ने कसकर साइकिल पर एक लात मारी, अनुपम साइकिल सहित धड़ाम से जमीन पर गिर गये। लड़कों ने उन्हें चारों तरफ से घेर लिया। वे एकदम बीच में हो गये। अनुपम अपनी साइकिल छोड़कर

उठ खड़े हुए। एक लड़का उनके ऊपर गुर्राया, "तुम्हारा पढ़ने में कम मन लगता है, इश्क लड़ाने में ज्यादा लगता है, क्यों?" "मैंने तुम लोगों का क्या बिगाड़ा है? कौन हो तुम लोग?" अनुपम ने प्रतिवाद किया। वह मुस्कराकर बोला, "हम लोग तुम्हारी प्रेमिका के चाहनेवाले हैं। हम लोग किसी दिन उसे उठा ले जाएँगे और किसी कमरे में बन्द करके उसके साथ खूब प्यार करेंगे। उसके बाद उसकी दोनों छातियाँ चाकू से काटकर ले आयेंगे और तुम्हारे हाथ में रख देंगे।" "तमीज से बात करो, समझे!" अनुपम चीखे। उस लड़के ने अनुपम को खींचकर एक थप्पड़ मारा, "क्या कर लेगा बे? जानता है हम लोग कौन हैं?" अनुपम अपना गाल सहलाने लगे। वे वहाँ खड़े एक भी लड़के को नहीं पहचान रहे थे, लेकिन इतना समझ गये कि इसके पीछे विभाग के ही किसी दबंग लड़के का हाथ है। हो सकता है, कई दबंग लड़के इसके पीछे हों। उस लड़के ने अनुपम से फिर पूछा, "अच्छा एक बात बता! तुने मैत्री को कैसे पटाया! हम लोग भी उसी तरह उसे पटा लें।" अनुपम ने समझ लिया कि इन लोगों के मुँह लगना बेकार है। ये लोग झगड़ा करने के मकसद से ही यहाँ आये हैं। लड़का फिर मुस्कराया, "साला बहुत चुप्पा है। कुछ नहीं बता रहा है।...अच्छा एक दूसरी बात बता! मैत्री को किस रंग की चड्डी पसंद है? हम लोग उसे उसी रंग की चड्डी खरीदकर भेंट करेंगे। क्या पता वह हम लोगों से भी पट जाय?" अनुपम से बर्दाश्त नहीं हुआ। उन्होंने खींचकर उसे एक झापड़ मारा। फिर क्या था। सारे लड़के अनुपम के ऊपर टूट पड़े। लात-घूँसों की बछौर होने लगी। अनुपम भी अपने बचाव में हाथ-पैर चला रहे थे। उतने लड़कों से एक साथ लड़ पाना सम्भव नहीं था। कुछ ही मिनटों में उन सब ने अनुपम को मारकर अधमरा कर दिया और वहाँ से भाग खड़े हुए। वहाँ भीड़ लग गयी थी, लेकिन किसी की हिम्मत उन लड़कों से भिड़ने की नहीं हुई। वे भाग गये तो लोग अनुपम की ओर दौड़े। लोगों ने अनुपम को पकड़कर उठाया। उनके शरीर में धूल लग गयी थी। लोगों ने झाड़ा-पोंछा। अनुपम के शरीर में काफी दर्द हो रहा था। लोगों ने उन्हें अस्पताल ले चलने का प्रस्ताव किया। उन्होंने मना कर दिया। उनकी आँखों में आँसू आ गये थे। उन्होंने अपनी साइकिल उठाई और उसे किसी तरह चलाते हुए अपने कमरे पर आ गये।

कमरे में पहुँचकर उन्होंने कमरा अन्दर से बन्द कर लिया। जाँघिया छोड़कर सारे कपड़े उतार दिये। स्टोव पर पर्याप्त मात्रा में हल्दी और सरसों को तेल गरम किया। फर्श पर बैठकर उस जगह हल्दी का लेप लगाने लगे, जहाँ ज्यादा दर्द हो रहा था। वे समझ गये कि अब विश्वविद्यालय जाना उनके लिए खतरे से खाली नहीं है।इस समय वे एम.काम. द्वितीय वर्ष अर्थात् अन्तिम वर्ष में थे। फरवरी का

महीना था। ज्यादातर पढ़ाई समाप्त हो चुकी थी। अप्रैल में परीक्षाएँ होने वाली थीं। उन्होंने सोचा कि अब मैं अपने कमरे पर ही रहकर पढ़ाई करूँगा। विश्वविद्यालय नहीं जाऊँगा। एक दिन मैत्री से मिलकर सारी बात बता दूँ, फिर जाना बन्द कर दूँ। उसके लिए विश्वविद्यालय जाना ठीक नहीं रहेगा। दबंग किस्म के लड़के उस पर फब्तियाँ कसेंगे और किसी दिन बखेड़ा खड़ा हो जाएगा। बेहतर यही होगा कि हम दोनों अब बाहर ही मिला करें। अप्रैल में उसकी भी परीक्षाएँ होनी हैं।

अनुपम एक सप्ताह नहीं गये विश्वविद्यालय। हल्दी लगा-लगाकर वे अपनी चोटें ठीक कर रहे थे और कमरे पर ही पढ़ाई कर रहे थे। उधर मैत्री पेरशान थी। मैत्री से मिलने के लालच में अनुपम एक दिन भी नागा नहीं करते थे। वह सोच रही थी कि अनुपम कहीं बीमार तो नहीं हो गये? उसने अनुपम का कमरा भी नहीं देख रखा था। देख भी नहीं सकती थी। कोई लड़की किसी लड़के से मिलने के लिए या उसके साथ उसके कमरे पर पहुँच जाय, यह हंगामा खड़ा कर देने वाली बात थी। एक सप्ताह बाद अनुपम विश्वविद्यालय गये। उन्हें देखते ही मैत्री दौड़कर उनके पास पहुँच गयी। इतने दिन गायब रहने के लिए वह अनुपम से पूछताछ करने लगी। अनुपम ने उसे सारी बात बता दी। मैत्री सन्न रह गयी। कुछ देर तक तो उसके मुँह से आवाज़ नहीं निकली। अनुपम ने उसे बता दिया कि मारपीट करने वालों में विभाग का कोई लड़का नहीं था, लेकिन यह भी निश्चित तौर पर तय है कि विभाग के ही किसी या कुछ लोगों द्वारा वे भेजे गये थे।

अनुपम ने मैत्री को समझाया, "पढ़ाई लगभग पूरी हो चुकी है। परीक्षाएँ नजदीक आ रही हैं। तुम्हारे और मेरे, दोनों के लिए यही ठीक रहेगा कि अब हम विश्वविद्यालय न आयें। घर पर ही पढ़ाई करें। कल को सब तुम्हारे साथ भी बदतमीजी कर सकते हैं। तुम्हारे पास मेरे नोट्स हैं ही। अपना घर पर ही जमकर तैयारी करो। हम लोग अब बाहर मिला करेंगे। कभी मिन्टो पार्क, कभी कम्पनी बाग, कभी सान्इस फैकेल्टी हम लोग पहले से तयकर लिया करेंगे कि अगली मुलाकात कब और कहाँ होगी। हम लोग रोज-रोज नहीं मिलेंगे। परीक्षाएँ पास आ रहीं है। कुछ दिन मेहनत करके पढ़ लिया जाय। अभी तक सभी परीक्षाएँ प्रथम श्रेणी में पास हुआ हूँ। एम.काम. भी प्रथम श्रेणी में निकल जाय तो कम से कम हमेशा के लिए शैक्षिक रिकार्ड लोगों को दिखाने लायक रहेगा।" मैत्री सहमत हो गयी। तय हुआ कि दो दिन बाद यमुना किनारे मिन्टो पार्क में दोपहर बारह बजे मुलाकात होगी।

अब अनुपम और मैत्री की मुलाकात बाहर ही होने लगी। परीक्षाएँ समाप्त हो जाने के बाद दोनों खूब टहलने घूमने लगे। परीक्षा में अनुपम ने एम.काम. में

सर्वोच्च स्थान प्राप्त किया। मैत्री भी ठीक-ठाक पास हो गयी। अनुपम पहली बार मैत्री को रेस्टोरेन्ट में लिवाकर गये। वह भी एलचिको में। उन्होंने मैत्री को अपने टॉप करने के उपलक्ष्य में पार्टी दी।

एम.काम. में उत्तीर्ण होने के छः महीने बाद ही अनुपम पी.ओ. की परीक्षा भी पास हो गये। उनका चयन भारतीय स्टेट बैंक में प्रबन्धक के पद पर हो गया। अनुपम और मैत्री दोनों बहुत प्रसन्न हुए। अनुपम ने मैत्री को फिर एलचिको में पार्टी दी। पार्टी खत्म होने पर मैत्री ने अनुपम के सामने अपने घर चलने का प्रस्ताव रखा। इसके पहले अनुपम कभी मैत्री के घर नहीं गये थे। उन्होंने झिझकते हुए मैत्री का प्रस्ताव स्वीकार कर लिया।

मैत्री का घर जार्ज टाउन में था। उसके पिता कमला शंकर ए.जी. ऑफिस में ऑडीटर थे। उसके दो बड़े भाई थे। एक भाई डॉक्टर था और एक इंजीनियर। दोनों भाइयों की शादी हो चुकी थी और दोनों भाई अपनी पत्नियों के साथ बाहर रहते थे। घर में माँ-बाप के साथ केवल मैत्री बची थी। शाम के छः बज रहे थे। कमला शंकर अपने घर के अन्दर गेट पर ही खड़े थे। उन्होंने सामने से मैत्री को रिक्शे पर एक लड़के के साथ आते देखा। उनकी त्योरियाँ चढ़ गयीं। मैत्री की इतनी हिम्मत? वह रिक्शे पर लड़के के साथ घूम रही है? रिक्शा गेट के पास आकर रुका। दोनो रिक्शें से उतरे और अनुपम ने रिक्शेवाले को किराया दिया। मैत्री अपने पापा को गेट पर ही खड़ा देखकर मुस्करायी। कमलाशंकर का खून खौला गया। मैत्री ने गेट खोला और अनुपम से बोली, "अनुपम ये हैं मेरे पापा!" अनुपम ने झुककर उनके पैर छुए। कमलाशंकर कुछ नहीं बोले। मैत्री उनसे बोली, "पापा ये हैं मेरे दोस्त अनुपम। इस साल इन्होंने एम.काम. में टॉप किया है। अभी-अभी इनका चयन भारतीय स्टेट बैंक में प्रबन्धक के पद पर हो गया है।" "अच्छा-अच्छा!" कमलाशंकर ने राहत की साँस ली। उन्होंने सोचा कि लगता है मैत्री ने सही लड़का फाँसा है। लड़के की नौकरी लग गयी है। बस, अपनी बिरादरी का निकल जाय तो मजा आ जाएगा। "आओ-आओ बेटा, अन्दर आओ! बाहर क्यों खड़े हो?" उन्होंने अनुपम का स्वागत किया।

उन्होंने अनुपम को ले जाकर ड्राइंगरूम में बैठाया। आवाज़ सुनकर मैत्री की माँ भी ड्राइंगरूम में निकल आयीं। मैत्री ने अनुपम से अपनी माँ का भी परिचय कराया। अनुपम ने उनके भी पैर छुए। मैत्री ने जब अपनी माँ को यह बताया कि अनुपम मेरा दोस्त है तो वह भी गुस्से से लाल हो उठीं, लेकिन जैसे ही मैत्री ने उन्हें बताया कि इनकी नौकरी भारतीय स्टेट बैंक में प्रबन्धक के पद लग गयी है, वे ठीक उसी मनोदशा से गुजरीं, जिस मनोदशा से थोड़ी देर पहले कमलाशंकर

गुजर चुके थे। उन्होंने बिना संकोच और लाग-लपेट के अनुपम से उनकी जाति पूछ ली। अनुपम ने जैसे ही अपनी जाति बतायी, मैत्री के माँ-बाप खिल उठे। दोनों मन ही मन मैत्री की बुद्धिमानी और होशियारी की दाद देने लगे। अनुपम उन्हीं की बिरादरी के थे। मैत्री की माँ बड़े स्नेह से बोलीं, "बेटा, तब तक बैठकर तुम बातें करो। मैं जल्दी ही तुम्हारे लिए खाना बनाती हूँ।" मैत्री हँसी, "मम्मी ,खाना बनाने की कोई जरूरत नहीं है। हम दोनों एलचिको से खाना खाकर ही आ रहे हैं।" मैत्री की माँ ने मैत्री का कान पकड़कर मरोड़ दिया, "इसका मतलब बहुत दिनों से चल रही है दोस्ती! और मेरे बेटे को तुम आज घर लिवाकर आयी हो?"

मैत्री की माँ अन्दर चली गयीं। वे तरह-तरह का नाश्ता बनाने लगीं। लड़की के लिए वर खोजने में हजार पापड़ बेलने पड़ते हैं। कोई योग्य वर खुद ही चलकर घर में आ जाय, इससे खुशी की बात क्या हो सकती है? मैत्री और अनुपम के हाव-भाव से लग रहा था कि दोनों एक दूसरे के बहुत करीब हैं। वे चाह रही थीं कि उनके नाश्ते में कोई कमी न रह जाय। क्या पता, लड़का ढंग से नाश्ता न मिलने के कारण ही नाराज़ हो जाय।

वे एक-एक चीज ले जाकर मेज पर सजाने लगीं। मैत्री हँसने लगी, "अरे मम्मी! तुमने क्या-क्या बना डाला है? कोई चीज छोड़ी भी है? तुम अनुपम को कुछ ज्यादा ही भाव दे रही हो। यह भारत का प्रधानमंत्री नहीं है।" उसकी माँ ने डाँटा, "तुम्हें बोलने की भी तमीज नहीं है। अनुपम आज पहली बार मेरे घर आया है। मुझे उसका ढंग से स्वागत तो करना चाहिए।" मैत्री अनुपम की ओर देखकर जोर-जोर से हँसने लगी। वह हँसे ही जा रही थी। बोल कुछ नहीं रही थी। उसकी माँ ने उसे डाँटा, "यह क्या बदतमीजी है? इस तरह क्या हँसे जा रही हो?" मैत्री अनुपम से बोली, "अनुपम आज तुम मेरी मम्मी से बचकर निकल नहीं पाओगे। आज वे तुम्हें अपना दामाद बनाकर ही छोड़ेंगी।" अनुपम शरमा गये। धीरे से बोले, "यह तो मेरा सौभाग्य होगा।" अनुपम की बात सुनकर मैत्री के माँ-बाप निहाल हो गये। कमलाशंकर अपनी जगह से उठे और जाकर अनुपम को अपने सीने से लगा लिया। मैत्री की माँ ने भी दोनों हाथों से अनुपम का सिर पकड़ा और उनका माथा चूम लिया, "जुग-जुग जियो मेरे बेटे। भगवान तुम दोनों की जोड़ी सलामत रखें।" अनुपम ने दोनों के पैर छुए। मैत्री ने भी शरमाते हुए दोनों के पैर छुए। उसकी माँ ने उसका भी माथा चूम लिया, "बेटी तुमने इतना अच्छा बेटा लाकर हमें दिया। भगवान हमेशा तुम दोनों को खुश रखें।" उस दिन मैत्री के घर काफी रात हो गयी। उसकी माँ ने रात में खिला पिलाकर तब अनुपम को जाने दिया। थोड़ी देर और बैठो, थोड़ी देर और बैठो- करते हुए वे अनुपम को जाने ही नहीं दे

रही थीं। कमलाशंकर अपनी स्कूटर से अनुपम को उनके कमरे तक छोड़ने गये। इसी बहाने उन्होंने अनुपम का ठिकाना देख लिया।

अनुपम ने अपने बड़े भाई को पत्र लिख दिया। भैया, मैं एक लड़की को प्यार करता हूँ। मेरी जूनियर है और अपनी बिरादी की है। आप और भाभी आकर देख लीजिए। अनुपम का पत्र पाकर उनके भाई ने अपनी पत्नी से बात की। अनुपम की एक ही जिम्मेदारी उनके सर पर रह गयी थी। अनुपम की शादी। भैया भाभी दोनों एक सप्ताह के लिए इलाहाबाद आ गये। अनुपम के पास केवल एक कमरा था। उसमें तीन लोगों का रह पाना सम्भव नहीं था। दोनों लोग होटल में रुक गये।

अनुपम ने मैत्री के घर जाकर उसके माँ-बाप को बताया कि शादी के लिए बात करने के लिए मेरे भैया-भाभी आये हैं। यात्रिक होटल में रुके हुए हैं। आप दोनों चलकर उनसे बात कर लीजिए। मैत्री के माँ-बाप बड़ी प्रसन्नता और उत्सुकता से अनुपम के भैया-भाभी से मिलने यात्रिक होटल पहुँचे। अनुपम भी वहाँ मौजूद थे। भैया-भाभी ने बड़ी गमजोशी से मैत्री के माँ-बाप का स्वागत किया। बातचीत बड़े सद्भावनापूर्ण माहौल में शुरू हुई। भैया-भाभी ने साफ-साफ कह दिया कि हमारे लिए अनुपम की खुशी सर्वोपरि है। उसे आप की लड़की पसंद है तो समझिए हमें भी पसंद है। एक औपचारिकता के लिए हम लोग चलकर आपकी लड़की को देख लेते हैं। उसके बाद आप लोग जिस तरह चाहेंगे, उस तरह शादी हो जाएगी।

खूब धूम-धाम से शादी हुई अनुपम की। अनुपम ने प्रयास करके अपनी आरंभिक नियुक्ति इलाहाबाद में ही करा ली। नियुक्ति होते ही वे इलाहाबाद में अपना घर बनवाने के प्रयास में लग गये। संयोग से उन्हें सिविल लाइन्स में जमीन मिल गयी। लोक सेवा आयोग के दक्षिण तरफ पत्रिका चौराहे के पास। उसे पत्रिका चौराहा इसलिए बोलते थे, क्योंकि चौराहे के पास ही पत्रिका प्रेस था। वहाँ से अपने जमाने का मशहूर अंग्रेजी अखबार 'नार्दर्न इंडिया पत्रिका' छपा करता था। छपने को तो वहाँ से अभी भी 'नार्दन इंडिया पत्रिका' छपता था, लेकिन अब वह अपने प्राचीन गौरव की छाया मात्र रह गया था। नकद पैसे के नाम पर अनुपम ने दहेज में कुछ नहीं लिया था। अब जमीन खरीदने में पैसे की कमी आड़े आयी तो कमलाशंकर ने मैत्री के कहने पर पूरा सहयोग किया। उसके बाद घर बनवाने के लिए अनुपम ने बैंक से उधार ले लिया। घर तेजी से बनने लगा। अनुपम ने तय कर लिया। मेरा स्थानान्तरण चाहे जहाँ हो, अपना परिवार इलाहाबाद में ही रखूँगा। बच्चों की पढ़ाई-लिखाई के लिए यहाँ सुविधा रहेगी।

अनुपम की इलाहाबाद में कई परिवारों से दोस्ती हो गयी। मैत्री काफी मिलनसार स्वभाव की थी, अतः कई परिवारों के यहाँ से आना-जाना हो गया। घर बनवाने में

काफी पैसा खर्च हो रहा था। पैसा बचाने के लिए अनुपम मैत्री के साथ ससुराल में ही रहते थे। मैत्री ने भी एम.काम. कर लिया। उसकी नौकरी करने में कोई दिलचस्पी नहीं थी। किसी परिवार को अपने यहाँ बुलाना, किसी के यहाँ खुद जाना, खिलाना-खाना, गप्पें लड़ाना- इन सब चीजों में उसकी खूब दिलचस्पी थी। मैत्री की सुंदरता की इन महफिलों में काफी तारीफ़ होती। औरतें अनुपम से अक्सर कह देतीं, "भाई साहब, आप बड़े किस्मत वाले थे जो आपको मैत्री जैसी सुन्दर पत्नी मिली। हम लोगों में कोई मैत्री जितनी सुंदर नहीं है।" कुछ तो चापलूसी की हद तक तारीफ़ कर देतीं, "भाई साहब बुरा मत मानिएगा। मैत्री की सुदंरता के सामने आप कहीं नहीं ठहरते। यह आपका परम सौभाग्य है कि मैत्री आपकी पत्नी है।" उनका आशय यही होता कि यह मुँह और मसूर की दाल। इन सब बातों का अनुपम कभी बुरा नहीं मानते थे, बल्कि पत्नी के सौंदार्य का बखान सुनकर वे फूलकर कुप्पा हो जाते। मैत्री का घमंड इन सब बातों से बढ़ जाता था। धीरे-धीरे वह यह सोचने लगी अनुपम से शादी करके उसने अनुपम पर एहसान किया है।

अनुपम का मकान बनकर तैयार हो गया। गृह प्रवेश भी हो गया। गृह प्रवेश में अनुपम के भैया-भाभी भी आये। गृह प्रवेश के लिए होने वाले पूजा-पाठ में अनुपम ने अपने भैया-भाभी को बैठाया। यह बात मैत्री और उसकी माँ को नागवार गुजरी। दोनों को लगा कि अनुपम के सिर से उनके भैया-भाभी का भूत उतारना जरूरी है। मैत्री गर्भवती चल रही थी। गृह प्रवेश के छः महीने बाद ही उसने एक बेटे को जन्म दिया।

बेटे के जन्म का समाचार सुनकर अनुपम के भैया-भाभी फिर इलाहाबाद आये, जिससे अनुपम को कोई परेशानी न हो। अस्पताल से लेकर घर तक सारा कामकाज मैत्री के माँ-बाप ने सम्हाल लिया था। मैत्री और उसके माँ-बाप अनुपम के भैया-भाभी को कहीं घुसने नहीं दे रहे थे। तीनों मिलकर भैया-भाभी की पग-पग पर उपेक्षा कर रहे थे और उन्हें अपमानित कर रहे थे। दोनों को बुरा तो बहुत लग रहा था, लेकिन अनुपम के प्रेम के कारण वे कुछ नहीं बोल रहे थे। दोनों जानते थे कि इस बारे में अनुपम से कुछ कहने का कोई अर्थ नहीं है, क्योंकि वह अपनी पत्नी का घनघोर भक्त है। दोनों ने तय किया कि मैत्री अस्पताल से घर आ जाय, उसके बाद यहाँ से खिसक लेने में ही भलाई है।

बेटे का काम नाम मैत्री की माँ ने रखा नायक। नायक साल भर का हो गया तो अनुपम का स्थानान्तरण इलाहाबाद से अलीगढ़ हो गया। अनुपम मैत्री को इलाहाबाद में छोड़कर अलीगढ़ चले गये। उन्हें पता था कि इलाहाबाद में मैत्री का ध्यान रखने के लिए उसके माँ-बाप हैं। महीने में वे इलाहाबाद का एक चक्कर लगा लेते थे।

अनुपम को अलीगढ़ गये छः महीने हो गये। एक दिन मैत्री की मुलाकात एक पार्टी में आलोक से हुई। मैत्री की ही उम्र का था आलोक। ठेकेदारी का काम करता था। उसके पिता जी एक बड़े ठेकेदार थे। पिता जी की मृत्यु हो गयी थी। पिता जी की मृत्यु के बाद उनका सारा काम आलोक ने सम्हाल लिया। आलोक के पास बहुत पैसा था। देखने मे भी गोरा-चिट्टा और खूबसूरत। पहली मुलाकात में ही मैत्री आलोक पर रीझ गयी। आलोक को भी मैत्री पसंद आ गयी। उसकी अभी शादी नहीं हुई थी। दोनों ने एक दूसरे के मनोभावों को ताड़ लिया। एक दूसरे के आँखों की भाषा पढ़ ली। मैत्री के दिमाग में यह फितूर एक कोने में जड़ जमाये बैठा था कि वह बहुत सुन्दर है जबकि अनुपम एकदम भी सुंदर नहीं है। सौन्दर्य के हिसाब से उसकी शादी बेमेल है। उसने आलोक को अपने घर चाय पर आमंत्रित कर दिया। आलोक ने उसका आमंत्रण स्वीकार कर लिया और वादा किया कि वह अगले दिन ही शाम को छः बजे उसके घर आयेगा चाय पीने।

अगले दिन सचमुच शाम को छः बजे आलोक मैत्री के घर पहुँच गया। मैत्री को विश्वास था कि आलोक आयेगा, इसलिए वह खूब सज-सँवरकर बैठी थी। आलोक को देखते ही उसका चेहरा खुशी से खिल गया। उसने आलोक का बड़ी गर्मजोशी से स्वागत किया। उसे ड्राइंगरूम में बैठाकर मैत्री चाय बनाने लगी। आलोक नायक को अपनी गोद में बैठाकर उसके साथ खेलने लगा। मैत्री ने चाय के साथ भरपूर वाय की पहले से तैयारी कर रखी थी। बड़ी जल्दी वह एक बड़ी ट्रे में सारी चीजों को सजाकर ड्राइंगरूम में पहुँच गयी।

चाय पीते हुए आलोक ने पूछा, ''आप कहीं जाने की तैयारी में हैं क्या?'' ''नहीं तो!'' मैत्री ने उत्तर दिया। ''दरअसल आप इस तरह सच-धजकर बैठीं हैं कि मुझे लगा कि आप कहीं निकलने वाली हैं।'' आलोक ने कहा। मैत्री झेप गयी, ''अरे नहीं भाई! मैं सज-धजकर कहाँ बैठी हूँ।'' फिर मजाक करते हुए बोली, ''घर पर जब आप जैसा हैंडसम व्यक्ति आ रहा हो तो थोड़ा ढंग से रहना ही पड़ता है, नहीं तो आप भी सोचते कि किस मनहूस के घर आ गये।'' आलोक थोड़ा सा उत्तेजित हो गया। वह कामुक नजरों से मैत्री की ओर देखने लगा। मैत्री ने उसकी आँखों की भाषा पढ़ ली। वह नीची नज़रों से जमीन की ओर देखने लगी। आलोक ने जल्दी-जल्दी चाय पी। वह उठकर खड़ा हो गया। उसने मैत्री का हाथ पकड़ लिया। मैत्री झिझकते हुए बोली, ''यह क्या कर रहे हैं।'' ''मैत्री जी आप बहुत सुन्दर हैं। आपका सौन्दर्य देखकर मुझसे बर्दाश्त नहीं हो रहा है। आप इतनी सजी-सँवरी हुई हैं। आपकी सुन्दरता में चार चाँद लग गया है। चलिए मेरे साथ बिस्तर पर।'' आलोक ने कहा। ''यह आप क्या कह रहें हैं? मैं एक शादी-शुद लड़की

हूँ। बच्चेवाली भी हूँ। मेरे साथ इस तरह व्यवहार करना आपको शोभा नहीं देता।'' मैत्री ने अपना हाथ छुड़ाना चाहा। आलोक ने उसका हाथ कसकर पकड़ लिया और खींचते हुए अन्दर की ओर लेकर चल दिया। मैत्री हाँ-ना की मानसिकता में उसके साथ चल दी। एक जगह बिस्तर देखकर आलोक ने उसे उसी पर गिरा दिया और उसे दबोच लिया। मैत्री ने विरोध करना छोड़ दिया। वह बस मुँह से सिर्फ एक वाक्य बार-बार दुहरा रही थी, ''आप यह क्या कर रहे हैं...आप यह क्या कर रहे हैं?'' आलोक उसके कपड़े उतारने लगा। वह एक तरफ अपने कपड़े उतरवाने में आलोक की मदद कर रही थी और दूसरी तरफ बके जा रही थी, आप यह क्या कर रहे हैं...आप यह क्या कर रहे हैं...

दोनों कामक्रीड़ा में निमग्न थे। अचानक नायक जोर-जोर से रोने लगा। वह ड्राइंगरूम में ही बैठा खिलौने से खेल रहा था। मैत्री बोली,'' मेरा बेटा नायक रो रहा है।'' आलोक मुस्कराया, ''जल्दी मत मचाओ डार्लिंग! बेटा कुछ देर रोकर खुद चुप हो जायेगा।''

आलोक और मैत्री खूब अंतरंगता हो गयी। आलोक समय निकालकर मैत्री के घर आ जाता। मैत्री आलोक की बाँहों में समाकर निहाल हो जाती। जब अनुपम घर पर आते तो आलोक नहीं आता था।

नायक चार साल का हो गया। मैत्री ने नजदीक के ही एक नर्सरी स्कूल में नायक का नाम लिखवा दिया। अनुपम ने भी प्रयास करके अपना स्थानान्तरण फिर इलाहाबाद करा लिया। अनुपम स्थायी रूप से इलाहाबाद रहने लगा। मैत्री और आलोक के सामने समस्या हो गयी। मैत्री को लगा कि आलोक का अनुपम से परिचय करा देना ही ठीक रहेगा। उनके सामने बहुत मर्यादित ढंग से रहना होगा।

एक दिन अनुपम शाम को बैंक से वापस लौटे तो आलोक ड्राइंगरूम में बैठा मैत्री के साथ चाय पी रहा था। मैत्री ने आलोक से अनुपम का परिचय कराया। अनुपम से बोली, ''ये मेरे मित्र आलोक हैं। मेरी बड़ी मदद करते हैं। आप इलाहाबाद नहीं थे तो इन्होंने मुझे बहुत सहयोग किया था।'' आलोक का रूप-रंग और उम्र देखकर अनुपम का माथा ठनक गया, 'आज के युग में ऐसे परोपकारी बहुत कम बचे हैं, जो बिना मतलब के और निःस्वार्थ भाव से दूसरों की मदद करते हैं। वह भी जवान और सुन्दर औरत की मदद। ऐसी औरत अगर चाहे तो न जाने कितने मर्द उसकी मदद को तैयार हो जाएँगे। मैत्री ने अभी तक तो मुझसे एक बार भी इस आदमी का उल्लेख नहीं किया था। उसका एक इतना घनिष्ठ पुरुष मित्र मौजूद है और मुझे हवा तक नहीं है। कहीं न कहीं कुछ गड़बड़ ज़रूर है। मुझे इस आदमी पर नज़र रखनी पड़ेगी। अनुपम उस समय तो कुछ नहीं बोले और आलोक से एकदम

सामान्य तरीके से पेश आये, लेकिन उनके दिमाग में शक का कीड़ा कुलबुलाने लगा। वे एकदम अशान्त और उद्विग्न हो गये।

अनुपम मैत्री और आलोक पर निगाह रखने लगे। उन्होंने देखा कि मैत्री उनमें अब कोई खास दिलचस्पी नहीं लेती थी। बेटा नायक भी आलोक से बहुत घुला-मिला था। वह भी उनको विशेष महत्व न देकर आलोक के ही आगे-पीछे घूमता था, क्योंकि हर दूसरे-तीसरे दिन आलोक उसके लिए मँहगे-मँहगे और खूबसूरत उपहार लाता था। उन्होंने महसूस किया कि वे अपने ही घर में बेगाने हो गये हैं।

एक दिन उनके दिमाग में न जाने क्या सूझा, वे दोपहर में ही घर पहुँच गये। गेट खोलकर अन्दर घुसे। बाहर आलोक की कार खड़ी थी। वे गुस्से से लाल हो गये। दरवाजे पर पहुँचकर वे घंटी बजाने लगे। दरवाजा काफी देर तक नहीं खुला। वे दरवाजे को पीटने लगे और चिल्लाने लगे, ''मैत्री...मैत्री!'' कुछ देर में मैत्री ने दरवाजा खोला। वह एकदम हड़बड़ायी हुई थी। चेहरे पर हवाइयाँ उड़ रहीं थीं। उसकी दशा देखकर अनुपम सब कुछ समझ गये। उन्होंने खींचकर मैत्री के गाल पर एक तमाचा मारा, ''आलोक कहाँ है हरामजादी! निकाल उसको बाहर!'' उन्होंने उसे तीन-चार थप्पड़ और मारा। तब तक आलोक भी वहाँ आ गया। अनुपम उसे गाली देने लगे, ''क्यों साले कमीने? क्या कर रहा था अन्दर घुसकर?'' आलोक ने अनुपम को जोर से डाँटा, ''जबान सम्हालकर मिस्टर! अन्दर मैं तुम्हारी पत्नी के साथ सेक्स कर रहा था। क्या कर लोगे तुम मेरा?'' मैत्री भी अनुपम के ऊपर भड़क गयी, ''कभी शीशे में तुमने अपनी सूरत देखी है? मुझ जैसी सुंदर औरत के पैर के धोवन जितने भी नहीं हो तुम। मैंने तुम्हारे ऊपर एहसान किया था जो तुमसे शादी कर ली थी। तुम बहुत भाग्यशाली थे जो इतने दिनों तक सेक्स का सुख मुझ जैसी औरत से पाते रहे। आज के बाद तुम मुझे छू भी नहीं पाओगे।'' आलोक ने मैत्री से कहा, ''इन्होंने तुमको मारा है। चलो थाने चलकर इनके खिलाफ रिपोर्ट लिखाते हैं। अपनी औकात में आ जाएँगें ये।''

आलोक मैत्री को अपनी कार में बैठाकर थाने लेकर चला गया था। थाने में मैत्री ने अनुपम के खिलाफ घरेलू हिंसा की एफ.आई.आर. लिखा दी। गवाह आलोक बन गया।

भागते-भागते अनुपम की हालत खराब हो गयी। बड़ी मुश्किल से जमानत मिल पायी।

अनुपम कम्पनी बाग से उठकर हनुमान मन्दिर के पीछे वाले ढाबे की ओर चल दिये। अचानक उनके दिमाग में एक विचार आया, ''आलोक ठेकेदार है। बदमाश किस्म का आदमी है। कहीं ऐसा न हो कि यह मुझे मरवाकर फेंक दे। इस विचार

से वे थोड़ा डर गये। ढाबे पर खाना खाकर वे घर लौटे। घर पर आलोक मौज़ूद था। लगता है आज यह यहीं रुकेगा। उन्होंने सोचा। वे और डर गये।

रात में सोते समय वे सोचने लगे, 'अपनी रक्षा के लिए एक रिवाल्वर का लाइसेंस करवा लूँ। हमेशा अपने साथ रिवाल्वर रक्षा के लिए रखा करूँ। आलोक बदमाश आदमी है। इसका क्या भरोसा...लेकिन सरकार की दृष्टि में तो मैं अपराधी हूँ। जमानत पर छूटा हूँ। मुझे रिवाल्वर का लाइसेंस कैसे मिलेगा...ऐसा करता हूँ बढ़िया क्वालिटी का एक ऐसा तमंचा खरीद लेता हूँ, जिससे छः राउंड गोलियाँ चलती हों। चाहे जितना पैसा खर्च हो। ऐसा एक तमंचा ही खरीदता हूँ।' उन्होंने दरवाजे और खिड़कियों को दो बार चेक किया। अंदर से सब ठीक ढंग से बन्द हैं या नहीं। फिर भी रात में उन्हें ठीक से नींद नहीं आयी।

अगले दिन से अनुपम एक सूत्री कार्यक्रम में लग गये। छः राउंड फायरिंग करने वाले तमंचे की खोज। उन्हें पता था कि कोई शरीफ आदमी इस काम में उनकी मदद नहीं कर सकता। कोई अपराधी या बदमाश किस्म का व्यक्ति ही मददगार हो सकता है। अचानक उन्हें याद आया कि एक बड़ा ठेकेदार बैंक से लोन लेने के लिए बहुत उनके इर्द-गिर्द घूम रहा है। उन्होंने ठेकेदार को बुलवाया। ठेकेदार के सामने अपना प्रस्ताव रखा, "भाई मैं तुम्हारा कर्ज स्वीकृत करा दूँगा, लेकिन बदले में तुम्हें भी मेरा एक काम करना होगा। मुझे बढ़िया किस्म का तमंचा चाहिए जो छः राउंड फायर करता हो। साथ में उसकी तीस गोलियाँ भी चाहिए। चाहे जितना पैसा लगे। मैं देने के लिए तैयार हूँ।" ठेकेदार ने उन्हें तमंचा और गोलियाँ देने की हामी भर ली। उसके लिए यह बाएँ हाथ का खेल था।

अनुपम को तमंचा मिल गया। अब वे हमेशा अपने साथ एक बैग रखते थे। बैग में तमंचा और गोलियाँ रखी रहतीं। बैग में जरूरी कागज-पत्तर भी रहते थे। कागज-पत्तर आते-जाते रहते थे, लेकिन तमंचा हमेशा छः गोलियाँ भरे, बैग के अन्दर तैनात रहता था। अतिरिक्त गोलियाँ भी रखी रहतीं। बीच-बीच में अनुपम छुपाकर तमंचे को निकालते और चेक करते थे कि यह सही ढंग से काम कर रहा है या नहीं। अपने से ज्यादा उन्हें तमंचे पर भरोसा रहता था।

एक दिन अनुपम बैंक से घर आये। बेटा सड़क पर दोस्तों के साथ खले रहा था। आलोक की कार भी बाहर खड़ी थी। उन्होंने गेट से अन्दर जाकर दरवाजे को धक्का दिया। दरवाजा अन्दर से बन्द नहीं था। खुल गया। वे अपने कमरे में पहुँचे। कमरे का दृश्य देखकर वे सन्न रह गये। आलोक और मैत्री एकदम निर्वस्त्र होकर उनके बिस्तर पर लेटे कामक्रीड़ा में निमग्न थे। दोनों ने अनुपम को देखा लेकिन दोनों ने उनकी एकदम परवाह नहीं की। उसी तरह आपस में गुँथे हुए कामक्रीड़ा

में निमग्न। अनुपम को तैश आ गया। उन्होंने अपने बैग से तमंचा निकालकर दोनों की कनपटी पर दो-दो गोलियाँ दाग दीं। दोनों उसी हालत में छटपटाने लगे। चार गोलियाँ चलने की आवाज सुनकर मुहल्ले के लोग भी दौड़ते हुए घर के अन्दर घुस आये। घर के अन्दर का दृश्य देखकर सब स्तब्ध रह गये। कुछ देर में मैत्री और आलोक दोनों की मौत हो गयी। अनुपम ने जिन्दगी में पहली बार किसी के ऊपर गोली चला दी थी। दोनों को अपनी आँखों के सामने इस तरह खून से लथपथ और फिर मरता हुआ देखकर वे भी गिर पड़े और बेहोश हो गये।

शेषनाथ राय की पाती

यूसुफपुर, मुहम्मदाबाद,गाजीपुर
7.7.2007

प्रिय कीर्तिकुमार जी,

नमस्कार!

आशा है, स्वस्थ और सकुशल होंगे! जब आप यहाँ शहीद स्मारक राजकीय महाविद्यालय में प्राध्यापक थे, मेरी और आपकी बैठकबाजी अक्सर होती रहती थी। आप यहाँ से स्थानान्तरित होकर डॉ. श्यामा प्रसाद मुखर्जी राजकीय महाविद्यालय फाफामऊ, इलाहाबाद चले गये। 2005 में। मेरी दुनिया काफी कुछ नीरस हो गयी। वो दिन अब भी याद आते हैं। मैं और आप अक्सर प्रमोद की दुकान में बैठकर लवंगलता खाते थे। यादों को ताजा करने के लिए मैं अभी भी कभी-कभार प्रमोद की दुकान पर जाकर बैठ जाता हूँ। अकेले ही लवंगलता खाते हुए आपकी ज़िन्दादिली को याद करता हूँ। आपकी बात याद आती है–

ज़िन्दगी ज़िन्दादिली का नाम है।
मुर्दादिल क्या खाक जिया करते हैं।।

मैं अक्सर आपसे कहा करता था कि मेरे साथ एक विचित्र घटना घटी है। घटना का विस्तार काफी ज्यादा है। कभी स्थिर होकर मैं आपको वह घटना सुनाऊँगा। आप उस पर कहानी लिखिएगा। मैं कहता ही रह गया। आप स्थानान्तरित होकर चले गये। आपको कभी मैं बता नहीं पाया। अब आप सोचते होंगे कि वकील शेषनाथ राय महा गप्पी आदमी थे। झूठमूठ में एक सस्पेन्स बनाये हुए थे। वकील जो थे। मैंने सोचा कि एक पत्र में सारी बात लिखकर आपको भेज दूँ। आपको विश्वास दिला दूँ कि मैं झूठ नहीं बोल रहा था।

अपने प्यार को पाने के लिए मैंने बहुत मेहनत की थी। मैं अड़ा हुआ था कि मैं उसी लड़की से शादी करूँगा, जिससे मैं प्यार करता हूँ। वह भी दिल ही दिल में यही चाहती थी। चूँकि मेरी और उसकी जाति एक ही थी, भूमिहार, इसलिए

कायदे से शादी में कोई समस्या नहीं आनी चाहिए थी। मैं एक प्रतिष्ठित परिवार से था। परन्तु नियति प्यार करनेवालों की राह में बहुत बाधाएँ खड़ी करती है। वैसे तो लड़की वाले लड़का खोजने में परेशान रहते हैं, लेकिन अगर उन्हें पता चल जाता है कि कोई ठीक-ठाक लड़का मेरी बेटी से शादी करने के लिए पगलाया हुआ है तो वे लड़के और उसके घरवालों को नाकों चने चबवा देते हैं। आज सत्तर साल की उम्र में भी मुझे प्यार के लिए अपना वह पागलपन पूरी शिद्दत से याद है। इसीलिए मैंने अपनी पत्नी को जीवन भर सिर आँखों पर रखा और कभी अपना प्यार कम नहीं होने दिया। पत्नी से भी मुझे प्यार के बदले दुगुना प्यार मिला, यह मेरी खुशनसीबी है।

शादी के साल भर बाद ही मेरे घर में पहली सन्तान ने जन्म लिया। उसके जन्म लेने पर जो कुछ हुआ, उसने मुझे बहुत पीड़ा पहुँचायी। मैं अपने माँ-बाप की इकलौती सन्तान था। घर में सबकी इच्छा थी कि मेरी पहली सन्तान पुत्र रत्न के रूप में अवतरित हो। पुत्र के बजाय पुत्री पैदा हो गयी। घर में शोक की लहर दौड़ गयी। अपनी पहली सन्तान के घर में आने पर हम पति-पत्नी की प्रसन्नता की कोई सीमा नहीं थी, परन्तु दूसरों की प्रतिक्रिया से हम दोनों चकित रह गये। समझ में नहीं आ रहा था कि हम प्रसन्नता मनायें या शोक? मेरी माँ एकदम से उदास हो गयी। पिताजी को तो इतना सदमा लगा कि वे इस दुनिया को ही छोड़कर चले गये। अभी तक मैं जो एक छुट्टा साँड़ की तरह घूम रहा था गृहस्थी के खूँटे में बँध गया।

पहले मैं आपको वह किस्सा सुना दूँ, जिसमें मैं बहुत किन्तु-परन्तु के बाद अपने प्यार को पा सका था। मेरे मामा के लड़के की शादी थी। उस समय मैं काशी हिन्दू विश्वविद्यालय में बी.ए. द्वितीय अर्थात् अन्तिम वर्ष का छात्र था। मेरी उम्र इक्कीस साल थी। मैं भी मामा के लड़के की बारात में गया। वहाँ मुझे लड़की पक्ष की तरफ एक अत्यंत सुंदर लड़की दिखी। उस समय उस लड़की की उम्र सत्रह साल थी। पहली नज़र में ही मेरा दिल उस लड़की पर आ गया। मैं भगवान से प्रार्थना करने लगा कि काश, वह मेरी ही जाति की लड़की निकल जाती। मैं उसके पीछे लग गया। मैंने एक युक्ति निकाली। मैं हमेशा दूल्हे के साथ लगा रहूँगा, लड़की से कहीं न कहीं मुलाकात हो जाएगी। उसके बारे में पता भी चल जाएगा।

रात में शादी होने लगी। मैं दूल्हे के पीछे बैठ गया। कन्या-पक्ष की तरफ वह लड़की बैठी हुई थी। मैं सबकी नज़रें बचाकर उसे बार-बार देख रहा था। कुछ देर में लड़की यह बात भाँप गयी। उस पर मेरा जादू-चल गया। अब वह भी सब की नज़रें बचाकर मेरी ओर देखने लगी। हम दोनों की आँखें कई बार लड़ीं। एक बार मैंने उसकी ओर मुस्करा कर देखा। वह भी मुस्करायी और आँखें नीची

कर लीं। कुछ देर बाद किसी काम से वह घर के बाहर निकली। मैं भी चुपके से उसके पीछे हो लिया। बाहर उसको रोककर मैंने पूछा, "तुम्हारा नाम क्या है?" वह झिझकते हुऐ बोली, "चन्द्रकला...और आप का नाम?" "शेषनाथ राय! दूल्हा मेरे मामा का लड़का है।" मैंने कहा। "मैं दूल्हन के सगे चाचा की लड़की हूँ।" उसने अपने आप बताया। मैं खुशी से उछल पड़े, "अरे वाह! तब तो मेरी शादी तुमसे हो सकती है।" वह शर्माकर बोली, "धत्...।" और भागी। मैंने उसका हाथ पकड़ लिया, "बताओ तुम मुझसे शादी करोगी?" उसने जोर से हाथ झटका और छुड़ाकर भाग गयी।

मैं फिर जाकर शादी में बैठ गया। वहीं, दूल्हे के पीछे। कुछ देर बाद चन्द्रकला भी आ गयी। मैं फिर से उसे देखने लगा। अब शर्म के मारे उसकी नज़रें नहीं उठ रहीं थीं। एक बार फिर हम दोनों की आँखें लड़ीं और हम मुस्करा दिये। मैं समझ गया। चन्द्रकला मुझसे शादी करने के लिए तैयार है। वह पर्दे का जमाना था और शर्म-हया लड़कियों के सबसे बड़े आभूषण माने जाते थे। उसने इशारों-इशारों में जितना कह दिया, वही बहुत बड़ी बात थी। अब आगे की जिम्मेदारी मेरी थी। लड़की होने के नाते वह तो अपने घर में कह नहीं सकती थी कि मैं शेषनाथ राय से शादी करूँगी। जो कुछ करना था, मुझे करना था। मैं जानता था कि अगर उसके घरवाले उसकी शादी कहीं और तय कर देंगे तो वह कुछ नहीं बोल पायेगी। दूल्हन बनकर मन मसोसकर चली जाएगी।

बारात लौटकर मामा के यहाँ वापस आ गयी। दूल्हन भी साथ आयी। मैं मामा के बेटे और नयी भाभी की सेवा- चापलूसी में जुट गया। रिश्तेदार एक-एक कर विदा होने लगे। मैं डटा रहा। यहाँ तक कि मेरे घरवाले भी विदा लेने लगे। मैंने माँ से कहा, "ऐसा है माँ मैं एक हफ्ते बाद आऊँगा। मामा के यहाँ से सब लोग इकट्ठे चले जाएँगे तो मामा का घर खाली हो जाएगा। कुछ दिन और मेहमानी खा लूँ, तब आऊँगा। माँ मान गयी और पिताजी के साथ घर वापस लौट गयी।

मेरे मामा के बेटे का नाम था, शीतला प्रसाद राय। घर में सब शीतला-शीतला कहकर बुलाते थे। एक दिन शाम को हम दोनों लोटे में पानी लेकर फारिग होने जा रहे थे। हम लोग गप्पें लड़ाते, टहलते हुए चले जा रहे थे। अचानक मैंने शीतला भैया से कहा, "भैया, मुझे आपकी मदद की सख्त आवश्यकता है। मेरा एक काम है। अगर आप मेरा काम करा देंगे तो मैं जीवन भर आपका एहसानमंद रहूँगा।" वे आश्चर्य में पड़ गये, "मुझसे ऐसा क्या काम आ गया? तुम मेरे छोटे भाई हो। जरूर मदद करूँगा। पहले काम बताओ।" मैं बेझिझक बताने लगा, "भाभी के एक चाचा की लड़की है, चन्द्रकला। बहुत सुन्दर है। मुझे बहुत पसंद है। भाभी से

कहकर किसी तरह मेरी शादी उससे करा दीजिए।" "अबे मेरा नुकसान कराने पर तुला है! मेरी एक साली कम हो जायेगी कि नहीं? तुझे मेरी साली ही पसंद आनी थी?...खैर! जब तू इतना रिरिया रहा है तो कुछ न कुछ करना पड़ेगा।" शीतला भैया एकदम तरंग में आ गये। मैंने धीरे से कहा, "भैया, चन्द्रकला से मैंने बात कर ली है। वह भी मुझसे शादी करने के लिए तैयार है।" शीतला भैया ने लोटा जमीन पर रख दिया और अकड़कर खड़े हो गये, "अबे साले! तू मेरी बारात में गया था और वहाँ मेरे पैर के नीचे की जमीन खोद रहा था? पिट-पिटा गया होता तो मेरी मिट्टी पलीद हो जाती। घर लौटकर चल तो तेरी भाभी से सारी बात बताता हूँ। तू इतना शातिर निकलेगा, मैं सपने भी नहीं सोच सकता।"

रात में हम दोनों आँगन में खाना खाने बैठे। वहाँ और कोई नहीं था। दो पीढ़े रखे हुए थे। कुछ ही दूरी पर एक ढिबरी जल रही थी। मैं और शीतला भैया एक-एक पीढ़े पर बैठ गये। भाभी ने हम दोनों को खाना परोसा। उसके बाद एक-एक लोटे पानी लाकर, हम दोनों के बगल में रख दिया। आज खाना परोसकर भाभी गयी नहीं। पास में ही जमीन पर बैठ गयीं। हम दोनों खाना खाने लगे तो भाभी मुझको छेड़ते हुए बोलीं, "क्यों देवर जी? आप अपने भाई की बारात में गये थे कि अपनी शादी तय करने? आपके भैया ने मुझे सब कुछ बता दिया। एक तरफ हम लोगों की शादी हो रही थी और दूसरी तरफ आप मेरी बहन को पटा रहे थे?" मैं बोला, "आपकी बहन है ही इतनी सुन्दर। मैंने सोचा कि किसी और का कब्जा हो जाय, उसके पहले मैं अपना नाम लिखा दूँ।" भाभी शरारत से बोलीं, "चन्द्रकला ने अपनी शादी के लिए एक शर्त रखी हुई है। वह उसी लड़के शादी करेगी जो शादी के पहले उसके दो थप्पड़ खा लेगा।" "मुझे शर्त मंजूर है।" मैंने कहा। हम लोग जब तक खाना खाते रहे, भाभी मुझे चिढ़ाती रहीं।

जल्दी ही भाभी की विदाई हो गयी। वे अपने मायके चली गयीं। मैं भी मामा के यहाँ से लौट आया और बनारस अपने विश्वविद्यालय चला गया। काशी हिन्दू विश्वविद्यालय में मैं बिड़ला छात्रावास में रहता था। अब पढ़ाई से ज्यादा, मेरा मन चन्द्रकला में अटका हुआ था। मन में तरह-तरह की उधेड़बुन चलती रहती थी। भाभी न जाने किस तरह से शादी के प्रकरण को सुलझा रही होंगी।

गाँव में मेरा घर 'बाबू घर' कहलाता था और परिवार की गाँव में बहुत प्रतिष्ठा थी। घर में मेरे पिताजी, मेरे बड़े पिताजी (ताऊजी) और बाबा इत्यादि सब थे। गाँव में कोई भी अपराध होने पर हमारा परिवार मजबूती से अपराध के खिलाफ़ खड़ा होता। फिर मैं अपने पिता जी की इकलौती संतान था। मुझे पूर्ण विश्वास था कि लड़की के घर में शादी के लिए सब खुशी से हाँ कर देंगे।

एक दिन शाम को अचानक शीतला भैया मेरे कमरे पर आ गये। उनको देखकर मेरे दिल की धड़कन बढ़ गयी। मन खुदबुदाने लगा। मैं समझ गया कि वे मेरी शादी के सम्बन्ध में ही कोई समाचार लेकर आये हैं। जल्दी से मैंने उन्हें गुड़ और पानी दिया। मन अधीर हो रहा था। जल्दी से शीतला भैया कुछ बतायें। वे चुपचाप बैठे हुए थे। मुझसे नहीं रहा गया, "मेरी शादी की बात कुछ आगे बढ़ी?" "उसी सम्बन्ध में बात करने आया हूँ।' उन्होंने उत्तर दिया, "मेरी पत्नी ने चन्द्रकला के पिता जी को बहुत समझाया, परन्तु उन्होंने शादी के लिए हाँ नही की। वे गाँव के ही पोस्ट ऑफिस में पोस्ट मास्टर हैं। कह रहें हैं कि मैं गाँव की खेती बाड़ी देखकर शादी नहीं करूँगा। मैं तभी शादी करूँगा, जब लड़के की पर्याप्त कमाई रहे। वह मेरी बेटी को अपनी कमाई से अच्छे ढंग से रख सके। खेती-बाड़ी का कोई भरोसा मैं नहीं करता। उन्होंने बात करने लिए तुम्हें बुलाया है।" मैं तो जैसे आसमान से जमीन पर आ गिरा। मैं मानकर चल रहा था कि शादी के लिए हाँ हो जाएगी। भैया ने तो जो समाचार सुनाया कि मेरा दिल बैठ गया।

अगले दिन हम लोग शीतला भैया की ससुराल चल दिये। शाम तक हम लोग पहुँच गये। भाभी ने चिन्तित भाव से हम लोगों का स्वागत किया। हम लोग पानी-वानी पी चुके तो उन्होंने चन्द्रकला के पिता जी को बुलवा लिया। इधर से भाभी के माँ-पिता जी बैठे। चन्द्रकला का घर ठीक बगल में लेकिन अलग था।

चन्द्रकला के पिता जी आ गये। शीतला भैया और मैंने उन्हें प्रणाम किया। वे थोड़ा गर्व की मुद्रा में थे और विजयी भाव से हम लोगों को देख रहे थे। लग रहा था, जैसे वे लड़के के बाप हों और हम लोग लड़की वालों की तरफ़ से आये हों। भाभी के पिता जी बोले, "लड़का देखने में अच्छा है। काशी हिन्दू विश्वविद्यालय में पढ़ रहा है। सम्पन्न परिवार का है। अपने माँ-बाप की इकलौती सन्तान है। आखिर क्या कमी है? क्यों नाटक दिखा रहे हो चन्द्रसेन? लड़का अपने से कह रहा है तो नहीं समझ में आ रहा है? एक लड़की और है। जिस दिन उसके लिए लड़का खोजने निकलोगे तो आटे दाल का भाव पता चल जाएगा। अभी लड़की की शादी के झमेले में नहीं पड़े हो न, इसलिए लंतरानी सूझ रही है। बार-बार कह रहा हूँ कि शादी मान लो तो बात नहीं समझ में आ रही है।" चन्द्रकला के पिता अर्थात् चन्द्रसेन ने थोड़ा सा नखरा दिखाते हुए कहा, "मैं शादी के लिए मना कहाँ कर रहा हूँ, लेकिन लड़का पहले कमाकर तो दिखाये। कोई अच्छी नौकरी तो करे। मैं लड़का देखकर शादी करूँगा, परिवार देखकर नहीं। तब तक चन्द्रकला की माँ भी आ गयीं। भाभी ने उनका परिचय कराया तो हम दोनों ने उन्हें भी प्रणाम

किया। भाभी के पिता जी उनसे बोले, "दुलहिन, चन्द्रसेन को समझाओ। ऐसा लड़का फिर नहीं मिलेगा।" उन्होंने कहा, "कह तो रही हूँ इनसे। खुद दो डब्बल के पोस्ट मास्टर बन गये हैं तो सरग पर पैर रखकर चल रहे हैं। घर बैठे इतना अच्छा रिश्ता मिला है तो मिजाज ही नहीं मिल रहे हैं। मेरा बस चले तो मैं कल ही अपनी बेटी की शादी कर दूँ।" बड़ी विनम्रता और शांत भाव से मैंने सबसे कहा, "मैं बनारस में पढ़ किस लिए रहा हूँ? अच्छी नौकरी पाने के लिए ही न! बस मेरी यही प्रार्थना है कि मुझे जब तक अच्छी नौकरी न मिल जाय, चन्द्रकला की शादी न की जाय।" चन्द्रसेन भड़क गये, "यह कैसे हो सकता है? मुझे कोई अच्छा नौकरी वाला लड़का मिल गया तो मैं अपनी बेटी की शादी नहीं करूँगा? क्या गारंटी है कि तुम्हें नौकरी मिल ही जाएगी?" चन्द्रकला की माँ दाँत पीसकर बोलीं, "नौकरी करने वाले दर्जनों लड़के तुम्हारे घर के बाहर लाइन लगाये खड़े हैं न? अगर मेरी बेटी की शादी में कुछ इधर-उधर हुआ तो मैं बताऊँगी तुमको!" "अति कर दिये हो चन्द्रसेन! अपनी बेटी का ही पैर काटने वाला बाप मैंने नहीं देखा। चन्द्रकला का बड़ा बाप तो मैं हूँ। थोड़ा सा लोक लाज बचा रहा हूँ, नहीं तो मैं ही उसकी शादी कर देता।" भाभी के पिताजी भी खिसिया गये। मैंने सबको शांत किया, "सिर्फ तीन साल रुक जाइए। इस साल मेरा बी.ए. पूरा हो जायेगा। उसके बाद मैं एल.एल.बी. कर लूँगा। उसमें तीन साल लगते हैं। एल.एल.बी. करके मैं वकालत करने लगूँगा। पढ़ने में अच्छा हूँ, अच्छी वकालत चलेगी मेरी। मैं इतना कमाने लगूँगा कि आपकी बेटी को ठीक से रख सकूँगा। बस, मुझे तीन साल की मोहलत दे दीजिए।" अब एक तरफ से सब चन्द्रसेन पर दबाव डालने लगे। अन्ततः चन्द्रसेन मान गये।

बी.ए. करके मैं काशी हिन्दू विश्वविद्यालय से एल.एल.बी. करने लगा। मैं बहुत मन लगाकर पढ़ाई कर रहा था। मुझे चन्द्रकला किसी भी कीमत पर चाहिए थी। मैं तीसरे यानी अन्तिम वर्ष में पहुँच गया। मैं एक बार मामा के घर गया। वहाँ पता चला, शीतला भैया ससुराल गये हैं। भाभी को लेने। मैं भी वही से शीतला भैया की ससुराल चल दिया।

भाभी के घरवाले मुझे देखकर बहुत प्रसन्न हुए। सबने मेरा भावी दामाद जैसा स्वागत किया। सब को पता था कि मेरा पढ़ाई का अन्तिम साल है। अगले साल से मैं वकालत करने लगूँगा। भाभी के पिता जी ने चन्द्रसेन को बुलवाया।

चन्द्रसेन आये। वहाँ पर मुझे देखा तो उनके चेहरे पर फिर वही गर्व का भाव तैर गया। भाभी के पिता जी ने उनसे कहा, "शेषनाथ अगले साल से वकालत करने लगेगा। अब तो शादी करने के लिए तैयार हो?" चन्द्रसेन एकदम से अकड़

गये, "वकालत का क्या भरोसा? चले न चले? इनकी वकालत अगर नहीं चली तो मेरी बेटी क्या दूसरों के घर में बर्तन माँजेगी? मैं साफ-साफ बता दे रहा हूँ। मैं नहीं करूँगा यह शादी।" भाभी के पिता जी उन्हें गालियाँ देने लगे, "साले कुत्ते... वादा खिलाफी कर रहा है? तुम्हारे ही चक्कर में उसने आगे की पढ़ाई छोड़कर एल.एल.बी. किया। उस समय तूने सब के सामने हामी भर थी कि शेषनाथ अगर वकालत करने लगेगा तो मैं उससे अपनी बेटी की शादी कर दूँगा। अब तू मुकर रहा है? साले जूते-जूते मारूँगा। किसी की जिन्दगी से खिलवाड़ कर रहा है तू?" वे इतनी जोर-जोर चिल्ला रहे थे कि आसपास के कई लोग जुट गये। चन्द्रकला और उसकी माँ भी आ गयीं। चन्द्रकला को चन्द्रसेन ने भगा दिया। भाभी के पिताजी चन्द्रकला की माँ को चिल्ला-चिल्लाकर सारी बात बताने लगे। चन्द्रकला की माँ रोने लगीं, "इनकी मति भ्रष्ट हो गयी है। मेरी बेटी कितनी किस्मत वाली है कि भाग्य आकर खुद उसका दरवाजा खटखटा रहा है, लेकिन यह राक्षस मेरी बेटी का भाग्य निगलने पर तुला है। अपने साथ-साथ यह पापी पूरे परिवार की किस्मत पर कालिख पोत देगा। इसका सत्यानाश हो जाय। मेरी बेटी का दुश्मन बना हुआ है यह। भगवान मैं क्या करूँ..."

बड़ी देर तक लड़ाई झगड़ा होता रहा। सम्भवतः चन्द्रकला घर के अन्दर से सब सुन रही थी। अचानक रोती और चिल्लाती हुई चन्द्रकला की छोटी बहन दौड़ी आयी, "अम्मो...दीदी ने ज़हर खा लियो..." वह दहाड़ मार कर रो रही थी। सब चन्द्रकला के घर की ओर चिल्लाते हुए दौड़े। मैं भी पीछे-पीछे दौड़ा। चन्द्रकला आँगन मे अचेत पड़ी थी। चन्द्रकला की माँ उससे लिपटकर जोर-जोर से रोन लगीं, "खा गया दाढ़ीजार मेरी बेटी को...अरे हरामी के पूत, तू यही चाहता था न...हो गया तेरे मन का। मेरी बिटिया मुझे छोड़कर चली गयी...अब मैं क्या क़रूँ राम..." मैंने भाभी के पिताजी से कहा, "जल्दी से एक जीप की व्यवस्था करिए। चन्द्रकला को तुरंत बी.एच.यू. के अस्पताल लेकर चलते हैं। शायद उसकी जान बच जाय।" जीप बगल में ही एक सज्जन के यहाँ थी। हम लोग चन्द्रकला को उस पर लादकर तुरंत बी.एच.यू. भागे। साथ में शीतला भैया, उनके ससुर जी और चन्द्रकला के माँ-बाप थे। जिनकी जीप थी, वही जीप को चला रहे थे। चालक, मैं और भैया चुप थे। बाकी तीनों रो रहे थे। मेरे दिल पर क्या गुजर रही थी, मैं ही जान रहा था। कलेजा फटा जा रहा था। जी कर रहा था, मैं भी ज़हर खा लूँ। मैं किसी के सामने रो भी नहीं सकता था। मन के किसी कोने में एक उम्मीद थी कि शायद चन्द्रकला की जान बच जाय। यही एक छोटी सी उम्मीद मुझे किसी तरह सम्हाले हुए थी।

हम लोग सीधे काशी हिन्दू विश्वविद्यालय के अस्पताल में पहुँचे। वहाँ मैंने डॉक्टर को अपना परिचय दिया, ''मैं विश्वविद्यालय में एल.एल.बी. अन्तिम वर्ष का छात्र हूँ। मेरी होने वाली पत्नी ने ज़हर खा लिया है। प्लीज, उसे किसी तरह बचा लीजिए।'' डॉक्टरों ने तुरन्त चन्द्रकला को इमर्जेन्सी में भर्ती किया। मैंने भैया से कहा, ''भैया, आप यहाँ की व्यवस्था देखते रहिए। मैं थोड़ी दरे में आ रहा हूँ।''

मैं भागकर अपने छात्रावास गया। वहाँ बहुत सारे लड़कों को इकट्ठा किया। उन्हें बताया, ''मेरी होनेवाली पत्नी ने ज़हर खा लिया है। उसे इमरजेन्सी में भर्ती करके आ रहा हूँ। मेरे साथ चलकर सबको डॉक्टरों के ऊपर दबाव बनाना है। जिससे वे अच्छा से अच्छा इलाज करें और मेरी होनेवाली पत्नी बच सके।'' लड़के झुण्ड बनाकर चल दिये। सैकड़ों छात्रों ने इमर्जेन्सी को घेर लिया। दिखने और मिल जाने वाले हर डॉक्टर को लड़के धमकाने लगे, ''भाभी जी को कुछ हुआ तो हम लोग अस्पताल की ईंट से ईंट बजा देंगे।'' डॉक्टरों में हड़कम्प मच गया। कई अनुभवी और वरिष्ठ डॉक्टर इमरजेन्सी में पहुँच गये। डॉक्टरों ने विश्वविद्यालय प्रशासन को फोन किया। विश्वविद्यालय के कुलपति भी दल-बल समेत आ पहुँचे। वे खुद इलाज की निगरानी करने लगे। चन्द्रकला के माँ-बाप मेरा इतना जलवा देखकर भौंचक्के थे।

तीन घंटे बाद एक डॉक्टर इमरजेन्सी से बाहर निकले। उन्होंने मुझसे हाथ मिलाया, ''बधाई हो! आपकी होनेवाली पत्नी अब खतरे से बाहर हैं।'' मैं खुशी के मारे रोने लगा। डॉक्टर ने मेरे कांधे पर हाथ रखा। कुलपति ने भी मेरे कन्धे पर हाथ रखा। चन्द्रकला के माँ-बाप भी खुशी से रोने लगे। मेरे साथ आये लड़कों ने मुझे उठा लिया और खुशी से नाचने लगे। कुलपति सब को शुभकामनाएँ देकर दल-बल सहित चले गये। भैया के ससुर ने चन्द्रसेन को हड़काया, ''देख रहा है शेषनाथ का जलवा? तेरे जैसे दो कौड़ी के पोस्ट मास्टर को वह खरीद सकता है। उसके चलते आज तेरी बेटी की जान बच गयी। अब चन्द्रकला की शादी तू नहीं करेगा मैं करूँगा।''

चन्द्रकला एकदम ठीक हो गयी। सभी लोग अस्पताल में ही रुके हुए थे। चन्द्रकला को लेकर हम लोग चल दिये। रास्ते में चन्द्रकला की माँ ने चन्द्रकला को सारा किस्सा सुनाया। मेरे जलवों और पहुँच का खूब बढ़ा-चढ़ाकर बखान किया। चन्द्रकला मेरी ओर देखने लगी। मैं उसकी ओर देखकर मुस्कराने लगा। वह भी मुस्कराने लगी। उसकी माँ यह दृश्य देखकर निहाल हो गयीं, ''बिटिया अब तुम्हारी शादी मैं करूँगी। शादी में तुम्हारे बाप को नजदीक नहीं आने दूँगी। उनका एक नाटक अब कोई नहीं देखेगा। तुम्हारे बड़े पिता जी शादी का सारा

इन्तजाम देखेंगे।'' भैया के ससुर ने ललकारा, ''हाँ बिटिया! अब तुम्हारी शादी मैं करूँगा। चन्द्रसेन ससुर अगर शादी के मण्डप के आसपास भी दिख गये तो मैं जूते से मारूँगा।'' चन्द्रसेन एक तो वैसे ही अपराध बोध से ग्रस्त थे, दोनों की बातें सुनकर उनका चेहरा और उतर गया।

हम लोग घर पहुँचे। चन्द्रकला को सही-सलामत देखकर सब लोग खुशी के मारे रोने लगे। भाभी और चन्द्रकला की छोटी बहन, चन्द्रकला से लिपट गये और फूट-फूटकर रोने लगे। गाँव के बहुत से लोग इकट्ठा हो गये। सबको सारी कहानी पता चल गयी थी। अधिकांश लोग चन्द्रसेन को धिक्कारने लगे। कुछ लोग सचमुच में धिक्कार रहे थे, कुछ लोग बनावटी। काशी हिन्दू विश्वविद्यालय में मेरी कितनी पहुँच है, भैया के ससुर बढ़-चढ़कर इसका बखान कर रहे थे। गाँव के लोग मुझसे बहुत प्रभावित हो रहे थे। युवकों में मुझसे दोस्ती गाँठने की होड़ लग गयी। एक बुजुर्ग सज्जन मुझे सुनाते हुए चन्द्रसेन से बोले, ''जब बन्दर के हाथ में हीरा पड़ जाता है न, तो वह एक बार उसे दाँत से काटने की कोशिश करता है और न कटने पर उठाकर फेंक देता है। वही हाल तुम्हारा है। यह लड़का तो हीरा है हीरा। मेरे घर की किसी लड़की से कहे तो अभी तुरंत शादी कर दूँ।'' चन्द्रकला की माँ ने कहा, ''यह मुँहझौंसे तो मेरी बेटी को ले बढ़े थे। वह तो मेरा दामाद भगवान बनकर आ गया और उसने मेरी बेटी का बचा लिया।'' एक तो सब के ताने और दूसरे अपराध बोध। चन्द्रसेन लगातार जमीन की ओर देख रहे थे। उनका सिर ही नहीं उठ रहा था।

रात में भैया के ससुर ने प्रस्ताव रखा कि इस गर्मी में शादी हो जाय। उन्होंने मुझसे पूछा कि कैसे क्या करना है? मैंने उन्हें समझाया, ''मैं यहाँ से अपने घर जाऊँगा। अपने माता-पिता को बता दूँगा कि मैंने एक लड़की पसन्द कर ली है और मैं उसी से शादी करूँगा। मेरे माता-पिता मुझे बहुत चाहते हैं और वे मुझे मना नहीं करेंगे। उनको मनाने की जिम्मेदारी मेरी है। करीब पन्द्रह दिन बाद जाकर आप लोग मेरे घर शादी की बात कर लीजिएगा। फिर दोनों परिवार मिलकर जैसा उचित समझेंगे, वैसा करेंगे। उसके बाद मेरी जिम्मेदारी समाप्त। शादी-ब्याह कैसे-कैसे किया जाता है, मुझे बहुत पता नहीं है।''

अगले दिन मैं अपने घर के लिए निकलने लगा। भाभी और चन्द्रकला, दोनों परिवारों के सारे लोग मुझे विदा करने के लिए इकट्ठा हो गये। चन्द्रकला की माँ ने मेरे हाथ पर ग्यारह रुपये रख दिये। ''यह क्या है?'' मैंने पूछा। वे बोलीं, ''बेटा यह नेग है। रख लो। मना नहीं करते।'' भाभी के पिता जी ने भी मेरे हाथ पर ग्यारह रुपये रख दिये। ''आप लोग यह सब क्या कर रहे हैं?'' मैं थोड़ा संकोच

में पड़ गया। भाभी मुस्कराकर बोलीं, "देवर जी सब रखते जाओ। यह इस बात की गारंटी है कि अब चन्द्रकला तुम्हें मिलकर रहेगी।" सब लोग हँसने लगे। मैं शर्म से लाल हो गया। चन्द्रकला वहाँ नहीं थी। मेरी आँखें उसे देखने के लिए बेचैन थीं। भाभी मेरे मन की बात भाँप गयीं। उन्होंने मेरा हाथ पकड़कर कहा, "चलो एक बार चन्द्रकला से मिल लो। उससे मिलकर तब जाओ। वे मुझे खींचते हुए घर के अन्दर ले गयीं। चन्द्रकला दरवाजे की ओट में खड़ी थी। चन्द्रकला ने मेरे पैर छुए। भाभी बोली, "देवर जी मैं बाहर जा रही हूँ। तुम एक बार चन्द्रकला का गाल चूम कर जाना।" वे बाहर निकल गयीं। मुझे शर्म लग रही थी। बाहर लोग क्या सोच रहे होंगे? मैंने चन्द्रकला से कहा, "अपना ध्यान रखना। अब ज़हर खाने वाली गलती ज़िन्दगी में फिर कभी मत करना। मैं जल्दी ही तुम्हें ले जाऊँगा।" मैंने भाभी की आज्ञा का पालन किया। एक नहीं उसके दोनों गालों को चूमा। उसने शर्माकर नज़रें नीची कर लीं। मैं बाहर निकल आया।

मैं अपने घर आ गया। वहाँ तो बहुत शेखी बघार आया था कि मैं अपने घरवालो को समझा लूँगा। हिम्मत जवाब दे रही थी। मैं समझ नहीं पा रहा था कि किसी से कैसे कहूँ। दो दिन यूँ ही निकल गये। पिताजी से कहने के लिए बहुत जी कड़ा किया। टाँय-टाँय फिस्स! मैंने माँ से कहने का मन बनाया। रात में अकेले हिम्मत जुटाकर मैंने माँ से कहा, "माँ मैं तुमको एक बात बताऊँ, नाराज़ तो नहीं होगी?" "क्या बात है? पहले बताओ तो सही।"

"नहीं माँ मैं ऐसे नहीं बताऊँगा। पहले तुम वादा करो कि तुम मुझसे नाराज़ नहीं होगी।"

"हें, ऐसी क्या बात है? अच्छा ठीक है। मैं नहीं नाराज़ होऊँगी। तू बता क्या कहना चाहता है?"

"माँ मैंने एक लड़की पसन्द की है। मैं उसी से शादी करना चाहता हूँ। माँ तुम हाँ कह दो!"

"क्या? किस जाति की लड़की है? कहाँ की रहने वाली है? नाम क्या है उसका? मुझे पूरी बात बता!"

"माँ लड़की हमारी ही जाति की है। लड़की का नाम है चन्द्रकला। मामा के लड़के हैं न शीतला भैया? चन्द्रकला उन्हीं की पत्नी के चाचा की लड़की है। माँ मान जाओ! हाँ कह दो।"

मेरी उम्मीद से एकदम उल्टी प्रतिक्रिया हुई। माँ ने खुश होकर मेरा गाल चूम लिया, "बेटा यह तो तूने बहुत खुशी की बात बतायी। इतना अच्छा समाचार सुनकर तो मेरा दिल खुश हो गया। मैं भला क्यों मना करूँगी।...सुनते हो जी...अजी सुनते

हो...।'' माँ पिताजी को बताने बाहर दौड़ीं। मैं साँस रोककर सब की प्रतिक्रिया का इंतज़ार करने लगा। घर के अन्दर ही चुपचाप बैठा रहा मैं, लेकिन कान बाहर की ओर लगाये हुए था। माँ ने चहकते हुए मुझसे हुआ सारा वार्तालाप पिता जी को सुना दिया। पिता जी भी खुश हो गये। फिर तो पूरे घर में बात फैल गयी। मेरे बाबा बाबू मुरली राय ने मेरे बड़े पिता जी बाबू भोला राय को आदेश दिया, ''कल सवेरे दोनों भैसों के सारे दूध का खोया बनवा देना। घर की औरतों से कह दो कि वे कल मिठाई बनायें। कल घर में खुशी मनायी जाएगी। माँ को बुलाकर बोले, ''बड़े अच्छे समय में मर्दाने घर में आयी। जाकर जनाने घर में बोल दो कि कल पकवान बनेंगे। पूड़ी-कचौड़ी छनेगी। बड़ी शुभ सूचना मिली। शेषनाथ कहाँ है? बुलाओ उसे!'' ''अन्दर छुपकर बैठा है। अभी बुलाकर लाती हूँ। मैं मर्दाने घर में चाकू खोजने आयी थी। मुझे अकेला पाकर उसने सब कुछ उगल दिया, अन्यथा सारी बात अपने पेट में ही पचाये रहता।''

मेरा घर दो गाँवों की सीमा पर है। दोनों गाँव का नाम है- पिड़रोई और तरका। जनाना घर तरका गाँव में है, जबकि बैठका या मर्दाना घर पिड़रोई में। मर्द लोग मर्दाना घर में सोते हैं, जबकि औरतें और छोटे बच्चे जनाना घर में। माँ इस समय मर्दाना घर में ही थी। वह मुझे पकड़कर बाबा मुरली राय के पास ले गयी। बड़े पिता जी और पिता जी भी बैठे हुए थे। बाबा ने पूछा, ''हाँ तो बचवा तनी विस्तार से बता कि मामला क्या है?'' मैं संकोच पूर्वक बताने लगा, ''बाबा, जब मामा के लड़के शीतला भैया की शादी हुई थी तो मैं भी बारात में गया था। वहाँ मैंने भाभी के चाचा की लड़की चन्द्रकला को देखा। वह बहुत सुन्दर है। मैंने तय कर लिया कि अगर मैं शादी करूँगा तो इसी लड़की से। बारात वापस होने पर मैं मामा के यहाँ क़ाफी दिन रुका रहा। मैंने भैया और भाभी को अपने मन की बात बतायी। भाभी ने अपने घर पर बात किया। वहाँ पर लोग शादी करने के लिए तैयार हो गये। इस साल मेरा एल.एल.बी. पूरा हो जा रहा है। अगले साल से मैं वकालत करने लगूँगा। मैंने सोचा इसी गर्मी में शादी हो जाय। पन्द्रह दिन बाद लड़की पक्षवाले आप से बात करने के लिए आयेंगे।'' मैं जानबूझ कर सारी अप्रिय बातें छुपा गया। बाबा और अन्य घर वालों का 'हम लड़के वाले हैं' अभिमान जोर मार सकता था। ऐसे में मेरी शादी खटाई में पड़ने की आशंका थी। बाबा मुरली राय बोले, ''हूँ...! राजा को खबर नहीं, मुसहर वन बाँट लिये? यहाँ मुझे या घर में और किसी को कुछ पता ही नहीं और तुम चुपक-चुपके ससुराल वालों से सब कुछ तय कर लिये? मान लो, हम लोग मना कर देते तो?'' बड़े पिता जी बाबू भोला राय बोले, ''तो यह घर से भाग जाता और बनारस से शादी कर लेता! न रे बचवा?'' सब ठहाका

लगाकर हँस पड़े। माँ जल्दी-जल्दी तरका जनाना घर की ओर चल दी। मर्दाना घर और जनाना घर के बीच पचास मीटर से अधिक की दूरी थी।

कुछ देर में जनाना घर में कोलाहल और हलचल बढ़ गयी। मतलब वहाँ भी माँ ने सबको खुशखबरी बाँट दी। कुछ देर में बड़ी माँ, अर्थात भोला राय की पत्नी आ धमकीं, "कहाँ गइल शेषनथवा? हमनी के बतउलेस नाहीं अउर चुपके-चुपके आपन बिआह तइँ कइ लिहलेस।" उन्होंने मुझे देख लिया। मुझे पकड़कर मेरी पीठ पर धमाधम घूँसे बरसाने लगीं। सब लोग हँस रहे थे। मैं भी हँस रहा था। बड़ी माँ प्रेम से घूँसे बरसा रही थीं।

अगले दिन घर में उत्सव का माहौल था। बड़े पिता जी बाबू भोला राय ने जनाने और मर्दाने दोनों घरों में सख्त हिदायत दे दी थी कि यह खबर घर के बाहर बिलकुल भी नहीं जानी चाहिए। गाँव में जलने वाले बहुत हैं। सब कुछ भी बात का बतंगड़ बना सकते हैं। पहले सब कुछ तय हो जाय, उसके बाद घर के बाहर लोगों को खबर लगे। घर में खूब पकवान बने। जमकर खाना-पीना हुआ। खूब हँसी ठट्ठा हुआ। पर बाहर किसी को कुछ भनक नहीं लगी। अगले दिन मैं बनारस चला गया।

मेरी एल.एल.बी. की परीक्षाएँ समाप्त हो गयीं। मैं बनारस से घर लौट आया। यहाँ मेरी शादी की खूब गहमागहमी थी। कभी उधर से कोई आ रहा था तो कभी इधर से कोई जा रहा था। दिन तारीख सब तय हो गया। नियत तिथि को धूमधाम से बारात गयी। बड़ा जोरदार स्वागत हुआ बारात का। बाबू भोला राय ने पहले ही घोषित कर दिया था कि एक पैसा दहेज नहीं लिया जाएगा। लड़का अपनी पसंद से शादी कर रहा है। उसे उसके पसन्द की लड़की मिल रही है, यही सबसे बड़ा दहेज है। अन्ततः मुझे पत्नी के रूप में चन्द्रकला मिल ही गयी। मैं निहाल हो गया।

कीर्तिकुमार जी! इस तरह पूरी हुई मेरी शादी की कहानी। आप सोच रहे होंगे कि असली बात तो हो गयी। नहीं! असली कहानी तो अभी बाकी है। यह असली कहानी की भूमिका भर है। असली कहानी शुरू होती है अब।

जैसा कि मैंने आपको शुरू में ही बताया, शादी के साल भर बाद पहली सन्तान पैदा हुई। पुत्री के रूप में। सदमे में पिताजी स्वर्गवासी हो गये। बाबा दुःख में और वृद्ध हो गये। घर के मालिक बड़े पिता जी बाबू भोला राय बना दिये गये। बड़े पिता जी बड़ी कुशलता से गृहस्थी का संचालन कर रहे थे।

मैं इलाहाबाद उच्च न्यायालय में वकालत करना चाहता था। पिता जी मुझे घर से इतनी दूर भेजने के लिए राजी नहीं थे। माँ और पिता जी, दोनों यही चाहते थे कि मैं उनकी आँखों के सामने रहूँ। घर के नज़दीक मुहम्मदाबाद तहसील थी। हारकर मैं मुहम्मदाबाद तहसील में ही वकालत करने लगा। मैं साहित्यिक अभिरुचि

का आदमी था। वकालत के साथ-साथ मैं लेख इत्यादि भी लिखने लगा। मेरी कहीं पहुँच तो थी नहीं। लेखों को मैं कहाँ छपवाता। तहसील से ही मैं आठ पृष्ठ का एक साप्ताहिक अखबार निकालने लगा। नाम रखा 'पर्दाफाश'। 'पर्दाफाश' में मूलतः स्थानीय समस्यों पर मेरे लिखे लेख रहते थे। यह साप्ताहिक अभी तक छप रहा है। बीच-बीच में व्यवधान आ जाता है। 'पर्दाफाश' के कई अंक मैंने आपको भी दिये थे। गाजीपुर में रहने वाले हिन्दी के प्रसिद्ध साहित्यकार डॉ. विवेकी राय जी का पूरा आशीर्वाद प्राप्त है 'पर्दाफाश' को। मैं उनका बहुत भक्त हूँ और महीने में दो से चार बार, उनसे मिलने अवश्य जाता हूँ। विवेकी राय जी की गाजीपुर में बहुत इज़्ज़त है। जिस सड़क पर उनका घर है, जिला प्रशासन ने उस सड़क का नाम ही डॉ. विवेकी राय मार्ग रख दिया है। जिले में जो भी नया जिलाधिकारी या पुलिस कप्तान आता है, वह पहले जाकर विवेकी राय जी का आशीर्वाद लेता है।

साल भर बाद मेरी पत्नी ने एक और सन्तान को जन्म दिया, लेकिन वह भी पुत्री। घर में निराशा की परत और घनी हो गयी। मेरी माँ को पौत्र का मुँह न देख पाने का कष्ट सालने लगा। उसने देवी-देवताओं की मन्नत-मनौती बढ़ा दी। मनौती में कई देवता और जुड़ गये। पूजा की मात्रा भी बढ़ गयी। बड़े पिता जी और बाबा का भी गम दुगुना हो गया।

तीसरी बार भी पुत्री आ गयी। परिवार पर जैसे विपत्ति का पहाड़ टूट पड़ा। बड़ी निराशा व्याप्त हो गयी। घर में लोगों को लगने लगा कि वकील साहब का वंश अब आगे नहीं बढ़ पायेगा। उनका खानदान यहीं पर रुक जाएगा। तीसरी पुत्री होने पर पत्नी भी एकदम से टूट गयी। वह मुझे देखकर रोने लगती। मैं उसे ढाँढस बँधा रहा था, "बेटा और बेटी में आज के जमाने में कोई अन्तर नहीं होता। अपनी तीनों बेटियों को हम अच्छे ढंग से पढ़ायेंगे-लिखायेंगे। वे हमारा नाम रोशन करेंगी। तीन बच्चे बहुत होते हैं। यह नसबन्दी का जमाना है। मैं सोच रहा हूँ, चुपचाप अपनी नसबन्दी करवा लूँ। घर में किसी को भनक मत लगने देना।" पत्नी ने मेरे मुँह पर हाथ रख दिया, "आपको मेरी कसम है। आप नसबन्दी नहीं करायेंगे। सब बेटे का मुँह देखना चाहते हैं। मैं भी चाहती हूँ। अगर आप ने नसबन्दी करायी है तो मैं ज़हर खा लूँगी।" मैं डर गया। पत्नी और माँ को होने वाले सम्भावित कष्ट के भय से मैंने नसबन्दी का विचार त्याग दिया।

अब पत्नी और माँ के साथ-साथ ससुरालवालों की ओर से भी मनौती शुरू हो गयी। दोनों तरफ की मनौतियाँ साथ-साथ जोर लगाने लगीं। मैं नये और आधुनिक विचारोंवाला युवक था। किसी प्रकार के पूजा-पाठ का विरोधी था और इसे अन्धविश्वास मानता था। मैंने अन्त तक किसी पूजा-पाठ का आयोजन नहीं

होने दिया। मेरी अनुपास्थिति में या मेरी गैर-जानकारी में परिवारवालों ने कुछ कर लिया हो तो मैं नहीं कह सकता।

गाँव में मेरी एक अलग गोल थी। यह गोल किसी प्रकार के अन्याय, बेईमानी, उत्पीड़न, दमन आदि के विरोध में हमेशा खड़ी होती थी। इस प्रक्रिया में दूसरों के विवाद मेरे सिर पर आने लगे थे। गोल के नेता के रूप में हर जगह मैं बहुत प्रभावशाली ढंग से सही पक्ष की बात को रखता था। बहुत से लोग मेरे कार्यों के कारण मेरे शत्रु बन गये थे। दूसरे मेरी प्रतिष्ठा और कार्यों को देखकर लोगों को ईर्ष्या होने लगी। तहसील स्तर के सारे अधिकारी मेरे मित्र थे। इस कारण कोई मेरा बाल भी बाँका नही कर पाता था। ये सारे विरोधी और ईर्ष्यालु तत्व मेरे परिवार को दुःखी देखकर प्रसन्न हो रहे थे। सब आपस में इस बात की खूब चर्चा कर रहे थे कि वकील साहब का खानदान डूब गया। निरवंशी हो गया वकील। जिस घर में पुत्री पैदा होने का सिलसिला शुरू हो जाता है, वह रुकता नहीं। अब वकील के घर बेटा नहीं पैदा होगा। मेरे घर में पुत्री पैदा होने से सभी में खुशी की लहर दौड़ जाती। लोगों के दुष्प्रचारों को सुनकर मेरे परिवार के लोग बहुत दुःखी हो जाया करते थे।

एक दिन सूरज निकलने के पहले मैं लोटे में पानी लेकर फारिग होने के लिए जा रहा था। सामने से पट्टीदार के परिवार की एक बुढ़िया आ रही थी। उसने मुझे देखकर गाली दी, "सवेरे-सवेरे इस दाढ़ीजार निरवंशी का मुँह कहाँ से दिखा दिया भगवान ने। पता नहीं अब दिन कैसे बीतेगा?" उसकी बात सुनकर मुझे बड़ा कष्ट हुआ। मैं बिना कुछ कहे, आगे बढ़ गया। मुझे लगा, मैं तीन-तीन बेटियों का बाप हूँ और तब भी निरवंशी हूँ। वंश की यह कैसी परिभाषा है? मुझे लोगों की नीचता पर बड़ा क्षोभ हुआ। दूसरों का दुःख ही बहुत से लोगों के परमानन्द का विषय होता है।

मेरे घर में चौथा बच्चा आने वाला था। पत्नी को गाजीपुर शहर के सरकारी महिला चिकित्सालय में भर्ती करा दिया गया। पत्नी को मानसिक सहयोग देने के लिए मैं भी गाजीपुर में ही रुक गया। मिश्र बाजार में मेरे एक मित्र रहते थे। उन्हीं के घर रुककर मैं अस्पताल की व्यवस्था देखने लगा। ससुराल से मेरी सास भी आ गयीं। पत्नी के साथ अस्पताल में रुकने और उसकी देखभाल करने के लिए। पत्नी के साथ मेरे परिवार का कोई भी नहीं था। पौत्र का मुँह न देख पाने के कष्ट में मेरी माँ बीमार रहने लगी थी और चारपाई पकड़ चुकी थी। उसे पूरा विश्वास हो चला था कि वह जीते जी पौत्र का मुँह नहीं देख पायेगी। अगले दिन मेरे बड़े पिताजी बाबू भोला राय गाजीपुर पहुँच गये। वे भी मेरे साथ मेरे मित्र के यहाँ ही रुके। मैं देख रहा था कि वे जब भी अकेले होते या उन्हें एकान्त मिलता, वे सोहर गुनगुनाने लगते। उनकी यह हरकत देखकर मुझे खुशी के बजाय घबराहट हो रही

थी। उनके ऊपर गुस्सा आ रहा था, लेकिन उनसे कुछ कह पाने की मेरी हिम्मत नहीं थी। मुझे चिन्ता यह सता रही थी कि अगर चौथी सन्तान भी पुत्री के रूप में पैदा हुई तो उनका यह सोहर गाना शोक में बदल जाएगा और जब इसकी सूचना मेरी माँ तक पहुँचेगी तो हो सकता है, उसके धैर्य का बाँध टूट जाय। कहीं वह हमसे सदा-सदा के लिए न विदा ले ले।

बड़े पिताजी के एक और मित्र श्री सुरेन्द्रनाथ त्रिपाठी भी आ पहुँचे। वे हमारे परिवार के अभिभावक जैसे ही थे। वे दिल के बड़े साफ व्यक्ति थे, फिर भी गाँववाले ने जाने क्यों उन्हें 'बवण्डर महाराज' कहते थे। मैंने सोचा कि जब दो-दो अभिभावक यहाँ उपस्थित ही हैं तो मैं जरा गाँव घूम आऊँ। देखूँ वहाँ क्या स्थिति है।

सवेरे मैं गाजीपुर से गाँव के लिए चल दिया और नौ से दस बजे के बीच गाँव पहुँच गया। गाँव में एक किलोमीटर पहले मेरा एक बहुत बड़ा चक है। मैं वहीं उतर गया। वहाँ एक स्थायी मड़ई बनी हुई थी और चलाऊ गृहस्थी लायक सामान भी उसमें थे। उसमें श्रीपति नाम का हमारा एक नौकर रहता था। मैं वहाँ पहुँचा तो वह चक में खड़ी चरी काट रहा था। मुझे देखकर उसने प्रणाम किया। मैंने उसे आशीर्वाद दिया। उसने एक बोझ चरी काटी और बोझ को बाँधने लगा। अचानक मैं चारपाई पर बैठकर कुछ गुनगुनाने लगा। श्रीपति ने चरी का बोझ बाँधा और लेकर घर की ओर चल दिया।

एकाध घण्टे बीत गये तो मैं घर की ओर चल दिया। मैंने दूर से ही देखा पिड़रोई गाँव की औरतें और लड़कियाँ तरका गाँव की ओर जा रही हैं। एक दो नहीं, झुण्ड की झुण्ड। अधिकांश महिलाएँ और लड़कियाँ ब्राह्मणी थीं। मैंने अनुमान लगाया कि किसी के घर पुत्र पैदा हुआ होगा और ये वहीं जा रही हैं। कुछ ही देर में सोहर गाने की आवाजें आने लगीं। मैं पिड़रोई के मर्दाने घर मे पहुँचा। वहाँ यह देखकर मैं आश्चर्यचकित रह गया कि हेली-मेली, मित्रों और शुभचिन्तकों के आने का क्रम लगातार जारी है। मैंने किसी से पूछा कि किसके घर सोहर गाया जा रहा है? पता चला कि हमारे ही जनाने घर में यह कार्यक्रम चल रहा है। मैंने बाबा मुरली राय से धीरे से पूछा, "बाबा, किसके लड़का पैदा हुआ है?" बाबा ने मुझे जोर से डाँटा, "बहुत वकालत छाँटने की कोई जरूरत नहीं है। जाओ अपना काम करो।" मैंने बड़े बाबा बाबू बनवारी राय से भी जाकर यही प्रश्न धीरे से पूछा। वे हँसने लगे, "इसमें इतना शरमाने की क्या बात है? सबके लड़का होता है। तुम्हारा लड़का पैदा हुआ है तो इतना नाटक क्यों कर रहे हो? तुम अभी-अभी गाजीपुर से आये हो। जाओ चुपचाप आराम करो। आज हमारे परिवार का दिन है।"

मेरी घबराहट इतनी बढ़ गयी कि सम्हाले नहीं सम्हल रही थी। मुझे लगा कि

किसी ने शरारतन इस बात की अफवाह फैला दी है कि मेरे लड़का हुआ है। लोगों की भीड़ बढ़ती जा रही थी। परिवार के लोग उनके स्वागत-सत्कार में व्यस्त थे। मैं बड़े धर्मसंकट में फँसा। शिष्टाचारवश और परिवार की मर्यादा को देखते हुए मुझे भी लोगों का स्वागत-सत्कार करना पड़ रहा था। मेरी स्थिति पागलों जैसी हो रही थी। सोच नहीं पा रहा था कि क्या करूँ? मैं सोच भी नहीं सकता था कि कोई इतनी भंयकर शरारत या खुराफात कर सकता है। लड़की या लड़के ने अभी जन्म नहीं लिया और सोहर गायन शुरू हो गया। पागलपन की हद थी। मैं बार-बार घर के लोगों से पूछ रहा था कि 'बाबूघर' की इज़्ज़त के साथ क्यों खिलवाड़ किया जा रहा है। सब हँसकर मेरी बात को हवा में उड़ा दे रहे थे। वे सोच रहे थे कि मैं शरमा रहा हूँ, इसलिए यह सब नाटक कर रहा हूँ। घर के लोग झूठी खुशी में झूम रहे थे। घरवालों को लगा कि मैं रंग में भंग डालने का प्रयास कर रहा हूँ। शर्म के कारण। वे लोगों से कहने लगे, "आज जो वकील साहब कहेंगे नहीं होगा, जो हम कहेंगे वह होगा।" बाबा मुरली राय ने अकेले में ले जाकर मुझे डाँटा, "खबरदार जो गाँव के किसी आदमी से उल्टा-सीधा कुछ कहा तो। किसी के किसी भी सवाल का उत्तर तुम नहीं दोगे। जिसको जो उत्तर देना होगा, हम लोग देंगे।" सचमुच गाँव का कोई आदमी मुझसे कुछ पूछता तो घर का कोई न कोई बीच में कूद पड़ता, "उनसे क्या पूछ रहे हैं, हम लोगों से पूछिए न!" कुछ देर में मुझे क्रोध आ गया और मैं सबके सामने कहने लगा, "बाबू घर माने 'पागल घर' समझा जाय। क्योंकि बिना बेटा पैदा होने की सूचना के ही सोहर गाया जा रहा है। अन्न-धन लुटाया जा रहा है। वकील साहब को पागल बनाने की योजना चल रही है।" घर के लोग हँसने लगे। उन्होंने लोगों से कहा, "वकील साहब को बकबक करने दीजिए।"

जनाना घर का वातावरण विचित्र बन गया था। पौत्ररत्न प्राप्ति की सूचना मिलते ही बीमार और चारपाई पर पड़ी माँ उठकर दौड़ने लगी थी। उसके बूढ़े और कमजोर शरीर में न जाने कहाँ से एक नयी स्फूर्ति और शक्ति आ गयी थी। आज उसकी भी पुत्रवधू पुत्रवाली हो गयी थी। माँ की आँख की वापस जा रही रोशनी लौट आयी थी। वह बड़ी बुलन्द आवाज में ललकार रही थी। अब उसका बेटा निरवंशी नहीं रहा। वह पौत्रवाली हो गयी। आज वह अपने को किसी महारानी से कम नहीं समझ रही थी। जो भी बधाई देने आ रहा था, उसे गले लगा ले रही थी। आज उसकी चाल सामान्य नहीं दिख रही थी। वह कूद-कूदकर चल रही थी। उसका वश चलता तो सब कुछ लुटाकर वह अपनी प्रसन्नता प्रकट करती।

आज 'बाबूघर' का पागलपन देखने योग्य था। मैं चिन्ता और गुस्से से पागल

बना जा रहा था और परिवार के बाकी सदस्य खुशी और मस्ती में झूम रहे थे। मैं सोच रहा था कि यदि सचमुच लड़का पैदा भी हो जाय तो जन्म से पूर्व ही सोहर गाना और नवजात पुत्र से सम्बन्धित कार्य 'पुरखा जगाना' इत्यादि कहाँ तक उचित है? यदि लड़की पैदा हो गयी तो सारी इज़्ज़त मिट्टी में मिल जाएगी। लोग यहीं कहेंगे कि लगातार चार पुत्रियाँ पैदा होने पर साले खुशी मनाकर सोहर गा रहे हैं। पूरा परिवार लोगों की निगाहों में कितना बड़ा मूर्ख साबित होगा, इसे सोच-सोचकर मेरे दिल की धड़कन बढ़ती जा रही थी। मेरा मन कर रहा था कि गाजीपुर चला जाऊँ या भाग कर अन्यत्र चला जाऊँ, जिससे तमाशा बनने से बच सकूँ। तीन दिन तक जमकर सोहर गाया गया और रुपया-पैसा, अनाज बाँटा गया। जब सब बन्द हुआ तो मैंने बड़े बाबा बाबू बनवारी राय से एकान्त में कहा, "बाबा मैं आपकी कसम खाकर कह रहा हूँ कि बेटा पैदा होने की सूचना गलत और झूठी है। किसी ने या तो मजाक किया या शरारत। सब लोग झूठी प्रसन्नता में कूद रहे हैं। आप कृपा करके रात में सोहर गाने पर रोक लगवा दीजिए।"

अबकी बार बाबा ने मेरी बात को गम्भीरता से लिया। उन्होंने बड़े पिताजी बाबू भोला राय के बेटे और मेरे बड़े भाई हीरालाल राय को बुलाकर उन्हें सब कुछ बताया। स्थिति में कुछ परिवर्तन आया। भाई साहब मुझसे लम्बी पूछताछ करने लगे। परिवार की मर्यादा का वास्ता देते हुए डाँट-डाँटकर प्रश्न पूछ रहे थे। उन्हें मेरी बातों पर कभी विश्वास होता था और कभी सन्देह। मेरे बहुत प्रयास करने पर अन्ततः वे इस बात पर तैयार हुए कि रात में सोहर नहीं गाया जाएगा, लेकिन अगले दिन सवेरे ही किसी को गाजीपुर महिला चिकित्सालय भेजकर वस्तुस्थिति की जानकारी ली जाएगी। भैया हीरालाल राय ने जनाना घर जाकर सारी बात बतायी और महिला सदस्यों को इस बात के लिए राजी किया कि रात में सोहर नहीं गाया जाएगा।

रात हुई। जनाना घर से खाना आया। उदास और चिन्तित मन से मैंने थोड़ा सा खाना खाया। सोने के लिए लेटा तो चिन्ता के कारण नींद नहीं आ रही थी। दो घण्टे बीते होंगे कि जनाना घर से फिर सोहर की आवाज आने लगी। मैं खड़ा हो गया और क्रोध से काँपने लगा। सभी लोग जाग रहे थे। मैंने पूछा, "आप लोगों को किसने बताया कि लड़का पैदा हुआ?" बड़े बाबा बनवारी राय बोले, "घर के नौकर श्रीपति ने। वह दस बजे के लगभग चक से चरी लेकर आया और बताया कि चक पर तुम आये हो। उसने कहा कि तुमने उससे कहा कि गाजीपुर में मेरी पत्नी को बेटा हुआ है।" मैं क्रोध में चिल्लाया, "बुलाइए उसको। वह मेरे सामने स्वीकारे कि मैंने उससे ऐसा कहा था।" बड़े बाबा ने भैया हीरालाल राय को चक पर भेजा। श्रीपति को बुलाने के लिए।

कुछ देर में श्रीपति आ गया। उसको देखते ही मेरा पारा और चढ़ गया, "क्यों बे? गाजीपुर से लौटकर जब मैं चक पर आया था तो मैंने तुझसे कुछ कहा था?" श्रीपति हाथ जोड़ कर बोला, "नहीं मालिक! "आपने कुछ नहीं कहा था।" तब तूने आकर सबसे कैसे कह दिया कि मैंने तुझे बताया है कि मेरी पत्नी को बेटा हुआ है?" मैंने उबलते हुए पूछा। उसी तरह हाथ जोड़कर वह बताने लगा, "मलिकार, आप बहुत खुश थे और गाना गा रहे थे। आप तुरंत-तुरंत गाजीपुर से लौटे थे। मैंने सोचा, जरूर बेटा पैदा हुआ है। तभी आप इतने खुश हैं और गाना गा रहे हैं। इसीलिए यहाँ आकर मैंने सबको ऐसा बता दिया।" सबने अपना सिर पकड़ लिया। लोगों को मेरी बात पर यकीन हो गया।

बाबा मुरली राय को फिर भी मेरी बात पर विश्वास नहीं हुआ, "तुम गाजीपुर से सीधे चक पर क्यों गये और वहाँ बैठकर खुशी में गाना क्यों गा रहे थे? हीरालाल तुम कल गाजीपुर जाओ और इस बात की सही जानकारी लो। यह वकील है। हो सकता है हम लोगों से वकालत छाँट रहा हो?"

किसी तरह सवेरा हुआ। नित्यक्रिया से निवृत्त होकर मैं गाजीपुर जाने के लिए तैयार होने लगा। भैया हीरालाल भी तैयार होने लगे। मैंने सबको समझाया, "मैं तो गाजीपुर जा ही रहा हूँ। भैया को परेशान करने की क्या आवश्यकता है? मैं गाजीपुर पहुँचते ही बड़े पिताजी (बाबू भोला राय) को गाँव भेज दूँगा। वे यहाँ आयेंगे तो दूध का दूध और पानी का पानी हो जाएगा।" मेरा यह सुझाव सबने मान लिया और मैं गाजीपुर के लिए निकल दिया।

मैं साइकिल से जा रहा था। रास्ते में भाँवरकोल थाना पड़ता था। थानाध्यक्ष से मेरा मित्रवत सम्बन्ध था और वे मेरी बहुत इज़्ज़त करते थे। मैं थाने के बाहर रुका। अभी बाहर ही खड़ा था कि सामने से गाँव के ही मेरे एक परिचित कैलाश राय आते दिखे। मुझे देखकर वे रुक गये। वे गाजीपुर से मेरे बड़े पिता जी से मिलकर आ रहे थे। वे मुझे बधाई देने लगे, "वकील साहब, बहुत-बहुत बधाई हो। आपको पुत्ररत्न की प्राप्ति हुई है। आज रात में ही पैदा हुआ है बेटा। मुझसे भोला राय मिले थे। उन्होंने मुझसे कहा कि गाँव जाकर मेरे घर में सबको सूचना दे दो।" प्रसन्न होने के बजाय,यह सोचकर मैं पागल जैसा होने लगा कि अब घरवालों से मैं क्या कहूँगा? मैं कभी भगवान को कोस रहा था तो कभी अपने आपको। मैं कुछ देर तक यूँ ही खड़ा रहा। मेरी घबराहट और मनोदशा कैलाश राय भाँप गये। उन्होंने मुझसे इसका कारण जनना चाहा। मैंने उनसे पूरी घटना बतला दी। उन्होंने मुझे आश्वस्त किया "इसमें आप कहाँ गलत थे? जब सोहर वगैरह हो रहा था, उस समय बेटा कहाँ पैदा हुआ था? आप मेरे साथ गाँव वापस चलिए।

मैं सबको सारी वस्तुस्थिति ठीक-ठीक बताकर सब सम्हाल लूँगा।'' मैं समझ रहा था कि घर तुरंत वापस लौटने पर मैं पूरे परिवार के कोप का भाजन बनूँगा। सब यही समझेंगे कि कैलाश राय को मैं ही सिखा-पढ़ाकर लाया हूँ। कैलाश राय के लाख समझाने पर भी मैं उनके साथ वापस लौटने के लिए तैयार नहीं हुआ और सीधे गाजीपुर चला गया।

कैलाश राय गाँव पहुँचे। उन्होंने जैसे ही घर में सूचना दी कि वकील साहब के बेटा हुआ है, घर पर धूम-धड़ाका तेज हो गया। पूरा परिवार मुझे कोसने लगा और मुझे झूठा कहने लगा। कैलाश राय ने मुझसे हुई मुलाकात की बात बतायी और मेरी तरफ़ से बार-बार सफाई देने लगे। बाबा मुरली राय बोले, ''सुनो कैलाश राय। तुमने अभी जहाँ नाम लिखाया है, वहाँ से मैं पी.एच.डी. कर चुका हूँ। वकील साहब के सिखलाने पर हम लोगों को पट्टी पढ़ा रहे हो? वकील जब गाजीपुर से गाँव आये थे, लड़का उसी समय पैदा हो चुका था। भोला राय उनसे पुत्र जन्म की सूचना गाँव भिजवाये थे। उन्होंने आकर नौकर श्रीपति को तो बता दिया लेकिन लज्जावश हम लोगों के सामने झूठ बोलने लगे। उन्होंने कहा न होता तो नौकर श्रीपति की हिम्मत थी कि वह हमें झूठी सूचना देता? बाद में उसको हड़काकर चुप करा दिया।'' कैलाश राय को भी झूठा ठहरा दिया गया। उनके लाख सफाई देने पर भी कोई उनकी बात मानने के लिए तैयार नहीं हुआ। माँ तो एक क्षण के लिए भी यह मानने को राजी नहीं हुई कि लड़का पैदा होने से पूर्व ही सोहर गाया गया और अन्य कर्मठ हुए।

उधर गाजीपुर की स्थिति भी कम विचित्र नहीं थी। बड़े पिता जी की खुशी का कोई ओर-छोर नहीं था। वे रह-रहकर खुशी में सोहर गाने लग रहे थे। मैंने उनसे गाँव का समाचार पूरे विस्तार से बताया और अपनी स्थिति तथा परिवार वालों की बुद्धिमत्ता का परिचय कराया। वे खुशी से ताली पीट-पीटकर उछलने लगे। उन्होंने मुझे विश्वास दिलाया कि घर वापस लौटकर मैं सबको सारी स्थिति साफ-साफ बताकर सबको समझा लूँगा। अस्पताल से बच्चे के जन्म लेने का प्रमाण पत्र भी ले लूँगा, जिनमें जन्म लेने का समय भी लिखवा लूँगा। वे मुझे भाग्य और भगवान पर भरोसा रखने का उपदेश देने लगे। वे कहने लगे, ''यह पैदा होने वाले बेटे की किस्मत में लिखा था उसके पैदा होने के पहले से ही सोहर गाया जाने लगेगा। यह उसके प्रतापी होने का लक्षण है।''

मेरी पत्नी के साथ उसकी माँ भी थीं। पुत्र जन्म के पश्चात यह होड़ लग गयी कि जच्चा-बच्चा कहाँ जाएँगे। बड़े पिता जी चाहते थे कि जच्चा-बच्चा घर चलें, जबकि सास चाहती थीं कि वे उन्हें अपने साथ अपने गाँव रेवतीपुर ले जायँ। मुझे

कुछ नहीं करना था। पारिवारिक मर्यादा के अनुसार न तो मैं किसी को सलाह दे सकता था और न ही मुझसे कोई पूछ रहा था। मैं बाहर चला गया। न जाने किस बात से मेरी सास ने बड़े पिता जी को समझा लिया कि जच्चा-बच्चा को रेवतीपुर ही ले जाना ठीक रहेगा। सम्भवतः उन्होंने किसी मनौती या पूजा-पाठ को आधार बनाकर बड़े पिता जी को सहमत कर लिया।

जच्चा-बच्चा और मेरी सास रेवतीपुर के लिए चल दिये। बड़े पिता जी ने अस्पताल से पुत्र जन्म का प्रमाण पत्र बनवाया। उसमें उन्होंने दिन-समय सब लिखवा लिया। इस समय परिवार के मुखिया बड़े पिता जी ही थे, अतः मुझे पूरा विश्वास था कि वे मुझे बचा लेंगे। हम दोनों अपने गाँव की तरफ चले।

हम लोग गाँव पहुँचे। पहुँचते ही बड़े पिता जी ललकारने लगे, ''क्यों महापुरुषों, बेटा पैदा होने के पहले से ही सोहर गवाने लगे थे? ये अस्पताल का साटीफीटिक (सर्टीफिकेट) देखो। देखो कब पैदा हुआ था बेटा?'' सब प्रमाणपत्र देखने लगे। प्रमाणपत्र देखकर सबको विश्वास हो गया कि मैं सही था। बड़े पिता जी ने जब देखा कि सारा मामला शान्त हो गया है तो बोले, 'इसमें परेशान होने की कोई बात नहीं है। हम लोग भूमिहार हैं, कोई मजाक नहीं। हम लोग सोहर गवाकर भगवान को बेटा पैदा करने लिए मज़बूर कर देते हैं। मर्दाने घर में काफी भीड़ थी। सब ठहाका लगाकर हँस पड़े। कुछ लोग चिल्लाये, ''मार्के की बात कह गये भोला बाबू।''

बाबू भोला राय ताव में आ गये, ''नाती के पैदा होने की खुशी में बिरहा दंगल होगा। छोटे-मोटे बिरहिया नहीं आयेंगे। बनारस से बुलाये जाएँगे बिरहिया।'' इस बात का सबसे जोर-शोर से समर्थन किया। मैं खीझ उठा। अब एक नया नाटक। मैं जानता था, व्यवस्था मुझे ही करने पड़ेगी।

मुझे बिरहियों की खोज में बनारस जाना पड़ा। बिरहियों का पता लगाते-लगाते मैं गली दर गली घूम रहा था। हीरा और बुल्लू मिले। दोनों खाली नहीं थे। गली-गली भटकते हुए रामदेव बिरहिया के घर पहुँचाा। संयोग से वह बरही के दिन खाली था। उससे साटा लिखवाकर मैंने अग्रिम दे दिया और घर लौट आया। मैंने बताया कि केवल रामदेव बिरहिया खाली था। और कोई नहीं मिल पाया। बाबा ने कहा कि दो-तीन और बिरहिया बुलाये जाएँ। मेरे न चाहने पर भी काशी बिरहिया और सागर बिरहिया को बुलाना पड़ा।

बरही का दिन था। शाम होते-होते बिरहियों की तीनों टोलियाँ पहुँच गयीं। जलपान-भोजन के बाद बिरहा का मंच खड़ा हुआ। मेरे गाँव के अतिरिक्त अन्य गाँवों से भी श्रोताओं के झुण्ड के झुण्ड आने लगे। देखते-देखते बैठका का पूरा अहाता श्रोताओं से भर गया। इस अवसर पर थानाध्यक्ष भाँवरकोल चार-पाँच सिपाहियों के

साथ बैठका की छत पर विराजमान थे। प्रख्यात साहित्यकार डॉ. विवेकी राय तो दिन में ही दरवाजे पर पहुँच गये। वे परिवार वालों से कम प्रसन्न नहीं थे। उनके अंधभक्त और परम प्रिय शिष्य के पुत्र की बरही का दिन था। अजब समाँ बधी थी।

शुरू हो गया बिरहा दंगल। दंगल के निर्णायक थे ग्राम्य जीवन के चतुर चितेर डॉ. विवेकी राय। आप की तरह वे भी लोकगीतों और लोक संस्कृति पर फिल्मी गीतों के आक्रमण के विरोधी हैं। सम्भवतः इसीलिए वे आपको बहुत पसंद करते हैं। बिरहा की प्रत्येक टोली सरस्वती वंदना से ही अपना गायन शुरू कर रही थी। सबसे पहले रामदेव यादव ने बिरहा पेश किया। उनका जवाब काशी यादव ने दिया। गीतों के जवाबी प्रहार चल रहे थे। लोकगीतों पर फिल्मी गीतों का जबर्दस्त हमला हो रहा था। डॉ. विवेकी राय कसमसा रहे थे।

रात बीत रही थी। बिरहा जम रहा था। श्रोता टस से मस नहीं हो रहे थे। अतिथियों, विशिष्ट व्यक्तियों के बीच चाय का दौर चल रहा था। बिरहियों को भी बीच-बीच में चाय पहुँचायी जा रही थी। श्रोताओं में बीड़ी और सुर्ती बाँटी जा रही थी। कहीं हुक्का गुड़गुड़ा रहा था तो कहीं गाँजा की चिलम लपट फेंक रही थी। आज की रात बाबू भोला राय दशरथ बने हुए थे। बार-बार आदेश रहे थे, "बीड़ी-सिगरेट बाँट आओ। जल्दी-जल्दी चाय भेजा करो। देखना कउड़ (अलाव) की आग बुझने न पाये।" गाँजा के इंचार्ज बाबू मुरली राय बनाये गये थे। एक नहीं तीन-तीन चिलम चल रही थी। गाँव के गँजेड़ियों का जमघट लग गया था। हाते के बाहर पेशाब की दुर्गन्ध बढ़ती जा रही थी। श्रोताओं के जमाव को देखकर गायकों का उत्साह भी बढ़ता जा रहा था। गीतों के बीच-बीच में पुरस्कार की राशि भी पहुँच रही थी।

बारह बजे रात के आसपास सागर सिंह यादव उर्फ सागर बिरहिया ने एक लोकगीत प्रस्तुत किया। उसने एक छोटी भूमिका के साथ अपनी बात रखी, "यह आयोजन बाबू भोला राय के पौत्र जन्म के अवसर पर हुआ है। इस समारोह में भारत प्रसिद्ध विद्वान डॉ. विवेकी राय भी उपस्थित हैं, जिन्हें ठेठ बोली में गीत अधिक पसंद आते हैं। मेरा यह गीत डॉक्टर साहब को समर्पित है–

मचिया बइसल राजा दशरथ चेरिया अरज करे..."

यह गीत सुनकर डॉक्टर साहब चिल्ला उठे, "जियो सागर सिंह जियो! तूने बचा लिया लोकगीत को, लोकसंस्कृति को, लोक परंपरा को।" सागर सिंह के लिए उन्होंने दस रुपये का पुरस्कार भिजवाया।

सागर सिंह अच्छा कलाकार था। बड़े लोगों के साथ रहता था। वह लोगों की मानसिकता को ठीक से पहचानता था। वह जानता था कि शुद्ध भोजपुरी में गाया

जाने वाला गीत डॉ. विवेकी राय को पसंद आयेगा। इसीलिए इस सोहर को समाप्त कर लेने के बाद उसने कहा, "अगला गीत 'खेलवना' है जो डॉक्टर साहब के शिष्य शेषनाथ राय वकील साहब को समर्पित है–

भल कइल ऽ ए बबुआ भल कइल ऽ
अपना बाबू क दुरगति करवइल ऽ..."

लोग चिल्लाकर शाबासी देने लगे, "जीय सागर जीय! तोहके के बतावल ह कि वकील साहब क खूब दुरगति भइल ह?"

सेंवा में,	आपका
डॉ. कीर्तिकुमार सिंह	शेषनाथ राय
15/6, स्टैनली रोड, सिविल लाइंस,	एडवोकेट, युसूफपुर, मुहम्मदाबाद,
इलाहाबाद-211001	गाजीपुर

□□